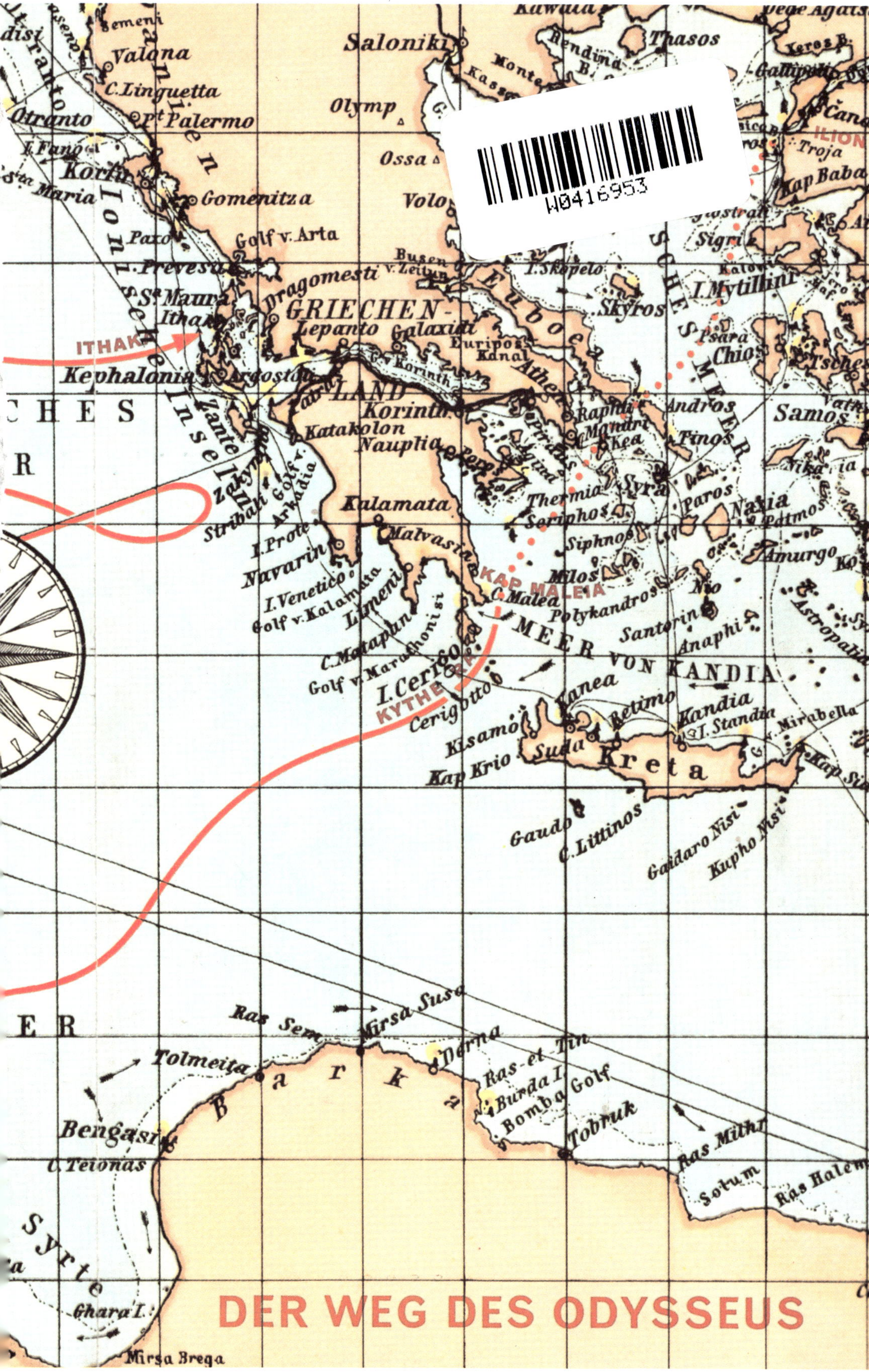

DER WEG DES ODYSSEUS

ARMIN UND HANS-HELMUT WOLF

Die wirkliche Reise des Odysseus

Zur Rekonstruktion des Homerischen Weltbildes

Armin und Hans-Helmut Wolf

Die wirkliche Reise des Odysseus

Zur Rekonstruktion des Homerischen Weltbildes

Mit 87 Abbildungen im Text
und 39 Abbildungen auf Tafeln

Juni 1985

Langen Müller

Von Armin Wolf erweiterte und neu bearbeitete Ausgabe des 1968 erschienenen Buches Hans-Helmut und Armin Wolf »Der Weg des Odysseus – Tunis-Malta-Italien in den Augen Homers«

Umschlaggestaltung: Christel Aumann, München
Lektorat: M.-A. von Lüttichau
Herstellung und Layout: Franz Nellissen
Satz: Fotosatz Uhl + Massopust GmbH, 7080 Aalen
Gesetzt aus der 10 Punkt ITC Garamond
Druck und Binden: Mohndruck Graphische Betriebe GmbH, Gütersloh
Printed in Germany
ISBN 3-7844-1992-5

Inhalt

Vorwort zur 1. Auflage

Wie das Schiff des Odysseus hatte dieses Buch auf seinem Wege manches Abenteuer zu bestehen. Seit dem Jahre 1959 ist es unterwegs.

In einer guten Stunde entstand damals – Wolfgang Schadewaldts gerade erschienene Prosaübersetzung der Odyssee und Perthes See-Atlas vor Augen – ein neues Bild vom Weg des Odysseus: von Troja an Maleia vorbei zu den Grenzen der griechischen Welt im Westen, nach Tunis und Malta, um Sizilien herum und über Kalabrien nach Ithaka.

Neun Jahre dauerte es dann, diese Konzeption kritisch zu prüfen und methodisch zu entwickeln, Voraussetzungen zu klären, Folgerungen zu erkennen. Auf diesem Wege durch mehrere Disziplinen der Wissenschaft ging manche Arbeitshypothese über Bord, manches neue Ufer tat sich auf. Leicht wäre das Schiff dabei untergegangen, wenn es nicht immer wieder Land gefunden hätte:

So erfuhren wir hilfreiche Kritik und anspornende Förderung im Bereich der Klassischen Philologie durch die Herren Professoren H. HOMMEL (Tübingen), H. PATZER (Frankfurt) und W. SCHADEWALDT (Tübingen), in der Alten Geschichte durch die Herren Professoren F. G. MAIER (Konstanz) und J. VOGT (Tübingen), in der Prähistorie durch Herrn Professor H. MÜLLER-KARPE (Frankfurt), in der Entdeckungsgeschichte durch Herrn Professor G. HAMANN (Wien) und in der Geographie durch die Herren Professoren J. HÖVERMANN (Berlin) und A. KOLB (Hamburg). Die GESCHWISTER-BOEHRINGER-INGELHEIM-STIFTUNG FÜR GEISTESWISSENSCHAFTEN gewährte ein großzügiges Stipendium, mit dem sie uns zwei Forschungsreisen nach Kalabrien und Malta (1966) sowie nach Tunesien und Sizilien (1967) ermöglichte. Bei diesen Erkundungen an Ort und Stelle durften wir von dem Curator of Archaelogy am National Museum of Malta, Dr. F. S. MALLIA, ebenso wie von den Soprintendenti alle Antichità Dott. G. FOTI (Reggio di Calabria), Professore A. DE FRANCISCIS (Neapel) und Professore V. TUSA (Palermo) verständnisvolles Entgegenkommen und archäologischen Rat erfahren. Ihre Ortskenntnis stellten uns in liebenswürdiger Weise zur Verfügung: Padre CARMELO und Commendatore E. GARGANO (Ustica) sowie Ingegniere G. GATTI (Copanello-Catanzaro). Das DEUTSCHE HYDROGRAPHISCHE INSTITUT (Hamburg) überließ uns bereitwillig die neuesten Seekarten. In schwierigen philologischen Fragen stand uns als Freund Dr. R. RIEKS (Bochum) zur Seite; obwohl er unsere Sicht nicht immer teilte, nahm er sogar das mühevolle Mitlesen der Korrekturen auf sich. Allen

Genannten und Ungenannten, die zum Entstehen dieses Buches beitrugen, schulden wir unseren besonderen Dank.
Im Andenken an unseren Vater widmen wir dieses Buch unserer Mutter.

Frankfurt am Main, im Frühjahr 1968 Hans-Helmut und Armin Wolf

Vorwort zur 2. Auflage

Fünfzehn Jahre, eine halbe Generation, sind seit dem Erscheinen der ersten Ausgabe 1968 vergangen. Das Echo, das dieses Buch damals fand, reichte von enthusiastischer Zustimmung (»Schlußstrich unter Spekulationen«, »Ei des Columbus«, »Werk deutscher Genauigkeit«) bis zu unerbittlicher, kompromißloser Ablehnung (»wirklich empörend«, »nichts, was ernsthaft zu erwägen ist«).
Es folgten dann einige Jahre des Schweigens, auch an Stellen, an denen eine sachliche Auseinandersetzung zu erwarten gewesen wäre (Archaeologia homerica: Seewesen, 1974; Publikationen über die Ausgrabungen in Motya und Himera auf Sizilien). Woran liegt es, daß dieses Thema, das wie wenige Probleme der Altertumswissenschaft in der Öffentlichkeit Interesse findet, von manchen Fachvertretern schlichtweg bereits als Fragestellung abgelehnt wird?
Es fand zwar mein Forschungsbericht als »ausführliche und sehr zuverlässige Darstellung der Geschichte der Lokalisierungsversuche vom Altertum bis in die neueste Zeit« in der Philologie rasch Anerkennung (Alfred Heubeck 1974). Es dauerte aber zehn Jahre, bis in der Wissenschaft eine abwägende Diskussion unserer Lokalisierungen begann, zunächst in Frankreich. Der Graezist Joseph Moreau stellte 1978 bei einem ausführlichen Vergleich mit der älteren, in Frankreich verbreiteten Theorie von Victor Bérard eine größere Objektivität unserer Methode fest. Im Jahre 1979 ergab die Einladung, auf der VIII. Internationalen Konferenz zur Geschichte der Kartographie als Historiker über das Thema »Hatte Homer eine Karte?« zu sprechen, die Gelegenheit, alte Überlegungen erneut und neue erstmals zur Diskussion zu stellen. Inzwischen hatten unsere Forschungsergebnisse – ohne daß mein Bruder oder ich davon erfahren hätten – Eingang in Schulbücher gefunden. In Italien bemächtigte sich der Fremdenverkehr der Sache: der Golf von Squillace erhielt 1982 den Beinamen »Riviera di Nausicaa«. In Rumänien erschien eine Übersetzung mit 10fach größerer Auflage als in Deutschland, die im Nu verkauft war.

In Deutschland bot 1980 ein Verlag an, einen unveränderten Nachdruck der 1. Ausgabe herauszubringen. Dies erschien jedoch wenig sinnvoll; denn ich hatte seit deren Erscheinen bei weiterer Lektüre, auf sechs Urlaubsreisen nach Süditalien und bei wiederholtem Vergleich des homerischen Textes mit den verschiedenen zu prüfenden Orten und Stellen so viele neue Beobachtungen und Bilddokumente gesammelt, daß nur eine bearbeitete Neuausgabe in Betracht kam.

Die methodischen Grundüberlegungen standen allerdings weiterhin fest. Die Abschnitte über die zunächst theoretische Rekonstruktion der von Homer beschriebenen Fahrtroute (Kapitel II) und über die Windstärken und Segelgeschwindigkeiten (Kapitel IV Anfang) sind daher nahezu unverändert. Das Hauptkapitel (III) mit den Beschreibungen der einzelnen Orte konnte aber ganz erheblich erweitert werden. Es ist nunmehr auf mehr als das Doppelte angewachsen. Insbesondere die Teile über Sizilien und Kalabrien, über die Meerenge und die Liparischen Inseln enthalten sehr viel Neues. Auch die Kapitel über Voraussetzungen (I) und Folgerungen (V) haben eine neue Gestalt bekommen. Für alle Veränderungen gegenüber der 1. Auflage trage ich die Verantwortung des Autors allein.

Vor allem war es nötig, eingehend auf die beiden oben zitierten Kritiken zu antworten, die Walter Marg und Ernst Meyer 1970 publiziert hatten. Viele Leser werden nicht an Polemik interessiert sein. Deshalb wird die Auseinandersetzung überwiegend in den Anmerkungen geführt. Auch die übrige, in den letzten 15 Jahren erschienene Literatur war, soweit möglich, einzuarbeiten. Der Anmerkungsapparat ist daher überwiegend neu, die Bibliographie ganz erheblich erweitert.

Für die Geschichte und Kritik der Lokalisierungen der Odyssee ergab sich eine ganze Reihe neuer Funde aus vielen Jahrhunderten. Nicht die Homerische Welt-Tafel von Johann Heinrich Voß (1793) ist, wie ich noch in der 1. Ausgabe glaubte, die älteste kartographische Darstellung der Orte der Abenteuer des Odysseus, sondern die Karte »*Vlyssis errores*« des humanistischen Kartographen Abraham Ortelius (1597). Wichtig war natürlich auch eine Fortführung dieser Studie, die ich jetzt Forschungsgeschichte genannt habe, bis heute.

Der von meinem Bruder Hans-Helmut Wolf 1968 allein besorgte Textanhang, dessen Diskussion noch nicht begonnen hat, wird unverändert auch in diesem Bande abgedruckt.

Der dokumentarische Bildteil ist mehr als anderthalbmal so umfangreich wie in der 1. Ausgabe. 30 der 39 Photos im Kunstdruckteil sind neu; 21 davon wurden noch nie publiziert. Von den 87 Textabbildungen (Karten, Zeichnungen, Tabellen) sind 54 neu. Wertvolle neue Belege bieten vor allem die alten Zeichnungen und Stiche der in Frage kommenden Orte. Diese historischen Ansichten entsprechen in ihrer künstlerischen Perspektive der Landschaften und Orte oft besser dem dichterischen Blick Homers als Photographien. Vor allem enthalten sie noch nicht die modernen Veränderungen durch Neubauten, Eisenbahnen, Schnellstraßen, Flußregulierungen, Strandanlagen für Badegäste und Industriegebiete. Diese haben die homerische Atmosphäre der Naturlandschaft, die Goethe in Sizilien empfand, inzwischen – teilweise erst in den letzten Jahrzehnten – an manchen Stellen erheblich beeinträchtigt. Wer einmal am Hafen von Messina den *Braccio di S. Raineri* entlang wandert, wird angesichts des paradiesischen Gartens vor dem *Istituto di Talassografia* und des beklagenswerten Zustandes in der Gegend der früheren Zitadelle den Unterschied lebhaft bemerken. Erfreulicherweise gibt es aber immer noch eine ganze Reihe homerischer Orte, an denen auch Photographien zur Veranschaulichung der im Text vorgebrachten Überlegungen dienen können. Der »Phaiaken«-Blick von Tiriolo auf die zwei Meere ist von der italienischen Regierung unter Naturschutz gestellt worden: er darf nicht verbaut werden. Dieses besonders gegen Abend eindrucksvolle Panorama ist allerdings in seiner ganzen Breite mit einer normalen Kamera nur schlecht zu photographieren. Das Bild 37 aus der 1. Ausgabe ist daher durch zwei Zeichnungen aus dem Jahre 1852 ersetzt worden, die den Charakter der Landenge zwischen den beiden Buchten der zwei Meere deutlicher wiedergeben.

Herzlich danke ich allen, die durch Hinweise, Korrekturen und sonstige Hilfen zum Erscheinen dieses Buches beigetragen haben. Ein besonderer Dank gilt der Universität Messina, die mir im Frühjahr 1982 ihr Forschungsschiff zur Verfügung stellte, um einmal die Meerenge von »Skylla« und »Charybdis« auf dem nach Homer vorgezeichneten Kurs zu durchfahren – glücklicherweise ohne den Schiffbruch! Dem Verlag Langen Müller danke ich für die Übernahme und die großzügige Ausstattung der Neuausgabe. Da diese Bearbeitung ein neues Werk geworden ist, ist auch der neue Titel gerechtfertigt. Der Obertitel stammt von dem Verlag, der Untertitel von mir.

Frankfurt am Main, im Herbst 1983 Armin Wolf

Kapitel I

Die Streitfrage

»Es ist nicht homerisch,
das Wunderbare
an Unwahres zu knüpfen.«
ἐκ μηδενὸς δὲ ἀληθοῦς ἀνάπτειν
κένην τερατολογίαν
οὐχ Ὁμηρικόν.
(Strabon I 2, 9.)

In den 2700 Jahren von Homer bis heute wurden mehr als 80 Theorien darüber aufgestellt, wo Odysseus auf seinen ›Irrfahrten‹ überall gewesen sein soll. Eine Karte aller dieser Orte reicht über das ganze Mittelmeer und weit darüber hinaus von Teneriffa bis zum Persischen Golf, von Island und Norwegen bis Südafrika, ja vom Nordpol bis zum Südpol! Die einen glaubten, die Spuren des Odysseus hier, die anderen dort gefunden zu haben. Nach der allerneuesten Theorie soll Odysseus sogar rund um die Erde gesegelt sein.

Widersprüche zwischen den verschiedenen Lokalisierungen sind augenfällig. Sie führten schon fünf Jahrhunderte nach Homer den alexandrinischen Gelehrten Eratosthenes zu der skeptischen Auffassung: »Alle, für die die Irrfahrt des Odysseus nicht erdichtet ist, sondern auf Wahrheit beruht, werden bereits dadurch widerlegt, daß sie nicht miteinander übereinstimmen[1].« Ähnlich formuliert in unserer Zeit Alfred Heubeck eine weit verbreitete Lehre: »Immer noch jagt man dem Phantom nach, die Irrfahrten des Odysseus lokalisieren zu können ... Abgesehen von der prinzipiellen Hoffnungslosigkeit des Unterfangens müßten ... schon die verschiedenartigen Ergebnisse solcher Untersuchungen bedenklich stimmen[2].« Noch schärfer ist das Urteil von Albin Lesky, der »das verkehrte Bemühen, die Fahrten des Odysseus auf der Landkarte einzuzeichnen« als »müßiges Spiel« und »Unfug« bezeichnet und demgegenüber behauptet: »In Wahrheit spielen die Abenteuer der Odysseusfahrt in einem *Märchenlande,* weit außerhalb der Welt, die zur Zeit der Entstehung dieser Geschichten bekannt war[3].«

Die Widersprüche zwischen den verschiedenen Lokalisierungen lassen zwar erkennen, daß die meisten Lokalisatoren

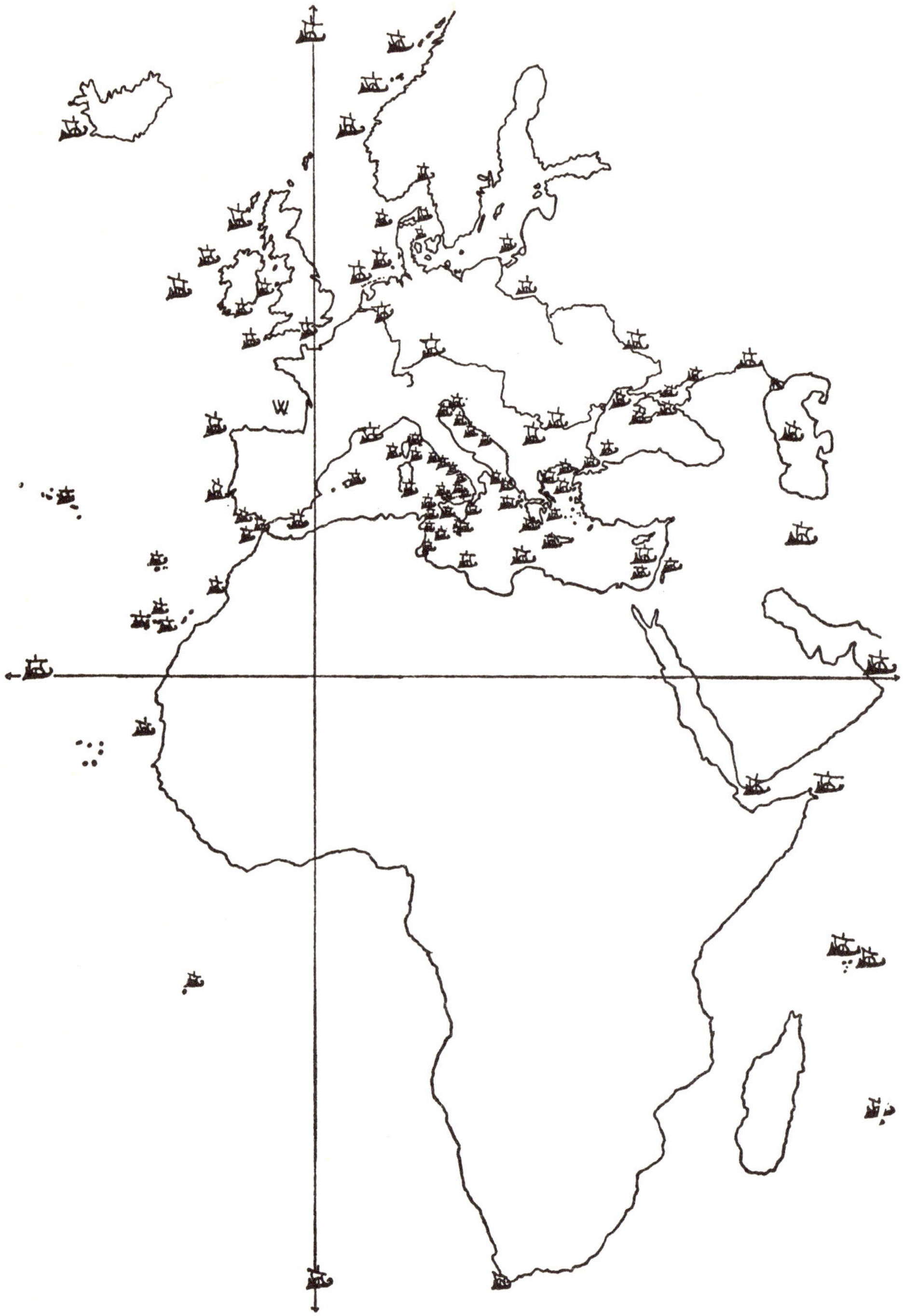

Fig. 1 Küsten und Orte, die Odysseus auf seinen ›Irrfahrten‹ besucht haben soll (nach über 80 Theorien aus 27 Jahrhunderten)

- sich nicht stets über ihre Voraussetzungen Rechenschaft gegeben haben,
- nicht immer methodisch streng genug vorgegangen sind,
- nicht genügend die Theorien anderer – insbesondere auch der Skeptiker seit Eratosthenes – berücksichtigt haben

und daß eine Lösung, falls sie überhaupt möglich ist, schwierig ist.
Die Widersprüche, auch der absurdesten Lokalisierungen, sind aber keineswegs ein Beweis dafür, daß *alle* Lokalisierungen falsch sind, und auch kein Beweis dafür, daß die Frage *prinzipiell* unlösbar ist. Der Schluß des Eratosthenes ist nämlich logisch falsch. So stimmen z. B. auch die Theorien der Philologen über die Entstehung der homerischen Epen nicht überein; bis heute haben sie noch zu keiner endgültigen Lösung der homerischen Frage geführt. Nach der Logik des Eratosthenes wären sie wegen ihrer Widersprüchlichkeit alle widerlegt! Ein solcher Schluß wäre aber nicht nur falsch, er täte auch dem Erkenntnisbemühen von Generationen von Forschern Unrecht.
Zwischen den beiden Parteien der Lokalisatoren und ihrer Gegner gab es bisher wenig Verständigung. Nur selten wurden die Argumente der anderen ernsthaft in die eigenen Erwägungen einbezogen. Im Grunde unterstellten die Lokalisatoren von vornherein, daß die Odyssee in der realen Geographie spiele, und fragten nur noch nach dem Wo. Deren Gegner lehnten aber bereits diese Frage ab und unterstellten, Odysseus sei »aus der bekannten Welt in die Meere der Phantasie« getrieben worden[4]. Diese Behauptung wurde aber ebenfalls bis heute nie schlüssig bewiesen.

Wir wollen daher nicht einfach eine 81. Theorie aufstellen, sondern erstmals eine Methode entwickeln, mit der die grundsätzliche Frage, ob die Odyssee Bilder der wirklichen Welt enthält oder in einem Märchenland spielt oder inwieweit beides zutrifft, nicht vorweg entschieden wird, sondern kritisch – und das heißt auch selbstkritisch – geprüft werden kann. Auf dieser Methode beruht das Neue der Überlegungen, die wir hier zur Diskussion stellen.
Neu ist ferner eine möglichst vollständige Forschungsgeschichte bisheriger Lokalisierungsversuche. Die Skeptiker haben die bisherigen Theorien in der Regel nur nach den einzelnen Orten der Abenteuer aufgeschlüsselt, und z. B. gefragt: Wo überall hat man sich das Land der Kyklopen oder die Insel der Kalypso vorgestellt[5]? Bei jedem Ort eines Abenteuers ließ man dann in Gedanken ›Irrfahrten‹ hin und her über den halben Globus stattfinden; dabei wurde zwar die Widersprüchlichkeit der vielen Lokalisierungsversuche immer wieder deutlich, nicht jedoch der Grundgedanke und die Bedingtheit jeder einzelnen Theorie insgesamt. Aber auch die vielen Lokalisatoren haben eine solche Geschichte der Versuche ihrer Vorgänger bisher nicht geliefert, sei es, weil sie ihnen zu viel Mühe gemacht hätte, sei es vielleicht, weil sie einen Vergleich mit ihren Konkurrenten scheuten.

Zunächst ist festzuhalten, daß wir für den νόστος, d. h. für die Heimfahrt des Odysseus von Troia nach Ithaka, bisher kein zeitgenössisches Schriftzeugnis kennen. Die sagenhafte Eroberung Troias wird traditionell in das 12. Jahrhundert v. Chr. datiert. Die unter dem Namen Homers überlieferte Odyssee entstand erst lange Zeit später, wahrscheinlich im 8. Jahrhundert v. Chr. Bei der Frage nach der Geographie der Odyssee geht es daher genaugenommen um die Vorstellungen, die der Dichter von der Heimfahrt des Odysseus hatte, nicht um diese selbst. Diese historische Brechung ist immer im Sinn zu behalten, auch wenn wir der Einfachheit halber weiterhin von *Odysseus* sprechen, wo es umständlicher *der von Homer vorgestellte Odysseus* heißen müßte. Wieweit dieser dem 400 Jahre älteren Odysseus der Sage gleicht oder nicht, ist eine Frage, die wir nicht beantworten können, solange wir von diesem älteren Odysseus keine unmittelbare Zeugnisse besitzen.

Indem Heinrich Schliemann bestimmte Angaben Homers in der Ilias geographisch wörtlich nahm, entdeckte er Troia. Versuche, auch die Odyssee überzeugend zu lokalisieren, scheiterten jedoch bisher daran, daß die Orte der Odyssee immer erst *einzeln* gesucht und dann *nachträglich* oder auch *gar nicht* zu einer Fahrtroute verbunden wurden[6]. Die einzelnen Ortsbeschreibungen Homers reichen jedoch – auch in Verbindung mit mehr oder weniger glaubhaften Lokaltraditionen – nicht aus, diese Orte eindeutig festzulegen. So wurde z. B. der Hafen Telepylos von einem Norweger in Jütland (Limfjord), von einem Russen auf der Krim (Balaklava) und von einem Franzosen auf Korsika (Bonifacio) gesehen[7]. Jeder berief sich dabei auf die nach Homer diesen Hafen kennzeichnende schmale Einfahrt, steile Felsumrandung und hochgelegene Burg (10, 77-96). Mit gleichem Recht könnten noch viele ähnliche Orte auf der Welt das Telepylos Homers sein. Jede dieser Deutungen ist aber so unsicher wie die andere; denn die Methode der Einzellokalisierungen setzt der Phantasie keine Grenzen. Daran liegt es auch, daß die bisherigen Theorien über den Weg des Odysseus einander so sehr widersprechen.

Alle auf diese Weise gefundenen Fahrtrouten widersprechen aber auch bestimmten Einzelangaben Homers[8], und man muß daher diesen Theorien – neben dem Mangel an Eindeutigkeit – Inkonsequenz vorwerfen, weil sie die homerischen Angaben nur teilweise und nicht vollständig wörtlich deuten konnten oder wollten. Solche Widersprüche zwischen angeblichen Routen des Odysseus und den wörtlichen Angaben Homers führten dann oft zu der Meinung, Homer habe eben keine Erfahrung gehabt und Länder und Meere der Odyssee schlecht gekannt. Ein solcher Widerspruch liegt z. B. darin, daß Kirke bei Homer auf einer »Insel, die rings im Kreis ein unendliches Meer umgibt,« wohnt (10,195) und es seit dem 4. Jahrhundert n. Chr. eine Vorstellung gab, die Zauberin habe auf einem Vorgebirge 90 km südlich von Rom gewohnt (heute Monte Circeo). Dieses Kap war aber »längst vor dem Untergang Trojas ... keine Insel mehr, sondern ... seit der Urzeit mit dem Festland verbunden«. Mit diesem Widerspruch begründete jüngst Bernard Andreae seine Auffassung, daß, was Homer schilderte, sich »vor seinem inneren Auge« vollziehe: »Man kann die Odyssee nicht mit einem Segelboot nachfahren wollen[9].« Aus dem genannten Widerspruch ist genaugenommen aber lediglich zu schließen, daß die erst vier Jahrhunderte nach Homer bezeugte Benennung des Kaps nicht der homerischen Vorstellung entspricht. In ähnlicher Weise lagen z. B. nach der Theorie eines der gründlichsten Erforscher der homerischen Geographie, Victor Bérard, – im Einklang mit alten Lokaltraditionen – die »Insel der Sirenen« bei Neapel und die Meerenge von »Skylla und Charybdis« in der Straße von Messina, also in »280 km Luftlinie« Entfernung, obwohl Bérard selbst bemerkte, daß Homer sich Sireneninsel und Meerenge »ganz nahe« beieinander vorstellte. Angesichts dieses Widerspruchs zweifelte Bérard jedoch nicht an einer der von ihm übernommenen Lokaltraditionen, sondern zieh Homer einer »Ungenauigkeit« und sogar »einer ziemlich schweren[10].«

Wir dürfen nun nicht diesen methodischen Fehler wiederholen. Statt durch Verbindung irgendwie gefundener Orte der Abenteuer nachträglich eine Fahrtroute zusammenzustellen, die dann den Fahrtangaben Homers irgendwo widerspricht, wollen wir umgekehrt fragen: Sind mit Hilfe der von Homer beschriebenen Fahrtroute nachträglich die einzelnen Orte zu suchen?

Die Schwierigkeit bei allen Bemühungen, die Odyssee zu lokalisieren, liegt vor allem darin, daß Homer nicht für *jede* einzelne Strecke Fahrtlänge und -richtung ausdrücklich angibt. Aber auch bei einem Dreieck müssen zu dessen geometrischer Konstruktion keineswegs *alle* Seitenlängen und -winkel bekannt sein, sondern in der Regel nur die Hälfte. Entsprechend wollen wir prüfen, ob nicht die von Homer erwähnten nautischen Angaben bereits ausreichen, die *Gesamtheit* der Fahrtstrecken zu rekonstruieren und damit auch die zuvor unbekannten Fahrtstrecken und Orte hinreichend zu bestimmen. Ein solcher Versuch wurde bisher noch nicht unternommen. Er setzt freilich voraus, daß die Erzählung von der Heimfahrt des Odysseus im wesentlichen als das Werk eines einzigen Dichters zu betrachten ist. Wir nennen diesen Dichter Homer, wie immer sein Name gelautet haben mag. Ob dieser das gesamte Epos geschaffen hat oder ob die Odyssee von zwei oder mehreren Dichtern stammt, ist jedoch im übrigen für unsere Beweisführung unerheblich.

Der Fahrtbericht enthält eine Reihe dunkler oder vieldeutiger Stellen: So soll Aiolos auf einer »schwimmenden« Insel wohnen (10, 3); bei den Laistrygonen sind »nahe die Pfade der Nacht wie auch des Tages« (10, 86); auf die Kimmerischen Männer »blickt niemals der leuchtende Helios« herab (11, 15-16); die menschenfressende Skylla lebt in ihrer Felsenhöhle höher, als ein Bogenschuß reicht, und ihre sechs Hälse sind doch so lang, daß sie unten im Wasser fischen kann (12, 80-100); Kalypso wohnt auf einer »fernen« Insel, »wo der Nabel des Meeres ist« (5, 55; 1, 50); und die

Phaiaken wohnen »weitab in dem vielflutenden Meer, zuäußerst« (6, 204-205). Viele frühere Lokalisierungstheorien sind auf Deutungen solcher Stellen aufgebaut. So wurde z. B. des Phaiakenland angeblich schon in Kerkyra/Korfu (THUKYDIDES 431/411 v. Chr.), Epeiros (E. BUCHHOLZ 1871), Teneriffa (A. KRICHENBAUER 1877), Andalusien (A. BREUSING 1889), Trapani/Westsizilien (S. BUTLER 1897), Aden oder Sokotra (EUMAIOS 1898), Palästina (J. SCHREINER 1901), Ischia (P. CHAMPAULT 1906), Kreta (W. KRANZ 1915), Nordosttunesien (A. HERRMANN 1926), Zypern (A. D. FRAZER 1932), Drontheim/Norwegen (F. J. WIL 1950), Thera (J. P. DROOP 1951), Kyrenaika (L. MOULINIER 1958), Helgoland (O. ZELLER 1959), Malta (F. COUDENHOVE-KALERGI 1960) und Istrien (A. ROUSSEAU-LIESSENS 1961) gesucht, schließlich in der kalabrischen Landenge Großgriechenlands (H.-H. und A. WOLF 1968) und neuerdings sogar in Lo-Yang/China (H. DAUNICHT 1970), Cornwall (H. STEUERWALD 1978) und auf der Halbinsel Sinai (C. PELLECH 1983) – oft mit der Begründung, es liege nach dem Zeugnis Homers »fern« oder »weitab«. Niemand hat aber bisher systematisch untersucht, was denn im Rahmen des homerischen Weltbildes »fern« ist.
Wir wollen umgekehrt von den viel zahlreicheren Angaben Homers ausgehen, die, wenn man sie wörtlich nimmt, eindeutig sind (Nord, Süd, Ost, West; Tage, Nächte und deren Anzahl; Morgen und Abend; Rudern und Segeln). Vielleicht lassen sich mit Hilfe dieser Angaben Orte finden, deren Eigenart auch einmal die Rätsel jener dunklen Verse lösen und die bei vieldeutigen Worten wie »fern« uns dann lehren können, was Homer sich unter »fern« oder »zuäußerst im Meer« vorstellte.

Wir unterstellen also nicht von vornherein ein bestimmtes Weltbild Homers, sondern wollen umgekehrt prüfen, ob sich dieses Weltbild mit Hilfe methodisch kritisch zu erforschender Lokalisierungen rekonstruieren läßt. Wenn wir bei diesem Versuch auch moderne See- und Landkarten zu Hilfe nehmen, so ist dies keineswegs anachronistisch[11]. Selbstverständlich wissen wir, daß Homer nicht mit einem Atlas solcher Karten auf dem Schreibtisch die Odyssee komponiert hat. Gewiß aber gab es bereits zu seiner Zeit Länder und Meere, Küsten und Häfen, Berge, Täler und Flüsse. Diese Naturgegebenheiten haben sich seitdem – von Ausnahmen abgesehen – nur geringfügig verändert. Wir benutzen unsere modernen Karten daher nur als das Hilfsmittel einer bildlichen Darstellung der realen Welt, in der auch der Odyssee-Dichter gelebt haben muß. Ob er davon etwas gewußt und in die Dichtung hat einfließen lassen oder nicht, wollen wir ja gerade prüfen. Anachronistisch erscheinen uns vielmehr jene angeblichen Karten der homerischen Welt, die mit willkürlich verzerrten Küstenlinien eine Altertümlichkeit vortäuschen, aber in Wirklichkeit bloße Rekonstruktionen aus dem 19. Jahrhundert sind[12].
Die folgenden Untersuchungen werden also die Berichte von der Heimfahrt des Odysseus – oft scheinbar respektlos – auf einen möglichen nautischen und

topographischen Inhalt hin durchleuchten. Der Homer verehrende Leser möge nicht befremdet sein, wenn dabei allein auf diese vergleichsweise profane Schicht abgehoben wird und Verse Homers, die selbstverständlich auch unter vielen anderen Aspekten interpretiert werden können, nautisch betrachtet werden. Wir wollen bei diesem Vorgehen in keiner Weise das Mythische und das Poetische der Odyssee leugnen, sondern nur prüfen, ob sich darunter oder darin *auch* eine Schicht nautisch-topographischer Daten befindet. Walter Marg hat uns vorgeworfen, daß »damit die ganze Poesie vor die Hunde geht[13].« Es könnte sich aber zeigen, daß gerade besondere Qualitäten des Dichters deutlich werden, wenn man dessen Werk nicht allein unter einer literarischen, sondern auch unter einer historischen Fragestellung untersucht[14]. Marg spottet zwar mit der Autorität des »großen Eratosthenes vor über 2000 Jahren«, daß man die Irrfahrten des Odysseus erst ausmachen könne, wenn man den Sattler fände, der den Schlauch der Winde genäht habe[15]. Er verschweigt aber den Kontext, in dem dieses Gleichnis überliefert ist. Dort argumentiert nämlich mit der gleichen Autorität der Antike Strabon gerade gegen Eratosthenes, daß die Kenntnis der Orte zur Vollkommenheit eines Dichters beitrage[16].

Ein antikes Epos kann durchaus an realen Orten spielen, ohne seinen Zauber zu verlieren. Dies zeigt Vergils Aeneis: Der Dichter führt seinen Helden von Troia südlich um Griechenland herum, bei Ithaka und den Phaiaken vorbei, zum Busen von Tarent, nach Scylaceum und Caulonia, unter Vermeidung der Meerenge am Ätna vorbei südlich um Sizilien herum bis zu dessen Westspitze. Bei der Weiterfahrt wird Aeneas nach Karthago verschlagen. Er kehrt dann erneut nach Sizilien (Eryx) zurück, findet den Weg nach Kampanien und beendet seine Reise bei der Mündung des Tiber[17].

Warum also sollte nicht auch Homers Epos an die geographische Wirklichkeit anknüpfen? Es findet sich in der Odyssee doch »niemals ein Hinweis darauf, daß der Dichter die Irrfahrten des Odysseus als ›Dichtung‹ im Sinne von Fiktion oder Lüge ausgeben will[18].«

Grundlage der folgenden Untersuchungen werden sein:

1. der *Text* der Odyssee, insbesondere der Bericht von der Heimfahrt des Odysseus (Gesänge 5 bis 13). Dabei gehen wir grundsätzlich von der Einheit wenigstens derjenigen Partien aus, in denen Wolfgang Schadewaldt »eine originale Dichtung: die Dichtung von der ›Heimkehr des Odysseus‹« erkannte[19].
2. die tatsächlichen *Naturgegebenheiten,* wie sie z. B. auf Seekarten verzeichnet sind[20] und wie wir sie auf insgesamt zwölf Reisen mit Homer in der Hand in den Jahren zwischen 1962 und 1982 an Ort und Stelle beobachtet haben. Wir unterstellen dabei, daß die Naturgegebenheiten im wesentlichen gleichgeblieben sind, berücksichtigen aber bekannt gewordene Veränderungen.

Fig. 2 Die Reisen des Aeneas im Epos des Vergil, nach W. F. JACKSON KNIGHT (1956)

Miles
0 50 100
THRACE
?Aeneadae
Thasos
Samothrace
Athos
Imbros
Rhoeteum
Ceraunia
Troy
MYSIA
Mt Olympus
Lemnos
Mt Ida
Tenedos
Antandros
Buthrotum
THESSALY
AEGEAN
Lesbos
Phaeacia
[Corfu]
EPIRUS
LYDIA
Smyrna
Leucas
Actium
Chios
Erythrae
Euboea
Leucate
Calydon
Thebes
Claros
SEA
Samos
Same
Ithaca
ATTICA
Athens
Mycenae
Myconos
Zacynthos
ARCADIA
Argos
Delos
Paros
Donusa
Strophades Is
Sparta
Naxos
Oleandros
Rhodes
Malea
Cythera
?Pergamea
Mt Ida
Cnossus
Mt Dicte
SEA
CRETA

Unsere *Methode* besteht darin, die Angaben des Textes (einschließlich der sogenannten stehenden Redewendungen und schmückenden Beiwörter) in Bezug auf Raum und Zeit (Richtungen, Orte, Entfernungen) – versuchsweise – einzeln und in ihrer Gesamtheit wörtlich zu nehmen und mit den Naturgegebenheiten zu vergleichen.

Wir gehen dabei in drei Schritten vor:

1. Aus den homerischen Fahrtrichtungsangaben werden zunächst rein geometrisch – d. h. ohne jeden Bezug zu den Naturgegebenheiten – die Himmelsrichtungen der einzelnen Fahrtstrecken und deren Zuordnung zueinander bestimmt, so daß ein Schema der Gesamtfahrt entsteht (Kapitel II).
2. Dieses geometrische Schema wird mit den tatsächlichen Naturgegebenheiten des Mittelmeeres verglichen, indem es Strecke für Strecke auf die Seekarte projiziert wird. Ergeben sich Entsprechungen, so gelten diese als mögliche geographische Bestimmungen (Kapitel III).
3. Dieses auf die Seekarte projizierte Fahrtschema wird in seinen einzelnen Strecken mit Hilfe der homerischen Angaben über Fahrtdauer und -geschwindigkeit kontrolliert und gegebenenfalls präzisiert (Kapitel IV).

Bei Anwendung dieser kritischen Methode wird sich ergeben, inwieweit die nautischen Angaben Homers einzeln und in ihrer Gesamtheit widerspruchsfrei mit der geographischen Wirklichkeit vereinbar sind oder nicht. Daran wird sich entscheiden, inwieweit Homer seiner Dichtung tatsächlich einen solchen geographischen und damit auch historischen Kern zugrunde legte oder uns ein Reich der Phantasie vorstellt. Daraus schließlich ergeben sich *Folgerungen* für unser Bild von der homerischen Welt (Kapitel V).

TEXTANALYSE

Landaufenthalte und Seefahrten

Da die Fahrt des Odysseus im Epos nicht in chronologischer Reihenfolge behandelt wird, sondern in kunstvoller Umrahmung und Wiederholung, mag dem Leser, dem der Aufbau der Odyssee nicht genau gegenwärtig ist, folgende Übersicht über die einzelnen Textabschnitte nützlich sein. Beginnend mit Kap Maleia, an dem Odysseus auf dem Heimweg von Troia verschlagen wurde, bezeichnen wir die Orte der Landaufenthalte mit arabischen, die Strecken der Seefahrten mit römischen Zahlen. Diese Bezifferung wird zur leichteren Orientierung auch bei den folgenden Untersuchungen beibehalten.
Textstellen aus der Odyssee werden in der deutschen Übersetzung von Wolfgang SCHADEWALDT zitiert (erstmals erschienen in der Reihe Rowohlts Klassiker 29/30, Hamburg 1958, dann in der »Artemis-Bibliothek der Alten Welt«, Zürich 1966). Wenn es auf den Urtext besonders ankommt oder wenn von der genannten Übersetzung abgewichen wird, erscheint der griechische Text zusätzlich in Klammern.

GESANG 1–7 (GESANG VERSE)	GESANG 7–9 (GESANG VERSE)	GESANG 9–13 (GESANG VERSE)		LANDAUFENTHALTE		SEEFAHRTEN	ANMERKUNGEN
		9, 37– 38		ILION (TROJA)			
		39– 40				nach ISMAROS	
		40– 61		bei den KIKONEN in ISMAROS			
		62– 73				zum FESTEN LAND	a
		74– 78		auf dem FESTEN LAND			
		78– 81	1	verschlagen bei KAP MALEIA			
		82– 84			I	zum LAND der LOTOPHAGEN	
		85–104	2	im Land der LOTOPHAGEN			
		104–149			II	zum LAND der KYKLOPEN	
		150–564	3	auf der INSEL und im LAND der KYKLOPEN			
		564–566. 10, 1– 12			III	zur INSEL des AIOLOS	
		13– 24	4	bei AIOLOS auf der INSEL			
		25– 55			IV	nahe zum VÄTERLICHEN LAND, aber zurück zur INSEL	
		56– 76	4	wieder bei AIOLOS auf der INSEL			
		77– 96			V	zum LAISTRYGONISCHEN TELEPYLOS	
		97–127	5	bei den LAISTRYGONEN in TELEPYLOS			
		128–141			VI	zu KIRKE auf der INSEL AIA	
		142–541 11, 1– 5	6	bei KIRKE auf der INSEL AIA			b
		6– 20			VII	zum HAUS des HADES im GAU der KIMMERIER	
		20–638	7	bei TEIRESIAS beim HAUS des HADES			c
		639–640. 12, 1–306			VIII	vorbei an der INSEL der SIRENEN durch die ENGE	d
		306–401	8	bei den RINDERN des HELIOS auf THRINAKIA			e
		401–431			IX	Schiffbruch, Rückkehr vorbei an SKYLLA zur CHARYBDIS	
		432–443	9	am FEIGENBAUM über der CHARYBDIS			
	7, 243–258	444–449			X	zurück durch [die ENGE] nach OGYGIA	f
		450	10	bei KALYPSO auf der INSEL OGYGIA			
1, 1– 87 5, 28– 54				OLYMP			g
55–268	259–265		10	bei KALYPSO auf der INSEL OGYGIA			
269–453	266–282				XI	nach SCHERIA, dem LAND der PHÄAKEN	h
453–493.			11	in SCHERIA, dem LAND der PHÄAKEN			
6, 1–331 7, 1– 13	283–296			NAUSIKAA			i
14– 81				ATHENE			k
81–242				ARETE			l
	317–347.	450–453. 13, 1– 27		ALKINOOS			m
	8, 1–586.	27– 28		DEMODOKOS			n
	9, 1– 18	28– 77		ODYSSEUS			o
		78–115			XII	nach ITHAKA	
	19– 36	116–124...	12	auf ITHAKA			p

Folgende Verse gehören nach Wolfgang Schadewaldt (Homer, Die Odyssee, Hamburg 1958, 329-331) nicht der ursprünglichen Dichtung A, sondern einem späteren Bearbeiter B zu:

a) 9, 64-66.

b) 10, ca. 542-574.

c) 11, 51-83; 104-120 (bei A gab Teiresias hier die ›Maße der Fahrt‹ an; 12, 39-141 stand ursprünglich hier); 138-149; 328-567; 615-627. (Bei A ging die Fahrt von der Unterwelt über den Okeanos auf das Meer und dann ohne erneute Rückfahrt zu Kirke gleich weiter zu den Sirenen.)

d) 12, 3-37 (38-141 gehört in die Teiresiasrede im 11. Gesang hinter 104; dabei ist 12, 111-126 Zusatz von B. In den Versen 12, 155, 268, 273 war bei A nicht Kirke, sondern nur Teiresias genannt); 142-152; 226-227; 296-304.

e) 12, 394-396.

f) 7, 251-258.

g) Gesang 1, 6-9, 28-47; 88-444; Gesänge 2, 3 und 4; Gesang 5, 1-27.

h) 5, 382-387.

i) 6, 328-331; 7, 293-294; 297-316.

k) 7, 14 Ende bis 18; 34-36.

l) 7, 103-132 (von A gedichtet, doch von B an diese Stelle gesetzt. Stand bei A wahrscheinlich ursprünglich hinter 6, 294); 148-232.

m) 7, 334-347. 12, 450 Ende bis 453. 13, 10-12.

n) 8, 1-61; ca. 73-265; 370 bis ca. 473; 489-491; 556 zweite Hälfte bis 576.

o) 13, 66-69; 71-72.

p) 9, 29-36.

Zum Problem der Textscheidung und des Aufbaus der Dichtung vgl. auch die Anmerkungen zum Textanhang S. 266.

◁ Fig. 3 TEXTANALYSE: Landaufenthalte und Seefahrten

Kapitel II

Fahrtrichtungen

Lassen sich aus den Fahrtrichtungsangaben Homers alle zwölf Abschnitte der Fahrt des Odysseus in ihren *Richtungen* bestimmen und in ihrer Zuordnung zueinander in ein geometrisches Beziehungssystem bringen? Dies ist die Frage, die wir in diesem Kapitel stellen. Da erst bewiesen werden soll, ob überhaupt eine geographische und damit historische Deutung des homerischen Fahrtberichtes möglich ist, darf diese hier keinesfalls vorausgesetzt werden, sondern wir müssen zunächst *theoretisch,* d. h. ohne jede Stütze irgendeiner vermeintlichen Lokalisierung und ohne Bezug auf die geographische Wirklichkeit oder einen historischen Tatbestand vorgehen. Anknüpfen können wir nur an Orte, die Homer in Griechenland selbst erwähnt (Ithaka, Kap Maleia, Kythera, Kreta, Euboia, Troia) und die allgemein bekannt sind. Das Ergebnis der folgenden Überlegungen wird also – gewissermaßen als Entwurf einer Märchenland-Karte – nur *schematisch* darzustellen sein (vgl. das Schema Seite 20–21).

Die wichtigste Grundlage für die Konstruktion dieses Schemas sind die *Windrichtungen,* die Homer als Fahrtrichtungen angibt[1]. So bedeuten z. B. Westwind Ostkurs, Nordwind Südkurs usw. Da Homer nur die vier Hauptwindrichtungen nennt, ist unser Schema allein auf diesen aufzubauen. Denkbare Kursabweichungen bis zu jeweils 45° sind daher in diesem Märchenland unerheblich und erst zu berücksichtigen, wenn die Wind- und Fahrtrichtungsangaben tatsächlich auf eine geographische Wirklichkeit zu beziehen sind (vgl. unten)[2]. Ebenfalls erst später werden Abweichungen der Fahrt von der Windrichtung behandelt, die entstehen, wenn »der Wind und der *Steuermann*« das Schiff lenken (11, 10). Solche Abweichungen können allerdings nicht allzu groß sein; denn die Kunst des Kreuzens – das Segeln gegen den Wind – war Odysseus offenbar noch unbekannt[3]. Bestimmte Winde hielten ihn einen ganzen Mond lang auf der »Insel des Helios« fest (12, 325 f.), während er mit Kenntnis des Kreuzens hätte ausfahren können.

Wenn Homer an einer Stelle sagt, »der Wind und der Steuermann« lenkten das Schiff, und an anderer, »doch trieb die Woge und die Strömung mich ab ... und auch der Nordwind« (9, 80 ff.), so bedeutet dies, daß Homer nautische Unterschiede zu machen versteht. Daher haben wir einfache, unmodifizierte Windrichtungsangaben

– z. B. »mir aber ließ er den Hauch des Westwinds wehen, damit er die Schiffe und uns selber trage« (10, 25 f.) – als reine Fahrtrichtung aufzufassen: Denn die hier versuchsweise durchzuspielende Annahme, die nautischen Angaben Homers seien wörtlich zu nehmen, schließt zweierlei ein: 1. Auch ein Fehlen bestimmter nautischer Angaben ist ernst zu nehmen, und willkürliche Ergänzungen sind an solcher Stelle methodisch nicht statthaft. 2. Die jeweilige Fahrtrichtung ist allein aus den gegebenen Daten zu erschließen – was z. B. auch bedeutet, daß eine Richtungsangabe bis zu einer neuen Angabe zu gelten hat, – und darf ebenfalls nicht willkürlich verändert werden. Wie weit wir bei diesen strengen Bedingungen kommen, muß sich zeigen.
Im einzelnen liegen der schematischen Rekonstruktion der Fahrtroute folgende Überlegungen zugrunde:

Strecke XII. Weil der Zielort der Heimfahrt bekannt ist, erweist es sich als zweckmäßig, die von Homer beschriebene Fahrt des Odysseus von dorther zu bestimmen[4]. Dieses Ziel war bekanntlich die Insel Ithaka. Dorthin wurde Odysseus von den Phaiaken gerudert (13, 78; 115) oder gesegelt (8, 54 B). Die Phaiaken brachen nach Sinken der Sonne (13, 35) auf, und über die Abfahrt schreibt Homer: » . . . *hinterdrein* rollte gewaltig die *purpurne* Woge des vieltosenden Meeres« (13, 84 f.). Ein ähnliches Bild finden wir bei Goethe: »Die Sonne ging unter ins Meer, begleitet von Wolken und einem langen, meilenweit reichenden Streifen; alles purpurglänzende Lichter« (Italienische Reise »Seefahrt, Freitag, den 30. März 1787«). Homers Vers wird sich also auf einen Sonnenuntergang im Rücken des nach Ithaka strebenden Schiffes beziehen[5], und das Phaiakenland ist daher *westlich* von Ithaka vorzustellen. Darauf deutet Homer ebenfalls mit der Angabe, daß die Insel Euboia, die an Griechenlands Ostseite liegt, vom Phaiakenland »am weitesten entfernt« ist (7, 321-322). Für die West-Ost-Richtung der Heimfahrt vom Phaiakenland nach Ithaka spricht schließlich, daß im Phaiakenland »immerfort« – also auch bei der Abfahrt – »Westwind« wehte (7, 118-119).

Strecke XI. Das »Phaiakenland« erreichte Odysseus von der »Kalypso-Insel Ogygia« her ebenfalls auf Ostkurs. Homer gibt für diese Strecke sogar astronomisch genau an: Odysseus hatte »die Bärin, die sie auch den ›Wagen‹ mit Beinamen nennen . . . während er das Meer durchquerte, zu seiner linken Hand« (5, 273; 277). Wer nun das Nordgestirn links läßt, fährt von Westen nach Osten. So müssen wir die »Insel Ogygia« *westlich* vom »Phaiakenland« in unser Schema einzeichnen.

Strecke X und Strecke IX. An die »Kalypso-Insel Ogygia« wurde Odysseus angespült, nachdem er, aus dem Schiffbruch entkommen, mit Südwind durch die »Enge« der »Skylla« und »Charybdis« hindurchgetrieben worden war. Homer erzählt: Als

Odysseus sich nach dem Schiffbruch auf Kiel und Mastbaum gerettet hatte, »kam schnell der Süd herauf ..., auf daß ich noch einmal die böse Charybdis durchmessen sollte« (12, 427 f.), und ».von dorther trug es mich ... zur Insel Ogygia« (12, 447 f.). Wir haben also die »Enge« *südlich* von »Ogygia« und den Ort des Schiffbruchs wiederum *südlich* von der »Enge« anzusetzen.

Während der einzelnen Phasen des Schiffbruchs wurde Odysseus die ganze Zeit von Westwind – also nach Osten – getrieben. Homer berichtet: »Es kam sausender West, ... und eine Böe des Windes zerriß die Vordertaue am Mast beide, und der Mastbaum fiel hintüber« (12, 407-410). Damit begann der Schiffbruch, und erst als Odysseus sich nach dem Zerbersten des Schiffes auf Kiel und Mastbaum gerettet hatte, »legte sich der West« wieder (12, 426). Der Ort, an dem der Schiffbruch begann, ist also ein wenig *westlich* von dem Ort, an dem Odysseus nach Norden zur »Enge« zurückgetrieben wurde.

Odysseus wurde von dem Schiffbruch überrascht, als er von der »Insel des Helios (Thrinakia)« gesegelt kam. Auf diesem Kurs lief das Schiff »nicht für gar lange Zeit dahin, denn mit eins kam (jener) sausende West (... αἶψα γὰρ ἦλθε κεκληγὼς Ζέφυρος)« (12, 407 f.), der zum Schiffbruch führte. Der Wind hatte zuvor also aus anderer als westlicher Richtung geweht, und zwar, wie wir sicher schließen können, aus Norden; denn auch Süd- und Ostwind scheiden an dieser Stelle als Fahrtwinde aus, hatte doch Odysseus auf der »Insel des Helios« auf die Ausfahrt über einen Mond lang gewartet, bis sich die aus diesen Richtungen wehenden Winde legten. Homer sagt ausdrücklich: »Es wehte den ganzen Mond unaufhörlich der Süd, und kam alsdann kein anderer auf von den Winden außer dem Ostwind und dem Süd« (12, 325 f.)[6]. War Odysseus also mit Nordwind von der »Insel des Helios« abgefahren, so ist diese ein wenig – die Fahrt ging ausdrücklich »nicht für gar lange Zeit« dahin (12, 407) – *nördlich* von dem Ort anzusetzen, an dem der »sausende West« kam und den Mast umstürzen ließ[7].

STRECKE VIII. Zur »Insel des Helios (Thrinakia)« gelangte Odysseus, kurz nachdem er die »Enge« das erste Mal durchfahren hatte (12, 127; 234; 261). Da er beim zweiten Mal in Süd-Nord-Richtung hindurchgetrieben wurde (12, 427 f.), muß er das erste Mal in Nord-Süd-Richtung gefahren sein. Diese Fahrtrichtung läßt sich noch präzisieren. Wie aus dem bisher Gesagten folgt, liegt »Thrinakia« südlich der »Enge« und zugleich westlich der Strecke vom Ort des Schiffbruchs zur »Enge«, aufgrund beider Bestimmungen also *südwestlich* von der »Enge«. Das bedeutet für die Strecke »Enge« – »Thrinakia« eine Fahrt in südwestlicher Richtung.

Odysseus gelangte zur »Enge« vom »Gau der Kimmerischen Männer« mit dem »Haus des Hades«. Homer nennt für diese Fahrt nicht ausdrücklich eine Richtungsangabe. Doch muß dieser Gau – da Odysseus mit »Nordwind« über See dorthin segelte (10, 507-508) – an der Nordküste eines Landes liegen.

Dorthin hatte sich Odysseus gewandt, um »den Weg und die Maße der Fahrt und den Heimweg ... (ὁδὸν καὶ μέτρα κελεύθου νόστον θ' ...)« (10, 539f.) zu erfahren. Er hatte dort auch die gewünschte Auskunft von dem Seher Teiresias erhalten[8]: »Zuerst ... Sirenen, ... dann Skylla ... und ... Charybdis, dann ... Thrinakia, ... dann ... nach Ithaka, ... doch wenn ..., dann ... Untergang« (12, 39-141). Indem Odysseus, dieser Auskunft folgend, dann tatsächlich die genannten Stationen erreichte[9], stellt Homer den Seher Teiresias so dar, als wisse dieser wirklich genau über den direkten Heimweg Bescheid.

Da uns nun schon bekannt ist, daß Ithaka östlich der »Enge« von »Skylla« und »Charybdis« liegt, muß eine Heimfahrt (νόστος) (11, 100), auf deren direktem Weg die »Enge« liegt, ebenfalls nach Osten führen. Somit ist der »Gau der Kimmerischen Männer« mit dem »Haus des Hades« *westlich* der »Enge« anzusetzen. Eine gefährliche Engenfahrt ist nur dann motiviert, wenn weit und breit keine andere Umfahrt oder Durchfahrt möglich ist. Die beiden Küsten der »Enge« müssen also großen Landmassen zugehören, die den Weg von der »Insel der Kirke« und vom »Gau der Kimmerischen Männer« zum »väterlichen Land« hin versperren.[10]

STRECKE VII. Wie Odysseus zum »Haus des Hades« im »Gau der Kimmerischen Männer« kommen konnte, hatte er von Kirke auf der »Insel Aia« erfahren: »Das Schiff wird dir der Atem des Nordwindes tragen« (10, 507). Damit hat Homer die »Insel Aia« als *nördlich* vom »Gau der Kimmerischen Männer« gelegen bestimmt.

STRECKE VI. Zur »Kirke-Insel Aia« kam Odysseus vom »laistrygonischen Telepylos«. Für diese Strecke gibt Homer überhaupt keine Fahrtrichtung an; vielmehr erzählt er, daß Odysseus am Strand der »Kirke-Insel« nicht wußte, »wo das Dunkel ist und nicht, wo Morgen, auch nicht, wo Helios ... unter die Erde geht und wo er wieder heraufkommt«. Dabei hatte er die Sonne gerade eben aufgehen sehen (10, 187 ff.)! Mit ihrer Hilfe hätte Odysseus unzweifelhaft die Himmelsrichtungen (»Dunkel«, »Morgen« [ζόφος, ἠώς]) als solche bestimmen können. Sein Unwissen kann sich daher nur darauf beziehen, daß er – *trotz* der gegebenen Himmelsrichtungen – nicht wußte, in welchem Himmelsstrich er gelandet war und welche Länder im »Dunkel« oder »Morgen« lagen. Er sah nun keinen Rat mehr (10, 193): denn er befand sich auf einer »Insel, die rings im Kreise ein unendliches Meer umgibt (νῆσον, τὴν πέρι πόντος ἀπείριτος ἐστεφάνωται)« (10, 195) und wußte offenbar nicht einmal, aus welcher Richtung er gekommen war. So können auch wir von hier aus den Weg des Odysseus nicht weiter zurückverfolgen und lassen daher zunächst einmal das bisher Gefundene auf sich beruhen, um bei anderen, sicheren Angaben Homers wieder einzusetzen.

STRECKE IV. Einmal hatte Odysseus auf seiner Fahrt das »väterliche Land« bereits fast erreicht: »Nahe sahen wir schon die Feuerwachen« (10, 29-30). Soweit war Odysseus dank eines günstigen Windes, den Aiolos ihm auf den Weg gegeben hatte, gekommen, als ihn ein »böser Wirbelwind wieder zur Aiolos-Insel« zurücktrieb (10, 54-55). Der günstige Wind zuvor war ein »Westwind (πνοιὴ Ζεφύρου)« gewesen (10, 25); die »Aiolos-Insel« liegt also *westlich* vom »väterlichen Land«.

STRECKE III und STRECKE II. Zu dieser »Aiolos-Insel« war Odysseus das erstemal aus dem »Lotophagen-Land« gekommen, wobei er unterwegs das »Kyklopen-Land« angelaufen hatte. Homer verrät nicht ausdrücklich den Kurs; doch werden wir gleich sehen, daß das »Lotophagen-Land« im Südwesten des »väterlichen Landes« liegt, und da die »Aiolos-Insel« eindeutig im Westen des »väterlichen Landes« liegt, können wir sagen, daß Odysseus dorthin aus ungefähr *südlicher* Richtung gekommen sein muß.

STRECKE I. Zum »Lotophagenland« wurde Odysseus auf dem Wege von Troia nach Ithaka bei Kap Maleia, der Südspitze Griechenlands, verschlagen. Homer berichtet von Odysseus: »(Es) trieb die Woge und die Strömung mich ab, als ich Maleia umrunden wollte, und auch der Nordwind, und verschlug mich vorbei an Kythera (ἀλλά με κῦμα ῥόος τε περιγνάμπτοντα Μάλειαν καὶ Βορέης ἀπέωσε, παρέπλαγξεν δὲ Κυθήρων)« (9, 80-81). Die erwähnte Strömung führte Odysseus nicht nach Süden oder Osten in Länder wie Kreta, Libyen oder Ägypten, Namen von Regionen, die vom Dichter in anderem Zusammenhang genannt werden, sondern in sonst nicht erwähnte Regionen. Daher ist anzunehmen, daß die Strömung nach Westen treibt, wo Homer keine allgemein bekannten Ländernamen nennt. Weströmung zusammen mit Nordwind ergibt für diese Strecke eine *Südwest*-Richtung.

STRECKE V und STRECKE VI. Somit sind alle Strecken von Kap Maleia zur »Aiolos-Insel« und von der »Kirke-Insel Aia« nach Ithaka in ihren wesentlichen Zügen bestimmt, und es fehlt nur noch der verbindende Mittelabschnitt von der »Aiolos-Insel« über »Telepylos« zur »Kirke-Insel« (Strecken V und VI). Dabei ist festzuhalten, daß der Streckenbereich von Maleia bis zur »Aiolos-Insel« (Strecken I-IV) *südlich* des Streckenbereichs von der »Kirke-Insel« bis Ithaka (Strecken VII-XII) zu liegen kommt; denn Kap Maleia, der Ausgangspunkt der ersten Strecke liegt südlich von Ithaka, dem Endpunkt der letzten Strecke. Wenn man diese Festpunkte nicht aus der heutigen Landkarte entnehmen will, so läßt sich dieses geographische Verhältnis auch aus den Angaben Homers begründen, denn »Nordwind« hindert Odysseus daran, von Maleia direkt nach Ithaka zu fahren (9, 81).
Daraus folgt, daß »Aiolia« irgendwie südlich der »Kirke-Insel« liegt und »Telepylos« irgendwo auf dem Weg dazwischen. Odysseus wird also am ehesten aus südlicher

SCHEMA: Homers Weg des Odysseus

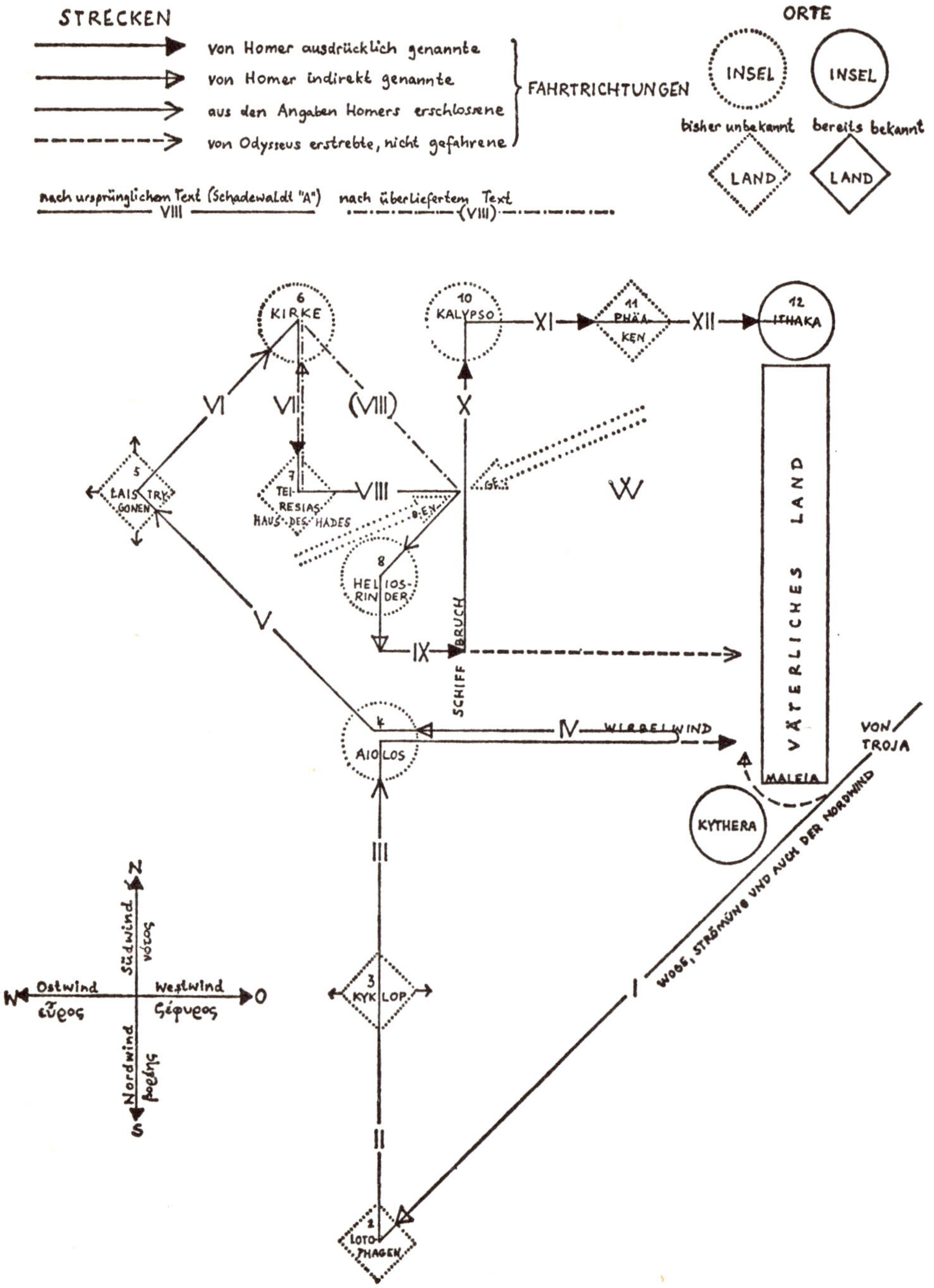

Richtung zur »Kirke-Insel« angetrieben worden sein. Da nun genau im Süden der »Kirke-Insel« der »Gau der Kimmerischen Männer« liegt, muß der Weg von »Aiolia« über »Telepylos« zur »Kirke-Insel« ein Umweg sein; es fragt sich nur, ob dieser in westlicher oder in östlicher Richtung von der generellen Süd-Nord-Linie abweicht. Wenn »Telepylos« östlich von der Linie »Aiolia« – »Kirke« läge, hätte Odysseus mit seinem Schiff über Land fahren müssen; denn südöstlich von der »Kirke-Insel« erstreckt sich die Landmasse, die nur von der »Enge« unterbrochen wird[10]. »Telepylos« muß also westlich der direkten Linie »Aiolia« – »Kirke« liegen. Nehmen wir die kürzest mögliche Strecke an, so geht der Weg von »Aiolia« in *nordwestlicher* Richtung und von dort in *nordöstlicher* Richtung zur »Kirke-Insel«. Da jedoch auch längere Wege denkbar sind, müssen wir bei »Telepylos« mit Variationsmöglichkeiten nach Norden, Westen und Süden rechnen (nach Osten nicht, da dort wieder die »Kimmerischen Männer« wohnen!).

Damit sind alle von Homer beschriebenen zwölf Fahrtstrecken in ihren Himmelsrichtungen und ihrer Zuordnung *more geometrico* bestimmt (s. Schema Seite 30). Als sicher darf nunmehr gelten, daß alle Versuche, die Route des Odysseus in ihrer Gesamtheit darzustellen, Modifikationen dieses Schemas sein müssen, wenn man die von Homer genannten Himmelsrichtungen als verbindlich ansieht.
Dieses Schema ist gewissermaßen die Richtungskarte der dichterischen Welt, die Homers Odysseus durchmaß. Auch in einem Märchenland sind Himmelsrichtungen von Bedeutung. So läßt das Schema erkennen, daß das »Haus des Hades« für Homer nicht in einem fernen Jenseits liegt, sondern »mitten im Leben« zwischen den von Flötenspiel und Duft feiner Speisen erfüllten Häusern des Aiolos und dem Lager der zauberkräuterkundigen Kirke, zwischen der rohen Gewalt der kannibalischen Laistrygonen und den elementaren Gefahren der verschlingenden Skylla und Charybdis.
Das Schema macht weiterhin ersichtlich, daß Odysseus dreimal auf seiner Heimfahrt kurz vor dem Erreichen des »väterlichen Landes« zurückgeworfen wurde. Auf Strecke I trieben ihn »Woge, Strömung und auch der Nordwind« vom Wege ab, auf Strecke IV jagte ein »böser Wirbelwind« ihn zurück, und auf Strecke IX wurde er gar schiffbrüchig. Trotz dieser jeweils gesteigerten Leiden bemühte sich Odysseus immer wieder, den Heimweg zu finden. Den ersten Versuch unternahm er mit dem günstigen Wind des Aiolos, den zweiten mit Hilfe der Anweisungen Kirkes und des Sehers Teiresias, und beim dritten halfen ihm Kalypso und die Phaiaken.
Ob diese Landkarte der dichterischen Welt mit der geographischen Welt übereinstimmt, wird im Folgenden zu untersuchen sein.

Auf dem Heimweg von Troia wird Odysseus am Kap Maleia, der Südspitze Griechenlands, »über das fischreiche Meer« verschlagen. Die ersten beiden Orte der Abenteuer – das Land der Lotophagen und das der Kyklopen – werden an den Küsten der Kleinen Syrte in Nordafrika gesucht

1 Fruchtbare Oasen reichen hier auf der Insel Djerba und bei Gabès bis an das Meer heran und verlocken – wie das Land der Lotophagen bei Homer – zum Verbleiben

2 Ebenso wie die Kyklopen zu Zeiten Homers leben die Berber in den Bergdörfern um Matmatah (Tunesien) noch heute mit ihren Schafen und Ziegen in bequemen Wohnhöhlen. Diese Höhlen sind um tiefe Höfe herum angelegt, die schachtartig in die Erde gegraben und nach oben offen sind

3 Innenhof einer bewohnten Höhle bei Matmatah (Tunesien). Links der Gang führt ins Freie. Rechts bei der Berberfrau eine Feuerstelle. Blick aus der verschließbaren Tür des Inneren der Höhle. Das Bild macht anschaulich, wie der Kyklop einen Holzstoß »mit Getöse« von oben herab in die Höhle werfen konnte. Auch Pfähle, die zugespitzt zur Blendung des Kyklopen taugen, gehören zur Ausstattung der Höhle

Bei dem ersten Versuch, die Heimat zu erreichen, macht Odysseus zwischen dem Kyklopenland und Ithaka auf der Insel des Aiolos Station: »Ganz um sie herum ist eine Mauer, eine eherne, unzerbrechliche, und springt glatt der Fels auf«

4 Vor der Südküste von Malta (Filfla). Die Insel schwimmt im Meer wie ein Schiff

5, 6 Schiffe aus homerischer Zeit auf attischen Kraterfragmenten (Mitte 8. Jh. v. Chr.) (Athen, Nat. Museum; Paris, Louvre A 527)

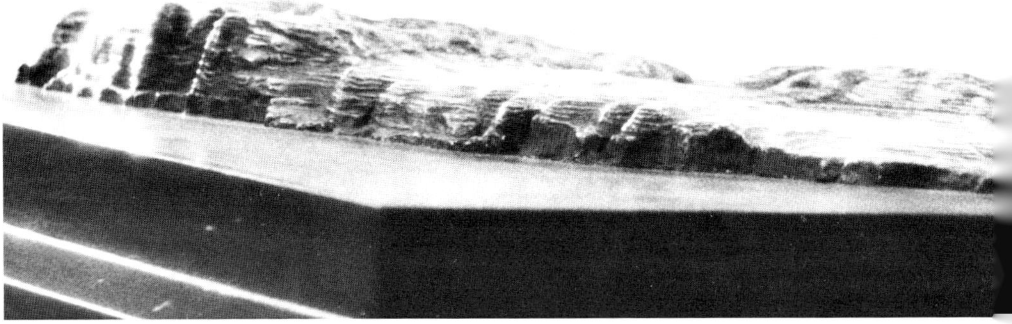

8 Die Scirocco-Bucht, der antike Hafen Maltas, mit den bronzezeitlichen Mauern von Borg in-Nadur. *Im Gegensatz zur einfachen Hirtenkultur der Kyklopen findet Odysseus bei Aiolos eine hochstehende Zivilisation mit städtischer Siedlung, Hausbau, feiner Küche und Musikpflege. Von hier aus ist Ithaka mit dem von Homer genannten Westwind direkt zu erreichen*

9 Bronzezeitliche Mauern von Borg in-Nadur, Maltas archäologische Hauptfundstätte homerischer Zeit – *Aiolos' Stadt mit ihren schönen und berühmten Häusern*

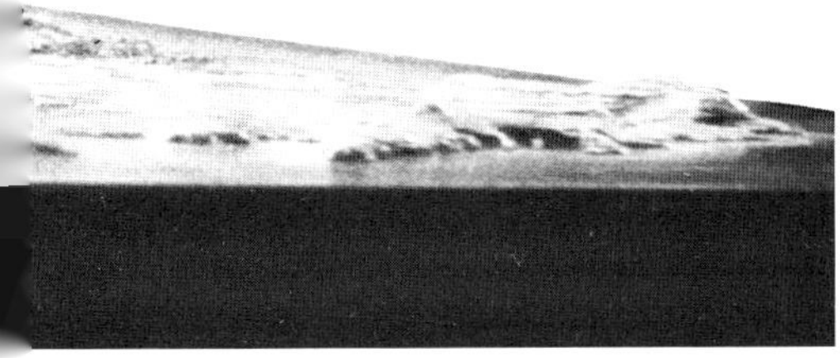

7 Das Relief Maltas zeigt, daß die Insel wie von einer Mauer ringsum von Felsen umgeben ist. Vorn die Scirocco-Bucht (Marsaxlokk)

Nach sechs Tagen und Nächten Rudern gelangt Odysseus zu der steilen Burg des Lamos, nach Telepylos im Laistrygonenlande

10 Der steile Burgberg Eryx (ital. Erice) an der Westspitze Siziliens. Er ist seit der Bronzezeit besiedelt und dient den Seefahrern als weithin sichtbare Landmarke

11 Der Hafen, der in homerischer Zeit zur Burg Eryx gehörte, war Motya. Dieser phönikische Kunsthafen war auf allen vier Seiten von steinernen Kais umgeben und nur durch einen schmalen langen, inzwischen versandeten Kanal mit dem Meer verbunden. Fremde Eindringlinge konnten hier leicht eingeschlossen werden

Kapitel III

Orte

Die Methode der folgenden Untersuchung besteht darin, das geometrisch gefundene Fahrtschema nunmehr Strecke für Strecke auf die Seekarte des Mittelmeeres zu *projizieren* und mit den Naturgegebenheiten – den Meeresströmungen, Küstenlinien, Bergen, Flüssen, Häfen usw. – zu vergleichen. Falls dabei Schema und Seekarte zur Deckung kommen, d. h. falls sich in dem durch das Schema der Fahrtrichtungen jeweils eingegrenzten *Bereich* Entsprechungen zwischen den homerischen Ortsbeschreibungen und den Naturgegebenheiten finden, so wird die Annahme, Homer knüpfe in der Odyssee an die geographische Wirklichkeit an, bestätigt. Ist dies nicht der Fall, so wäre umgekehrt die Märchenland-Theorie bewiesen, nach der die Orte der Phantasie des Dichters entsprungen seien.

Ort 1. Ausgangspunkt ist die unbezweifelte Lage von *Kap Maleia* und der *Insel Kythera* vor der Südspitze Griechenlands. Dieses Kap wollte Odysseus auf seiner Heimfahrt von *Ilion (Troia)* her umrunden, um nach Ithaka zu kommen. Hier trieben »Strömung (ῥόος)« und »Nordwind (Βορέης)« ihn von seinem Ziel Ithaka ab und verschlugen ihn »vorbei an Kythera« (9, 80-81). Wie wir sahen, läßt bereits der Text den Schluß zu, daß die erwähnte Meeresströmung in Ost-West-Richtung fließt (S. 29). Die Seekarte zeigt nun, daß vor Kap Maleia tatsächlich diese Strömungsverhältnisse herrschen. Die Strömung lenkt also zusammen mit »Nordwind« ein Schiff wirklich, wie wir annahmen, nach Südwesten.

Ort 2. »Von bösen Winden über das fischreiche Meer getragen . . ., liefen wir an im *Lande der Lotophagen*« (9, 82-84). Das einzige Land, zu dem die von Homer vorgezeichnete Südwest-Richtung von Kap Maleia aus führt, ist die nordafrikanische Küste an der *Syrte*. So läßt sich sagen, daß Homers Angaben *eindeutig* dorthin weisen. Es herrscht auch über die Lage des »Lotophagenlandes« in der Syrte seit der Antike weithin Einigkeit[1]. Dafür, daß man eher an die *Kleine* Syrte zu denken hat als an die Große, spricht ein sehr altes Zeugnis. Herodot berichtet, daß ein von Nordwind bei Kap Maleia verschlagenes Schiff, ohne zwischendurch Land zu sehen, in die Kleine Syrte (an den Tritonsee) verschlagen wurde[2]. Sogar der sonst so skeptische Eratosthenes lokalisierte das Land der Lotophagen, d. h. der Lotos-

Esser, noch genauer in der Insel *Meninx* (arab. *Djerba*)[3]. Diese antike Tradition gründet auch auf dem Vorkommen süßer, dattelähnlicher Früchte, die als Spezialität der Gegend von Djerba und als der Lotos der homerischen Lotophagen galten[4]. Welche Pflanze der Lotos gewesen sein mag, ist strittig. Nach dem Genuß dieser Frucht wollten die Gefährten »der Heimkehr vergessen« (9, 94-97). Moderne Ethnobotaniker und Psychochemiker nehmen an, daß Homer bereits die drogenartige Wirkung des Bilsenkrautes *(Hyoscyamus)* kannte; denn der Genuß dieser auch in Nordafrika heimischen Pflanze kann »einen Zustand völligen Vergessens herbeiführen[5].« Jedenfalls dürfen wir die antike Lokalisierung hier übernehmen, da sie für diese Strecke mit Homers Richtungsangaben übereinstimmt.

Ort 4. (Ort 3 s. S. 39.) Vom »Lotophagenland« gelangte Odysseus auf noch unbekannten Wegen zum »Kyklopenland« (Ort 3) und zur *»Insel des Aiolos«*.
Nach herrschender Lehre sei Odysseus auf seiner Fahrt zu den Lotophagen (Ort 2) »aus der realen Welt ... in die Welt des Märchenhaften und Phantastischen« gelangt, aus der ihn erst die Phaiaken (Ort 11) wieder »in die heroische Realität« gebracht hätten[6]. Dieser herrschenden Lehre widerspricht es jedoch, daß Odysseus bereits zwischendurch von der »Insel des Aiolos« (Ort 4) ohne weiteres bis in Sichtweite der Leuchtfeuer des »väterlichen Landes« fahren konnte (10, 28-30). Dabei war dieses mit »Westwind« zu erreichen (10, 25; 29).
Betrachten wir die Seekarte, so finden wir in *Malta* eine Insel, die den Richtungsangaben Homers entspricht, weil sie westlich Griechenlands liegt (10, 25; 29) und von ihr aus Griechenland in direkter Fahrt (10, 28) erreicht werden kann. Sie scheint sogar die einzige Insel zu sein, die diese Bedingungen erfüllt; denn von Sizilien können wir absehen, da es wegen seiner Größe dem Heranfahrenden nicht ohne weiteres als »Insel (νῆσος)« (10, 3) erkennbar ist.
Auch die Liparen scheiden aus, obwohl sie seit dem 5. Jahrhundert v. Chr. oft als »Aiolische« Inseln bezeichnet wurden[7]. Diese Lokalisierung ist nämlich nicht homerisch, da es unmöglich ist, von dort mit Westwind in direkter Fahrt nach Griechenland zu gelangen und dann von einem entgegengesetzten Sturm gar direkt dorthin zurückgetrieben zu werden (10, 47-55). Andererseits wurden Malta oder seine Nebeninsel Gozo von einigen Autoren für die »Insel der Kalypso« gehalten[8], dabei wurde jedoch nicht beachtet, daß Ogygia für Homer von Griechenland aus gesehen »hinter« der Meerenge liegt. Diese beiden traditionellen Deutungen führen also zu Widersprüchen mit eindeutigen Angaben Homers und müssen abgelehnt werden. Sie stehen daher unserer Identifizierung von Malta als »Aiolos-Insel« nicht im Wege.
Nach einer weit verbreiteten Auffassung schwimmt die »Insel des Aiolos« auf dem Meer umher[9]. Dagegen wandte sich schon der Philologe Walther Kranz: »Kein Wort des Gedichts deutet es an[10].« Zwar bezeichnet Homer Aiolia als νῆσος πλωτή (10, 3),

doch stammt die märchenhafte Interpretation »umherschwimmende Insel«, erst aus dem 2. Jhdt. v. Chr.[11]. Es gibt keinen anderen Vers bei Homer, in dem πλωτή »umherschwimmend« oder »umherfahrend« bedeutet. Eine nautisch sinnvolle Übersetzung ergibt sich jedoch, wenn man die zweite Bedeutung dieses Wortes heranzieht und – wie es auch Kenner der Materie schon früher getan haben – *zur Schiffahrt geeignete Insel* übersetzt[12]. Malta wäre damit von Homer hervorragend charakterisiert worden.

Dies träfe übrigens auch dann zu, wenn man an der Deutung *(wie ein Schiff) schwimmende Insel* festhielte; denn der Name der maltesischen Insel Gozo kommt von dem phönizischen Wort *Gaudos,* d. h. *rundes Lastschiff*[13]. Dieser bildhafte Name kennzeichnet die für die maltesischen Inseln typische Form. Auch ein Reisender unserer Gegenwart gewann – völlig unabhängig von homerischer Geographie und phönizischer Philologie – den Eindruck: »Wie ein riesiges Schiff aus Stein schwimmt Malta zwischen den Kontinenten[14].«

Homer erzählt, Aiolos habe Odysseus als Gastgeschenk einen Windsack mitgegeben, einen Schlauch (ἀσκός), in den Aiolos »die Pfade der heulenden Winde hineinband« und den er in dem Schiff »mit einer Schnur, einer schimmernden, von Silber« festband, »damit nichts nebenher herausblase, auch nur ein wenig«. Allein den für Odysseus günstigen Westwind ließ er wehen (10, 19-25). Bei diesem Stück Seemansgarn ist offenbar nicht nur der von Eratosthenes spöttisch zitierte Schlauch von Bedeutung, sondern auch das zweimalige Binden und die silberne Schnur. Es gab jedenfalls in historischer Zeit Leute (»Hexen«), die behaupteten, durch das Binden magischer Knoten Winde bannen zu können, und es gab vielerorts abergläubische Seeleute, die mit Eifer solche Knoten kauften[15]! Davon abgesehen liegt es nahe, daß der von Homer als »Verwalter der Winde« bezeichnete Aiolos, wenn er auf Malta wohnte, das Kommen und Gehen der dort zu bestimmten Jahreszeiten relativ regelmäßig vorkommenden Winde[16] kannte und dementsprechend auch voraussagen konnte.

Odysseus fuhr von der »Aiolos-Insel« in einem fort (ὁμῶς)« zum »väterlichen Land, und nahe sahen wir schon die Feuerwachen … « (10, 28-30). Während Odysseus schlief, öffneten seine Gefährten den Sack, in dem sie Schätze vermuteten – »und alle Winde fuhren heraus, und alsogleich packte sie eine Bö (θύελλα) und trug sie auf das offene Meer hinaus, weinend, hinweg von dem väterlichen Lande«. So kamen sie wieder zurück zur »Aiolos-Insel« (10, 47-49, 54-55). Unangenehme Nordostwinde, die ein Schiff von Griechenland nach Malta treiben können, sind durchaus bekannt: »Oft wehen heftige Winde, von denen der NO-Wind *Gregale* besonders im Winter, der sehr feuchte *Schirokko* namentlich im Herbst recht unbehaglich werden können[17].«

Daß es tatsächlich möglich ist, aus den griechischen Gewässern nach Malta vertrieben zu werden, bezeugt Lukas, der in der Apostelgeschichte erzählt, wie

Paulus, auf dem Weg nach Rom von Kreta kommend, auf das den Seeleuten unbekannte Malta verschlagen wurde: »Sie lichteten die Anker und fuhren so nahe wie möglich an der Küste von Kreta entlang. Nach kurzer Zeit aber brach von der Küste her ein Wirbelwind los, den man dort den *Nordost*sturm nennt. Das Fahrzeug wurde davon gepackt und konnte sich nicht gegen den Wind halten. So gaben wir nach und ließen uns treiben ... Als nun die vierzehnte Nacht anbrach, seitdem wir im Adriatischen Meer [d.h. im Meer zwischen Kreta und Sizilien] hin und her trieben, meinten die Seeleute um Mitternacht, daß Land in der Nähe sein müsse ... Als es dann Tag wurde, konnten sie zwar das Land nicht erkennen, bemerkten aber eine Bucht mit flachem Strand... Nach unserer Rettung erfuhren wir, daß die Insel *Malta* hieß.« (Apg. 27, 14 bis 28,1 in der Übersetzung von Kurt Zabel.)

Für die erste Fahrt des Odysseus (vom »Lotophagenland« und »Kyklopenland«) zur »Aiolos-Insel« erwähnt Homer zwar keine Wind- und Fahrtrichtung, die Betrachtung der Seekarte zeigt aber, daß die Meeresströmung ein Schiff, selbst wenn es sich nur treiben läßt, aus der Syrte in die Nähe Maltas lenkt: zuerst führt die Küstenströmung der Syrte am heutigen Tunesien entlang nach Norden und dann die Zentralströmung des Mittelmeeres weiter nach Osten in Richtung auf Malta. So harmoniert diese Fahrtstrecke des Odysseus mit den Naturgegebenheiten, wenn wir das »Lotophagenland« in der *Kleinen* Syrte und die »Insel des Aiolos« in Malta sehen.

Zur genaueren Bestimmung des möglichen Sitzes des Aiolos auf Malta sind folgende Überlegungen anzustellen: Odysseus kommt von Südwesten (Kleine Syrte) und strebt nach Nordosten (Griechenland), wird also an der Südküste Maltas in Ost-Richtung entlangfahren. Die Südwest- und Südküste Maltas entspricht dem Bild, das Homer von der »Aiolos-Insel« zeichnet: wirkt die Insel doch von dieser Seite, als sei »ganz um sie herum eine Mauer, eine eherne (starke)[18], unzerbrechliche«, denn hier »springt glatt der Fels auf (πᾶσαν δέ τέ μιν πέρι τεῖχος, χάλκεον, ἄρρηκτον, λισσὴ δ'ἀναδέδρομε πέτρη)« (10, 3f.).

Noch heute liegt kein Ort an der Südküste Maltas, führt keine Straße an ihr entlang; denn »das hier gebildete Plateau stürzt schroff zum Meer ab... Insbesondere die Süd- und Westküste Gozos besteht aus einer fast geschlossenen, aus Höhen von über 100 Meter senkrecht ins Meer abstürzenden Felsmauer[19].« Ganz ähnliche Worte wie sie Homer für die »Aiolos-Insel« fand, drängen sich auch heute dem Besucher Maltas auf: »Malta ist eine steinerne Insel. Wer kein Verhältnis zum Stein hat, wird ihr schwerlich etwas abgewinnen. Stein tritt überall zutage... Spektakulär sind... die jähen Abbrüche gegen das Meer, vor allem auf der Südseite der Insel. Liegt diese doch im Meer gleich einem Schiff[20].«

Die allenfalls auch noch in Betracht zu ziehenden kleinen Inseln Pantelleria, Linosa und Lampedusa sind dagegen nicht von solch eindrucksvollen Steilküsten umgeben. Sie scheiden daher als »Aiolos-Insel« aus.

MALTE

Fig. 5 Steilküste auf Malta.
(Bei Homer: *Insel des Aiolos:* »Ganz um sie herum ist eine Mauer, eine eherne, unzerbrechliche; glatt springt der Fels auf«)

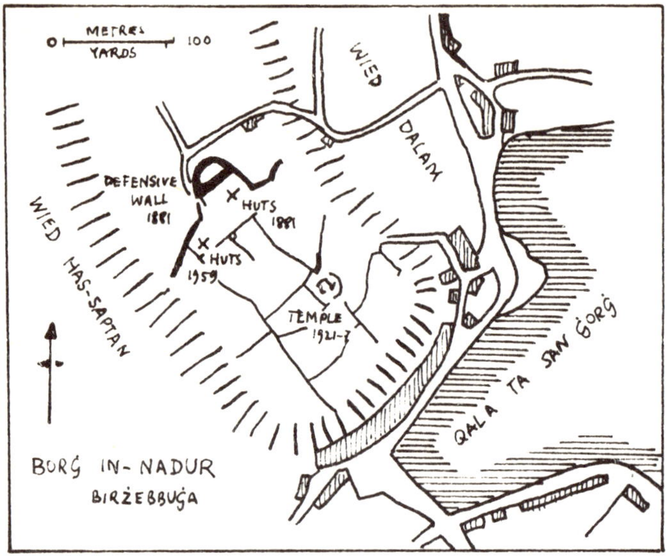

Fig. 6 Malta: Borg in-Nadur auf dem Sporn über der Scirocco-Bucht. Nach D. H. Trump (1961) mit den Jahreszahlen der Ausgrabungen. – (Bei Homer: *Stadt und Häuser des Aiolos)*

Der erste geschützte Hafenplatz, der sich bei einer Fahrt entlang der südlichen Steilküste Maltas in Ostrichtung anbietet, ist die Scirocco-Bucht (malt. *Marsaxlokk,* engl. *St. George's Bay).* Diese größte Bucht der Insel wurde schon in archaischer Zeit als Fernhafen benutzt[21]. Heute liegt dort das Dorf Birzebbuga und gerade oberhalb davon erheben sich – unweit der Höhle Ghar Dalam, in der die ältesten prähistorischen Funde Maltas gemacht wurden – die Reste der Verteidigungsmauer von *Borg in-Nadur.* Diese sind das bedeutendste archäologische Denkmal Maltas aus der sogenannten Periode II (1400 bis 800 v. Chr.)[22]. Ganz in der Nähe davon, in Tas-Silg, führt die Universität Rom seit 1963 Ausgrabungen durch. Auch hier wurden Scherben und Teile von Grundmauern aus der Periode von Borg in-Nadur gefunden[23]. In die Scirocco-Bucht an der Ostküste Maltas wird man auch zuerst kommen, wenn man – wie Odysseus bei seiner zweiten Landung auf »Aiolia« – aus dem Osten, aus Griechenland, nach Malta gelangt. Hier fließen zwei Bäche ins Meer (Dalam und Has Saptan), hier ist es also auch möglich, gleich »bei den schnellen Schiffen« Wasser zu schöpfen und die Mahlzeit einzunehmen (10, 56 f.).

Wer auf dem Bergsporn zwischen diesen beiden Bachtälern, zur Landseite geschützt durch die mächtige Verteidigungsmauer von Borg in-Nadur, regierte, war offensichtlich Herr über die Scirocco-Bucht. Nach all dem könnte man aufgrund der Angaben Homers hier am ehesten die Stadt und die schönen und berühmten Häuser (10, 13; 60) des Aiolos, des Herrn über die Winde (10, 21) suchen. An der Scirocco-Bucht steht heute eine große Ölraffinerie. Der moderne Besucher kann daher hier nur noch beeinträchtigt den archaischen Reiz empfinden, den andere Stellen Maltas in so hohem Maße ausstrahlen.

ORT 3. Auf dem Wege vom »Lotophagenland« zur »Aiolos-Insel« lief Odysseus das »*Kyklopenland*« an. Da Homer keine Fahrtrichtung für den Weg dorthin angibt, ließ es sich in unserem Schema nicht genauer bestimmen. Jetzt aber ist es gewissermaßen von zwei Seiten her bestimmt und auf einem Wege aus der Syrte nach Malta zu suchen. Wie wir bereits sahen, folgt dieser Weg genau der dort herrschenden Meeresströmung und führt an der Küste des heutigen *Tunesien* entlang. Dort also ist das »Kyklopenland« am ehesten zu vermuten.
Sehen wir zu, ob die wenigen nautischen Angaben, die Homer hier macht, dem entsprechen. Dem »Kyklopenland« vorgelagert »erstreckt sich da querab von der Bucht eine flache Insel (νῆσος ἔπειτα λάχεια παρ' ἐκ λιμένος τετάνυσται)« (9, 116). »Dort liefen wir an ... während der dunklen Nacht ... Da sah keiner die Insel vor sich mit den Augen, und auch keine großen, ans trockene Land rollenden Wogen sahen wir, bis die gutverdeckten Schiffe aufliefen« (9, 142-148). Nach der Rückkehr von seiner Erkundungsfahrt zu dem Kyklopen ließ Odysseus »... das Schiff auflaufen auf dem Sande (νῆα μὲν ἔνθ' ἐλθόντες ἐκέλσαμεν ἐν ψαμάθοισιν)« (9, 546). Folgen wir der Meeresströmung, so lehrt das Mittelmeer-Handbuch: »Nördlich von Djerba biegt der von Nordost kommende Strom nach Westen und breitet sich in Golfe de Gabès hinein aus[24].« Dort finden sich nun tatsächlich dem Festland vorgelagerte, flache Inseln, das kleinere *Knais* und die größeren *Kerkennah-Inseln,* »deren Bänke sich bis 40 Seemeilen seewärts ausdehnen«[25]. Homers Bericht von der gefahrlosen und überraschenden Landung findet durchaus seine Entsprechung in den Naturgegebenheiten; denn die »Iles Kerkennah ... sind niedrig und von weitem nicht auszumachen«[26]. Dies war offenbar schon in der Antike ähnlich; jedenfalls berichtet Polybios davon, wie hier Römer, denen die Gegend unbekannt war, mit ihrer Flotte unversehens auf dem Sand aufliefen (I 39, 2).
Die bei Homer erwähnte Insel lag »weder nah am Land der Kyklopen noch weit ab« (9, 117). Wegen der Unbestimmtheit dieser Angabe muß offenbleiben, ob dabei eher an Knais, das unmittelbar vor der Küste liegt, oder an Kerkennah gedacht werden kann, von wo aus das afrikanische Festland zu sehen und in dreistündiger Segelfahrt zu erreichen ist. Auch ist hier mit Veränderungen der Küstenlinie zu rechnen. Die Insel, an deren Strand Odysseus' Schiffe aufliefen, war »bewaldet«, auf ihr lebten »unendliche wilde Ziegen« (9, 118f.). Heute ist nur Kerkennah dicht bewaldet, Knais kann es jedoch früher auch gewesen sein. Ziegen gibt es auf Kerkennah als Haustiere[27], auf dem unbewohnten Knais setzen die Leute vom Festland im Frühjahr Ziegenherden aus, die sie nach etwa zwei Monaten wieder

Fig. 7 Marath mit der Gebirgskette.
In den Bergen an der Kleinen Syrte leben heute noch Berber in wohnlichen Höhlen.
Zeichnung: Erzherzog Ludwig Salvator (1873)
(Bei Homer: *Land der Kyklopen)*

zurückholen[28]. Auf beiden Inseln gibt es Süßwasserbrunnen, es ist uns allerdings kein fließendes Wasser bekannt (9, 140-141). Am Kopf des alten Hafens von *Sidi Fredj* auf Kerkennah mündet heute nur ein ausgewaschener Graben ins das Meer. Indem der natürliche Weg aus der Syrte nach Malta, wie Homer es angibt, an einer Küste mit vorgelagerten flachen Inseln vorbeiführt, und zwar nur an einer, nämlich der tunesischen, ist Tunesien begründet als Homers »Kyklopenland« anzusehen. Auch die »hohen Häupter der Berge (ὑψηλῶν ὀρέων ... κάρηνα) (9, 113) lassen sich hier unschwer auf die östlichen Ausläufer des Atlas-Gebirges beziehen.
Übrigens haben sich schon v. Wilamowitz-Moellendorff und auch Herrmann und Dörpfeld aus verschiedenen anderen Gründen für Tunesien als das »Land der Kyklopen« ausgesprochen[29]. So argumentiert der Geograph Albert Herrmann: »Der Dichter rühmt die Fruchtbarkeit des Bodens und den Viehreichtum des Landes, eine Schilderung, die sehr gut auf das ehemals fruchtbare Bergland des südlichen Tunis paßt. Für diese Landschaft stimmt auch am besten, was über die Behausung des einsamen Kyklopen gesagt wird. In der Steinzeit fanden sich in ganz Kleinafrika Höhlenbewohner. In historischer Zeit, ja noch heute, haust die Bevölkerung des südlichen Tunis in Felsenhöhlen und anderen unterirdischen Wohnstätten[30].«
Solche Höhlenbauweise hat sich bis zur Gegenwart in der Gegend von *Matmatah* erhalten, wo die Berber vom Stamme der Achèche leben und – wie die »Kyklopen« Homers – vor allem Schaf- und Ziegenzucht betreiben. Deren Höhlen sind in dem kuppenreichen Gelände an Berghängen in folgender Weise angelegt: In den körnigen, sandigen Lehmboden wird von oben ein senkrechter Schacht von etwa

Fig. 8 Blendung des Polyphem
Frühe Darstellung, die noch nichts von einer Einäugigkeit des Kyklopen erkennen läßt.
Skyphos 6. Jhdt. v. Chr. (Berlin)

8-12 m Durchmesser und 7-10 m Tiefe hineingegraben. Dieser Schacht bildet den offenen Höhlenhof. Von diesem aus werden ringsherum Stollen als Seitenhöhlen in den Berg getrieben, die als Wohnhalle und Küche, Vorratsräume und Ställe dienen. Zur Talseite hin wird der Hang durchbrochen, so daß ein Zugang in die Höhle entsteht. Von weitem sieht man nur die kraterähnliche obere Öffnung des Höhlenhofes, die mitunter von Bäumen überdacht ist. Das Ganze ist für den Fremden höchst eindrucksvoll.

Eine Reihe gleicher Merkmale besitzt auch die von Homer beschriebene Höhle des Kyklopen. Das erste, was Odysseus an ihr bemerkte, war, daß sie überdacht von Bäumen war (9, 183). Da bei einer gewöhnlichen Höhle Bäume eher davor- als darüberstehen, ist wohl auch hier an eine Höhle mit Öffnung nach oben zu denken. Auch die Seitenhöhlen scheinen bei Homer eigens erwähnt zu sein; denn als Odysseus mit zwölf Gefährten in die verlassene Höhle eingedrungen war, entdeckte er dort die verschiedenen »Pferche (σηκοί)« für Lämmer und Zicklein, »abgesondert voneinander« (9, 219-220). Bei der Rückkehr mit der Herde von der Weide warf der Kyklop eine mitgebrachte »gewaltige Last trockenen Holzes« mit »Getöse« hinein in die Höhle (9, 233-235). Bei einer gewöhnlichen Höhle hätte er sich und seiner Herde damit den Eingang versperrt, der so schmal ist, daß er mit einem einzigen großen Stein zu verschließen ist (9, 240). Diese Szene erweist sich aber sofort als lebensnah beobachtet, wenn wir sie uns in einer Höhle mit offenem

Innenhof und davon ausgehenden »innersten« (umschlossenen) Höhlen vorstellen: Der Kyklop kam von der Höhe (9,315) und warf das Holz von oben in den tiefen Hof hinunter, noch bevor er zum Höhleneingang hinabgestiegen war. Odysseus und seine Leute saßen »drinnen« (in dem Hof) und flüchteten bei dem »Getöse (ὀρυμαγδόν)« des herabstürzenden Holzes »vor Furcht in ein Innerstes (einen umschlossenen Teil) der Höhle (ἐς μυχὸν ἄντρου)« (9, 235-236). Der Kyklop trieb dann auch Ziegen und Schafe in diesen Stall, setzte einen großen Türstein davor, so daß Odysseus gefangen war, und ließ nur Widder und Böcke draußen »in dem tiefen Hofe (βαθείης ἔντοθεν αὐλῆς)« (9, 237-240). Als Polyphem, von Odysseus geblendet, die Kyklopen, »die in der Runde um ihn her in Höhlen zwischen den windigen Kuppen wohnten«, zu Hilfe rief, kamen diese herbei, »der eine von hier- der andere von dorther, und stellten sich um die Höhle herum (ἱστάμενοι . . . περὶ σπέος) und fragten, was ihn bekümmere« (9, 400-402). Bei einer gewöhnlichen Höhle kann man sich nur *vor* deren Eingang stellen, um sie herum dagegen bei Höhlenschächten wie in Matmatah.

Man wird sie allerdings nicht unmittelbar mit der Behausung des Kyklopen identifizieren dürfen, da diese »nahe dem Meere« sein soll (9, 182), während Matmatah etwa einen Tagesmarsch von der heutigen Meeresküste entfernt ist. Doch wird das Gebiet der Verbreitung dieser Höhlen in prähistorischer Zeit weiter gereicht haben als heute[31]; denn die Berber bewohnten vor dem Eindringen der Araber im 7. Jhdt. nach Chr. weit größere Landstriche als ihre heutigen Rückzugsgebiete. Jedenfalls ist es erstaunlich, daß sich gerade hier an der Kleinen Syrte Höhlen von ganz ähnlich eigenartigem Bauprinzip finden, wie Homer sie beschreibt.

Stellen wir die Orte, zu denen uns der Dichter in den bisherigen Untersuchungen geführt hat, in der Reihenfolge zusammen, in der Homer von ihnen berichtet, so ergeben sich folgende Stationen: Kap Maleia und Insel Kythera – Djerba/Kleine Syrte (»Lotophagenland«) – Tunesien (»Kyklopenland«) – Malta (»Aiolos-Insel«) – Griechenland (»väterliches Land«) – Malta (»Aiolos-Insel«).

Ort 5. Es ist nun der Weg des Odysseus von der zweiten Landung auf der »Aiolos-Insel« (Malta) an weiterzuverfolgen. Hier bat Odysseus um Hilfe (10, 69); Aiolos gewährte aber kein zweitesmal Gastrecht, sondern befahl barsch, schleunigst die Insel zu verlassen (ἔρρ' εκ νήσου θᾶσσον), und schickte Odysseus fort aus den Häusern (ἀπέπεμπε δόμων) (10, 72-76). »Wir fuhren von dort weiter... und gelangten zu der hochgelegenen *Stadtburg des Lamos* (Λάμου αἰπὺ πτολίεθρον), nach *Telepylos,* dem laistrygonischen« (10, 77-82).

Hier folgt nun eine rätselhafte Kennzeichnung dieser Landschaft: »wo der Hirt den Hirten anruft, wenn er eintreibt, und der, wenn er austreibt, auf ihn hört. Da könnte ein Mann ohne Schlaf sich wohl doppelten Lohn verdienen: den einen als Rinderhirte, den anderen weiße Schafe weidend; denn nahe sind dort die Pfade der

Nacht wie auch des Tages. Als wir dort zu dem berühmten Hafen kamen (ἐς λιμένα κλυτόν) ...« (10, 82-87).

Besonders der Vers von den Pfaden der Nacht und des Tages hat zu vielerlei Deutungen Anlaß gegeben. Krates von Mallos, der im 2. Jahrhundert vor Christus lebte, verstand die Pfade nicht als die Weidepfade, sondern sah darin einen Hinweis auf die kurzen Sommernächte im hohen Norden. Viele neuere Autoren sind ihm darin gefolgt. Noch Walter Marg führt in seiner Kritik der ersten Auflage dieses Buches an, »daß hier nun eindeutig eine Kunde von Mittsommernächten im hohen Norden zugrunde liegt[32].« Wilhelm Dörpfeld hatte dagegen an die Südspitze von Afrika gedacht. Telepylos liege in der Nähe der Kirke-Insel, und dabei handele »es sich sicher um den äußersten Süden[33].« Der französische Philologe Gabriel Germain versetzte die Laistrygonen indessen weit in den Westen oder sogar in die Unterwelt[34]. Der niederländische Graezist H. Vos schließlich argumentierte, daß dieses »Märchenland« »irgendwo im Osten liegt, am Rande der Erde«[35]. Ihm folgte die bei Alfred Heubeck angefertigte Dissertation von Werner Karl: weil »es bei den Laistrygonen eine zeitliche Geschiedenheit von Tag und Nacht nicht gibt, sondern selbst bei ›Nacht‹ Helligkeit« herrsche, müsse es dort liegen, wo die Sonne aufgeht. »Das Land der Laistrygonen liegt im fernen Osten[36].« Hoch im Norden, äußerster Süden, weit im Westen, ferner Osten – auch die Märchenland-Deutungen stimmen also nicht überein!

Sie alle beruhen auf der Annahme, daß der Vers von den Pfaden der Nacht und des Tages entweder auf kurze Nächte (Polarregionen) oder sogar auf ständige Helligkeit, »ewiges Licht« (angeblich in den Ländern des Sonnenunter- oder aufgangs) deuteten. Dieser Schluß ruht aber auf einem ganz wackeligen Zwischenglied: Es sei »zu gefährlich, das Vieh in der Nacht zu weiden«, »während der Nacht aber schlafen« die Tiere[37], es werde »bei Dunkelheit... aus verständlichen Gründen nicht geweidet[38].«

Diese Voraussetzung ist aber brüchig. Schon antike Scholien geben für unsere Stelle die nüchterne Erklärung, daß bei den Laistrygonen die Rinder tagsüber so sehr von Insekten belästigt werden, daß man sie in der Nacht weidete, während die Schafe, durch ihr Fell geschützt, tags weiden konnten[39]. Vergil empfiehlt in den Georgica, wegen der – besonders in der Mittagshitze gefährlichen – Bremsen das Großvieh kurz nach Sonnenaufgang zu weiden oder »wenn die Sterne die Nacht herbeiführen«[40]. Moderne Archäologen, Geographiehistoriker und Philologen sind dieser Ansicht gefolgt[41].

Wir können also davon ausgehen, daß man unter bestimmten Umständen auch nachts Vieh weidete. Damit wird es unnötig, aus dem scheinbar dunklen Vers auf ganz außergewöhnliche Verhältnisse des Lichts oder des Tageslaufs zu schließen. Im übrigen sagt Homer mit keinem Wort, bei den Laistrygonen herrsche ewiger Tag oder »Tag und Nacht gleichzeitig«[42]. Im Gegenteil, wenige Verse davor und auch danach ist von ganz normalem Wechsel von Tagen und Nächten die Rede (10, 80; 142). Im übrigen ist der Aufenthalt bei den Laistrygonen so kurz, daß Odysseus gar keine Gelegenheit bekam, eine besondere Kürze oder gar ein völliges Ausbleiben der Nacht festzustellen. Der Kontext von 10, 86 enthält auch keinen Hinweis auf märchenhafte Merkwürdigkeiten, sondern handelt von so handfesten Tatsachen einer Agrargesellschaft, daß sich hier ein Mann ohne Schlaf doppelten Lohn verdienen könne, weil er eben tagsüber die Schafe und in der Nacht die Rinder weiden könne, deren verschiedene Weidepfade – etwa tags am Berg und nachts in der Ebene? – hier nahe sind.

Für die Strecke von Aiolos zu den Laistrygonen gibt unser Fahrtschema eine Nordwestrichtung (mit Variationsmöglichkeiten nach Norden, Westen und Süden) an. Diese Richtung mag rein theoretisch überrascht haben, da sie Odysseus noch weiter fort von seiner Heimat im Osten führte. Von der geographischen Lage Maltas aus gesehen wäre Nordwesten jedoch die Richtung, in die ein verantwortungsbewußter Kapitän, der in der Notlage des Odysseus ist, gedrängt wird:

Aiolos versagt seine Hilfe. Odysseus kann offenbar nicht aus eigener Kraft den direkten Weg nach Osten über das offene Meer noch einmal wagen, der beim ersten Versuch trotz der Unterstützung des Aiolos mißglückte. Er ist jetzt auf Suche nach »Heimgeleit (πομπή)« (10, 79), also nach anderweitiger Hilfe, sei es für das Schiff, wenn es im »Sturm« (10, 54) gelitten hatte, sei es für die Mannschaft, wenn er neuen Proviant brauchte. Im Süden und Westen, das ist Odysseus nun schon bekannt, ist keine Hilfe zu erwarten, wohnen dort doch die Lotophagen, deren Speise die Heimkehr vergessen läßt, und die Kyklopen, die feindlich gesinnt sind. So bleibt der Norden, und in dieser Richtung ist von Malta aus tatsächlich das nächste Land zu erreichen: *Sizilien*, das Odysseus an klaren Tagen als einziges Land von Malta aus hätte sehen können[43].

Ein Schiff, das von Malta nach Sizilien gerudert werden muß (10, 78) – die Segel sind wohl bei dem Aiolos-Sturm beschädigt worden –, würde nun von der hier herrschenden Meeresströmung an der Umfahrung des Kaps Passaro zur Ostküste Siziliens hin abgehalten und an der Südküste der Insel entlang in nordwestlicher Richtung getrieben werden. Die Südspitze Siziliens trug in der Antike den Namen *Odysseum promontorium*. Auf die hier herrschende Stärke der Meeresströmung deutet der heutige Name der kleinen Insel, die dem Odysseus-Kap vorgelagert ist: *Isola dei Correnti*, d. h. Insel der Strömungen.

Die Naturgegebenheiten zwischen Malta und Sizilien entsprechen also der Richtung, die sich aus der Gesamtheit der Fahrtangaben Homers für die kürzeste Fahrtstrecke auf dem Weg von Aiolos zu den Laistrygonen ergab. In dieser nordwestlichen Richtung wird ein Schiff bis an die *Westspitze* Siziliens gebracht, weiter nach Westen nicht, denn dann kommt ihm die Hauptströmung des Mittelmeeres entgegen.

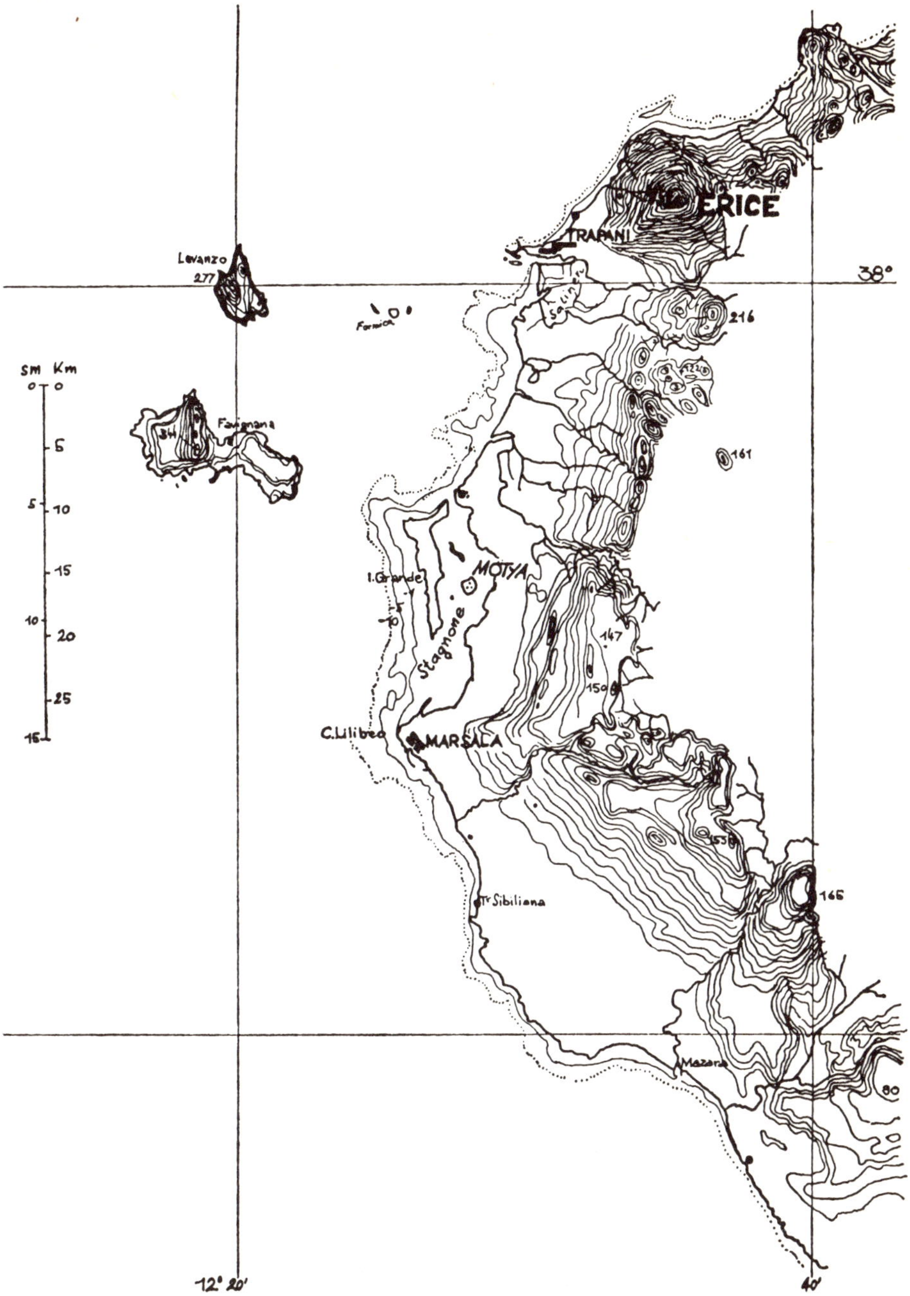

Fig. 9 Die Westspitze Siziliens
(nach der Seekarte 666 des Deutschen Hydrographischen Instituts) mit dem karthagischen Hafen Motya *(Telepylos)* und der alten Elymerstadt Eryx/Erice *(Stadtburg des Lamos)*

Gerade so weit muß der Seemann auf diesem Wege fahren, bis er eine »hochgelegene Stadtburg« und einen »berühmten Hafen« erreicht. Im Augenblick, in dem er die westlichste Spitze Siziliens, das *Kap Lilibeo,* umfährt, sieht er vor sich den auch aus der Entfernung von 30 km eindrucksvollen »isolierten Klotz des *Erice* (Monte San Giuliano, 751 m), der steil aus der Ebene von *Trapani* hochschießt«[44] Dieser seit Jahrtausenden besiedelte Burgberg (griech. *Eryx)* dient – laut Mittelmeerhandbuch – dem Seefahrer als Landmarke; die Lichter der auf seinem Gipfel liegenden Stadt sind »nachts schon auf große Entfernung sichtbar«[45]. Gleich beim Kap Lilibeo selbst liegt die Stadt *Marsala,* die schon mit ihrem Namen den guten Hafen verrät: Hafen Gottes (arab.).

Hier öffnet sich der *Stagnone* di Marsala; das ist eine große Bucht, die nur zwei schmale Zufahrten hat, da zwischen ihr und dem offenen Meer eine langgestreckte Insel, die Isola Grande, liegt. Es ist ziemlich sicher, daß diese Insel im Altertum an ihrer nördlichen Spitze mit dem Lande verbunden war, so daß die Bucht ehemals nur eine einzige Einfahrt hatte: im Süden vom Kap Lilibeo her[46].

»Als wir dort in den berühmten Hafen kamen, um den sich rings der Fels hinzieht, steil aufsteigend (ὃν πέρι πέτρη ἠλίβατος τετύχηκε), fort und fort auf beiden Seiten, und vorspringende Landzungen (προβλῆτες) ragen vor, einander gegenüber an der Mündung, und schmal ist die Einfahrt – da lenkten die anderen alle die beiderseits geschweiften Schiffe ins Innere hinein … Nur ich allein hielt draußen … und band die Taue an einen Felsen« (10, 87-96). Doch kamen die Laistrygonen und wehrten sich gegen die Eindringlinge: Sie »warfen mit Feldsteinen … von den Felsen … Und wie Fische spießten sie sie auf und trugen sie mit sich fort zur unlieblichen Mahlzeit. Indessen sie diese vernichteten im Innern des vieltiefen Hafens, derweil zog ich das scharfe Schwert von der Hüfte und hieb mit ihm die Haltetaue des schwarzbugigen Schiffes ab und trieb geschwind meine eigenen Gefährten und hieß sie sich in die Riemen werfen, daß wir aus dem Unheil entrinnen möchten. Die wirbelten alle die Salzflut auf, … und glücklich entkam mein Schiff den ›eindeckenden‹[47] Steinen auf das offene Meer. Doch die anderen gingen alle miteinander daselbst zugrunde« (10, 121-132).

Der Stagnone di Marsala ist ein idealer Ort, um einer tief eingedrungenen fremden Flotte den Rückweg abzuschneiden, wie es den Karthagern im Jahre 397 v. Chr. mit den Griechen fast gelungen wäre (Diodor XIV 50). Damals belagerte Dionysios von Syrakus die phönizische Kolonie *Motya,* die auf einer durch einen Damm mit Sizilien verbundenen kleinen Insel im Stagnone lag.

Wenn Odysseus vom Kap Lilibeo auf den Erice zugehalten hat, muß er genau auf die Südspitze dieser Insel, die heute *Mozia* oder *San Pantaleo* heißt, gestoßen sein, wo der Hafen der phönizischen Kolonie, inzwischen versandet, noch erhalten ist: eine nur 7 bis 12 m breite und 40 m lange Zufahrt mit einem 37 mal 51 m großen Hafenbecken im Innern[48]. Die Kais werden früher gewiß höher gewesen sein. In diesem »hohlen Hafen« herrscht meist »Meeresglätte« (10, 92-94). Wir haben selbst beobachtet, wie das Wasser hier drinnen ruhig war, während es draußen im Stagnone Schaumkronen bildete. Kundschafter, die hier wie die des Odysseus ausgeschickt wurden, konnten einen »ebenen Weg, auf welchem Wagen von den hohen Bergen das Holz zur Stadt herunterführten«, gehen (10, 103-104); denn Motya ist flach, und vom Hafen aus führt ein ebener Weg quer über die Insel gerade zu dem Damm, der heute zwar überspült ist und etwa einen halben Meter unter der Meeresfläche verläuft, auf dem aber noch jüngst die Leute mit ihren hochrädrigen

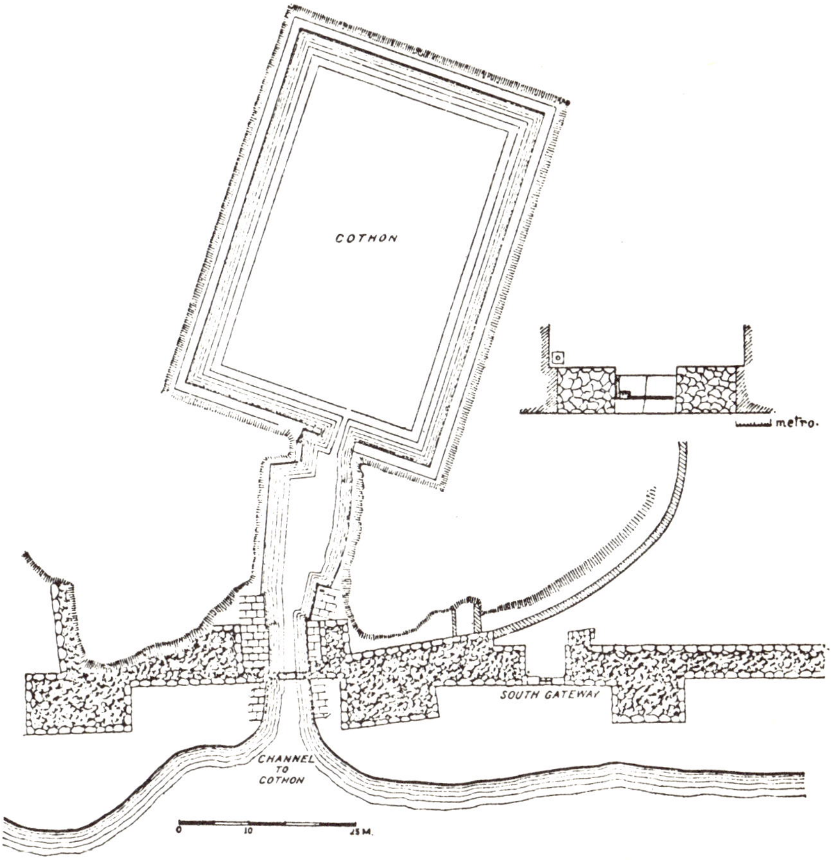

PLAN E.—The Cothon and the South Gateway.

Fig. 10 Hafenbecken mit Zufahrtskanal und Südtor der seit dem 8. Jhd. blühenden und im Jahre 397 v. Chr. von den Griechen zerstörten karthagischen Kolonie Motya. Nach J. I. S. WHITAKER (1921).
(Bei Homer: *Laistrygonen-Hafen Telepylos)*

sizilianischen Karren ihre Lasten herüberschaffen. Dieser Damm geht in die Richtung auf den Berg Erice, dessen Hänge wegen ihrer Wälder berühmt sind. Noch auf Motya selbst hätten sie linker Hand vom Weg einen »Brunnen (κρήνην)« finden können (10, 106). Vor allem aber: wer in diesen Hafen, der in Sizilien einzigartig ist, eindrang, von den Umwohnern aber als Feind angesehen wurde, saß wie in einer Falle. Von allen Seiten konnte man die Eindringlinge von oben herab mit Steinen und Spießen leicht bekämpfen, wie Homer es beschreibt.

Das Aufspießen »wie Fische« (10, 124) ist übrigens gerade an diesem Ort ein besonders naheliegender Vergleich. Seit der Antike gibt es hier vor der Westspitze Siziliens eine besondere Form des Thunfischfangs *(mattanza)*. Die einheimischen Fischer beherrschen die Kunst, Boote und Netze zu einer Todeskammer *(camera della morte)* zusammenzubinden, die Fische dort einzukesseln und schließlich mit Harpunen von Hand aufzuspießen. Eine solche Todeskammer hat etwa die gleiche Größe wie das Hafenbecken von Motya[49]. Homers gruselige Geschichte zeigt gleichzeitig, wie lebensfremd deren verbreitete Lokalisierung in einem norwegischen Fjord ist. Die Felswände jener Fjorde sind viel zu hoch, als daß »Laistrygonen« dort eingedrungene Feinde im Nahkampf hätten »wie Fische aufspießen« können[50]. Von einem steilen, aber niedrigen Kai wie in Motya wäre dies jedoch gut vorstellbar. Wer in Motya sein Schiff – wie Odysseus – vorsichtig außen an der Zufahrt festmachte und den »schroffen Ausguck« (10, 97) links von dieser bestieg, von der aus das ganze Hafenbecken, ein Teil der Insel und der Burgberg Eryx zu überblicken sind, der konnte sich wohl rechtzeitig retten und vorbei an der Isola Grande und den hohen Felsen der Ägaden das offene Meer erreichen.

Der von Homer genannte Name der Stadt »Telepylos« (10, 82) kann hier bedeutsam werden: da der Ort Pylos an der Südwestspitze Griechenlands liegt, soll Tele-Pylos, d. h. *Fern*-Pylos, vielleicht die ähnliche Lage einer Stadt an einer Landspitze im fernen Westen bezeichnen. In beiden Fällen sehen wir – sogar maßstabsgerecht fast gleich – eine Bucht mit vorgelagerter langgezogener flacher Insel, kleinen Inseln in der Mitte, schmaler Zufahrt von Süden und einer beherrschenden Burg mit Fernsicht auf dem Hauptland: hier Pylos, die »steile Burg« (3, 485; 15, 193) des Nestor (1, 284; 3, 31-32; 11, 285-286; 17, 109), dort Fern-Pylos, die »steile Burg des Lamos« (10, 81).

Der Name Tele-Pylos, d. h. Fern-*Tor*, enthält an der Westspitze Siziliens für einen griechischen Seefahrer noch einen weiteren Sinn: Die sich hier zwischen Motya und Tunis öffnende Sizilische Meeresstraße ist – außer der Enge von Messina – das einzige Tor, das aus dem östlichen Mittelmeer heraus in das westliche führt.

Die Burgstadt Eryx war in archaischer Zeit Kultzentrum der *Elymer*. Deren Name wird aus dem Semitischen erklärt: Das Wort *allamu* heißt im Assyrischen das Gegenüber[51]. Vom phönikischen Afrika, also der anderen Seite der Straße von Sizilien her gesehen, ist »Gegenüber« eine sinnvolle Bezeichnung für ein Volk an

Unterhalb der Burg des Lamos lag ein herrlicher Hafen, »schmal ist die Einfahrt ... niemals erhob sich darin eine Woge, weder eine große, noch eine kleine«. Die in den Hafen eingedrungenen Gefährten wurden von den einheimischen Laistrygonen »wie Fische aufgespießt«

12 Phönikischer Hafen von Motya

13 Die Fischer vor der Westspitze Siziliens sind es seit der Antike geübt, Thunfische mit Harpunen aufzuspießen, die sie zuvor in einer »Todeskammer« aus Schiffen und Netzen eingeschlossen haben. Im Hintergrund der Burgberg Eryx (Erice)

Auf der Insel der Kirke konnten Odysseus und seine Gefährten »ihre Geräte und alles« in Grotten unterbringen, während sie dort überwinterten

14 Landebucht auf der Insel Ustica (nördlich von Palermo). Von hier aus noch nicht, wohl aber von dem Ausguck oben ist festzustellen, *»daß das Land eine Insel ist«*

15 Die Insel Ustica mit der direkt vom Meer zu erreichenden *Grotta delle barque*, in der Fischer ihre Boote und Zubehör aufbewahren

Segelanweisungen Kirkes führten Odysseus zum Haus (oder Tempel) des Hades »an den Grenzen des tiefströmenden Okeanos, wo Gau und Stadt der Kimmerischen Männer ist«

16 Das Heiligtum von Himera (auch Kimara genannt). Hier mündet der nördliche Himeras, der alte Grenzfluß zwischen West- und Ostsizilien, in das Tyrrhenische Meer. Reste des dorischen Tempels

17 Der nach der Schlacht von Himera (480 v. Chr.) von den Griechen errichtete Tempel steht im Bereich eines älteren Heiligtums

Einer der beiden Ströme im Lande der Kimmerier ist »von der Styx – dem Fluß der Unterwelt – ein Ausfluß«

18 *Fosso Inferno*, d. h. Graben der Unterwelt, heißt einer der Oberläufe des nördlichen Himeras. Die Felsenschlucht ist unzugänglich

19 Noch weiter im Inneren Siziliens liegt der See von Pergusa bei Enna. Hier hat der Gott der Unterwelt Hades der Sage nach Persephoneia (lat. Proserpina) entführt.
Das Bild aus dem Jahre 1819 zeigt im Hintergrund des damals noch unberührten Sees den Ätna mit seinen aus dem Inneren der Erde kommenden Feuerschlünden

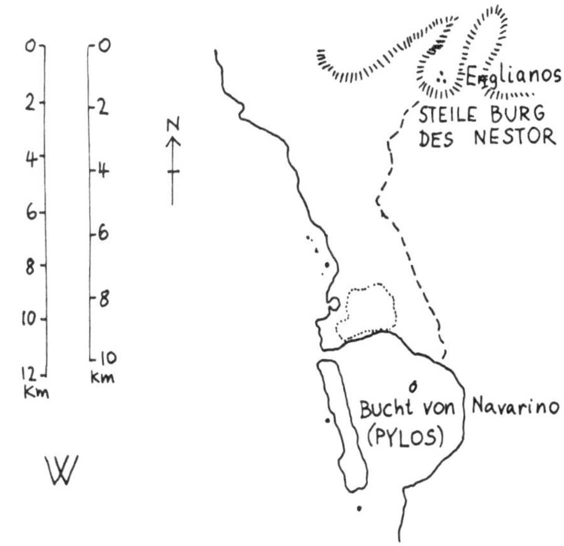

Fig. 11/a *Tele-Pylos,* d. h. Fern-Pylos, an der Westspitze Siziliens

Fig. 11/b Pylos an der Südwestspitze Griechenlands

der Westspitze Siziliens. Auffällig ist dabei, daß auch Homers »Burgstadt des *Lamos*« gleiche Lautbestandteile wie *allamu* enthält.

So hat uns Homers Bericht von der Fahrt des Odysseus bis an die Westspitze Siziliens geführt[52]. Wird man hier »auf das offene Meer« (10, 131) verjagt, so treibt die Meeresströmung nicht mehr zu Aiolos (nach Malta) zurück – das träfe im offenen Meer südlich Siziliens in jedem Fall ein – sondern, ebenso wie Homer es berichtet, in bisher unbekanntes Gebiet.

Ort 6. »Von dort fuhren wir weiter ... Und wir kamen zur *Insel Aia.* Dort wohnt Kirke ...« (10, 133-136). Für diese Strecke ließ sich aus den übrigen Angaben Homers eine Nordost-Richtung rekonstruieren (S. 31). Diese Nordost-Richtung entspricht nun der Meeresströmung vor der Westspitze Siziliens bzw. bei dem »laistrygonischen Telepylos«. Und diese Nordost-Strömung führt, wie die Seekarte zeigt, auf eine kleine runde Insel nördlich von Palermo zu. Deren heutiger Name ist *Ustica.*

Sie ist weit und breit die einzige Insel, von der man – wie Homer – sagen kann, daß sie »rings im Kreis ein unendliches Meer umgibt« (10, 195), gehören doch die nächsten übrigen Inseln stets Inselgruppen an (Ägadische und Liparische Inseln). Noch weniger paßt das Vorgebirge Monte Circeo zwischen Rom und Neapel auf Homers Beschreibung zu; denn es ist heute und war auch schon zu den Zeiten Homers und Odysseus' längst mit dem Festland verbunden und keine Insel. Von dieser späten Lokalisierung müssen wir daher absehen. Homers Beschreibung der Kirke-Insel harmoniert aber mit der *kreis*ähnlichen Form von Ustica.

Von Ustica kann man mit »Nordwind« eine Küste erreichen, wie es Homer von der »Kirke-Insel« behauptet (10, 507-509). Somit läßt sich feststellen, daß mit Ustica wiederum ein Ort gefunden ist, der den Richtungsangaben Homers nicht nur entspricht, sondern ihnen auch als einziger entspricht, gibt es doch sonst keine Insel, die sowohl einsam ist als auch nordöstlich des »Laistrygonenlandes« (Westspitze Siziliens) und nördlich von einer Küste (Nordküste Siziliens) liegt.

Nimmt man übrigens an, der »schiffbergende Hafen (ναύλοχος λιμήν)« (10, 141), in dem Odysseus landete, liege – der Fahrtrichtung entsprechend – im Südwesten der Insel, wo früher auch Postschiffe ankerten[53], und die in der »Mitte« der Insel in einem »Wald« versteckten »Häuser der Kirke« (10, 196-197; 308) seien im Nordosten in der Gegend des heutigen Ortes *Ustica* zu suchen, so treffen eine Reihe weiterer Angaben, die Homer zur »Insel Aia« macht, auf Ustica zu: Nach zwei Tagen und zwei Nächten »in Ermattung und in Schmerzen« stieg Odysseus »eilig von dem Schiff auf einen Platz mit weiter Umschau, ob ich irgend die Werke von Sterblichen sehen und ihren Ruf vernehmen möchte. Und ich stieg hinauf und betrat einen schroffen Ausguck, und es zeigte sich mir ein Rauch, der aufstieg von der weiträumigen Erde, in den Hallen der Kirke, durch das dicke Gehölz und den Wald« (10, 142-150). Auch auf Ustica ist von der Küste bei Spalmatore der Ort Ustica (Santa Maria) nicht zu sehen, da eine Bergkette dazwischenliegt. Wenn man aber am Spalmatore einen »Platz mit weiter Umschau« sucht, wird man auf den ersten Berg dieser Kette, die *Guardiola,* hinaufsteigen und dann Rauch von den Häusern im Nordosten der Insel entdecken können.

Als Odysseus von seinem Erkundungsgang zu seinen Gefährten zurückkehrte, berichtete er: »Ich sah, auf einen schroffen Ausguck hinaufgestiegen, daß das Land eine Insel ist, ...« (10, 194-195). Auch auf Ustica ist es so, daß man vom Spalmatore aus noch nicht feststellen kann, ob sie eine Insel oder eine mit einem größeren Land zusammenhängende Halbinsel ist; der Inselcharakter ist erst durch den Blick von der Guardiola auszumachen.

Später gebot Kirke Odysseus, sein Schiff an Land zu ziehen, Güter und alle Geräte in Grotten zu schaffen (10, 403-404). Dies ist auf Ustica möglich. Die Insel bietet sechs Grotten; davon liegt die *Grotta Azzurra* am nächsten zum Ort; zur Aufbewahrung von Booten und Schiffsgerät dient heutzutage die *Grotta delle Barche.*

Allerdings besitzt Ustica heute kein Quellwasser, während es bei Homer heißt,

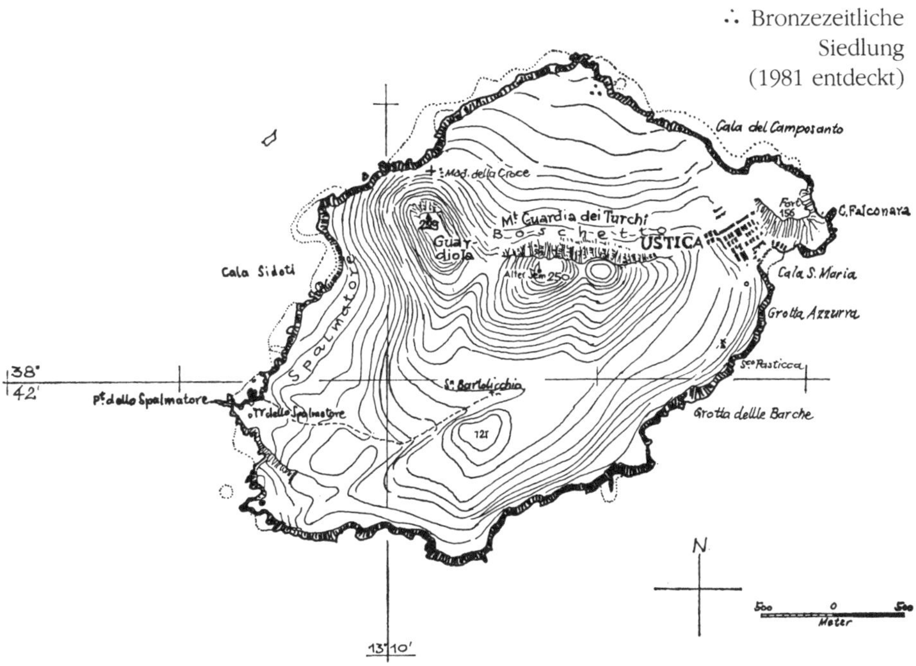

Fig. 12 Die Insel Ustica
(nach der Seekarte 666 des Deutschen Hydrographischen Instituts)
(Bei Homer: *Kirke-Insel Aia)*

Odysseus habe beim Abstieg vom »schroffen Ausguck« einen Hirsch erlegt; »der wollte von der Weide des Waldes zum Bach (ποταμόνδε) hinuntersteigen, um zu trinken« (10, 158-160). Doch mögen die Wasserverhältnisse einst besser gewesen sein, da Ustica bis um die Mitte des 17. Jahrhunderts bewaldet war[54]. Eine Mulde, durch die auch heute nach Regengüssen das Wasser zu Tale strömt, verläuft von S. Bartolicchio zu dem Bootshaus bei der Punta dello Spalmatore.

Gegen die Lokalisierung der Kirke-Insel auf Ustica wurde der Einwand erhoben, wir hätten verschwiegen, daß Aia »ganz eindeutig am Ostrand der Welt liegt (12,3 ff.)«[55]. Was aber steht in den angegebenen Versen? Odysseus sei bei seiner zweiten Landung auf Aia zu dieser Insel gelangt, »wo die Häuser und Reigenplätze der frühgeborenen Eos und die Aufgänge des Helios sind«; dort habe er sein Schiff auf dem Sande auflaufen lassen. Kein Wort also von einem Ostrand der Welt! Der Dichter spricht hier in einer poetischen Weise aus, daß wir uns die zweite Landung des Odysseus dort vorstellen sollen, wo die Sonne aufgeht, also an der *östlichen Seite* der Kirke-Insel. Ähnlich wurden in einem altertümlichen Deutsch z. B. auch Stadtansichten gegen Sonnenaufgang (gegen Mitternacht usw.) nach ihrer örtlichen Ausrichtung lokalisiert. Für diese schlichte Deutung spricht auch die Beobachtung,

Fig. 13 Odysseus erhält von Hermes das Kraut Moly. Odysseus bedroht Kirke. Die in Tiere verwandelten Gefährten mit Kirke und Odysseus. Griechisches Marmorrelief nach R. Venuti (1758)

daß Homer die Sonne hier ebenso aufgehen läßt wie anderswo (10, 144; 187; 12, 8 B). Tage und Nächte wechseln wie üblich (10, 142). Beides verbietet, hier an ein Land ewigen Lichts zu denken.
Auf Ustica wäre übrigens eine Landung im Osten oder Nordosten eine seemännisch kluge Entscheidung; denn dort liegt der heutige Haupthafen, die *Cala S. Maria* bei dem Hauptort Ustica.

ORT 7. Als Odysseus Kirke um das versprochene Heimgeleit bat (10, 483 f.), wies ihm diese, es gelte »einen andern Weg zuvor zu vollenden und zu gelangen zu[56] den Häusern des Hades und der schrecklichen Persephoneia, (εἰς 'Αίδαο δόμους καὶ ἐπαινῆς Περσεφονείης) um die Seele des Thebaners Teiresias (nach dem Heimweg) zu befragen« (10, 490-492). Kirke fügte hinzu: »Das Schiff wird dir der Atem des Nordwinds tragen« (10, 507). Mit diesem »günstigen Fahrtwind, der das Segel füllte« (11,7), gelangte Odysseus zu *»Gau und Stadt der Kimmerischen Männer«* (11,14). Eine Fahrt in der für diese Strecke aufgezeigten Nord-Süd-Richtung führt von Ustica aus in jedem Fall über einen Teil des Tyrrhenischen Meeres an die *Nordküste Siziliens.*
Auf diesem Wege sollte Odysseus mit seinem Schiff den »Okeanos« durchmessen (10, 508; 511). Dies verblüfft zunächst; denn für uns ist doch erst der Atlantik ein Ozean. Es wäre aber anachronistisch, diese nachhomerische Vorstellung bereits auf die Odyssee zu übertragen. Okeanos war für die Griechen das äußerste, die bewohnte Erde umströmende und begrenzende Wasser[57]. In der Tat aber ist Odysseus auf Ustica fern im Westen jenseits der Sizilischen Straße erstmals in einem äußeren Meer, d. h. außerhalb der Landmassen von Afrika und Sizilien, die das innere (östliche) Mittelmeer umschließen. Da man von Ustica aus weder Nordafrika noch Spanien, Sardinien oder Italien sehen kann, erscheint jenes äußere Meer für den, der diese Länder nicht kennt, nach außen hin unbegrenzt (vgl. 10, 195: ἀπείριτος). Im Rahmen einer solchen Vorstellungswelt ist die Fahrt durch das Meer von Ustica zur Nordküste Siziliens tatsächlich ein Durchmessen des »Okeanos« (10, 508) zu dessen inneren »Grenzen« hin (11, 13). Diese inneren Grenzen des Okeanos erscheinen zugleich als die äußeren Grenzen der Erdländer[58].
Weithin wird angenommen, Odysseus sei hier in die Unterwelt *(Erebos)* hinabgestiegen. Homer sagt dies aber gar nicht; es heißt nur, Kirke habe Odysseus angewiesen: »Opfere daselbst ein Schaf, ein männliches, und ein weibliches schwarzes, zum Erebos sie wendend, du selber aber kehre dich ab nach den Strömungen des Flusses hin« (10, 527-529) und schließlich: »Da versammelten sich von unten aus dem Erebos die Seelen der dahingestorbenen Toten« (11, 36-37). Solche Stätten der Totenbeschwörung gab es in der Antike an verschiedenen Orten, auch in Sizilien, so ist »ein Weg zu den Seelen der Toten *(iter ad manes)*« bei Enna in der Mitte Siziliens bekannt[59]. Dort, am See von Pergusa, soll Persephoneia von

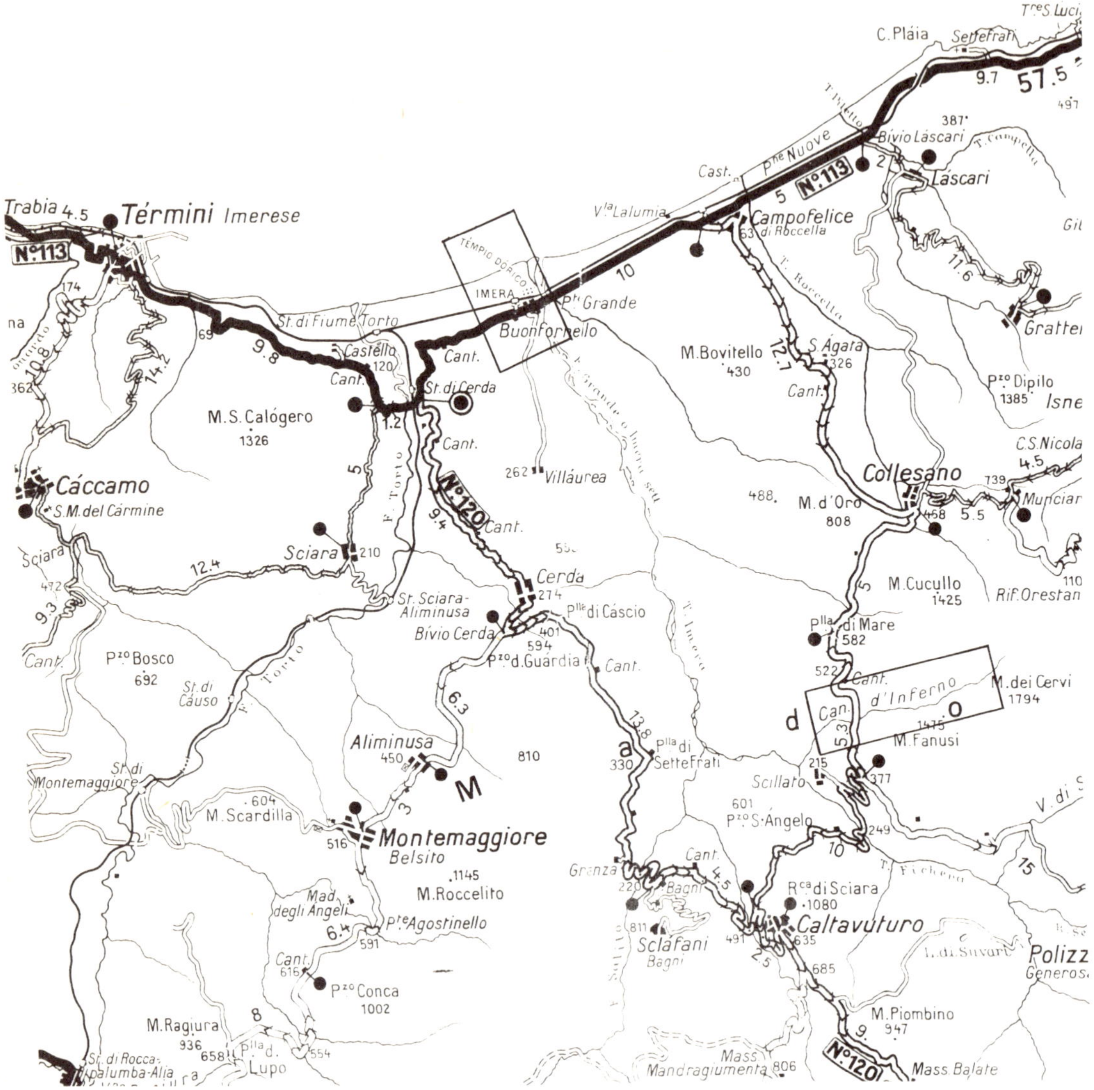

Fig. 14/a Himera zwischen den Mündungen des Fiume Grande und des Fiume Torto. Nach der Carta d'Italia 1:200 000 vor dem Bau der Autobahn im Himeras-Tal.
(Bei Homer: *Eingang zum Haus des Hades)*

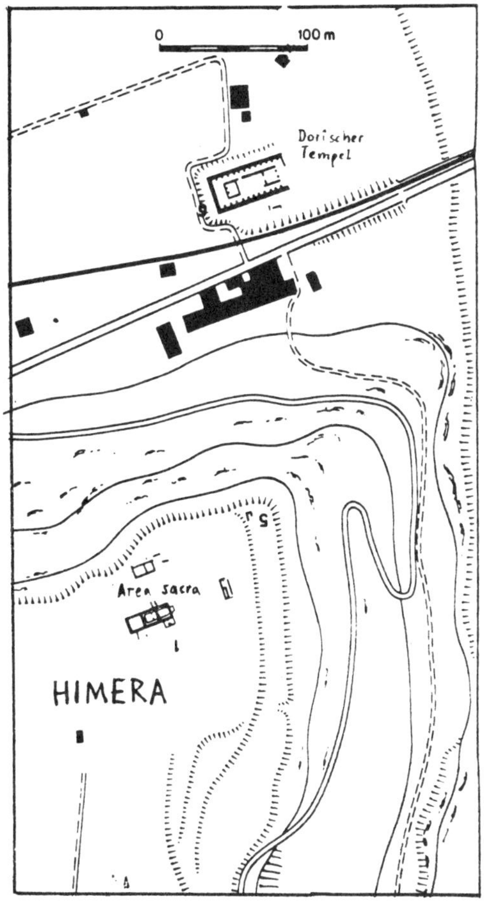

Fig. 14/b Himera. Dorischer Tempel in der Mündungsebene des Himeras und heiliger Bezirk auf dem Stadtberg.
Nach A. Adriani et al. (1970).

Hades in die Unterwelt entführt worden sein. Der Sage nach habe Zeus zu deren Hochzeit ganz Sizilien als Brautgeschenk gegeben[60]. Es kann also nicht überraschen, ein »Haus des Hades« in Sizilien zu suchen. »Persephone wurde in Großgriechenland und auf Sizilien überall verehrt[61].«
Homer unterscheidet auch zwischen dem »*Hades*«, in den noch keiner »gekommen ist mit dem schwarzen Schiffe« und aus dem Odysseus das Erscheinen des Hauptes der Gorgo fürchtete (10, 502; 11, 635), und dem »*Haus* des Hades« bzw. den »*Häusern* des Hades und der Persephoneia«, zu denen Odysseus hingefahren und hingegangen ist (10, 491; 512; 11, 150). Nur der »Hades« wird also hier als Unterwelt zu verstehen sein, die »Häuser (δόμοι)« jedoch – ebenso wie das der Athene

geweihte »Haus (δόμος)« des Erechtheus (7, 81) – als Tempel oder Kultstätten. So erweist gerade die geographische Interpretation diese Partien als dichterisches Meisterstück: Kirke spricht stets vom *Haus* des Hades, Odysseus durchschaut nicht gleich den Doppelsinn, fürchtet, er solle in die Unterwelt hinabsteigen und spricht daher konsequent vom *Hades*.

Um den Ort dieser »Häuser des Hades und der schrecklichen Persephoneia« genauer bestimmen zu können, werden wir der Anweisung folgen, die Odysseus von Kirke erhielt: »Doch wenn du nun mit deinem Schiff den Okeanos durchmessen hast, dorthin, wo das flache Gestade und die Haine der Persephoneia und die großen Pappeln und die Weiden sind, denen die Frucht verdirbt, so laß dein Schiff daselbst auffahren an dem Okeanos mit den tiefen Wirbeln und gehe selbst zu dem Haus des Hades, dem modrigen. Dort fließen in den Acheron Pyriphlegeton und Kokytos..., und ist ein Fels(gebirge) und ein gemeinsames Ergießen von zwei Strömen, stark dröhnenden (πέτρη τε ξύνεσίς τε δύω ποταμῶν ἐριδούπων). Dort (opfere)... und gelobe...« (10, 508-521).

Diese Ortsangaben sind an der Nordküste Siziliens hinreichend eindeutig; denn suchen wir an dieser überwiegend steil abfallenden Küste ein flaches Gestade und zwei Flußmündungen, so werden wir nach *Himera* geführt. Dort münden der *Fiume Grande* und der *Fiume Torto* in einem gemeinsam angeschwemmten flachen Gestade in das Meer. Der tiefe Einschnitt, den die Täler dieser beiden großen Flüsse in der Horizontlinie der Küstenberge bilden, ist schon von weitem von See her zu erkennen.

Auf dem breiten Bergsporn zwischen den beiden Flußmündungen wurde 649/648 v. Chr. eine griechische Kolonie gegründet, die in den Inschriften ihrer Münzen neben »Himera«, »Imera« u. a. auch *»Kimara«* hieß. Dies könnte in einem sprachlichen – und damit auch sachlichen – Zusammenhang mit den von Homer hier »Kimmerischen Männern (Κιμμερίων ἀνδρῶν)« (11, 14) stehen. Der Ton liegt in beiden Namen auf dem kurzen e (Himéra, Kimmérier). Jedenfalls ist Himéra/ Kimára ein nichtgriechischer Name, den die griechischen Siedler schon vorfanden[62] und der also gut bis in homerische Zeit zurückreichen kann.

Der Name haftet auch nicht nur an dem Ort *Himera* (ital. Imera) und der nach dessen Zerstörung 409 v. Chr. gegründeten Nachfolgestadt *Thermai Himeraiai* (ital. Termini Imerese), sondern auch an zwei bedeutenden Flüssen: dem bei Himera mündenden *nördlichen Himeras* (ital. Fiume Grande, Imera settentrionale) und dem *südlichen Himeras* (ital. Fiume Salso). Beide entspringen etwa 30 km südöstlich von Himera. Im Altertum glaubte man, sie ergössen sich aus einer gemeinsamen Quelle. So galten sie als ein einziger Fluß, der die Insel Sizilien von Nord nach Süd teilte[63]. Es ist daher möglich, daß das »gemeinsame Ergießen von zwei Flüssen« (10, 515) nicht auf die gemeinsame Mündung des nördlichen Himeras mit dem Fiume Torto, sondern auf die angeblich gemeinsame Quelle der

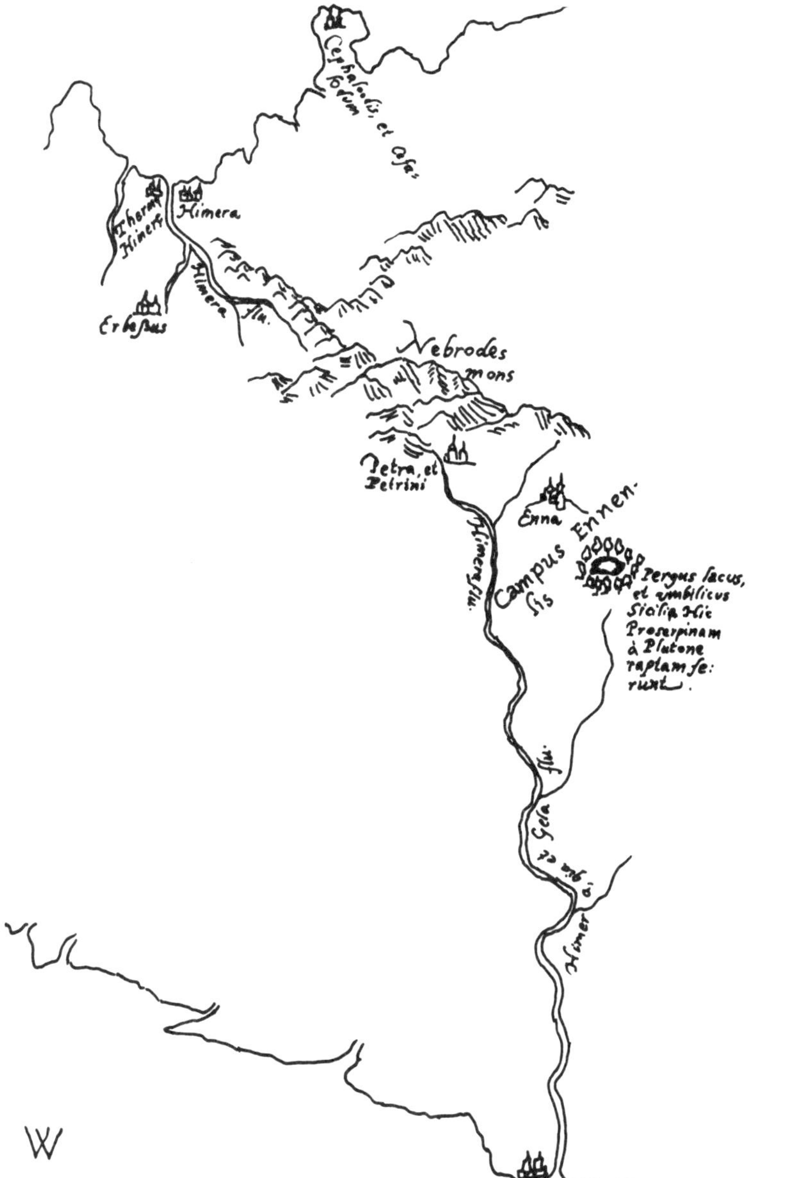

Fig. 15 Der nördliche und der südliche Himeras waren nach antiker Vorstellung ein einziger Fluß, der die Insel Sizilien in Nord-Süd-Richtung teilte. In diesem Flußgebiet liegt Enna mit dem Pergusa-See, bei dem der Sage nach Persephoneia (lat. Proserpina) von Hades (Pluto) geraubt wurde. Himera war der Zugang von Norden und von See her zu diesem Reich der Unterwelt. – Ausschnitt aus einer Karte des antiken Sizilien nach dem Parergon von Abraham ORTELIUS, 1595.

beiden Himeras-Flüsse zu beziehen ist. Das historische Himera war verkehrsmäßig, wirtschaftlich und kultisch Mittelpunkt eines Territoriums[64]. Ebenso spricht Homer von »Gau und Stadt (δῆμός τε πόλις τε) der Kimmerischen Männer« (11, 14). So wird man in dem Einzugsgebiet der beiden Himeras den »Gau der Kimmerischen Männer« suchen dürfen. Auch Enna mit dem Hades-See von Pergusa gehört zu diesem Flußgebiet.

Himera ist der Ort, an dem man von Norden und See her diesen »Gau« erreicht. Auch hier kann es einen Kult der Unterweltgötter gegeben haben. Auf Weihetäfelchen *(Pinakes)*, die in dem Persephoneia-Heiligtum von Lokroi in Kalabrien gefunden wurden, werden nämlich Hades und Persephoneia wiederholt mit einem Hahn dargestellt; dieser gilt also offenbar als ihr Attribut. Ebenso ist der Hahn ein Wahrzeichen von Himera, wie bereits die ältesten Münzen dieser Stadt bezeugen[65]. Dabei ist es nach neueren Ausgrabungen »nicht auszuschließen, daß es im späteren Tempelbezirk Himeras schon eine phoinikische Kultstätte gegeben hat. Möglicherweise trafen die griechischen Kolonisten auch auf eine Ansiedlung der einheimischen Bevölkerung[66].«

Dem Besucher von Himera fällt zunächst der dorische Tempel auf, dessen Ruinen nahe der Mündung des Himeras am Fuße des Stadtberges stehen. Dieser Tempel wurde wahrscheinlich als Denkmal des Sieges errichtet, den die Griechen im Jahre 480 v. Chr. über die Karthager hier errangen[67]. Auch schon vor dieser Schlacht war die Ebene zwischen dem Stadtberg, den beiden Flußmündungen und dem Meer als Opferplatz geeignet: Der karthagische Feldherr Hamilkar nahm hier Zurüstungen für ein prächtiges Opfer für Poseidon vor (Diodor XI 21). Der Sieger der Schlacht von Himera, Gelon von Syrakus, stiftete einen Teil der Beute zur Errichtung eines Tempels, nicht aber für Poseidon, sondern für – Persephoneia (Diodor XI 26)!

Sollte Odysseus in einem Heiligtum Segelanweisungen gesucht haben, so wäre dies nichts Ungewöhnliches. Myskellos von Rhypos erhielt in Delphi den Auftrag, Kroton zu besiedeln; als er um weitere Auskunft bat, erhielt er Segelanweisungen[68]. Auch in der Ilias wies ein Seher – »Kalchas, Sohn des Thestor, der weit beste unter den Vogelschauern« – den Schiffen der Achaier den Weg nach Ilion (Ilias 1, 69-72).

Fig. 16a) 540/510 v. Chr.

Fig. 16/b) 482/472 v. Chr.

Der Hahn als »Wappen« von Himera auf zwei Münzen (hier seitenverkehrt abgebildet)
Nach Enciclopedia Italiana XVIII (1933) 880.

Fig. 17 Der Hahn als Attribut von Hades und Persephoneia
(Weihetäfelchen aus Lokroi, 5. Jh. v. Chr. Reggio di Calabria, Mus. Naz.)

Odysseus fand den »Platz, den Kirke gewiesen hatte« (11, 22), opferte dort (11, 23 ff.) und gelobte ein neues Opfer nach glücklicher Heimkehr (11, 29 ff.). Darauf sah er »die Seelen der dahingestorbenen Toten« (11, 37) und hieß die Gefährten, zu den Göttern Hades und Persephoneia zu beten (11, 46 f.). »Und es kam herauf die Seele des Teiresias von Theben« und wies den Weg, wie er heim nach Ithaka gelangen könne (11, 90 ff.)[69]. »Als sie so gesprochen, schritt die Seele des Herrn Teiresias in das Haus des Hades...« (11, 150 f.), Odysseus »aber blieb am Orte dort beständig« (11, 152) und sah seine Mutter, dann nacheinander Leda, Orion, Herakles und andere, schließlich »die Völker der Toten, zehntausende« (11, 632). »Und mich ergriff die blasse Furcht... Da ging ich alsbald zum Schiff und befahl den Gefährten, daß sie selbst hinaufsteigen und die Hecktaue lösen sollten« (11, 633 bis 637). – Um mögliche Mißverständnisse zu vermeiden, sei hier gesagt: Eine bildhafte, mythische Welt, die bei dieser Totenbeschwörung wohl deutlich zur Sprache kommt, soll mit keinem Wort geleugnet werden, wenn wir behaupten, daß die geographischen Angaben Homers zu diesem Ort in Sizilien und der Fahrt dorthin eindeutig seien.

Jedenfalls geht es nicht an, »Gau und Stadt der Kimmerischen Männer« in den hohen Norden zu versetzen, wie es vielfach geschieht, nur weil es heißt: »In Dunst und Wolken sind sie eingehüllt, und niemals blickt der leuchtende Helios auf sie herab mit seinen Strahlen, weder wenn er zum gestirnten Himmel aufsteigt, noch wenn er sich vom Himmel her wieder zurück zur Erde wendet...« (11, 15-19). Abgesehen davon, daß es auf der ganzen Erde, auch nicht nördlich des Polarkreises, ein Land gibt, an dem niemals die Sonne scheint, würde Homer ein ziemlich unsinniges Bild gebrauchen, wenn er Odysseus von einem »Nordwind« (10, 507) ausgerechnet in den hohen Norden bringen ließe. Die Polartheorie wird daher zur Interpretation dieser Verse auszuscheiden haben[70]. Viel naheliegender als der hohe Norden ist das Innere Siziliens mit dem Hades-Ort Enna. Die Einwohner dieser fast 1000 m hoch gelegenen Stadt behaupten, sie seien »neun Monate des Jahres« von Nebel eingehüllt. Dies hat – ganz unabhängig von unserer Lokalisierung – zu dem Gedanken geführt, daß Homer von hier »seine Vorstellung der kimmerischen Nebel« hätte nehmen können[71]. Vielleicht ist bei den »armen Sterblichen«, die »in Dunst und Wolken eingehüllt sind« und auf die die Sonne nicht scheint, auch an die Bergleute in den Schwefelgruben zu denken, die es im Hinterland der beiden Himeras gibt. Jedenfalls hat schon Ephoros von Kymai (um 400 v. Chr.) die Kimmerier mit unterirdischen Bergwerken in Zusammenhang gebracht. Ephoros dachte dabei allerdings nicht an das Innere Siziliens (Strabon V 4,5 C. 244). Bei der Schmelze des schwefelhaltigen Gesteins in archaischen Öfen entstanden dichte Dampfwolken, die die Arbeiter wirklich zu »armen Sterblichen« machte.

Ein erstaunliches Zusammentreffen liegt auch in folgendem: nach Homer ist der beim »Haus des Hades« mündende »Kokytos von dem Wasser der Styx ein Ausfluß«

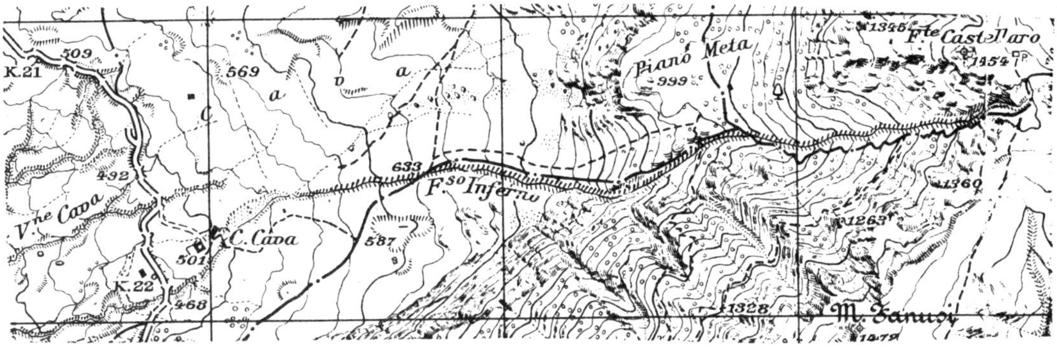

Fig. 18 Fosso d'inferno am Oberlauf des Himeras südöstlich von Himera nach der Carta d'Italia 1:25 000 Scillato (Foglio 259 I S.E.) 1969.

(10, 514), und ein düsterer, unzugänglicher Oberlauf des nördlichen Himeras heißt tatsächlich *Fosso* (oder *Canale d'*) *Inferno*. Die italienische Karte 1:200 000 kennt von Sizilien bis hinauf zu den Alpen zwar noch zwei Inferno-Gipfel und je einen Höllen-See, -Hafen und -Brücke, aber nur diesen einzigen *Graben der Unterwelt* 14 km südöstlich von Himera! Dieser Flurname ist auch nicht – wie bei den Liparen als angeblichen Aiolischen Inseln – auf eine nachhomerische Odyssee-Lokalisierung zurückzuführen. Er muß unabhängig von Homer entstanden sein; denn bisher hat noch niemand Homers »Haus des Hades« in Himera gesucht.

ORT 8. Entsprechend den gegebenen Anweisungen (12, 39-141)[72] suchte Odysseus den Heimweg an der *»Insel der Sirenen«* vorbei, durch die *»Enge«* zwischen *»Skylla«* und *»Charybdis«* hindurch und gelangte nach *»Thrinakia«* (12, 127), bzw. der *»Insel des Helios«* (12, 269). Dort landeten die meuternden Gefährten gegen den Willen des Odysseus das Schiff in einem »ausgebuchteten Hafen« (12, 305). Für die Strecke zur Meeresenge stellten wir bereits eine Küstenfahrt auf Ostkurs fest. Fahren wir von Himera an der Nordküste Siziliens entlang nach Osten, kommen wir tatsächlich zu einer Meerenge, zur *Straße von Messina*. Von Himera aus bietet sie den kürzesten Weg nach Griechenland, was mit den Angaben Homers übereinstimmt; denn Odysseus hatte sich ausdrücklich den »Heimweg (νόστος)« dorthin weisen lassen (10, 540; 11, 100; 12, 137). Von Himera kommend muß man die Meerenge selbst in Südrichtung durchfahren – ebenso wie wir es von der Meerenge, durch die Odysseus fuhr, bereits wissen. Weil es außer der Straße von Messina keine andere Meerenge gibt, auf die alle diese Kursbestimmungen zutreffen, dürfen wir wieder sagen, daß Homers Fahrtrichtungsangaben hier *eindeutig* zu interpretieren sind. Theorien, die Homers Meerenge nach Gibraltar oder in den Bosporus versetzten, gerieten stets in Widerspruch mit Homer[73].

Merkwürdig ist, was der Dichter von Charybdis sagt: »Dreimal sendet sie (das schwarze Wasser) empor am Tage und dreimal schlürft sie es ein, gewaltig« (12,105). Ebbe und Flut kommen und gehen bekanntlich zweimal am Tage, warum sagt Homer dreimal? Hier liegt eine altertümliche Zählweise vor, die nicht die Dauer einer periodischen Erscheinung zählt, sondern deren Anfänge. Ebenso zählte Caesar zwei Fluten in 12 Stunden[74]; wir sprechen von acht (statt sieben) Tagen, die Franzosen von *quinze* (15 statt 14) *jours*[75].

Vor wenigen Jahren hat Hans Steuerwald die Lokalisierung der Odyssee im Mittelmeer dadurch zu widerlegen versucht, daß er für die Straße von Messina ein »Fehlen ausgeprägter Gezeiten« behauptete[76]. Er wollte damit den Weg für seine Theorie freimachen, daß Odysseus bis nach Schottland gekommen sei. Dieses Argument überzeugt aber keineswegs. Die Gezeiten wären nämlich für einen Seefahrer, der – wie Steuerwald es von Odysseus glaubt – wochenlang an der spanischen und französischen Atlantikküste entlanggefahren ist und die britische Inseln bereits umrundet hat, überhaupt nichts Neues. Warum sollte er plötzlich zwischen Schottland und Irland den Tidenhub bemerken? Im Gegensatz zum Atlantik sind im Mittelmeer als einer Art Binnensee die Gezeiten nur an ganz wenigen Stellen zu beobachten, vor allem in der Straße von Messina. Wer also im Mittelmeer bleibt und in den Stretto gelangt, wird die wechselnden Gezeitenströme, die hier eine Geschwindigkeit von bis zu 10 km pro Stunde erreichen[77], als etwas ganz Außergewöhnliches erfahren. Es ist daher gut verständlich, wenn der Dichter gerade hier diese Erscheinung beschreibt. Ihre Darstellung als etwas Besonderes beweist, daß die Odyssee in dem im übrigen fast gezeitenlosen Mittelmeer spielt.

Es wirkt auch dichterisch überzeugend, wenn die Meerenge durch die Darstellung Homers höher und schmaler erscheint, als die Straße von Messina tatsächlich ist. Goethe beobachtete auf seiner Italienischen Reise, als ihm dort »Charybdis« und »Scylla« gezeigt wurden: »...Man hat sich bei Gelegenheit beider, in der Natur so weit auseinander stehenden, von dem Dichter so nah zusammen gerückten Merkwürdigkeiten über die Fabelei der Poeten beschwert und nicht bedacht, daß die Einbildungskraft aller Menschen durchaus Gegenstände, wenn sie sich solche bedeutend vorstellen will, höher als breit imaginiert und dadurch dem Bilde mehr Charakter, Ernst und Würde verschafft[78].«

Wir halten daher weiterhin an der antiken Tradition fest, nach der sich Homers »Meerenge« von »Skylla« und »Charybdis« auf die Straße von Messina bezieht. Die älteste nachhomerische Erwähnung dieser Tradition findet sich bei Thukydides: »Diese Meerenge macht das zwischen Rhegion und Messene befindliche Gewässer aus, wo Sizilien am wenigsten von dem festen Lande entfernt ist. Dies ist die sogenannte Charybdis, wo Odysseus vorbeigefahren sein soll. Und da das Wasser aus so großen Meeren, wie das tyrrhenische und das sizilianische ist, durch eine so enge Öffnung dringen muß, was mit starken Fluten geschieht, so ist dies mit gutem Fug als eine beschwerliche Fahrt angesehen worden«[79]. Bei Vergil wählt Aeneas den viel weiteren Weg rund um Sizilien, um der Gefahr der Charybdis in der Meerenge zu entgehen[80]. Pompeius Trogus kannte »nirgendwo sonst eine schrecklicher brausende Meerenge«[81]. Nach einer Studie des Reichs-Marine-Amtes aus dem Jahre 1891 bereiten »die außerordentlichen Geschwindigkeiten der Gezeitenströme der Schiffahrt schwere Hindernisse«[82].

Wir wollen den Textabschnitt für diese Strecke im einzelnen untersuchen; denn gerade der Vergleich des ausführlichen Berichtes Homers über die Fahrt durch die »Enge« mit den geographischen Gegebenheiten der Straße von Messina erweist auf weite Strecken die erstaunliche Genauigkeit der homerischen Beschreibung. Sie läßt über die altbekannte allgemeine Lokalisierung von Skylla und Charybdis hinaus noch eine Vielzahl neuer Beobachtungen zu. Es ist sogar möglich, den ungefähren Kurs auf der Seekarte abzustecken. Den Angaben unserer Karte (Fig. 23 b) liegen folgende Überlegungen zugrunde:

POSITION A (12, 166-179). Als das Schiff in Sichtweite der »Sirenen-Insel« gekommen war, »da hörte mit einem Mal der Wind auf, und es ward Meeresglätte, still vom

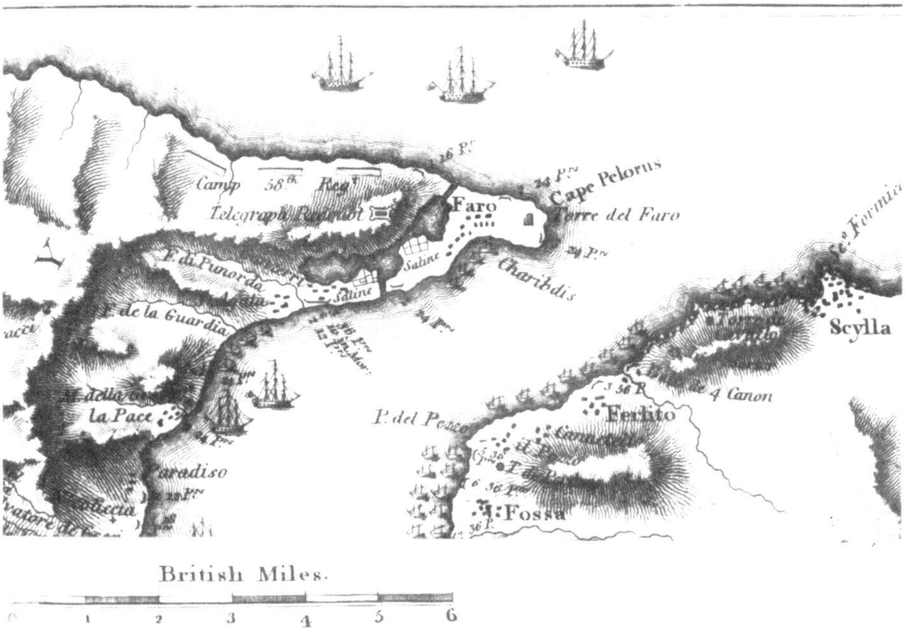

Fig. 19 Die Düne Faro vor dem Nordeingang der Meerenge von Messina im Jahre 1810. (Bei Homer: *Insel der beiden Sirenen vor dem Eingang in die Enge von Skylla und Charybdis*)

Winde, und ein Daimon ließ die Wogen sich legen« (12, 168 f.). An dieser Stelle, die wir auf der Karte als Position A kennzeichnen, wurden die Segel eingerollt (12, 170), und hier begann die Ruderfahrt (12, 180). Um diese Position zu bestimmen, müssen wir zunächst die »blumige Wiese« oder *»Insel der beiden Sirenen«* kennen. Nach dem homerischen Bericht liegt sie kurz vor dem Nordeingang der Meerenge (12, 201).

Vor der nördlichen Öffnung der Straße von Messina liegt nun tatsächlich eine Insel (und nur eine!): die Düne mit dem Leuchtturm und dem Fischerdorf *Faro* am Kap Peloro, der Ostspitze Siziliens. Auf vielen Karten erscheint sie zwar nur wie eine Halbinsel, doch liegen zwischen ihr und dem eigentlichen Sizilien zwei bis zu 30 m tiefe Lagunen. Die beiden Lagunen enthalten Salzwasser und »sind abgeschnittene Meerestheile, die ihrer gänzlichen Verlandung entgegengehen«; die Düne wird auch immer weiter durch anschwemmenden Sand vergrößert[83]. Das Erdbeben von 1783 hat offenbar einen Damm zwischen der Steilküste und der Düne aufgeschüttet[84]. Während der napoleonischen Kriege haben die Engländer die Wasserverbindung zwischen dem Meer und den Lagunen durch Kanäle wiederhergestellt. Aus dem 1. Jhdt. n. Chr. erfahren wir, daß sich das sizilische Ostkap Peloro »hoch erhebt[85].« Die sich höchstens 5 m flach aus dem Meer erhebende Düne wird damals also noch nicht die Ostspitze Siziliens gebildet haben, sondern als kleine Insel vor dem Steilabhang gelegen haben. Sicher ist, daß auch antike Autoren »die Sirenen beim Kap Peloro ansiedelten[86].«

Fig. 20/a Die Düne mit dem Leuchtturm (Punta del Faro) beim Kap Peloro.
Nach einem Kupferstich von G. Fortuyn (1777).
(Bei Homer: *Blumige Wiese, Insel der Sirenen)*

Odysseus war gewarnt worden: »Zuerst wirst du zu den Sirenen gelangen ... Wer sich in seinem Unverstande ihnen *nähert* und den Laut der Sirenen *hört*, zu dem treten nicht Frau und unmündige Kinder, wenn er nach Hause kehrt ... *Du aber steuere vorbei* ...« (12, 39-47). Der Befehl lautete, »die *blumige Wiese* zu vermeiden« (12, 159). Die Düne Faro ist nicht nur eine blumige Wiese; die Vorbeifahrt an ihr ist in der Tat ähnlich gefährlich, wie es Homer von der »Sirenen-Insel« berichtet. Die Deutsche Seekarte Nr. 507 hat an dieser Stelle eine ernste Warnung eingedruckt: »C. Peloro ist in einem *Abstand von nicht weniger als 1000 m* vom Feuer [d. h. vom Leuchtturm auf der Düne Faro] zu runden.« Das Mittelmeerhandbuch bringt an dieser Stelle die einzige fettgedruckte Warnung des ganzen Buches: »Von Capo Peloro halte man *mindestens 1000 m Abstand*, da durch die starken Ströme die Sände vor der Huk in ständiger Veränderung begriffen sind und die Tiefen daher nicht mit den Kartenangaben übereinstimmen. Von Nordwest kommende Schiffe müssen ... zwischen Capo Rasocolmo und Capo Peloro die Untiefen meiden ...[87].« Aufgrund dieser Übereinstimmungen der Angaben Homers mit den Naturgegebenheiten haben wir die »Insel der beiden Sirenen« auf der heutigen Punta del Faro vor dem Kap Peloro in unserer Karte eingezeichnet. Wenn Odysseus, wie wir bereits feststellten, von Westen bzw. Nordwesten herankam, konnte er die Punta del Faro erblicken, sobald er das *Kap Rasocolmo* umfahren hatte. Hier ist also die Position A, die durch Sichtweite zur »Sirenen-Insel« bestimmt ist, anzugeben.

Fig. 20/b Blumige Wiese der Sirenen.
Nach J. FLAXMAN (London 1805)

Kurs I (12, 180-201). Homer beschreibt nun die Vorbeifahrt an der »Sirenen-Insel«. Der Kursbefehl für diesen ersten Teil der Ruderfahrt lautete: »Die Stimme der Sirenen ... und die blumige Wiese vermeiden (Σειρήνων ... φθόγγον ἀλεύασθαι καὶ λειμῶν' ἀνθεμόεντα)!« (12, 158-159 vgl. 165.) Trotzdem ließ Odysseus die Gefährten so nahe an der »Insel der Sirenen« vorbeifahren, daß er deren Stimme hören konnte (183-198). Diese Angabe Homers ist gut mit der modernen Schifffahrtsanweisung vereinbar, die an dieser Stelle einen Mindestabstand von 1000 Metern zur Küste verlangt. Der Kurs verläuft also von der Position A beim Kap Rasocolmo in einer solchen Richtung entlang der Küste, daß er den Bereich der Hörweite um die Punta del Faro schneidet. Auf diesem Kurs muß ein Schiff bald – die Straße von Messina ist »nur eine halbe Stunde breit«[88] – etwa in der Nähe des Kaps mit dem heutigen Ort Scilla auf die kalabrische Felsenküste stoßen.

Position B (12,201-222). »Doch als wir nun die (Sirenen-)Insel verlassen hatten, sah ich alsbald darauf einen Rauch und eine *große Welle* (μέγα κῦμα) und hörte ein Gedröhn« (201-202). Es ist nun eine auch heute zu beobachtende Naturerscheinung, daß vor dem Nordeingang der Meerenge zwischen Sizilien und Kalabrien beim Gezeitenwechsel *(Inversion)* die Wassermassen aus dem Ionischen und Tyrrhenischen Meer aufeinanderprallen und sich zu einer auffällig großen Welle übereinandertürmen. Auch bei sonst ruhiger See tritt eine solche – von den Einheimischen *taglio* genannte – Wellenbildung auf[89]. Es verwundert nicht, daß die Gefährten sich bei einer so erstaunlichen Naturerscheinung »fürchteten, und aus ihren Händen flogen die Riemen und rauschten alle in der Strömung hinterdrein. Und das Schiff blieb daselbst liegen, weil sie nicht mehr die vorn geschärften Ruder mit den Händen bewegten« (203-205). Auch dies ist hier erklärlich. Wenn man nämlich von Nordwesten auf Scilla zufährt und nun plötzlich in die mit Macht einsetzende, nach Südwesten strömende Flut gerät, so kann diese den Seeleuten die Ruder aus den Händen reißen. Die beiden Bewegungen des Schiffes und der Flut heben einander für kurze Zeit auf: das Schiff bleibt liegen und die Riemen rauschen in der Strömung hinterdrein! Hier endete der erste Teil der Ruderfahrt.
Odysseus wußte, daß er nach der Vorbeifahrt an den Sirenen zwischen zwei Wegen zu wählen hatte (12,55-58). Bei einer Fahrt auf offenem Meer stünden naturgemäß stets unendlich viele Wege zur Auswahl, bei einer reinen Küstenfahrt dagegen immer nur ein Weg. Genau zwei Wege – keiner mehr und keiner weniger – stehen einem Seefahrer nur dann zur Auswahl, wenn er bei einer Küstenfahrt wie hier den Eingang einer Meerenge erreicht und sich nun entscheiden muß, entweder der Gegenküste zu folgen oder sich in die Meerenge zu wagen. Odysseus hatte die Kenntnis von Landmarken für beide Wege erfahren: Auf dem ersten Weg gibt es »eindeckende« (also wohl: von oben herunter kommende) Steine[90] und gegen diese Steine brandet groß die Woge des Meeres. *Plankten,* d. h. »hierhin und dorthin

gestoßene« (Steine), nennen sie die seligen Götter (12, 59–61). Über diese »Irrfelsen« heißt es bei Homer: »Da kommt nicht einmal das, was da fliegt vorbei ... Da ist noch kein Schiff der Männer entronnen, welches auch herankam, sondern durcheinander tragen Planken von Schiffen und Leiber von Männern die Wogen der Salzflut und die Ausstöße (θύελλαι) des verderblichen Feuers« (12, 62-68).[91] Von den verschiedenen Deutungen der Plankten ist diejenige am einleuchtendsten, die sie auf den vulkanischen Charakter der Liparischen Inseln bezieht[92]. Poseidonios erzählt dort von ganz ähnlichen Erscheinungen: »Diejenigen welche hinzuschiffen wagen, hätten tote Fische auf den Wogen treiben sehen und wären, von Hitze und Gestank überwältigt, entflohen, eins der Boote aber, welches sich am meisten genähert, hätte einen Teil seiner Mannschaft verloren ...« (Strabon VI 2,11 c.277). Man versteht dann auch, warum es bei Homer nachher heißt: »Von diesem Rauch dort ... dränge hinweg« (12, 219)

Vom Nordeingang der Meerenge sind die Liparen an klaren Tagen zu sehen. Insbesondere der Inselvulkan Stromboli kann mit seiner kennzeichnenden Rauch-

Fig. 21 Steine, die aus dem Krater des Inselvulkans Stromboli herausgeworfen werden und auf der Feuerrutsche *(Sciara del Fuoco)* ins Meer hinunterrollen. Kupferstich nach L. Spallanzani (1792) (Bei Homer: *Plankten* oder *Irrfelsen*)

Westen

Thrinakia	*Charybdis*	*Sirenen*-I.
Düne Messina	Ebbe und Flut	Düne Faro

Süden

2. Hals des Skylla-Felsens	*Enge*	*Sonnen-Insel*
Kap Pasci	Stretto di Messina	Sizilien

Fig. 22 Die Nordeinfahrt in die Meerenge von Messina
Nach einem Kupferstich von A. ZABALLI (1775).

Plankten/Omphalos
Vulkan Stromboli

Vorspringende Gestade,
Klippen und Felsen
Kap Vaticano

Phaiakenland Scheria
Kalabrisches Festland
Norden

1. Hals des Skylla-Felsens
Kap Scilla

Osten

Ergänzungen am Rand von A. WOLF (1983).

fahne (Fig. 22) gut als Landmarke für einen der beiden sich hier bietenden Küstenwege dienen: für die Fahrt an der kalabrischen Küste entlang nach Norden. Die kleinen Eruptionen dieses ständig tätigen Vulkans folgen heute gewöhnlich alle 5 bis 20 Minuten aufeinander. Der Gipfel ist völlig mit Asche, Lava und Steinen bedeckt, so daß dort kein einziges Pflänzchen wächst und daher auch tatsächlich kein Vogel vorbeifliegt. Ein Teil der Tag und Nacht aus dem Krater gespienen glühenden Steine stürzt mit Gepolter die *Sciara del Fuoco* (d.h. Feuerrutsche) hinunter und plumpst schließlich ins Meer, »bei größeren Ausbrüchen bis zu einer Meile von der Küste entfernt. Dann ist es unmöglich, im Boot nahe am Abhang zu sein[93].«

Aus dem Jahre 1407 kennen wir den Bericht von Antoine de la Sale, der in seinem dem Herzog von Kalabrien gewidmeten Werk schreibt: »Von diesen (Liparischen) Inseln brennt der Stromboli Tag und Nacht ohne Unterlaß. (...) In die Höhe kann niemand steigen... auch wegen der großen Kraft der brennenden Steine, die unaufhörlich aus diesem Brunnen (Krater) herausspringen und von Zeit zu Zeit aus der Feuerflamme herunterstürzen, von denen mehrere fliegen und in das Meer fallen...[94]« Es überrascht nicht, daß Odysseus diesen ersten Weg zu vermeiden suchte.

Als Wahrzeichen des ZWEITEN WEGES nennt Homer die *Felsen der Skylla* und *Charybdis* (12, 85; 101, 104-105). Sie sind in der Meerenge von Messina mit der Felsenküste auf der kalabrischen Seite und mit den für das Mittelmeer ungewöhnlichen Gezeitenströmungen gegeben. Wenn man sich die trichterförmige Meerenge wie einen Mund vorstellt, so schlürft sie das Wasser periodisch nordwärts ein *(rema montante)* und speit es südwärts wieder aus (*rema scendente*)[95]. Die Beschwörung »mögest du nicht gerade dort sein, wenn sie einschlürft!« (12,106) ist also hier durchaus angebracht, wenn man wie Odysseus die Enge von Nord nach Süd zu durchfahren hätte; denn – gegen den Strom – hätte ihn nicht einmal Poseidon »aus dem Übel erretten« können (12, 107). Odysseus hatte aber offenbar Glück gehabt, weil die von Homer vor dem Nordeingang der Enge erwähnte furchterregende Welle *(taglio)* an dieser Stelle den Beginn der ausspeienden Charybdis *(scendente)* kennzeichnet[96]. Er entschied sich für diesen ZWEITEN WEG.

Odysseus ging »durch das Schiff und trieb die Gefährten an mit sanften Worten, herangetreten an einen jeden Mann« (12, 206-207). Er machte seinen verängstigten Gefährten wieder Mut und tat seine Entscheidung durch einen neuen Kursbefehl kund: »Schlagt mit den Rudern die tiefe Brandung des Meeres (ἁλὸς ῥηγμῖνα)... Dir aber, Steuermann! befehle ich so: ... von diesem Rauch dort und der Welle (κῦμα) dränge hinweg das Schiff und halte dich an den Felsen (σὺ δὲ σκοπέλου ἐπιμαίεο), damit es dich nicht nach dorthin abtreibt und du uns ins Unheil stürzest« (12, 214-221).

KURS II (12, 222-261). »So sprach ich, und sie folgten eilig meinen Worten« (12, 222). Dieser Befehl entsprach dem Rat, den Odysseus empfangen hatte: »Halte dich ganz nah an dem Felsen der Skylla« (12, 108). Der entsprechende Kurs ist entlang der kalabrischen Küste anzusetzen; denn diese ist die Felsenseite der Meeresstraße. Hier kann die Eisenbahn heute nicht am Meer entlang fahren, sondern muß in mehreren Tunneln die Felsen der Steilküste durchqueren. Der Name Skylla haftet zwar heute vor allem an dem besonders ins Auge fallenden Burgfelsen von *Scilla,* gehört aber eigentlich zu der gesamten Felsenküste, die von diesem Kap bis zur *Punta del Pezzo* die Meeresstraße begrenzt[97].

Auch Homer stellt sich eine längere Fahrt den Skylla-Felsen entlang vor: Odysseus »wartete, bis mir Skylla zuerst aus dem Stein erscheinen würde. Doch konnte ich sie nirgends erblicken, und müde wurden mir die Augen, während ich überall an dem dunstigen Felsen spähte« (12, 230-233). Der felsenreichste Teil der Skylla-Küste erstreckt sich von Scilla bis Torre Cavallo. Genaugenommen beginnt erst dort die Enge. Von Italien bis Sizilien sind es hier nur 3200 Meter. Dem entspricht Homer, der *zuerst* von den Felsen spricht und *dann* anschließt: »So fuhren wir in die Enge, weheklagend« (12, 234). Der heutige Reisende erlebt diesen Eindruck der Enge leider nicht, weil die Fährschiffe nicht hier an der engsten Stelle, sondern weiter südlich verkehren, wo die Enge schon wieder erheblich breiter ist (Fährstrecke Villa S. Giovanni – Messina rund 8000 Meter).

Als nächstes kommt jetzt erst Charybdis in der Form eines Strudels ins Blickfeld: »hier Skylla, drüben aber schlürfte die göttliche Charybdis das salzige Wasser des Meeres ein. Wahrhaftig, und wenn sie es ausspie, so brodelte sie ganz auf wie ein Kessel auf vielem Feuer, herumstrudelnd, und hoch auf flog der Schaum bis auf die spitzen Klippen zu beiden Seiten (ἄκροισι σκοπέλοισιν ἐπ' ἀμφοτέροισιν). Doch wenn sie das salzige Wasser wieder verschluckte, so wurde sie, herumstrudelnd, bis ganz nach innen hinein sichtbar, und ringsher brüllte fürchterlich der Fels, und unten wurde die Erde sichtbar, schwarz von Sand. Die aber ergriff die blasse Furcht« (12, 235-243). Vor Punta del Pezzo ist die unruhigste Stelle der ganzen Meerenge. Hier verläuft nämlich nur etwa 120 m unter dem Meeresspiegel der Festlandssockel hinüber auf das sizilische Ufer, so daß es hier »gleichsam ständig Turbulenzen des Meeres gibt[98].« Ungefähr 1½ Stunden nach der Inversion, wenn der Südstrom (*rema scendente*) an dieser Stelle seine höchste Geschwindigkeit – bis zu 2,73 m pro Sekunde! – erreicht, sind die Aufwallungen und Wirbel am stärksten. Es kommt dann zum sogenannten zweiten *taglio*, der noch mächtiger ist als der erste[99]. Gerade nach Ablauf von etwa 1½ Stunden kann Odysseus bei Pezzo angelangt sein, wenn er beim Beginn des Südstroms (»große Welle«) an der Nordöffnung der Meeresstraße in der Nähe von Scilla gewesen ist. Homers Verse treffen an dieser Stelle – bei aller dichterischen Ausmalung – durchaus vorhandene Naturphänomene.

»Wir aber blickten auf sie (die Charybdis) hin, in Furcht vor dem Verderben.

Fig. 23/a Die Meerenge von Messina. Besonders deutlich sind das Kap Scilla, mit dem eine Folge von sechs Felsvorsprüngen beginnt, und die vielen Felsen vor der kalabrischen Küste. Nach P. Elisea, Carta Corografica della Calabria Ulteriore (um 1785/90)

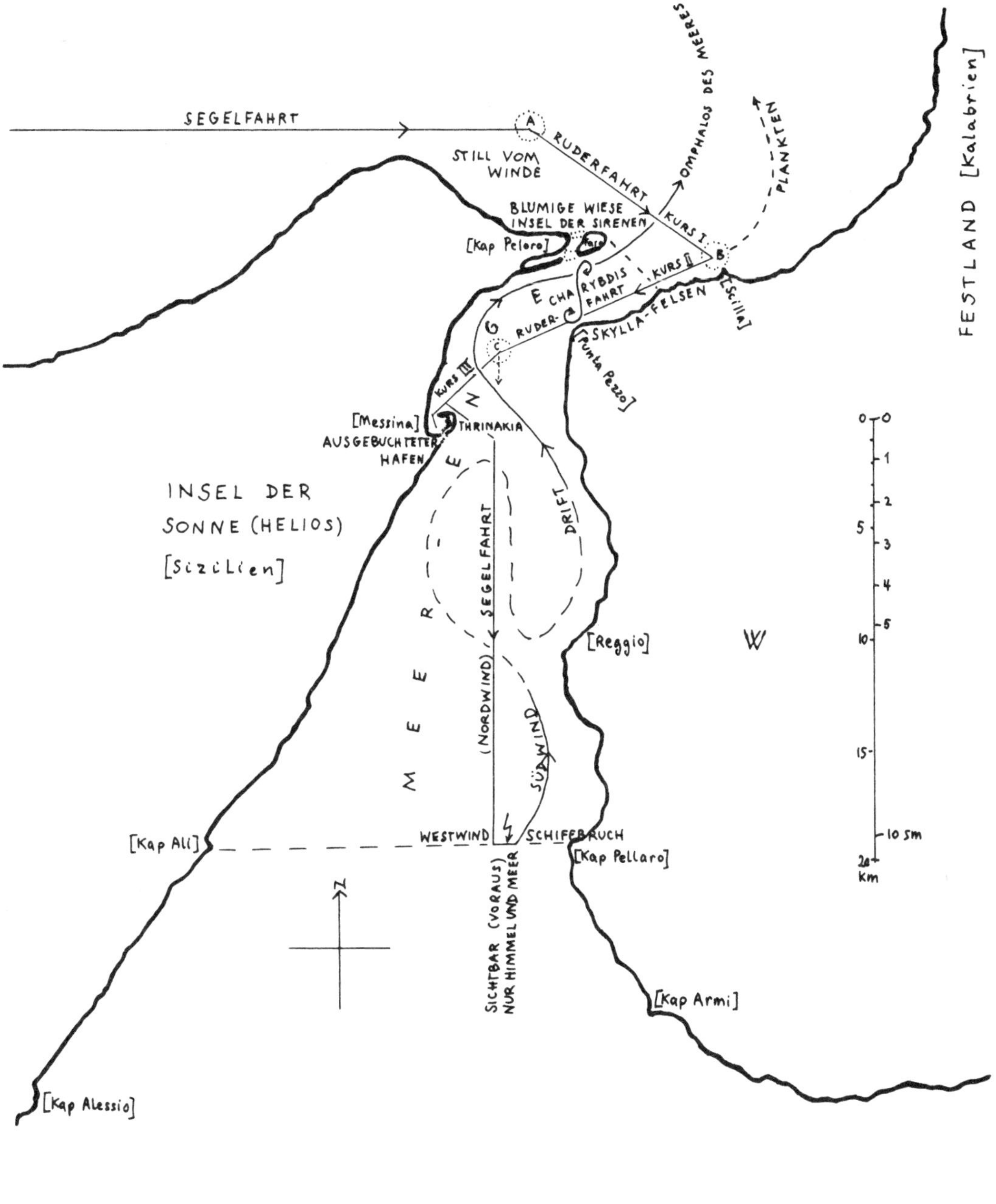

Fig. 23/b Der zweimalige Weg durch die Meerenge nach Homer

Unterdessen holte sich Skylla aus dem hohlen Schiffe sechs Gefährten, die an Armen und an Kraft die besten waren. Und als ich auf das schnelle Schiff und zugleich nach den Gefährten blickte, sah ich von ihnen schon die Füße und die Hände darüber, wie sie sich in die Höhe erhoben (ὕψός' ἀειρομένων). Und sie erhoben ihre Stimme und riefen mich beim Namen, damals zum letztenmal, betrübten Herzens... Das war das Jammervollste, das ich mit Augen gesehen habe unter allem, soviel ich ausgestanden, während ich nach Durchfahrten auf der Salzflut forschte« (12, 244-259). Falls man auch in »Skylla, der schrecklich bellenden,« eine reale Gefahr dieser Durchfahrt sehen möchte, sei auf die Warnung der *Instructions nautiques* verwiesen: »Vor der Steilküste spielen die Winde, und starke *Fallwinde* stürzen aus den Tälern und Schluchten, so daß ein Schiff ohne eine günstige und feste Brise dahin kommen kann, daß es nicht mehr Herr seines Manövers ist, selbst wenn es unter Dampf steht[100]. Kapitän W. H. Smyth berichtet, daß 18 seiner besten Seeleute unter der Leitung von einem seit Jahren im Stretto erfahrenen Offizier hier bei einem Fallwind ihr Leben verloren[101]. Das schreckliche Bellen der Skylla, das Gedröhn und das Brüllen des Felsens (12, 85; 202; 242) könnten sich aber auch auf Erdbeben beziehen. Solche Erschütterungen, die sich mit Geräuschen bemerkbar machen, sind typisch für die tektonisch immer noch unruhige Ostküste der Straße von Messina. Für diese Deutung spricht das nur unregelmäßige Auftreten Skyllas: Bei der Rückfahrt einen Monat später erschien sie nicht (12, 445).

POSITION C (12, 261-277). »Doch als wir den Felsen und der furchtbaren Charybdis und der Skylla entgangen waren, gelangten wir alsbald darauf zu des Gottes untadeliger Insel« (12, 260-262). Odysseus erinnert sich an die Warnung, die »Insel der menschenbeglückenden Sonne« zu vermeiden (12, 269). Wer bereits die ganze Süd- und Nordküste Siziliens entlanggefahren ist, kann in diesem Augenblick, in dem sich hinter der Punta del Pezzo die südliche Öffnung der Meerenge auftut, erstmals erkennen, daß das nunmehr umfahrene Sizilien kein Festland, sondern eine »umströmte Insel« ist (12, 283). Und wer diesen Augenblick am späten Nachmittag (12, 265) erlebt, der sieht vor sich die Sonne groß und mächtig über Messina und dem im Gegenlicht glänzenden Sizilien niedergehen: Es erscheint ganz unmittelbar als eine »Insel der Sonne«.
Odysseus hörte bereits, »während (er) noch auf dem Meer war«, das Muhen der Rinder. Eingedenk der Warnung befahl er: »Lenkt das schwarze Schiff vorbei an der Insel!« (12, 264-276.) Der Ort, an dem Odysseus den Befehl zu einem abermals neuen Kurs gab (auf unserer Karte als POSITION C bezeichnet), kann also dort angesetzt werden, wo der bisherige Kurs in *Hörweite* der sizilischen Küste gerät. Ein solcher Kurs – vorbei an der Insel (Sizilien) – und vom Felsen der Skylla immer weiter an der Küste (Kalabriens) entlang hätte rund um die Stiefelsohle Italiens bis zur Straße von Otranto und in die Heimat geführt.

Die Gezeitenströme in der Meerenge von Messina nach den Beobachtungen von Antonio Minasi O. S. D., einem in Scilla lebenden Naturforscher (1773/77)

Fig. 24/a der Südstrom *(rema scendente)*: Charybdis sendet das Wasser empor, speit aus (12, 105; 237)

Scilla, die Felsvorsprünge 5, 6, 7, 8 und Caenis werden in der Legende als die sechs Hälse und Köpfe der von Homer genannten Skylla gedeutet

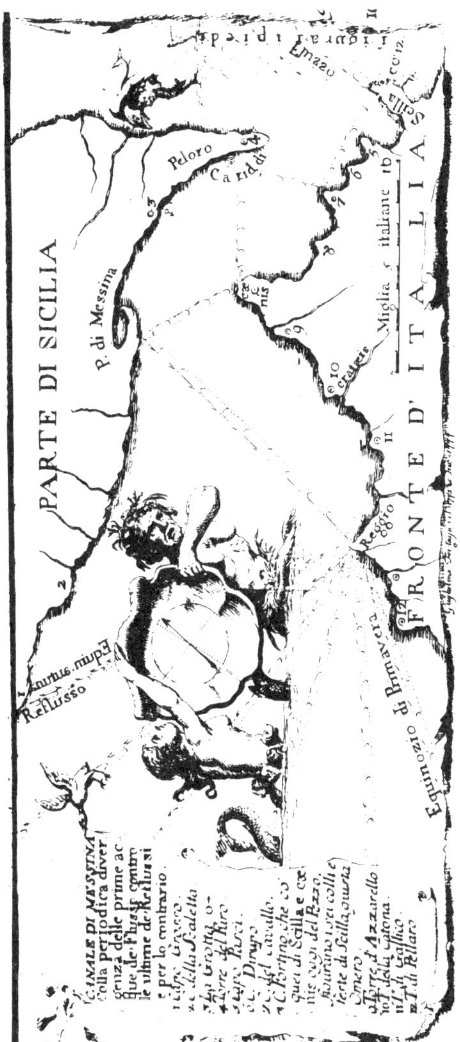

Strömungsrichtung ←

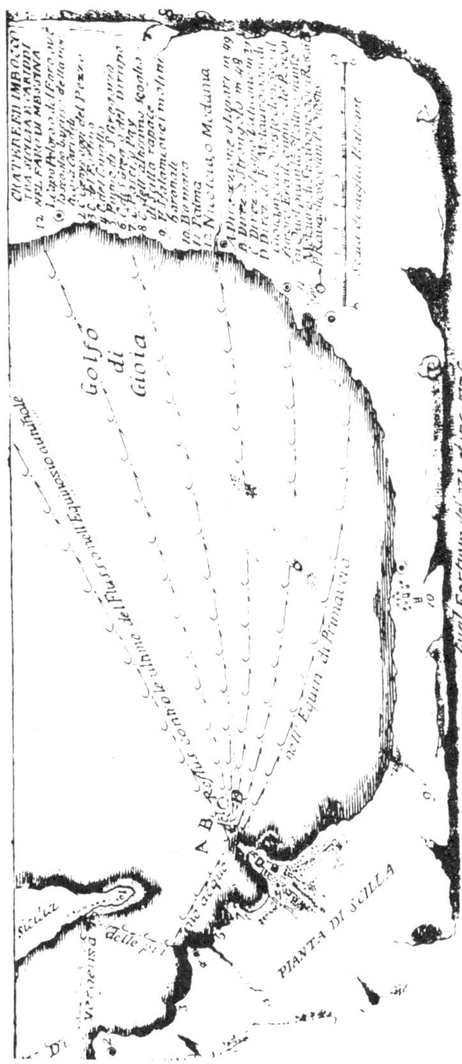

→ Strömungsrichtung

Fig. 24/b der Nordstrom *(rema montante)*: Charybdis schlürft ein (12, 104–106; 240; 431)

KURS III (12, 278-305). Da die müden Gefährten, voran der Steuermann Eurylochos, meuterten, folgte nicht der von Odysseus befohlene Kurs »vorbei an der Insel (παρ' ἐξ τὴν νῆσον)« (12, 276) – auf unserer Karte gestrichelt –, sondern statt dessen sofort ein *Landemanöver* (12, 305).

POSITION D – ORT 8 (12, 305-306 und ff.). »Da legten wir das gutgebaute Schiff in einem *ausgebuchteten Hafen* (ἐν λιμένι γλαφυρῷ) an, nahe dem süßen Wasser« (12, 305-306). Die riesige, natürliche Mole von *Messina* bildet nun nicht nur weit und breit den einzigen ausgebuchteten Hafen, der angegebene Kurs durch die Enge führt auch ohnehin genau auf die nördliche Öffnung dieses Hafens. Ein Segler unserer Tage, der hier die gleiche Strecke fuhr, machte die Erfahrung: »In der Nähe von Charybdis wurden wir vom Südstrom gefaßt, mit dem wir förmlich auf Messina zuflogen, während die Fischerboote unter Land im Gegenstrom in entgegengesetzter Richtung dahineilten[102].« So lenkt uns Homers Beschreibung eindeutig in den Hafen von Messina. Odysseus trifft auf der Insel die Rinder und Schafe des Helios. Zwei Hirtinnen, Töchter der Sonne, hüten sie. Odysseus warnt die Gefährten, die Tiere anzutasten (12, 128-141; 320-323).
Die Insel heißt bei Homer *»Thrinakia«* (12, 127; 135). Diese Bezeichnung ist etwas kompliziert zu erklären. Sie klingt an »Trinakria« an, was nach Thukydides der älteste Name Siziliens war[103]. Im Altertum wurde Thrinakia mit Trinakria und mit Sizilien gleichgesetzt[104]. Dies fand jedoch den Widerspruch moderner Gelehrter: Thrinakia werde von Homer als »öde« oder »unbewohnt« (ἐρήμη)« bezeichnet (12, 351), was nicht auf Sizilien zutreffen könne[105]. Der Kontext dieser Stelle läßt aber nicht erkennen, daß Homer hier eine Aussage über die *gesamte* Insel machen will. Auch Pausanias spricht bei der Gründung der griechischen Kolonie in Messina hier von einem »öden, unbewohnten Land (ἐν ἐρήμῳ τῇ γῇ)[106].«
Dies gilt offenbar nur für Messina, nicht für ganz Sizilien. Im übrigen lösen sich die Probleme dieser Stelle, wenn man Thrinakia allein auf die *Mole von Messina* bezieht. Diese ist zwar heute eine Halbinsel; Homer besitzt aber kein eigenes Wort für Halbinsel, und das Wort für Insel *(nesos)* kann im Griechischen auch eine Halbinsel bezeichnen, z. B. Pelopon*nes(os)*. Die Mole von Messina kann unbewohnt gewesen sein, auch wenn im übrigen Sizilien Menschen wohnten. Sie bietet Platz für mehrere Herden Rinder und Schafe (12, 128–130) und wird dem Seemann, der an der kalabrischen Seite durch die Enge fährt, in dem Augenblick sichtbar, in dem er – wie Odysseus – »den Felsen und der furchtbaren Charybdis und der Skylla entgangen« ist (12, 260–262). Auch ihre Form mit den drei Vorsprüngen ähnelt auffällig der eines riesigen, aus dem Meer ragenden Dreizacks (griech. thrinax)[107] und würde damit den Namen Thrinakia, d. h. Dreizack-Insel erklären.
Die spätere Ausweitung des Namens auf ganz Sizilien und seine Verballhornung zu Trinakria ließe sich ebenfalls verstehen. Sind doch oft Eingangsorte und Grenzge-

Fig. 25 Stadtplan von Messina aus dem Jahre 1861.
Eine Ebene von Neuland *(Piano di terra nova)* liegt zwischen der Stadt und der dreizackigförmigen Düne.
(Bei Homer: *Thrinakia)*

Fig. 26 Messina
Dreizackförmige Düne, Stadt und Blick zum Südausgang der Meerenge (um 1835)
(Bei Homer: Dreizack-Insel *Thrinakia* und *ausgebuchteter Hafen)*

biete namengebend für größere Regionen gewesen (z. B. waren Europa, Asien und Afrika ursprünglich die Namen kleiner Landschaften bei Konstantinopel, Smyrna und Tunis), und die Mole von Messina ist die Stelle, an der die meisten Besucher vom Festland auf der Insel Sizilien ankommen. Bei dieser Ausweitung des Namens kann aus der Drei*zack*-Insel Thrinakia, was auf Sizilien nicht zutrifft, die Drei*ecks*-Insel Trinakia geworden sein, was deren Form wiederum gut charakterisiert.

Für diese Deutung von Thrinakia spricht schließlich noch ein weiteres Argument. Die Mole von Messina war in homerischer Zeit vielleicht eine richtige Insel[108]. Geologisch ist sie nämlich eine Düne, die ebenso wie die Düne vor Punta del Faro infolge der Meeresströmungen immer wieder durch an- und fortschwemmenden Sand verändert wird. Die heute *Braccio* (d. h. Arm) *di S. Raineri* genannte Halbinsel wurde zwar im 6. Jhdt. nach Chr. als Landzunge *(lingua)* bezeichnet, im 10. Jhdt. aber (wieder?) als Insel. Zuletzt heißt sie 1134 in einer Urkunde für das auf ihrer Spitze errichtete griechische Kloster San-Salvatore »Insel«[109]. Die Stelle, an der der »Arm« angewachsen ist, hieß noch bis ins 19. Jahrhundert »Neuland« *(terra nova)*[110]. Es ist dort so flach, daß beim Erdbeben 1783 das Meer hinüberspülte und den »Arm« zeitweise wieder zur Insel machte[111].

Fig. 27 Messina mit Hafen, davor gelegener Insel (!), Meeresstraße und der Küste Italiens. (Nach dem Siegel der Universität Messina)

Die Düne vor Messina als Insel

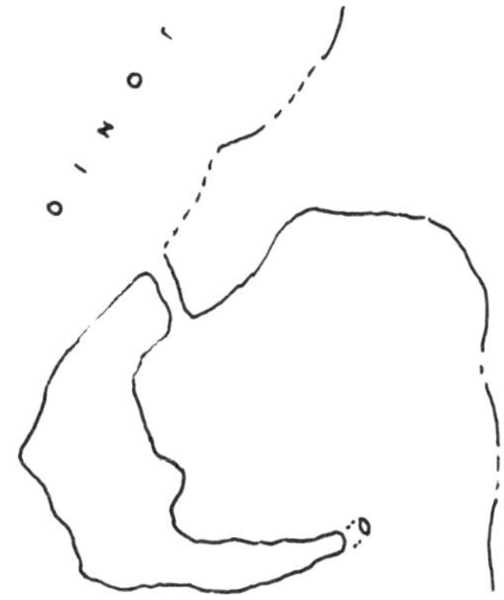

Fig. 28 Rekonstruktion des Hafens von Messina in prähistorischer Zeit. (Nach L. di Bella 1980.)

Ort 9. Auf der »Insel Thrinakia« wurden Odysseus und seine Leute durch widrige Winde aufgehalten. »Und es wehte den ganzen Mond unaufhörlich der Süd, und kam alsdann kein anderer auf von den Winden, außer dem Ostwind und dem Süd« (12, 325–326). Tatsächlich ist der aus Süd, Südost oder Ost wehende Scirocco die in Messina vorherrschende Windrichtung[112]. Erst als sich dieser Wind und Sturm legten (12, 400), stach man wieder in See. Wahrscheinlich war ein Nordwind aufgekommen (S. 27). Auch dies wäre in Messina nichts Ungewöhnliches; denn es soll hier »häufig vorkommen, daß mit dem Wechsel der Stromrichtung der Scirocco (Südost) in Maestro (Nordwest) umschlägt und klarer Sonnenschein Nebel und Wolken verjagt«[113].

»Doch als wir die Insel verlassen hatten, da war auch kein anderes sichtbar von den Erdenländern, sondern [voraus] nur Himmel und Meer…« (12, 403–404). Diese Feststellung deckt sich mit dem Eindruck des Seemannes, der von Messina nach Süden aus der immer breiter werdenden Trichteröffnung der Meerenge hinausfährt: die Kaps Péllaro und Armi zur Linken, Alì und Alessì zur Rechten begrenzen die Meerenge; dahinter öffnet sich das weite Meer endlos. Deuten wir die genannten Verse Homers auf diese Stelle, so hätte Homer nicht nur den Beginn der Fahrt durch die Straße von Messina – »So fuhren wir in die Enge« (12, 234) –, sondern auch deren Ende seemännisch bezeichnet.

Noch eine zweite Angabe Homers deutet auf die südliche Trichteröffnung der Straße von Messina: »Da stellte Kronion eine dunkle (κυανέην) Wolke über das gewölbte Schiff, und es verfinsterte sich unter ihr das Meer« (12, 405–406). Ein Kennzeichen der südlichen Trichteröffnung der Meeresstraße ist nämlich die auffällige, dunkle, bisweilen sogar farbige Rauchfahne des 3000 m hohen Ätna. Von

Fig. 29 Südausgang der Straße von Messina mit der dunklen Rauchwolke des Ätna. Nach einem Stich von P. MORTIER (1693/1700).

(Bei Homer: *Beim Südausgang der Meerenge stellte Kronion eine dunkle Wolke über das Schiff)*

Messina aus ist dieser Vulkan niemals zu sehen, erst in der Gegend von Reggio wird er sichtbar. Bei dem von Homer genannten Westwind (12, 408) wird die Rauchfahne auch wirklich in Richtung auf die Meerenge getrieben[114].
Kurz darauf brach der Sturm los, in dem das Schiff zerbarst und Odysseus seine Gefährten verlor. Die beiden scheinbar unwesentlichen Angaben – kein anderes Land und dunkle Wolke – erhalten, wenn wir sie in der Trichteröffnung des Stretto, angesichts des Ätna, also irgendwo zwischen Reggio und Kap dell'Armi (etwa bei Kap Pellaro?) lokalisieren, eine besondere Bedeutung im Aufbau der Dichtung: Der Schiffbruch findet nicht an einem beliebigen Ort des offenen Meeres statt, sondern dort, wo die gefahrvolle Enge endet und das Ionische Meer, in dem auch Ithaka liegt, erreicht ist. In dem Augenblick also, in dem für Odysseus endlich der Weg ins väterliche Land frei zu sein scheint, genau da überrascht ihn ein schwerer Gewittersturm, sein Schiff und die Gefährten gehen verloren (12, 409–422).
Odysseus allein konnte sich retten, indem er Kiel und Mastbaum zusammenband und sich rittlings daraufsetzte. Vom Südwind (12, 427) wurde Odysseus »zum *Felsen der Skylla* und zur furchtbaren *Charybdis*« zurückgetrieben (12, 430). Als er dort ankam, »schlürfte« Charybdis gerade ein (12, 431). Auf die Gezeitenströme im Stretto bezogen, setzte also der Nordstrom ein. Dieser verläßt bei Pezzo die kalabrische Seite, überquert die Enge, prallt südlich von Faro von der sizilischen Seite wieder zurück und verteilt sich vor Scilla in den Golfo di Gioia aus. Dies sind traditionelle, noch ohne moderne Instrumente gewonnene Erfahrungen der Einheimischen. Antonio Minasi, ein Dominikaner aus Scilla, ließ sie 1773/77 auf

Fig. 30 Schiffbruch des Odysseus (?)
Vasenmalerei geometrischer Zeit aus Ischia 8. Jahrhundert.
(München Museum für antike Kleinkunst, Inv. 8696)

zwei Karten festhalten (vgl. Fig. 24). Die Naturgegebenheiten entsprechen hier also durchaus der von Homer geschilderten Rückdrift zur nördlichen Seite der Meeresstraße.
Nach dem überlieferten Text hob sich Odysseus dort »hoch hinauf zu dem großen *Feigenbaum*« und klammerte sich an diesem fest (12, 432–433). Völlig unabhängig von der Frage, ob der Feigenbaum mythisch oder real aufzufassen ist, böte er für eine Ortsbestimmung kein Problem. Denn Homer sagt, die Äste des Feigenbaumes »beschatteten (κατεσκίαον) die Charybdis« (12, 436), und da wir diese mit den Gezeitenströmen der Meerenge identifizieren, wäre damit auch der im Epos angegebene Ort des Feigenbaumes ungefähr bekannt. Nur der Kuriosität halber sei auf ein Wahrzeichen der Stadt Palmi am Golfo di Gioia, nur etwa 20 km nordöstlich der Meerenge, hingewiesen; auf einem winzigen Felsenriff wächst dort – seit wie langer Zeit? – ein einsamer Baum mitten im Meer.

Ort 10. Nachdem Odysseus von Süden nach Norden durch die »Enge« von »Skylla« und »Charybdis« zurückgetrieben worden war, strandete er an der »Insel *Ogygia,* wo Kalypso wohnt« (12, 448–449). Suchen wir im Norden der Meerenge von Messina nach Inseln, auf die »die Götter« (12, 448) einen Schiffbrüchigen bringen können, so finden sich nur die *Liparischen Inseln.* Sie »sperren« in gewisser Weise das Tyrrhenische Meer, wenn man aus dem Stretto von Süden herauskommt und schließen daher andere, ferner entlegene Inseln so gut wie aus. Nach astronomischen Berechnungen aufgrund der Verse 5, 272–275, muß die Insel Ogygia südlich vom 40. Breitengrad liegen[115]. Dies trifft auf die Liparen zu, die zwischen dem 38. und 39. Breitengrad gelegen sind. Die Inseln Capri und Ischia liegen dagegen bereits nördlich vom 40. Breitengrad. Die Liparen bieten auch wegen ihrer Anzahl einem Schiffbrüchigen in diesen Breiten eine ganze Reihe von Chancen, Land zu finden. So wurde z. B. Antoine de la Sale im Jahre 1407 mit seinem Schiff auf dem Wege von Messina nach Palermo von einem Sturm zum *Stromboli* verschlagen[116]. Diesen Inselvulkan könnte man wegen seiner spitzen Kegelform als den von Homer erwähnten *Omphalos* (d. h. Nabel oder Buckel) *des Meeres* ansehen. Ogygia soll dort liegen, »wo auch[117] der Omphalos des Meeres ist« (1, 50), ist also nicht mit diesem Nabel identisch, wird aber in seiner Nähe liegen. Die dem Stromboli am nächsten gelegene Insel ist – von dem romantischen, aber winzigen Strombolichio abgesehen – *Panarea.* Sie gilt als die grünste unter den Liparischen Inseln, so daß die bezaubernde Beschreibung der Pflanzen- und Vogelwelt Ogygias (5, 60–74) hier am ehesten zuträfe.
Wilamowitz erklärte die »ogygische Insel« (besonders 6, 172) sprachlich als »okeanische (Insel) im natürlichsten Sinne[118].« Diese Deutung wurde zwar nicht allgemein übernommen; es scheint aber doch bemerkenswert, daß wir diese »okeanische« Insel der Kalypso in dem gleichen äußeren Meer jenseits der

Meerenge finden, in dem Odysseus zwischen der Kirke-Insel und dem Haus des Hades den »Okeanos« durchmessen sollte (10, 508).
Indem Odysseus nach dem Schiffbruch auf dem ersten (südlichen) Weg jetzt gezwungen wird, nunmehr doch noch den anderen (nördlichen) Weg zu versuchen, wird sich jetzt auch das Rätsel lösen, warum Homer davon sprach, daß es vor der Einfahrt in die Meerenge *zwei* Wege in die Heimat geben sollte (12, 57). Wir werden noch genauer sehen, wie.

ORT 11. Auf der »Insel der Kalypso« baute sich Odysseus ein Floß (5, 228–262), mit dem er erneut die Heimfahrt antrat. Auch das Floß ging unter, und nur schwimmend erreichte er das *»Land der Phaiaken«* (5, 280). Dort gelang es ihm, die Gastfreundschaft von Arete und Alkinoos, den Eltern Nausikaas, zu gewinnen und schließlich Heimgeleit nach Ithaka zu erhalten. Bisherige Versuche, in der Odyssee eine geographisch faßbare Route nachzuweisen, scheiterten insbesondere an dieser Stelle; es gelang ihnen nicht, die Frage zu beantworten, wie Odysseus bei dem Heimweg durch die »Enge« scheiterte, hinter die Meerenge zurückgetrieben wurde und dennoch von den Phaiaken heimgebracht werden konnte, ohne noch ein drittesmal durch die »Enge« fahren zu müssen. Nach Homer liegt das »Phaiakenland« also – von Griechenland her gesehen – einerseits »hinter« der Meerenge, andererseits »vor« ihr. Dieser Widerspruch schien im Zusammenhang mit der übrigen Fahrtbestimmung unlösbar. So sah man sich hier gezwungen, entweder die Geographie zu verändern[119] oder sich erheblich vom homerischen Text zu entfernen[120].
Homers scheinbar widersprüchliche Angaben können aber gerade der Schlüssel zur Bestimmung des »Phaiakenlandes« sein. Bisher wurde immer stillschweigend vorausgesetzt, daß das Meer, aus dem Odysseus sich an das Phaiakenland rettete, das gleiche sei wie das, über das er von den Phaiaken wieder nach Hause fuhr. Diese Voraussetzung ist zwar naheliegend, wird aber mit keinem Wort von Homer behauptet. Nehmen wir im Gegensatz dazu beide Angaben Homers zusammen und suchen ein Land, das an einem Meer »hinter« und zugleich »vor« der »Enge« liegt, so werden wir nach *Kalabrien* geführt, dessen Westküste am Tyrrhenischen, dessen Ostküste am Ionischen Meer liegt. Gerade dorthin wird man gelangen, wenn man mit Ostkurs (»die Bärin zur linken Hand« 5, 273, 277) oder Nordostkurs (»auf die Pleiaden und den spätversinkenden Bootes blickend« 5, 272) von den Liparen kommt[121]. Und dort muß man aufbrechen, um auf Ostkurs Ithaka zu erreichen.
Daß das Phaiakenland nicht nur in einem Meer liegt, sondern an zwei Meere grenzt, deutet Homer sogar an. Nachdem Odysseus am Hof der Phaiaken erzählt hat, wie er schiffbrüchig den »[Meeres-]Schlund (λαῖτμα)« durchmessen habe und schwimmend »an euer Land« entkommen sei (7, 276–277), tröstet ihn der Phaiakenkönig Alkinoos: Die Phaiaken »werden rudern durch ein heiteres Meer (γαλήνην), bis du

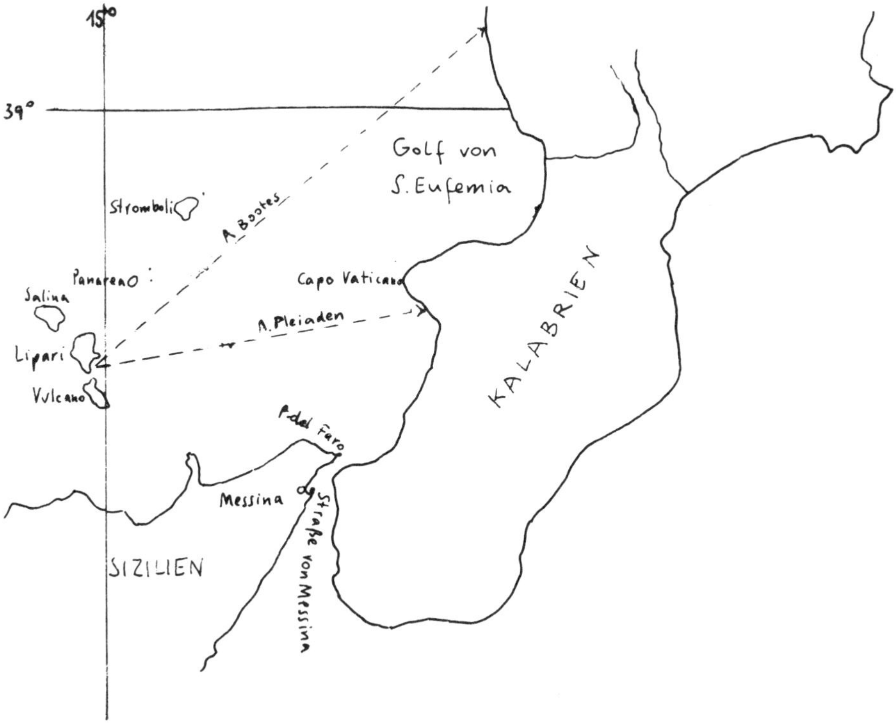

Fig. 31 Die Aufgangsazimute für Bootes und Pleiaden um 800 v. Chr. (nach F. HAARSTICK, 1963); übertragen auf die Liparen

in dein Vaterland und dein Haus gelangst« (7, 319–320). Der Dichter erwähnt sogar, daß die beiden Meere im Westen und im Osten des Phaiakenlandes liegen. Alkinoos fragt nämlich den Schiffbrüchigen, ob er von *Morgen* oder von *Abend* angetrieben worden sei (8, 29B), nicht also von Norden oder Süden, wo sich das kalabrische Festland fortsetzt.

Diese überraschende Deutung bricht mit der gängigen, aber falschen Meinung, daß das Phaiakenland eine *Insel* sei[122]. Dieser Irrtum ist zwar vieltausendfach durch die Übersetzung des Verses 13, 46, durch Johann Heinrich Voß aus dem Jahre 1781 verbreitet: »Nie heimsuche die Insel ein Unglück!« Doch ist im griechischen Text überhaupt keine Rede von einer Insel (νῆσος)! Kaum jemand weiß, daß Voß sich in der dritten Auflage seiner Übersetzung im Jahre 1806 selbst verbesserte: »Und nimmer erhebe sich Böses im Volk.« Seit 1881 wird nämlich immer wieder die erste – und an dieser Stelle falsche – Übersetzung abgedruckt! Schadewaldt übersetzt wörtlich: » . . .und möge keinerlei Übel in dem Volke (μεταδήμιον) sein[123]!«

Ernst Meyer versuchte, den angeblichen Inselcharakter des Phaiakenlandes zu retten: Es »ist den Verfassern [H.-H. und A. Wolf] zum Trotz eine Insel (6, 204)[124].«

Was jedoch steht in diesem Vers? »Wir [Phaiaken] wohnen aber fernab in dem vielflutenden Meer, als äußerste (ἔσχατοι).« Auch in diesem Vers fehlt also das Wort Insel. Und daß das Meer hier *viel*flutend (πολυκλύστῳ) – und gerade nicht *ringsherum* flutend (περικλύστῳ) – heißt, spricht sogar dafür, daß das Phaiakenland offenbar als eine Halbinsel vorgestellt ist. Kalabrien wird in der Tat zu fast neun Zehntel von Meeren umflossen.
Entscheidend ist vor allem: Der griechische Text nennt das Phaiakenland nicht nur niemals eine Insel, er nennt es vielmehr *Scheria* (5, 34; 6, 8; 7, 79; 13, 160), d. h. wörtlich *Kontinent, Festland*[125]! Der homerische Name des Phaiakenlandes bestätigt also unsere Lokalisierung in Kalabrien.
Wenn sie richtig ist, muß der Weg des Odysseus allerdings ein Stück über Land gegangen sein. Genau dies aber berichtet Homer: Im Anblick des Phaiakenlandes zerstörten Sturm und Woge das Floß (5, 316–370), schwimmend nur konnte sich Odysseus mit Mühe in eine Flußmündung ans Ufer retten (5, 424–453). Von dort mußte er zu Fuß gehen, 1. zu einem Berghang und Wald *hinauf* (ἀναβάς 5, 470), 2. unter Verlassen des Flußbettes, also auf einem *Höhenweg,* auf dem auch Maultierwagen fahren (6, 317) durch Felder und angebautes Land (6, 259) bis zur Stadt des Alkinoos, die nicht mehr am Fluß, sondern in der Nähe zweier Quellen (7, 129), also bei einer Wasserscheide, liegt, 3. von dieser Stadt *hinunter* zu Schiff und Meer (κατήλυθον 13, 70). Erst dieses Schiff der Phaiaken brachte Odysseus wieder nach Hause. Die drei Wegabschnitte (hinauf – Höhe – hinunter) sprechen also in der Tat für einen Weg über Land. Noch an einer anderen Stelle macht Homer deutlich, daß Odysseus im Phaiakenland einen beträchtlichen Landweg zurückzulegen hatte. Nach dem ersten Bericht vor Penelope ging Odysseus dort »weit über die Erde (πολλὴν ἐπὶ γαῖαν)« (19, 284).
Wo in Kalabrien können Stadt und Hafen der Phaiaken gelegen haben? Um diese Frage zu beantworten, müssen wir prüfen, wo es hier entsprechend der Beschreibung Homers ein rettendes Ufer an der Westküste und einen Hafen an der Ostküste gibt, die durch einen befahrbaren Weg miteinander verbunden sind.
Der schiffbrüchige Odysseus wurde erst an eine Steilküste, »Klippen und Felsen«, geworfen (5, 405; 411–414); die wollte er vermeiden und suchte »flach bespülte Ufer und Buchten des Meeres« (5, 418; 440). Er wurde in »Mündung*en* eines Flusses (ποταμοῦ προχοάς)« gerettet (5, 453), wo am Ufer »Schilf« wuchs (5, 463). Dies alles deutet auf die Ebene eines Mündungsdeltas zwischen zwei Steilküsten. An der Westküste Kalabriens gibt es tatsächlich eine solche Stelle: beim Golfo di S. Eufemia mit den Mündungen des Lamato. Die Lamato-Ebene ist durch »übermannshohe Schilfhaine mit fast tropischer Blütenpracht« berühmt[126]. Selbst eine so phantastisch anmutende Angabe Homers wie die, daß die Strömung in den Mündungen des Flusses stillstand (5, 451), ist hier real: In der Mündungsebene des Lamato errichtet das mitgeführte und aufgestaute Geröll Barrieren, hinter denen sich Flußschleifen

bilden, in denen das Wasser stagniert. Der Name des Flußes *Lamato* wird von dieser Besonderheit abgeleitet (vgl. lat. *lama,* stehendes Gewässer)[127].
Hier liegt die allerengste Stelle von ganz Italien! Von Meer zu Meer sind es an dieser kalabrischen Landenge nur 30 km in der Luftlinie (vgl. Fig. 34). An der gegenüberliegenden Ostküste gab es auch eine antike Stadt, deren Hafen gewiß schon in vorgriechischer Zeit brauchbar war: die griechische Kolonie *Skylletion.* Sie lag zwischen den Mündungen des Corace und des Alessì am Ionischen Meer (10 km nordöstlich vom heutigen, den Namen fortführenden, aber landeinwärts gelegenen *Squillace).* Die Griechen wählten für ihre Pflanzstädte gerne solche Plätze zwischen zwei Flußmündungen (vgl. auch Himera, Selinunt, Metapont u. a.). Weil Flußmündungen auch als Häfen dienten, könnte hier zutreffen, was Homer von der Stadt der Phaiaken sagt: »Eine schöne Hafenbucht ist auf jeder der beiden Seiten der Stadt (καλὸς δὲ λιμὴν ἑκάτερϑε πόληος)« (6, 263).
Vielleicht ist diese Kennzeichnung der Phaiakenstadt aber auch ganz anders zu verstehen: die eine Hafenbucht liegt an dem einen Meer, die andere an dem anderen. Der Weg zwischen beiden müßte dann aber so kurz sein, daß man von der Stadt beide Hafenbuchten gleichzeitig sehen kann. Als Odysseus in der Flußmündung landete, bemerkte er noch nichts von einer zweiten Bucht, bei den Waschgruben kündigte Nausikaa sie ihm an (6, 263), bei seinem Eintritt in die Stadt *verwunderte er sich* bei ihrem Anblick (7, 43)[128].
Eine Stadt mit einem solchen Panorama zweier Meere gibt es nun tatsächlich: *Tiriolo.* Im Umkreis dieses auf der Wasserscheide gelegenen Ortes ist Italien so schmal, daß man von hier gleichzeitig die Meeresbuchten auf beiden Seiten sehen kann. Der einzigartige Blick auf die zwei Meere steht seit einigen Jahren unter Denkmalschutz und darf nicht verbaut werden[129]. Tiriolo beherrscht von der Höhe den Weg von der Lamato-Mündung hinüber nach Skylletion. Wenn wir uns hier die Stadt und das Land der Phaiaken vorstellen, so hätte Homers eigene Erwähnung eines »Weges«, den die Schiffe hinaufgezogen sind (6, 264–265), dann auch eine besondere Bedeutung: die Kennzeichnung des bequemen Übergangs von Meer zu Meer an diesem Isthmus.

Homer rühmt die reiche Fruchtbarkeit des Gartens des Alkinoos: »Da wachsen große Bäume, kräftig sprossend: Birnen und Granaten und Apfelbäume mit glänzenden Früchten und Feigen, süße, und Oliven, kräftig sprossend. Denen verdirbt niemals die Frucht, noch bleibt sie aus, Winters wie Sommers, über das ganze Jahr hin. Sondern der West bläst immerfort und treibt die einen hervor und kocht reif die andern. Birne altert auf Birne und Apfel auf Apfel, Traube auf Traube und Feige auf Feige. Dort ist ihm, reich an Früchten, auch ein Weingarten gepflanzt, wovon der eine Teil als Trockenfeld auf einem ebenen Platz gedörrt wird in der Sonne; andere Trauben lesen sie und andere keltern sie ...« (7, 114–125). In den

Der Blick von Tiriolo auf die zwei Meere im Osten und Westen: Nach Zeichnungen von H. de Rilliet (1852)

Fig. 32/a Das Ionische Meer
(Golf von Squillace)
Im Vordergrund: Tiriolo mit
Scheideweg zu den zwei Meeren

Fig. 32/b Das Tyrrhenische Meer
(Golf von S. Eufemia)
mit Lamato-Mündung und der
Vulkan-Insel Stromboli

Das Ionische Meer (Golf von Squillace)

Die engste Stelle Italiens bei Tiriolo in Kalabrien (Bei Homer: *Scheria, Land der Phaiaken*)

Das Tyrrhenische Meer (Golf von S. Eufemia)

Fruchtgärten Kalabriens sind solche »herrliche Gaben der Götter« (7, 132) gar nicht so selten. Nachhomerische Griechen nannten diese Landschaft Oinotria[130], d. h. *Weinland.* Wir fragten einen Gutsherrn in der Nähe von Skylletion, in welchen Monaten des Jahres er hier Früchte ernten könne. Die erstaunte Antwort war: in allen! Frühere Reisende wie Henry Swinburne (1783) und Richard Keppel Craven (1821) haben die außerordentliche Fruchtbarkeit dieser Landschaft besonders gelobt. George R. Gissing (1901) war von der Schönheit und Pracht der Obstgärten hier so begeistert, daß er bekannte: »In meiner Geographie steht geschrieben, daß zwischen Catanzaro und dem Meer der Garten der Hesperiden liegt.«[131] Über Tiriolo heißt es in der Corografia d'Italia (1854): »Sein Territorium ist überaus fruchtbar in Getreide, Maulbeerbäumen, Wein und Oliven, aus denen ein besonders exquisites Öl gewonnen wird. Hier wachsen reine Heilkräuter,... und es finden sich auch kostbare Altertümer[132].«

Gibt es einen Landstrich, in dem »immerfort Westwind« weht (7, 118–119)? Nach modernen meteorologischen Messungen ist der West in Tiriolo die fast einzige Windrichtung: Während des Beobachtungszeitraums wurden West- und Nordwestwinde an 445 Tagen gemessen, alle sechs übrigen Windrichtungen zusammen nur an 193 Tagen. Von Juni bis August war das Verhältnis sogar 133 gegenüber 31 Tagen!

Fig. 33 Winde (nach H. KANTER 1930)

Tiriolo [7 Beobachtungsjahre]

Monat	N	NE	E	SE	S	SW	W	NW	ruhig
Januar	10	1	9	–	–	–	31	6	38
Februar	6	1	11	–	–	–	23	8	31
März	3	2	17	1	–	–	37	5	23
April	1	1	11	–	–	1	38	7	31
Mai	0	2	10	–	–	1	40	3	30
Juni	1	6	8	–	–	–	37	4	37
Juli	2	3	3	–	–	–	41	6	42
August	3	1	3	–	–	1	38	7	42
September	2	3	6	–	–	–	30	6	47
Oktober	2	1	14	1	–	–	25	5	43
November	5	1	18	–	–	–	19	4	46
Dezember	4	1	15	1	–	–	20	5	39
Summe: 648	39	23	125	3	0	3	379	66	

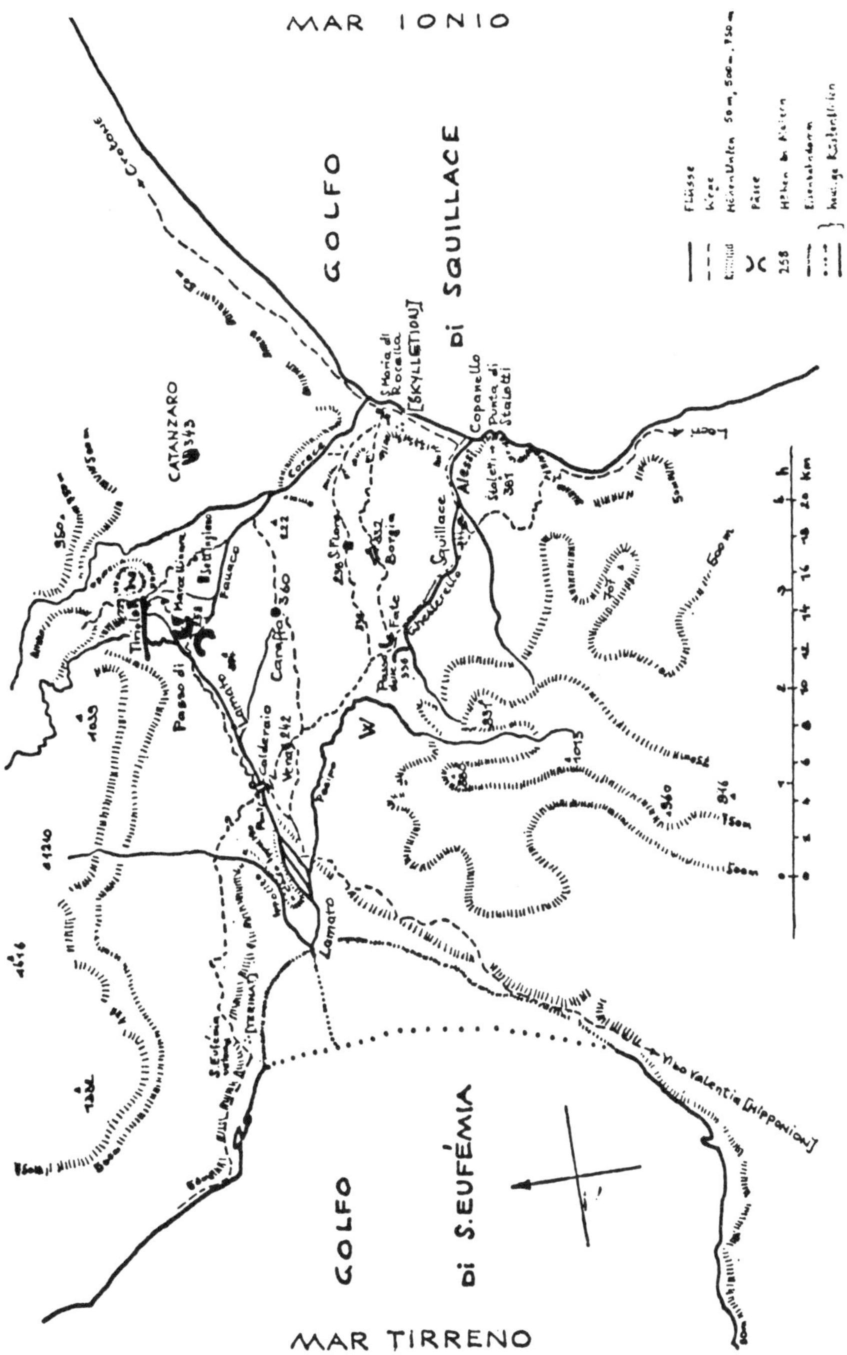

Fig. 34 Kalabrien: Die Landenge von Tiriolo und Skylletion
(Bei Homer: *Land, Stadt und Hafen der Phaiaken)*

An keinem der übrigen sieben Meßpunkte Kalabriens wurde ein solch außergewöhnliches Vorherrschen eines bestimmten Windes festgestellt[133].

Auch andere meteorologische Besonderheiten werden von Homer in das Epos eingebracht: Den aus natürlichen Gründen gegen Sonnenuntergang auf der Höhe der Wasserscheide plötzlich hereinbrechenden, absolut undurchsichtigen Nebel (7, 15, 42, 140, 143) haben wir persönlich in Tiriolo erlebt, auch im Sommer, nie jedoch an der Küste.

Der Erderschütterer Poseidon soll gedroht haben, die Phaiakenstadt mit einem Berg zuzudecken (8, 569; 13, 152 B). Diese Stelle wurde als Argument gegen unsere Lokalisierung herangezogen[134]. Dazu kann sie aber nicht dienen; denn im erdbebenreichen Kalabrien ist Homers Angabe keineswegs weltfremd. Die unmittelbar am Paß von Tiriolo gelegenen Dörfer Marcellinara und Settingiano wurden noch in historischer Zeit zerstört und unweit davon wieder aufgebaut[135].

Homer nannte Nausikaa die »Jungfrau mit dem schönen Antlitz« (6, 142), »Göttinen gleichend« (7, 291). Die Frauen der Phaiaken waren »kunstreich in Geweben, über die Maßen« (7, 105–111). Am Anfang unseres Jahrhunderts lobte Norman Douglas die Schönheit der Gesichter und der Trachten in Tiriolo *(girls whose pretty faces and costumes are worth coming any distance to see).*[136] Der Maler Arthur John Strutt hatte auf seiner Fußwanderung durch Kalabrien im Jahre 1841 in Tiriolo sogar das schönste Mädchen gefunden, seit er Rom verlassen hatte: *»I had not seen so pretty a girl since leaving Rome, and the richness and peculiarity of her costume heightened her beauty in no small degree.«* Einen Teil ihrer Tracht nannte er *à la Grecque*[137]. In der Sprache des modernen Fremdenverkehrs heißt es in einer Werbeschrift für Kalabrien noch 1962: »Tiriolo ist auch durch seine der reinen Bruttierrasse angehörenden Frauen berühmt. Sie tragen noch eine Volkstracht, die wegen ihrer Farbenpracht und ihres Reichtums an Spitzen und Stickereien einzigartig ist. Es gibt hier viele kunstgewerbliche Werkstätten, die wunderschöne Web- und Klöppelarbeiten herstellen«[138].

Nach Homer lag Scheria »fern von erwerbsamen Menschen« (6, 8). Niemand wohnt hier nahe (6, 279) oder kann sich ihnen nähern (6, 205). Nördlich der kalabrischen Landenge erstreckt sich das große Waldgebirge der Sila (vgl. 5, 279; 470). Auch heute ist es nur wenig besiedelt. Und die über 2000 m hohe, schwer zugängliche Bergkette des Monte Pollino trennt Kalabrien vom übrigen Italien[139]. Noch vor 100 Jahren galt dieses Land als »von der übrigen Welt abgeschieden... Calabrien ist eines der herrlichsten Länder Europas, gesegnet durch fruchtbaren Boden und das trefflichste Klima, dabei reich an Naturschönheiten, besonders auch durch seine üppigen Wälder, welche man in den anderen Theilen Italiens so sehr vermißt[140].«

Und noch vor wenigen Jahren charakterisierte ein Italienkenner in einer großen deutschen Zeitung Kalabrien als »die äußerste Grenze Europas« und als »eine Welt von äußerster Abgeschlossenheit«[141].

ORT 12. Von den Phaiaken wurde Odysseus bekanntlich wieder nach Hause, nach »*Ithaka*« gebracht (13, 78–97).
Die heute Thiaki genannte Insel liegt zusammen mit anderen Inseln genau im Osten von Skylletion auf der gegenüberliegenden Seite des Ionischen Meeres. Die Lage »Ithakas« zu den Nachbarinseln beschreibt Homer als »ganz zu oberst in dem Salzmeer, nach dem Dunkel hin, die andern von ihr weg nach Morgen und zur Sonne (πανυπερτάτη εἰν ἁλὶ κεῖται πρὸς ζόφον – αἱ δέ τ' ἄνευθε πρὸς ἠῶ τ' ἠέλιόν τε)« (9, 25–26). Ob diese und andere Angaben nun mehr auf *Thiaki*[142], *Leukas*[143], *Kerkyra (Korfu)*[144] oder *Kephallenia*[145] zutreffen mögen, kann in unserem Zusammenhang auf sich beruhen. Für uns genügt die Bestimmung »Ithakas« innerhalb der ganzen ionischen Inselgruppe, von der her gesehen im Osten das griechische Festland liegt, dessen Südspitze das Kap Maleia mit der Insel Kythera ist.

Damit ist die in diesem Kapitel gestellte Frage beantwortet. Es finden sich im Bereich der von Homer angegebenen Himmelsrichtungen für alle zwölf Fahrtstrecken des Odysseus geographisch bestimmbare Orte, deren Naturgegebenheiten den homerischen Ortsbeschreibungen entsprechen. Die Projektion des Fahrtschemas auf die Seekarte ist also möglich. Mehr als das: In den meisten Fällen haben es die homerischen Angaben erlaubt, die genannten Orte *hinreichend* eindeutig bestimmen zu können: die »Aiolos-Insel« in *Malta*; »Telepylos« in *Motya*, die »Burg des Lamos« auf dem Berg *Erice*; die »Kirke-Insel Aia« in *Ustica*; den »Gau der Kimmerischen Männer« und die »Häuser des Hades und der Persephoneia« im Einzugsgebiet des *Fiume Grande (Himeras)* mit Stadt und Tempel von *Himera* und dem *Fosso Inferno*; die »Sirenen-Insel« vor der »Enge« mit »Felsen«, »Skylla«, »Charybdis«, »Thrinakia« und »ausgebuchtetem Hafen« in der *Düne Faro* vor der Einfahrt in die *Straße von Messina* mit der *kalabrischen Steilküste*, deren *Erdbeben*, den *Gezeitenströmen*, der *Düne* und dem *Hafen von Messina*; schließlich das »Phaiakenland« mit Flußmündung, Burg und Hafen an der *kalabrischen Landenge* mit dem Fluß *Lamato*, der Burgstadt *Tiriolo* und dem Hafen von *Skylletion*. In wenigen Fällen war eine Bestimmung zwar nicht ganz so genau, innerhalb eines gewissen Spielraums aber ebenfalls möglich: das »Land der Lotophagen« an der *Kleinen Syrte*: das »Land der Kyklopen« im *südlichen Tunesien*; der »Omphalos des Meeres« und »Ogygia« unter den *Liparischen Inseln*.
Wir haben bewußt nur von *hinreichender* Eindeutigkeit gesprochen; denn man kann von einem Autor des 8. vorchristlichen Jahrhunderts nicht die geographische Präzision eines modernen Satellitenfotos verlangen. Der Grad der Genauigkeit Homers kann sich aber durchaus mit dem anderer früher Reiseberichte messen. Dies ist auf die kritische Frage zu antworten, warum Homer denn »das alles nicht etwas deutlicher durchblicken« läßt[146].
Die hinreichende Eindeutigkeit ergibt sich vor allem aus folgendem Versuch: Wenn

man das Schema in anderer Weise auf die Seekarte projiziert – etwa die Aiolos-Insel traditionsgemäß auf die Liparen, Skylla und Charybdis in die Straße von Gibraltar oder in den Bosporus –, so würde man immer in Widerspruch mit Homers Angaben geraten. Selbst wenn man nur Strecken verändern will, für die Homer weniger ausführliche Angaben gemacht hat, so würde dies immer Veränderungen an anderen Stellen der Gesamtroute bedingen, die ihrerseits dann mit den homerischen Daten im Widerspruch stünden. Daher erscheint die hier vorgeschlagene Lösung *grundsätzlich* als eindeutig; sie enthält freilich an einigen Stellen Variationsmöglichkeiten, die selbstverständlich noch diskutiert werden können.

Die gefundenen Entsprechungen machen bereits jetzt die Annahme, Homer knüpfe an die geographische Wirklichkeit an, außerordentlich glaubwürdig. Von der Gegenthese her, die Abenteuer der Odysseusfahrt spielten »in einem Märchenlande«, wird jedenfalls schwerlich zu beweisen sein, *alle* hier gefundenen Entsprechungen zwischen den Angaben Homers und den Naturgegebenheiten bestimmter Orte seien reiner Zufall.

Eine unbeabsichtigte Bestätigung hierfür erbrachte der zehn Jahre nach dem Erscheinen der ersten Ausgabe unseres Buches – mit dessen Kenntnis – von Hans Steuerwald unternommene Versuch, in methodisch vergleichbarer Weise, die Gesamtroute auf die Seekarte zu projizieren, allerdings nicht im Mittelmeer, sondern im Atlantik[147]. Dieser Nachahmungs- und Konkurrenzversuch ist methodisch als eine willkommene Kontrolle zu begrüßen. Was bei uns eine Fahrt rund um Sizilien ergab, führte dort zu einer angeblichen Reise rund um die britische Insel. Ein genauer Vergleich dieses Ergebnisses mit dem unsrigen zeigt aber gerade, daß die von Homer beschriebene Route eben nicht beliebig auf irgendwelche Meere und Inseln auf der Erde projiziert werden kann und daß der Grad der Übereinstimmung des Textes der Odyssee mit den Naturgegebenheiten rund um Sizilien signifikant höher ist als bei einer angeblichen Reise nach Schottland. Vor allem wird sich dies auch bei der nun folgenden Überprüfung der Route an den Fahrtzeiten und Geschwindigkeiten herausstellen.

Kapitel IV

Fahrt- und Aufenthaltszeiten

Die von Homer genannten Fahrtzeiten sind zwar auch bei früheren Versuchen, die von dem Dichter beschriebene Route des Odysseus festzustellen, verwendet worden. Dabei wurde aber nicht beachtet, daß die Geschwindigkeit eines Segelschiffes von der Windstärke abhängt und daß daher die in gleichen Zeiten zurücklegbaren Strecken je nach der Windstärke ganz erheblich differieren. So kann ein Segelschiff bei mittlerem Segelwind doppelt oder dreimal und bei sehr gutem Wind sogar etwa viermal so schnell und weit fahren wie bei leichtem Wind (vgl. Skala S. 98–99).

Wollen wir mit Erfolg Homers Fahrtzeitangaben zur Bestimmung der beschriebenen Route verwenden, so müssen wir zunächst versuchen, Mittelwerte der bei verschiedenen Windstärken erreichbaren Segelgeschwindigkeiten festzustellen. Dieses Vorhaben erscheint im ersten Augenblick als vermessen. Es ist aber realisierbar, da Homer außer der eigentlichen Odyssee, deren möglicher geographischer Bezug in dieser Arbeit erst nachgewiesen werden soll, auch einige Reisen zwischen geographisch bekannten Ländern beschreibt (Lesbos-Euboia, Kreta-Ägypten). Für diese absolut bekannten Fahrtlängen gibt Homer auch die Fahrtdauer an, so daß sich die Fahrtgeschwindigkeiten in Knoten[1] errechnen und mit Homers Bezeichnungen der jeweiligen Windstärke und Segelgeschwindigkeit vergleichen lassen. Selbstverständlich handelt es sich hier nur darum, eine *Größenordnung* der homerischen Wind- und Fahrtbeschreibungen zu erkennen. So sind immer nur *Mittelwerte* gemeint, wenn wir im folgenden Homers Angaben zahlenmäßig zu bestimmen versuchen.

Bei einer Fahrt von Lesbos an der Insel Psyrië (Psara) vorbei mitten über das offene Meer (πέλαγος μέσον) nach Geraistos auf Euboia (3, 169–178) nennt Homer einen *»hellsausenden Fahrtwind* (λιγὺς οὖρος)« und bezeichnet die Fahrt als *»gar schnell* (μάλ' ὦκα)« (3, 176). Aus der Fahrtdauer und der angegebenen Strecke läßt sich eine Durchschnittsgeschwindigkeit von *5,6 Knoten* errechnen[2].

»Gar schnell« ist die höchste Segelgeschwindigkeit, die Homer angibt; ein »sausender Westwind (κεκληγὼς Ζέφυρος)« bezeichnet an anderer Stelle (12, 408) sogar die Grenze des für die Fahrt Brauchbaren, indem die weitere Steigerung des Windes zum Schiffbruch führt. Die dem »sausenden Wind« und der »gar schnellen« Fahrt entsprechenden 5 bis 6 Knoten Fahrt liegen nun sowohl im Bereich des real Möglichen als auch an dessen oberer Grenze[3]. Wir haben daher allen Grund, die Geschwindigkeitsangabe Homers durchaus ernst zu nehmen.

Homer kennt aber nicht nur »schnelle« Fahrt und »sausenden« Wind. Wenn Odysseus mit einem *»scharfwehenden Wind, einem schönen* (ἀνέμῳ ἀκραέι, καλῷ)« in vier Tagen von Kreta nach Ägypten fuhr, *»leicht* (ῥηιδίως), so als ginge es einen Strom hinab« (14, 253 f.), dann entspricht das einer Geschwindigkeit von *3,9 Knoten*[4]. Ein ebensolcher »scharfwehender, schöner« Wind wird an anderer Stelle *ohne* besondere Angabe über Schnellig- oder Langsamkeit der Fahrt genannt (14, 299). Daher sehen wir diese Geschwindigkeit von der Größenordnung 4 Knoten als *mittlere Geschwindigkeit* des Odysseus an und werden sie immer dann unseren überschläglichen Berechnungen zugrundelegen, wenn Homer keine besondere Angabe über die Geschwindigkeit macht.

Weiterhin kennt Homer den *»Hauch* (πνοιή)« (5, 46; 10, 25; 507), der dem Wortsinn nach gewiß schwächer ist als der »schöne, scharfwehende Wind«, andererseits aber, da er eine Fahrt noch erlaubt (10, 26; 28), stärker ist als die »Windstille (νηνεμίη)« (5, 392; 12, 169), bei der keine Fahrt mehr möglich ist und die Segel eingezogen werden (12, 170). Wir erhalten damit eine relative Stufenfolge: Windstille – Hauch – schöner (Fahrt)wind – sausender Fahrtwind. Da wir nun für die »schönen« Fahrtwinde eine Segelgeschwindigkeit von 3,9 Knoten errechneten, wird man bei Hauch einen Mittelwert zwischen 3,9 und 0 Knoten (Windstille), also etwa 1 bis 2 oder durchschnittlich *1,5 Knoten* ansetzen dürfen.

Wie realistisch Homers Unterscheidung dieser drei Geschwindigkeiten ist, zeigt ein Vergleich mit der seit 1806 eingeführten *Beaufort-Skala* (vgl. Fig. 35). Diese nennt als ohne besondere Hilfsmittel zu beobachtenden »Kennzeichen des Windes« für Seeleute eine Fahrt von 1–2 Knoten für die Windstärke zwei, von 3–4 Knoten für die Windstärke drei und von 5–6 Knoten für die Windstärke vier. Bei der nächsthöheren Windstärke fünf sind die Wellen bereits bis zu 75 m lang und bis zu 4 m hoch. Für diese und die noch höheren Windstärken gibt Beaufort keine Fahrtgeschwindigkeiten mehr an, sondern wählt andere Kennzeichen des Windes, z. B. bei der Windstärke fünf »für das Gefühl schon unangenehm«. Der normale Segler muß dann schon reffen, was die Geschwindigkeit wieder mindert.

Es hat sich also gezeigt, daß die genannte Stufenfolge der homerischen Windbezeichnungen einigermaßen der modernen Windskala entspricht (Fig. 35): Wir können die »Windstille (νηνεμίη)« (keine Fahrt) der Windstärke 0 bis 1 (keine Fahrt) gleichsetzen, sodann den »Hauch (πνοιή)« (1,5 Knoten) dem *leichten* Wind von der Stärke 2 (1–2 Knoten Fahrt), den »schönen, scharfwehenden Wind (ἄνεμος ἀκραὴς καλός)« (3,9 Knoten) dem *schwachen* Wind der Stärke 3 (3–4 Knoten

20 Blick vom Graben der Unterwelt über das Hinterland von Himera. Ein kleines Stück des nördlichen Himeras ist als silbernes Band zu sehen

21 Vor der Felswand der Skylla. Die am Eingang der Meerenge aufeinanderstoßenden Gezeitenströme bilden mitten in ruhiger See eine große Welle. *(taglio)*

Nach der Vorbeifahrt an der Insel der beiden Sirenen – Homer nennt sie eine blumige Wiese – tun sich für Odysseus zwei Wege auf: durch die Meerenge oder zu den Plankten

Als Odysseus an der Sirenen-Insel vorbeifuhr, ließ er sich aufrecht an den Mastschuh seines Schiffes festbinden. Danach ließ er sich wieder losmachen, ergriff zwei Speere, stellte sich an den Bug seines Schiffes und lauerte an den Felsen nach der Skylla. Seine Gefährten ließ er rudern

22 Die Ostspitze Siziliens. Die ihr vorgelagerte Düne, die Leuchtturm-Insel *Punta del Faro*, ist durch Salzwasserlagunen und Kanäle vom übrigen Sizilien abgetrennt. Links das Tyrrhenische Meer, rechts die Meerenge von Messina. Im Hintergrund das italienische Festland mit den Felsen der Skylla

23 Schwertfischer am Nordeingang der Straße von Messina vor dem Felsen von Scilla

Odysseus wählte zuerst den Weg von Skylla und Charybdis durch die Meerenge. Später wurde er schiffbrüchig allein wieder zurückgetrieben

24 Nordeinfahrt in die Meerenge von Messina. Links Italien, rechts Sizilien

25 Meerenge von Messina beim Erdbeben im Jahre 1783. Rechts der Hafen von Messina. Das Meer überspült das Neuland (*terra nova*) zwischen der vorgelagerten Düne und der Stadt

Der andere Weg, der Odysseus zur Wahl stand, sollte zu den »Irrfelsen« (Plankten) und den »Stürmen verderblichen Feuers« führen. (Wahrscheinlich gehört hierzu auch die Stelle von der Klippe, deren spitzes Haupt von einer dunklen Wolke umgeben ist. »Diese weicht niemals, und niemals umfängt Himmelsheitre ihr Haupt, weder im Sommer noch zur Erntezeit. Auch könnte kein sterblicher Mann hinaufsteigen noch sie betreten, und wenn ihm auch zwanzig Hände und Füße wären, denn der Fels ist glatt und gleicht einem rings behauenen. Und mitten in der Klippe ist eine dunstige Höhle, zum Dunkel nach dem Erebos hin gewendet)

26 Wer sich vor der Meerenge von Messina in nördliche Richtung wendet, kommt in die Nähe des Inselvulkans Stromboli. Dieser wirft alle 5 bis 10 Minuten glühende Felsbrocken aus, die auf der Feuerrutsche (Sciara del Fuoco) aus 800 m Höhe bis ins Meer hinunterstürzen. Am Gipfel die ständige Rauchwolke (Fumarole). Es ist unmöglich, auf der Sciara del Fuoco zum Krater hinaufzuklettern. (Kolorierter Kupferstich aus dem Jahre 1819)

27 Eruptionen aus dem Krater des Stromboli

Fahrt) und den »hellsausenden Fahrtwind (λιγὺς οὖρος)« (5,6 Knoten) dem *mäßigen* Wind der Stärke 4 (5–6 Knoten). Wenn die homerischen Windbezeichnungen immer etwas kräftiger und gefährlicher klingen als ihre modernen Entsprechungen, so wird man darin einen Ausdruck dafür sehen können, daß die Schiffe heute doch wohl etwas seetüchtiger sind als zur Zeit Homers.

Es braucht nicht zu verwundern, daß Homer Geschwindigkeitsunterschiede beobachten konnte; denn »in der Schätzung des durchfahrenen Weges zur See – der sogenannten Gissung – an Hand der Bewegung des Schiffes durch das aufschäumende Wasser [also durch Schätzung der Geschwindigkeit] pflegen erfahrene Seeleute große Gewandtheit zu haben, und die uns ... überlieferten Entfernungsangaben, die nur durch solche Gissung gewonnen werden konnten, überraschen oft durch ihre Genauigkeit[5].«

Übrigens sind Homers Beobachtungen von Wind und Wetter auch bei höheren Windstärken erstaunlich differenziert. So wird man die »heulenden Winde (βύκται ἄνεμοι)« (10, 20) der Windstufe 6 *(stark)* gleichsetzen können, die Beaufort als »an Häusern hörbar« definiert. Und wenn Homer sagt, »ein Nordwind ... ließ selbst auf dem Lande nicht zu, daß man stehen konnte« (19, 200 f.), so würde ein solcher Wind der Stufe 8 entsprechen (Beaufort: »Beim Gehen merkliche Behinderung«); Homer nennt diesen Wind »groß (μέγας)«, Beaufort *stürmisch*. Der »im Sturm wütende Wind (ἄνεμος λαίλαπι θύων)« (12, 400; vgl. 408; 426) oder »Wind mit einem göttlich tönenden Sturm (ἄνεμος ... λαίλαπι θεσπεσίῃ)« (9, 67 f.; 12, 313 f.) bezeichnet zweifellos die höchsten Windstufen, d. h. die *Stürme* (9 und höher); denn der »im Sturme wütende Wind« bringt den Schiffbruch, und Odysseus und seine Leute überlebten die »göttlich tönenden« Stürme nur, weil sie rechtzeitig an Land gerudert waren.

Zwei weitere Windbezeichnungen lassen sich mit einigem Vorbehalt *relativ* bestimmen. Die »verderbenbringenden Winde (ὀλοοὶ ἄνεμοι)«, die die Flotte des Odysseus beim Kap Maleia aus dem Kurs brachten (9, 82), sind gewiß stärker als der »sausende Fahrtwind«, aber schwächer als die »heulenden Winde«, die die Flotte sogar den gekommenen Weg zurücktrieben. Sie entsprächen damit der Windstufe 5 *(frisch)* in der Beaufort-Skala. Und die »schweren Winde (ἄνεμοι χαλεποί)« sind wohl noch höher als die »heulenden Winde« anzusetzen, da sie die Schiffe zu zerstören drohen (12, 286). Sie entsprechen also etwa den *steifen* Winden (Stufe 7).

Nach all diesen Überlegungen entdecken wir in Homers Versen vor dem Schiffbruch eine genaue Stufenfolge verschiedener Windstärken: »(Das Schiff) lief nicht für gar lange Zeit dahin [wohl bei Windstärke 3]; denn es kam mit eins *sausender* West [Windstärke 4], mit einem *großen* [Windstärke 8] *Sturm*wind *wütend* [Windstärke 9–10]« (12, 407–408). Der Übergang vom »sausenden« zum »großen« Wind erscheint nun als Sprung über vier Windstufen und erklärt, warum der Mastbruch den Steuermann so überraschend und unvorbereitet traf (12, 411 f.).

H O M E				
	Größenordnungsmäßige Reihenfolge			
VERS	WINDBEZEICHNUNG		KENNZEICH	
12,169	νηνεμίη	Windstille	keine Fahrt	
10,25	πνοιή	Hauch		I
11,7	οὖρος πλησίστιος	segelfüllender Fahrwind		
14,253 f.	ἄνεμος ἀκραὴς καλός	schöner scharfwehender Wind	ῥηιδίως	
12,166 f.	ἀπήμων οὖρος	leidloser Fahrwind	καρπαλίμως	sc
3,176	λιγὺς οὖρος	hellsausender Fahrwind	μάλ' ὦκα	gar sc
13,88			ῥίμφα	gesch
9,82	ὀλοός ἄνεμος	verderbenbringender Wind		
10,20	βύκτης ἄνεμος	heulender Wind		
12,286	ἄνεμος χαλεπός	schwerer Wind		
19,200	ἄνεμος μέγας	großer Wind		
400 12,408 426	ἄνεμος λαίλαπι θύων	(Wind) wütend im Sturm		
12,313 f.	ζαής ἄνεμος . . . λαίλαπι θεσπεσίῃ	schrecklicher Wind mit göttlich tönendem Sturm		

* Nur der fett umrandete Teil (Bereich der Fahrwinde) wird bei den folgenden Fahrtberechn

Fig. 35 SKALA: Segelgeschwindigkeiten und Windstärken nach Homer und heute

R

WINDES

l eingezogen

hlossen:]

)TEN

:hnet:]

)TEN

chnet:]

)TEN

aus dem Kurs gebracht

e zurückgetrieben

e beschädigt

.nd Stehen unmöglich

bruch

n Land überlebt

1 ff.) vorausgesetzt.

H E U T E			
Windskala nach Beaufort (Auszug)			
KENNZEICHEN DES WINDES	WINDBEZEICHNUNG	m/sec	Stärke
Kein Steuer im Schiff	windstill	0,5	0
eben Steuer im Schiff	leiser Zug	1,7	1
1–2 KNOTEN Fahrt	leichter Wind	3,3	2
3–4 KNOTEN Fahrt	schwacher Wind	5,2	3
5–6 KNOTEN Fahrt	mäßiger Wind	7,4	4
[keine beständige Fahrt] für das Gefühl schon unangenehm	frischer Wind	9,8	5
an Häusern hörbar	starker Wind	12,4	6
	steifer Wind	15,2	7
beim Gehen merkliche Behinderung	stürmischer Wind	18,2	8
	Sturm	21,5	9
	voller Sturm	25,1	10
	schwerer Sturm	29,0	11
	Orkan		12

Nach J. PERTHES See-ATLAS S. 24

Übrigens entspricht die Aufeinanderfolge der Windrichtungen vor und nach dem Schiffbruch genau den meteorologischen Gesetzen. Um einen Gewitterkern (Tiefdruck) drehen sich die Winde auf der nördlichen Erdhalbkugel nämlich stets links herum[6]. So wird immer – genau wie bei Homer – aus einem »Westwind« (12, 408) nur ein Südwest- und »Südwind« (12, 427); und diesem »Westwind« kann nur ein Nordwest- und davor ein Nordwind vorausgehen. Die Häufigkeit und Schnelligkeit der Windsprünge braucht uns nicht zu verwundern, da diese nahe um den Kern eines Gewitter-Tiefs herum die Regel sind. Darauf, daß sich Odysseus tatsächlich nahe dem Kern eines Gewitters befand, weist Homer mit den Worten: »Zeus aber donnerte *zugleich* (ἄμυδις) und warf in das Schiff hinein den Blitz« (12, 415). Man wird sich kaum einen schlagenderen Beweis für die Exaktheit der Wind- und Wetterbeobachtung Homers denken können als diese genaue Übereinstimmung mit dem Winddrehungsgesetz.
Nun gibt es auch »*Böen*. Der Wind ist in der Stärke nie so gleichmäßig, wie es den Anschein hat, bei mäßiger Stärke [Windstärke 4] bemerkt man aber wenig davon. Die Ungleichmäßigkeit tritt erst deutlich hervor, wenn der Wind stärker [Windstärke 6] wird. Stürme wehen immer in Böen, zwischen denen es etwas flauer wird. Ihre Dauer ist meist nur kurz; sie folgen um so schneller aufeinander, je schwerer der Sturm ist... Je plötzlicher die Böen hereinbrechen, um so gefährlicher sind sie[7].« Offenbar kannte auch Homer diese Erscheinung; der Begriff θύελλαι oder ἄελλαι scheint jedenfalls den Böen zu entsprechen, haben sie doch niemals ein positives Attribut, sondern nur »schlecht (κακός)« (10, 54) oder »furchtbar (δεινός)« (5, 317); Homer erwähnt auch ihre Unregelmäßigkeit (5, 292 f.; 304 f.; 317), treten sie doch nur in Verbindung mit »heulendem« (10, 20; 48; 54), »schwerem« (12, 286; 288) oder »mit großem Sturmwind wütendem« Wind (12, 408; 409), also nur bei höheren Windstufen auf (wohl auch 19, 186; 189).
Vergleichen wir all die homerischen Windbezeichnungen auf unserer Skala mit den Windstufen nach Beaufort, so sehen wir, daß Homer – mit durchaus verständlicher Ausnahme gerade der untersten und obersten Windstufen (0–1 und 9–12) – offenbar ebenso fein differenzieren konnte wie Beaufort, der im Jahr 1805 n. Chr. die Windstärken in gerade so viele Stufen einteilte, wie sie ein Seemann durch Beobachtung einfacher »Kennzeichen« ohne weitere Hilfsmittel unterscheiden kann. Dieser Nachweis seemännischer Genauigkeit Homers berechtigt uns um so mehr, die für den Bereich der Fahrtwinde gewonnenen Segelgeschwindigkeiten (auf der Skala fett umrandet) nun zur Kontrolle der bisher geographisch bestimmten Fahrtroute des Odysseus zu verwenden.

Nach diesem Exkurs werden wir also unseren überschläglichen Fahrtberechnungen für den »Hauch« *1,5 Knoten*, als Durchschnittsgeschwindigkeit bei normaler Fahrt, wenn Homer keine besondere Angaben macht, *4 Knoten* und für ausdrück-

lich »schnelle« Fahrt *5,6 Knoten* zugrundelegen. Mit diesen drei Größenordnungswerten für langsame, mittlere und schnelle Fahrt wollen wir prüfen, ob Odysseus die von uns geographisch bestimmte Fahrtroute innerhalb der von Homer angegebenen Fahrtzeiten auch wirklich fahren konnte.
Zuvor sei daran erinnert, daß Homer für einige Strecken mehrere Tage als Fahrtzeit angibt, für andere nicht. Fehlen Angaben über Tage der Fahrtzeit, so war dies bei früheren Versuchen zur Lokalisierung der Odyssee oft ein Anlaß, weite Strecken zu Ländern in großer Ferne (Atlantik, Südafrika, Nordeuropa und auch innerhalb des Mittelmeeres) zu konstruieren. Es ist aber klar, daß bei solchem Verfahren der Willkür Tür und Tor geöffnet werden.
Das jüngste Beispiel solcher Willkür ist die Hypothese einer wochenlangen Fahrt von den Laistrygonen zu Kirke: angeblich von Portugal an Kap Finisterre und an der Bretagne vorbei, durch den Ärmelkanal und entlang der gesamten englischen und schottischen Ostküste ohne alle Erwähnung auch nur einer einzigen Zwischenstation bis hinauf zu einer Insel bei den Shetlands[8]. Entsprechend den Grundsätzen unserer Methode dürfen wir solche Strecken nicht nach Belieben einsetzen, sondern müssen in den Fällen, in denen keine Zahl von Tagen als Fahrtzeit angegeben wird, wohl aber z. B. die Abfahrt von einem Ort am Morgen und die Ankunft am nächsten Ort nach Sonnenuntergang, schließen, daß hier offenbar an eine Fahrt innerhalb nur eines einzigen Tages gedacht ist. Dann entfällt jedenfalls bei einem Fahrtbericht – und die Hypothese, daß es sich um einen solchen handelt, wird hier durchgespielt – das Erfordernis, die Zahl der Fahrttage zu nennen; denn die Angabe der Tageszeiten allein bestimmt die Fahrtlänge.
So hat auch Albin Lesky, wohl der entschiedenste Gegner aller Lokalisierungsversuche der Odyssee, geurteilt, »daß in solchen Fällen (ἔνθεν δὲ προτέρω) an keine längere, über mehrere Tage reichende Fahrt gedacht ist« und daß daher für die Strecken zu den Kyklopen, zu Kirke, zu Teiresias und nach Thrinakia jeweils nur *ein Tag* anzusetzen ist[9]. Wir stellen hier methodisch die gleichen strengen Bedingungen wie Lesky und sind uns in diesem Punkt mit ihm ganz einig.

STRECKE I. Von Kap Maleia, der Südspitze Griechenlands, wurde Odysseus »*neun Tage* von bösen Winden über das fischreiche Meer getragen, jedoch *am zehnten* liefen wir an im Lande der Lotophagen« (9, 82–84). Dieses suchen wir – im Einklang mit der Tradition – in der *Kleinen* Syrte, also rund 600 Seemeilen von Maleia entfernt. Die Frage ist nun, ob es möglich ist, diese Strecke in den von Homer angegebenen 9½ Tagen zu bewältigen. Odysseus müßte dann eine durchschnittliche Geschwindigkeit von 2,7 Knoten gehabt haben. Die von Homer genannten »verderbenbringenden Winde (ὀλοοὶ ἄνεμοι)« (9, 82) gehörten offensichtlich nicht zu den »Fahrtwinden«, denen bestimmte Segelgeschwindigkeiten entsprechen. So hilft diese Windangabe nicht, die Geschwindigkeit zu bestimmen.

Die Größenordnung der Geschwindigkeit, mit der ein Schiff in diesen Breiten tagelang von ungünstigen Winden über das Meer gejagt werden kann, zeigt uns aber die bereits erwähnte Geschichte des Apostels Paulus. (S. 36) Dieser wurde unter ähnlichen Verhältnissen wie der homerische Odysseus in 13½ Tagen über 500 Seemeilen weit von Kreta nach Malta verschlagen. Seine Durchschnittsgeschwindigkeit von 1,6 Knoten liegt nun zwar um ein Drittel unter der des Odysseus, doch kämpfte das Schiff des Paulus auf seinem Wege gegen die Zentralströmung des Mittelmeeres (Apg. 27, 17), während Odysseus, wenn er in die Syrte verschlagen wurde, bei Maleia und vor der afrikanischen Küste die Meeresströmung im Rücken hatte. So ist es durchaus möglich, daß Odysseus eine Geschwindigkeit von 2,7 Knoten erreichte und damit in der von Homer angegebenen Zeit bis in die Kleine Syrte gelangte.

STRECKE II. Für die Fahrt vom »Lotophagen-« zum »Kyklopenland« läßt sich daraus, daß Odysseus »am zehnten *Tag*« (nach dem Verschlagenwerden bei Maleia) »alsbald (αἶψα)« nach Ankunft, Mahl und kurzem Erkundungszug (9, 86; 91; 103) bei den Lotophagen wieder aufbrach und darauf »während der *dunklen Nacht*« (9, 143) auf der Insel vor dem »Kyklopenland« landete, eine Fahrtzeit von ungefähr *9 bis 16 Stunden* ermitteln.
In dieser Zeit werden bei der normalen Durchschnittsgeschwindigkeit von 4 Knoten (S. 96) etwa 36–64 Seemeilen zurückgelegt. Innerhalb einer solchen Entfernung von Djerba liegen sowohl Knais als auch Kerkennah (40 bzw. 50 Seemeilen). Dies bestätigt uns darin, in Tunesien, dem Land, dem diese Inseln vorgelagert sind, Homers »Kyklopenland« zu sehen.

STRECKE III. Nach dem gefährlichen Abenteuer mit Polyphem brach Odysseus von dem »Kyklopenland« und der davor gelegenen »Ziegeninsel« am *fünften Morgen* wieder auf (9, 152; 170; 307; 437; 560). Für die Fahrt von dort zur »Aiolos-Insel« nennt Homer nur die Abfahrtszeit, nicht ausdrücklich aber die Fahrtdauer. Da Homer sonst jedoch Nachtlandungen besonders erwähnt (9, 143; 10, 140–141; 11, 12; 12, 447) und bei längeren Fahrten die Anzahl der Tage nennt (9, 82; 10, 28; 10, 80; 12, 447; 5, 278), schließen wir aus diesem Schweigen (S. 26 und 101) auf eine Landung im Laufe des nächsten Tages[10].
Bricht man auf einer der Inseln vor Tunesien (»Kyklopenland«) – wie Odysseus – früh am Morgen (9, 560) in Richtung nach Griechenland auf, so wird man am nächsten Tag – weiterhin bei 4 Knoten Fahrt (S. 96) – nach insgesamt *40 Stunden* das rund 160 Seemeilen entfernte Malta (nach unserer Auffassung die »Aiolos-Insel« Homers) erreichen.

STRECKE IV. »*Einen ganzen Monat*« blieb Odysseus bei Aiolos, der ihm »Liebes antat« (10, 14) und dann für die Fahrt ins »väterliche Land« einen günstigen »Hauch des

Westwindes (πνοιὴ Ζεφύρου)« mitgab (10, 25–29). Für diesen Hauch können wir eine durchschnittliche Segelgeschwindigkeit von 1,5 Knoten ansetzen (S. 96), d. h. bei einer Fahrt »die Nächte hindurch und auch am Tage« (10, 28) eine Tagesleistung von 36 Seemeilen. Odysseus fuhr *»neun Tage... Am zehnten* aber zeigte sich schon das väterliche Land« (10, 28–29); so konnte er auf diesem Wege rund 350 Seemeilen zurücklegen.

Dies ist auch die Entfernung von Malta zur Westküste Griechenlands, womit das Ergebnis unserer früheren Überlegungen, Malta als Homers »Aiolos-Insel« anzusehen, bestätigt wird.

Eine Angabe über die Zeit, in der die Schiffe »von dem bösen Wirbelwind wieder zur Aiolos-Insel (zurück)getragen wurden« (10, 54–55), macht Homer nicht. Einen ungefähren Vergleichswert für die Dauer der Rückfahrt ergeben die 13½ Tage der Fahrt des Paulus von Kreta und Malta.

Strecke V. Aiolos jagte Odysseus diesmal »schleunigst« fort von der Insel (10, 72). Odysseus mußte, um »weiter (προτέρω)« zu kommen, seine Leute *rudern* lassen (10, 77–78). *»Sechs Tage* fuhren wir immerfort die Nächte hindurch und auch am Tage. Am *siebenten* aber gelangten wir... nach Telepylos« (10, 80–82). Als durchschnittliche Rudergeschwindigkeit auf längere Distanz für Schiffe homerischer Zeit hat J. Forfait, ein französischer Marineingenieur des 19. Jahrhunderts, 1,5 bis 2,25 Knoten errechnet[11]. Homer erwähnt ausdrücklich, wie erschöpft die Mannschaft war: »Der Mut der Männer wurde aufgerieben durch die schmerzliche Ruderarbeit« (10, 78). Dementsprechend werden wir für diese tagelange Fahrt die untere Grenze normaler Rudergeschwindigkeit ansetzen dürfen, d. h. etwa 1,5 Knoten, was einer Tagesleistung von 36 Seemeilen entspricht.

Bei dieser Geschwindigkeit lassen sich in den genannten sechs Tagen etwas über 200 Seemeilen zurücklegen. Von Malta an der sizilischen Küste entlang bis Motya ist es ebenso weit. Es ist also durchaus möglich, von Malta aus unter den von Homer genannten Bedingungen bis zur Westspitze Siziliens zu gelangen, wo wir Homers »Telepylos« suchen.

Gerade auch an dieser Stelle zeigt sich, daß unsere Lösung den modernen Atlantik-Theorien überlegen ist. Diese kommen hier nämlich in erhebliche Widersprüche mit dem homerischen Text: Steuerwald unterstellt für die Fahrt von Aiolos nach Telepylos eine Strecke von 1000–1300 km = 600–750 sm (Madeira – Nordportugal), Pillot sogar von 2700 km = 1500 Seemeilen (Madeira – Irland)[12]. Beide Strecken sind in sechs Tagen nicht zu rudern.

Strecke VI. Von »Telepylos« ging es *»geschwind«* weiter (10, 128; 133): Odysseus entkam mit seinem Schiffe vor den Steinen der Laistrygonen und gelangte zur »Kirke-Insel Aia«. Die Insel Ustica, die wir als Homers »Aia« ansehen, ist rund

60 Seemeilen von der Westspitze Siziliens entfernt. Homer nennt für diese Strecke keine genaue Fahrtdauer, doch läßt sich daraus, daß Odysseus am »Tage« – dem »siebenten« nach der Abfahrt bei Aiolos (10, 81) – vor den Laistrygonen floh und in der folgenden Nacht bei Kirke landete[13], auf eine Fahrtdauer in der Größenordnung von *9 bis 16 Stunden* schließen. Rechnen wir nun, da Homer einfach »wir fuhren« sagt (10, 133), wieder mit der Durchschnittsgeschwindigkeit von 4 Knoten, so ergeben sich 36 bis 64 Seemeilen und damit auch die Entfernung nach Ustica, die Odysseus zurücklegen konnte.

STRECKE VII. Auf der »Kirke-Insel Aia« blieben Odysseus und seine Gefährten »*auf ein volles Jahr hin* und schmausten unendliches Fleisch und süßen Wein. Doch als es nun *ein Jahr* war und die Jahreszeiten sich wendeten, während die Monde dahinschwanden, und im Kreislauf *die langen Tage vollendet* wurden« (10, 467–470), da stach man wieder in See. Offensichtlich ist hier von einer Überwinterung die Rede und von einem Aufbruch zur Zeit der Sommersonnenwende[14] im Juni. Odysseus fuhr von der »Kirke-Insel Aia« zum »Haus des Hades« im »Gau der Kimmerischen Männer« an einem Morgen los (10, 541). Er hatte einen »günstigen Fahrtwind, der das Segel füllte« (11, 7), fuhr »den ganzen Tag« (11, 11) und landete unmittelbar nach Sonnenuntergang (11, 12 f.). Als Fahrtzeit ergeben sich also *12 bis 15 Stunden,* und Odysseus konnte bei dem »segelfüllenden Fahrtwind« mit der mittleren Geschwindigkeit von 4 Knoten segeln und damit mindestens 48, höchstens 60 Seemeilen zurücklegen.

Dies alles entspricht der Strecke von der Insel Ustica nach Himera (55 Seemeilen) und bestätigt damit unsere Überlegung, dort Homers »Haus des Hades« zu suchen, aufs beste.

STRECKE VIII. Von dort brach Odysseus offenbar noch während der Nacht auf (11, 19). Vor der »Sirenen-Insel« wärmte ihm das Wachs »der Strahl des Helios«, also die Sonne des Tages (12, 175–176). Odysseus hörte dann, nachdem sein Schiff der »Skylla« entgangen war, »das Muhen der Rinder, wie sie eingetrieben werden«, das war also gegen Sonnenuntergang (12, 264–265). Und Eurylochos erzwang darauf die Landung in dem »ausgebuchteten Hafen«, indem er forderte: »Gehorchen wir jetzt der schwarzen Nacht und bereiten uns ein Nachtmahl« (12, 291 f.). Von der Landung im »Gau der Kimmerischen Männer« unmittelbar nach Sonnenuntergang (11, 12 ff.) bis zur Landung im »ausgebuchteten Hafen« kurz nach dem nächsten Sonnenuntergang (12, 305) liegen also ziemlich genau *24 Stunden*[15].

Da wir Homers »Haus des Hades« bei Himera sehen und die Straße von Messina als Homers »Enge« verstehen, haben wir nun zu fragen, ob es möglich ist, diese Strecke in der angegebenen Zeit und in der von Homer genannten Geschwindigkeit zu bewältigen. Während der Segelfahrt wehte ein »sehr schöner (κάλλιμος)« (11, 640) bzw. »leidloser Fahrtwind (ουρος ἀπήμων)«, so daß das Schiff »*schnell* (καρπαλίμως)« dahinfuhr (12, 166–167). Wir dürfen für Odysseus' Segelfahrt somit die hohe Geschwindigkeit von rund 5,6 Knoten ansetzen.

Bei dieser Geschwindigkeit sind die 90 Seemeilen von Himera bis vor das Kap Peloro in etwa *16 Stunden* zu fahren. Auf der weiteren Strecke, an der »Sirenen-Insel« vorbei und in der »Enge« ließ Odysseus seine Leute rudern. Diese waren ausgeruht und wohlgenährt (10, 467–468; 476–477) und konnten so kräftig rudern, daß das »*schnellfahrende* Schiff (ὠκύαλος νηῦς)« »*geschwind* (ῥίμφα)« (12, 182) dahintrieb. Bei der gefährlichen Vorbeifahrt an der »Sirenen-Insel« steigerten sie sich nochmals und »fielen nach vorn aus (προπεσόντες ἔρεσσον)« (12, 194). So wird man auch für diese relativ kurze Ruderfahrt eine überdurchschnittlich hohe Geschwindigkeit ansetzen dürfen, in der Größenordnung von gut 4 Knoten[16]. Da die Fahrtstrecke vom Kap Peloro durch die Meerenge bis zum Hafen von Messina 14 Seemeilen mißt, brauchen Ruderer bei dieser Geschwindigkeit etwa 3½ *Stunden* dafür, bei ausspeiender Charybdis *(scendente)* noch erheblich weniger[17]. Die gesamte Fahrt von Himera bis Messina dauert bei den genannten Fahrtgeschwindigkeiten also rund (16 + 3 =) *19 Stunden* und ist somit in der von Homer angegebenen Gesamtzeit zu schaffen. Dies bestätigt unsere Auffassung, in der Straße von Messina Homers »Enge« mit der »Sirenen-Insel«, »Skylla« und »Charybdis« »Thrinakia« und dem »ausgebuchteten Hafen« wiederzuerkennen. Es ist andererseits ausgeschlossen, mit Victor Bérard und anderen die »Sirenen-Insel« 170 Seemeilen (rund 40 Stunden) weiter nördlich bei Neapel[18] und mit Bradford oder Pocock den »ausgebuchteten Hafen« 30 oder 75 Seemeilen (rund 7½ oder 19 Stunden) weiter südlich in Taormina[19] oder auf Ortygia (Syrakus)[20] zu suchen. Alle diese anderen Orte liegen viel zu weit von der Meerenge entfernt.

Von der Gesamtzeit zwischen Ankunft bei den Kimmeriern und Landung im »ausgebuchteten Hafen« (24 Stunden) bleiben nach Abzug der Fahrtzeit von 19 Stunden noch *5 Stunden* für den Aufenthalt beim »Haus des Hades« übrig. Das mag auf den ersten Blick wenig erscheinen, aber nach dem Bericht Homers war der Aufenthalt dort offenbar nur kurz: Odysseus brachte mit zwei Gefährten ein Opfer (11, 23 ff.) und erfragte vom »Seher« Auskunft über »den Weg, die Maße der Fahrt und den Heimweg« (10, 538–540; vgl. 11, 99–100); »alsbald darauf (αὐτίκ' ἔπειτα)« ging Odysseus wieder zum Schiff zurück und befahl die Abfahrt (11, 636–637). Eine Zeit für die Begegnung mit den Seelen der Toten (11, 152–635)[21] anzusetzen, erscheint vermessen. Dieses Erlebnis gehört eindeutig zum mythischen Weg, den wir allerdings wohlbedacht vom realen Weg nur zu unterscheiden, nicht zu trennen haben.

STRECKE IX. Am »ausgebuchteten Hafen« wurden Odysseus und seine Gefährten »*den ganzen Mond hindurch*« von widrigen Winden festgehalten (12, 325–326).

Schließlich schlachteten die hungrigen Gefährten die »Rinder des Helios« (12, 339 ff.). Später, »als nun Zeus den siebenten *Tag heraufgeführt*, da legte sich alsdann der Wind, der im Sturme wütende, und wir stiegen alsbald auf das Schiff und fuhren in die weite See« (12, 399–401). »Nicht gar lange Zeit« nach diesem Aufbruch kam wieder Sturm auf, der Mast zerbrach, und ein Blitz zerschlug das Schiff; Odysseus konnte sich zwar auf Kiel und Mastbaum retten (12, 407–425), »doch kam schnell der Süd herauf..., auf daß ich noch einmal die böse Charybdis durchmessen sollte. Die *ganze Nacht hindurch* trug es mich, jedoch zugleich mit *aufgehender Sonne* kam ich zur Klippe der Skylla und der furchtbaren Charybdis« (12, 427–430). Aus den genannten Zeiten ergibt sich, daß Odysseus hier *24 Stunden* – von aufgehender Sonne bis zur nächsten aufgehenden Sonne – unterwegs war. Der Schiffbruch überraschte Odysseus bereits am hohen Tage (12, 405–406), d. h. etwa *4 bis 6 Stunden* nach der Abfahrt am Morgen.
Bei normaler Geschwindigkeit (4 Knoten) ist in dieser Zeit ohne weiteres die südliche Öffnung der Straße von Messina zu erreichen, die von Messina zwischen 13 Seemeilen (Kap Péllaro) und 19 Seemeilen (Kap Armi) entfernt ist. Wenn wir für den Schiffbruch *1 bis 2 Stunden* ansetzen, so verbleiben noch rund *18 Stunden,* d. h. drei je sechsstündige Perioden der Gezeiten für die Drift zurück. Dabei ist für die erste und letzte der drei Perioden, also für die ganz überwiegende Zeit, mit Nordrichtung zu rechnen (12, 427; 431). Odysseus kann daher in der angegebenen Zeit »zur Klippe der Skylla und der furchtbaren Charybdis« zurück (430) und durch Charybdis hindurch (428, 444) gekommen sein.

STRECKE X und STRECKE XI. »Von dorther trug es mich *neun Tage, in der zehnten Nacht* aber brachten mich die Götter zur Insel Ogygia« (7, 253–254; 12, 447–448). Von »Ogygia« dann brauchte Odysseus auf seinem selbstgezimmerten Floß *»siebzehn Tage«* (5, 278; 7, 267) bis zum »Phaiakenland«, wo er allerdings erst *»am zwanzigsten Tag«* an Land steigen konnte (6, 170), da ihm sein Fahrzeug angesichts der rettenden Küste zerbrach und er sich erst am »dritten Tag« (5, 390) danach retten konnte.
Hier ergeben sich nun Zweifel. Ist es möglich, daß Odysseus neun Tage und Nächte lang als Schiffbrüchiger im Meer herumirrte und ohne Nahrung und Süßwasser überlebte? Er würde in dieser Zeit auch kaum von der Meerenge zu einer der Liparen getrieben worden sein. Die Meeresströmung fließt hier nämlich gerade in der umgekehrten Richtung! Strömungsuntersuchungen von Vercelli haben gezeigt: Eine zwischen Lipari und Panarea ausgesetzte Flasche erreichte nach zwei Tagen den 35 Seemeilen entfernten Nordeingang der Meerenge beim Kap Peloro.[22]
Auch bei der zweiten Strecke gibt es Bedenken. Kann das Floß des Odysseus über siebzehn Tage für die 60 bis 70 Seemeilen von einer der Liparen bis nach Kalabrien gebraucht haben? Kaum! Überhaupt erscheint die 17tägige Floßfahrt unrealistisch.

Kann Odysseus wirklich so lange ohne Schlaf (5, 271) geblieben sein? Wie ungewöhnlich diese Fahrtzeit von 17 Tagen ist, zeigt die Tatsache, daß sie überhaupt die längste Seefahrt ist, die in der gesamten griechischen Literatur bis hin zu Lukian im 2. Jahrhundert nach Christus vorkommt[23].
Haben wir es also bei den Strecken von und nach »Ogygia« mit einer Erfindung des Dichters zu tun? Aus philologischen Erwägungen hat Eduard Schwartz die Kalypso-Erzählung als eine spätere Ergänzung angesehen und angenommen, daß Odysseus nach dem ursprünglichen Text vom Schiffbruch ohne Zwischenlandung zum Phaiakenland gekommen sei[24]. Dafür sprechen in der Tat einige Indizien. Die Kalypso-Geschichte gehört nämlich vor allem zur *Rahmenerzählung,* die durch den Er-Stil von dem *Fahrtbericht* im Ich-Stil unterschieden ist. Die *sieben Jahre* des Aufenthaltes bei Kalypso sind im Fahrtbericht in nicht mehr als nur fünf Versen abgehandelt (7, 256–260)[25]. Die auf Ogygia bezogene Partie befindet sich an der Bruchstelle der in zwei Teile gespaltenen Ich-Erzählung (9, 2 bis 12, 453 und 7, 241–297). Dabei steht der inhaltlich zweite Teil vor dem ersten. Wenn man nun die Ich-Erzählung als eine ursprüngliche Einheit ansähe und – der Chronologie der beiden Teile folgend – mit der Partie von der Abfahrt aus Troia (9, 39) beginnt, so ließe sich nach der zweiten Durchmessung der Charybdis (12, 429–432 Anfang) die andere Partie mit der Landung im Phaiakenland (7, 276 Mitte ff.) sprachlich bruchlos und inhaltlich sinnvoll unmittelbar anschließen[26].
Für einen solchen ursprünglich direkten Weg aus dem Schiffbruch zu den Phaiaken spricht auch der erste Bericht des Odysseus vor Penelope. Hier sagt Homer, Odysseus sei nach der Abfahrt von »Thrinakia« und dem Untergang der Gefährten im Schiffbruch auf dem Kiel des Schiffes von der Woge (nicht nach Ogygia sondern unmittelbar) »ans Festland, an das Land der Phaiaken« geworfen worden (19, 275–279)[27]. Das romantische Argument, das Erlebnis mit der Nymphe hätte doch der treuen Ehefrau verschwiegen werden müssen, zieht nicht; denn in seinem zweiten Bericht bekennt Odysseus es ihr freimütig (23, 333–337).
Die Möglichkeit einer solchen ursprünglichen Textfolge einmal unterstellt, entspräche sie den Naturgegebenheiten? Die Verse 12, 427 (Südwind), 12, 430 (Skylla-Felsen und Charybdis), in Verbindung mit 7, 277 (Wind und Wasser-Strömung), würden aus der Meerenge von Messina direkt an die kalabrische Westküste führen. Bei *rema montante* – »einschlürfender Charybdis« (12, 431) – ergießen sich die Wasser vor dem Nordausgang der Enge von Messina weit in den Golf von Gioia »nach Nord und Nordost, ohne nach West die sizilische Küste entlang abzubiegen«[28]. Dabei ist der Gezeitenwechsel bei Bagnara nur noch ganz schwach, bei Kap Vaticano überhaupt nicht mehr wahrnehmbar. Bei diesem felsigen Vorgebirge fließt die normale Meeresströmung mit einer Geschwindigkeit von gut ½ Knoten erst nach Nordwest und biegt dann »nach Nord und Nordosten in Richtung auf die große Einbuchtung von S. Eufemia ab«[29]. Das Kap Vaticano entspricht den Erfahrungen des

schiffbrüchigen Odysseus bei Homer: »Da waren nicht Buchten, um Schiffe aufzunehmen, und nicht Anfurten, sondern vorspringende Gestade waren und Klippen und Felsen« (5, 404–405). Im Golf von S. Eufemia konnte Odysseus »flach bespülte Ufer und Buchten« finden und »schwimmend zur Mündung eines Flusses« gelangen (5, 440–442). Die Zeit für das Treiben eines Schiffbrüchigen von der Charybdis bis zur Lamato-Mündung (50 Seemeilen) ist allerdings schwer abzuschätzen. Vielleicht sind die *zwei Tage* und *zwei Nächte,* die Odysseus vor der Landung auf Scheria bis zum *»dritten Morgen«* (5, 388, 390) schwimmen mußte, in ihrer Größenordnung einigermaßen realistisch.
Die Überprüfung der gefundenen Orte an den von Homer genannten Zeiten bestätigt also zwar nicht die Fahrten von und nach Ogygia, ließe aber einen direkten Weg von der Meerenge zur Landenge bei den Phaiaken zu.

STRECKE ÜBER LAND. Nachdem Odysseus sich in die Mündungen des Flusses gerettet hatte, lag er erst »atemlos und ohne Stimme… ohnmächtig, und eine schreckliche Ermattung kam über ihn« (5, 456–457). Doch als er wieder zu Atem kam (5, 458), blieb er nicht liegen, sondern suchte noch vor der *Nacht* (5, 466, vgl. 7, 283) Schutz vor »wilden Tieren« und vor dem mit der *Morgenfrühe* zu erwartenden »kalten Luftzug« aus dem Flußbett. Er ging den Fluß »hinauf bis zum Berghang (ἐς κλιτὺν ἀναβάς)«[30] »… schritt hin und ging in den Wald, den fand er nahe dem Wasser auf einem rings sichtbaren Platze« (5, 469–476), wo er dann in einer Laubschütte »ruhte…, von Schlaf und von Ermattung überwältigt« (6, 1–2), bis ihn am nächsten *Nachmittag* (7, 288)[31] das Geschrei der Mägde Nausikaas von den Waschgruben am Fluß weckte. Die Mägde hatten dort ihre Wäsche gewaschen und zum Trocknen ausgelegt, sich gebadet und gesalbt, zu Mittag gegessen und, »während sie warteten, daß die Gewänder im Strahl der Sonne trocknen sollten«, Ball gespielt und, »nachdem die Maultiere angeschirrt und die schönen Gewänder zusammengefaltet« waren, den schlafenden Odysseus durch ihr Geschrei wegen eines verflogenen Balles erweckt (6, 91–117). Odysseus bat Nausikaa um Schutz und Kleid und wurde nach einem Bad und einer Stärkung mit zur Stadt genommen (6, 149 bis 7, 81; 7, 292–296).
Am Hofe der Phaiaken *abends* angelangt (6, 321), erflehte Odysseus kniend von Arete und Alkinoos Heimgeleit (7, 141–152). Die Königin, die an ihm Mantel und Leibrock, die sie selbst gefertigt hatte, erkannte, sprach ihn an: »Fremder, zuerst will ich selber dich dieses fragen: Wer bist du und woher unter den Männern? Wer hat dir diese Kleider gegeben?« (7, 237–238). Eine Antwort auf diese drei Fragen ist, wenn man die in der Überlieferung getrennten zwei Partien wieder verbindet, der Fahrtbericht: »[1] Ich bin Odysseus, Laertes' Sohn… [2] Ich wohne aber auf Ithaka… Von Ilion her trug mich der Wind… [jetzt folgen die einzelnen Stationen der Abenteuer], bis mich an euer Land antrieb Wind und Wasser… [3] Nausikaa gab mir

diese Kleider. Damit habe ich, so bekümmert ich bin, die Wahrheit berichtet« (9, 19 bis 12, 432/7, 276 bis 297). »So sprach er. Die aber waren alle stumm in Schweigen und waren von Bezauberung gefangen rings in den schattigen Hallen« (13, 1–2). Alkinoos setzte dann das Heimgeleit bereits »auf morgen« fest (7, 318).
An diesem *nächsten* Tag geleitete ein Herold auf Befehl des Alkinoos Odysseus von der Stadt »zu dem schnellen Schiff und dem Ufer des Meeres« (13, 64–65).
Odysseus' Weg von Meer zu Meer besteht also aus drei Abschnitten an *drei aufeinander folgenden Tagen*[32]. Zur Zeit des Aristoteles rechnete man für den ganzen Weg von Meer zu Meer an diesem Isthmus »eine halbe Tagereise« (Pol. 1329b). Die drei Wegabschnitte des Odysseus zusammengenommen werden nicht viel länger vorzustellen sein, so daß wir unsere Ortsbestimmung auch hier an der Zeitbestimmung bestätigt finden. Wir wollen dies aber noch im einzelnen untersuchen (vgl. Fig. 34):

Der *erste* der drei Wegabschnitte – von den »Flußmündungen« bis zum »Berghang und dem schattigen Wald« (5, 470) – ist in seiner Dauer nicht genau anzugeben. Länger als unbedingt nötig kann der immer noch erschöpfte Odysseus nicht gegangen sein; doch trieb die Angst vor wilden Tieren (5, 473) ihn an. Die *Ebene von S. Eufemia*, in der der *Lamato* mündet, ist heute größer als in der Antike: »Auf einer Sehne von 28 km beschreibt die Küste einen flachen Bogen, dessen Scheitel im Altertum höher gewölbt war als jetzt... Die Bäche haben mit ihren Schuttmassen eine Ebene von 150 qkm aufgebaut, an deren Erweiterung sie rüstig fortarbeiten[33].« Auch ist damit zu rechnen, daß die Mündungsebene des Lamato früher zum Teil unter der Meeresoberfläche gelegen hat[34]. Dies wäre nichts Ungewöhnliches: Durch Aufschüttung einer riesigen Geröllebene hat der Mäander bei Milet seit der Antike seine Mündung um rund 10 km ins Meer hinaus vorgeschoben[35]. Vielleicht ist die antike Küstenlinie ungefähr beim heutigen Eisenbahndamm anzunehmen, bis zu dessen Höhe[36] sich noch vor wenigen Jahrzehnten Sumpfgebiete erstreckten[37]. Das Meer muß jedenfalls in archaischer Zeit ganz erheblich näher an die in die Ebene von S. Eufemia hineinreichenden Ausläufer des Waldgebirges der Sila herangekommen sein als heute.
In der Gegend des *Ponte Calderaio,* bei dem der Lamato aus dem Bergland heraustritt und eine Terrasse die Ebene begrenzt, finden wir einen »rings sichtbaren Platz« mit »Wald« und nahe dem »Wasser« (5, 475–476). Hier ragt die Geröllfläche am meisten vom Meer her in das Land hinein. Von hier an flußaufwärts kann man sich gut die Nausikaa-Szene vorstellen. Die Landschaft ist (oder war) paradiesisch; rauschendes Wasser, üppiges Grün, kräftige Blüten erfreuen die Sinne. Die Geschichte von einem Mann, der ein hübsches Mädchen beim Waschplatz am Fluß entdeckt, ihre Schönheit rühmt und ihr in die Stadt folgt, ist hier ein Volkslied *(Calabrisella mia)* und inoffizielle Nationalhymne Kalabriens (Pausenzei-

chen im regionalen Rundfunk). Seit dem Vordringen elektrischer Waschmaschinen immer seltener, aber noch vor wenigen Jahren häufiger, sahen wir hier an den wasserreichen Flüssen Kalabriens die Frauen die glattbespülten Steine – wie Homer es beschreibt – als Waschbrett und zum Trocknen benutzen.
In einem Punkt stimmen Text und geographische Wirklichkeit jedoch nicht überein. Homer lokalisiert die Waschgruben Nausikaas zweimal am Fluß (6, 85; 89), dann am Meer (6, 94–95; 236). Nach eigenem Augenschein wird wegen der Strömung und des Salzgehalts nicht im Meer, sondern in den Flüssen gewaschen. Es ist freilich möglich, daß Homer, um die Nausikaa-Szene zu motivieren, den rettenden Meeresstrand und den Waschplatz am Fluß im Wald räumlich zusammenzog.

Über den *zweiten* der drei Wegabschnitte – von den »Waschgruben« zur »Stadt der Phaiaken« – macht Homer genauere Zeit- und Entfernungsangaben: Nausikaa sollte mit dem Maultierwagen fahren, das sei für sie »so viel besser, als zu Fuß zu gehen, denn es sind die Waschgruben *weit* von der Stadt (πολλὸν γὰρ ἀπὸ πλυνοί εἰσι πόληος)« (6, 39–40). Der *weite* Weg wird von Homer ausdrücklich motiviert, und zwar mit unversieglichem Reichtum guten Wassers: »Dort waren gewiß Waschgruben über das ganze Jahr hin und strömte viel Wasser hervor, schönes« (6, 86–87). Ganzjährig benutzbare Waschgruben sind bei der Wasserarmut des Südens selten. Sicher ist, daß der Lamato ganzjährig Wasser führt.
Nausikaa sollte noch »vor Morgen (ἠῶθι πρό)« (6, 36) aufbrechen; sie kehrte erst nach Sonnenuntergang (6, 321) wieder nach Hause zurück, war also insgesamt ungefähr 13 bis 15 Stunden von Hause fort[38]. Unterwegs trabten die Maultiere »wacker (εὖ)«, aber so, daß die Dienerinnen und Odysseus »zu Fuß mitkommen konnten (ἅμ' ἑποίατο πεζοί ...)« (6, 318–320). Auch das Waschen ging – in Wettkämpfen – »geschwind (θοῶς)« (6, 92); denn Athene wollte helfen, so daß sie »aufs schnellste (τάχιστα)« fertig würden (6, 32).
Der Text erlaubt also wohl nicht, mehr als 3 bis 4 Stunden für die anstrengende, schnelle Arbeit anzusetzen und, wenn man bedenkt, daß in südlicher mittäglicher Sonne selbst dicke Tuche in weniger als einer Stunde trocknen, nicht mehr als vielleicht weitere 2 bis 3 Stunden für Trocknen der Wäsche, Anschirren und das Schutzersuchen des Odysseus. (Ein eigenes Baumwollhemd, versuchsweise naß in die mittägliche Sonne Kalabriens zum Trocknen auf Steine gelegt, war bereits nach fünf Minuten wieder anzuziehen!) Als Zeit am Fluß sind also höchstens 5 bis 7 Stunden realistisch. (Nach eigenen Erfahrungen im Jahre 1967 hielten sich die Frauen, die wir beim Waschen an Flüssen der kalabrischen Landenge beobachteten, von etwa 8 bis 13 Uhr dort auf.) Von den insgesamt 13 bis 15 Stunden, die Homer für die Abwesenheit Nausikaas vom Vaterhaus annehmen läßt, bleibt also eine Wegezeit von wenigstens 6 bis 8 Stunden oder *3 bis 4 Stunden* pro Weg. Dies entspricht etwa der Zeit, um vom Ponte Calderaio nicht nur bis zur Wasserscheide beim *Paß von*

Marcellinara, sondern sogar bis zur Burgstadt *Tiriolo* zu gelangen, die oberhalb davon die kalabrische Landenge und den Weg von Meer zu Meer eindrucksvoll beherrscht. Vom Ponte Calderaio ist Tiriolo 14 km entfernt.

Noch bis zum Bau moderner Wasserleitungen sind die Frauen von Tiriolo zum Waschen hinunter zum Lamato gezogen. Ein beliebter Waschplatz war unterhalb der Brücke, auf der die alte Straße von Marcellinara zum Ponte Calderaio den Lamato überquert[39]. Wenn man bedenkt, daß Tiriolo auf einem Dolomitfelsen liegt, kalkiges Wasser aber zum Waschen schlecht taugt, der Lamato dagegen Wasser aus den Granitbergen der Sila heranbringt, so versteht man, warum die Frauen den weiten Weg bis zu dem Platz machten, wo »viel Wasser strömte, schönes, um auch ganz schmutziges Zeug reinzuwaschen« (6, 86–87).

Auch nach den Zeitangaben wird man also die »Phaiakenstadt« in *Tiriolo* oder unterhalb davon (etwa in der Gegend des *Campo Monaci*) suchen können.

Der *dritte* Wegabschnitt des Odysseus – von der »Phaiakenstadt« zu deren »Hafen« – wird in seiner Länge von Homer wieder indirekt angedeutet. Am Morgen des Abfahrtstages legte Alkinoos eigenhändig das Gastgeschenk für Odysseus in das Schiff (13, 18–22). Vom Meer ist hier noch nicht die Rede. Dies könnte darauf deuten, daß ein Teil der Strecke von Tiriolo zum Meer auf den Flüssen Fallaco und Corace mit dem Schiff zu bewältigen war. Jedenfalls bestätigt Plinius, daß der Corace in der Antike schiffbar war[40]. Mit dem Hin- und Rückweg zum Schiff verstrich die Zeit vom Sonnenaufgang (13, 18) bis zur Bereitung der mittäglichen (13, 29) Mahlzeit. Nach dem Essen wurde Odysseus von einem Boten »hinab zu dem Schiff und dem (Strande des) Meer(es) geleitet« (13, 65; 70), wo das Schiff bei Sonnenuntergang (s. S. 26) in See stach[41].

Läge die »Phaiakenstadt« unmittelbar am Meer, so hätte Alkinoos seinen Gast wohl auch persönlich zum Hafen begleitet. Da er dies nicht tat, ist sie offenbar ein – nicht unbeträchtliches – Stück landeinwärts vorzustellen. Tiriolo liegt 16 km (Luftlinie) 9vom Ionischen Meer entfernt. Aber auch von Athen bis zum Hafen in Piräus sind es 8 km und von Rom bis Ostia sogar etwa 20 km. Walter Marg hat noch eingewandt, daß es den drei Mägden der Königin Arete nicht zuzumuten gewesen wäre, Kleidung, Truhe und Speisen von einer so hoch gelegenen Burgstadt wie Tiriolo bis »zum Schiff und zum Meere« hinunterzuschleppen (13, 66–69 B)[42]. Ein solches Ansinnen an die Mägde wäre jedoch in früheren Zeiten durchaus üblich gewesen[43]. Noch aus dem Jahre 1852 erfahren wir von Horace de Rilliet, daß einheimische Frauen »lachend und schwatzend« schwere Reisekoffer von Tiriolo hinunter zum Lamato-Fluß und wieder hinauf zum Dorf Lamato trugen[44], d. h. auf einem Weg von 22 km Länge Höhendifferenzen von 500 m abwärts und 300 m aufwärts ohne weiteres bewältigten.

Damit hat sich gezeigt, daß die Zeiten, die Homer für den Weg durch das

Fig. 36 Kalabrische Frauen, die Reisekoffer von Tiriolo über den Paß von Marcellinara hinunter zum Lamato-Fluß und wieder hinauf zum Dorf Lamato tragen (etwa 22 km Weg). Tagebuchzeichnung von Horace de Rilliet aus dem Jahre 1852.

»Phaiakenland« andeutet, auch im einzelnen einem Weg quer über die kalabrische Landenge bei Tiriolo zwischen dem Tyrrhenischen und dem Ionischen Meer entsprechen.

Strecke XII. Vom »Phaiakenland« kam Odysseus endlich heim nach »Ithaka«. Ein Schiff, das von dort in direktem Kurs – Homer schreibt, das Schiff lief »ganz ohne Fehl…, ununterbrochen (μάλ' ἀσφαλέως … ἔμπεδον)« (13, 86) – nach Osten fährt, wird unmittelbar nach Ithaka geführt. Die »schiffsberühmten« Phaiaken (7, 39) waren gewiß in der Lage, den direkten Weg über das offene Meer – anstelle der mehr als doppelt so weiten Küstenstrecke – zu wagen. Ihr Schiff wird ausdrücklich »meerbefahrend (ποντοπόρος)« genannt (13, 95).
Homer gibt für diese Strecke nicht ausdrücklich die Fahrtdauer an; doch erwähnt er als Abfahrtzeit Sonnenuntergang (S. 26) und als Ankunftzeit Morgen (13, 93–95).

Aus der Meerenge von Skylla und Charybdis nach Norden zurückgetrieben, gelangt der schiffbrüchige Odysseus schließlich nach Scheria, d. h. Festland. Er überquert dieses Land der Phaiaken zu Fuß, indem er zuerst einem Flusse aufwärts folgte. Er trifft die Königstochter Nausikaa beim Waschen und Ballspiel. Diese führt ihn zur Stadt, die auf einer Wasserscheide liegt, von der aus man zwei Hafenbuchten sehen kann. Odysseus wird am Königshof freundlich aufgenommen, berichtet ausführlich von seiner Fahrt und seinen Abenteuern und wird von einem phaiakischen Schiff wieder heim nach Ithaka gebracht

28 Beherrschend über der Landenge von Kalabrien liegt die Akropolis von Tiriolo. Die Geschichte dieses Gemäuers ist noch nicht geschrieben. Von Tiriolo aus bietet sich ein einzigartiges Panorama auf zwei Meere: den Golf von S. Eufemia im Westen und den Golf von Squillace im Osten

29 Blick von Tiriolo auf das Tyrrhenische Meer mit der Vulkaninsel Stromboli. Bei klarem Wetter sind in der Nähe dieses »Nabels des Meeres« auch die übrigen Liparischen Inseln zu sehen. Unter einer dieser Inseln im Westen läßt sich gut die Kalypso-Insel *Ogygia* vorstellen

30 Der »Nabel der Erde« in Delphi. Die Griechen kannten mehrere solcher Mittelpunkt-Steine in kegelartiger Form mit einer Eindellung an der Spitze (z. B. auch in Athen und Aigina)

Scheria, das Land der Phaiaken, liegt »wie ein Schild« in dem Meere. Odysseus erreicht es, wo es für ihn »am engsten« ist

32 Krieger mit Dipylon-Schild von einem attischen Krater aus homerischer Zeit (Athen, Nat. Mus.)

31 Reliefkarte von Kalabrien. In der Landenge zwischen dem Golf von S. Eufemia und dem Golf von Squillace nähern sich das Tyrrhenische und das Ionische Meer auf nur 30 km (Luftlinie). Diese Stelle bietet die kürzeste und bequemste Möglichkeit, Italien zu Fuß zu überqueren

34 Wie zu Zeiten der Phaiakenprinzessin Nausikaa waschen die Frauen im Fluß die Wäsche und breiten sie auf den Steinen zum Trocknen aus

33 Der Golf von Squillace. Links der 1974 aufgrund der Wolfschen Theorie errichtete Phaiaken-Gedenkstein. Der zweite Teil seiner Inschrift lautet übersetzt: »Hier im weiten Golf das Land der Phaiaken, das griechische Skylletion, das Vivarium des großen Aurelius Cassiodor«

36 Von Menschenhand errichteter (Grab?)hügel auf dem Weg von Meer zu Meer zwischen Tiriolo und dem Hafen von Skylletion. Der Tumulus kann frühestens aus homerischer Zeit stammen und ist noch nicht ausgegraben

35 Wie die Frauen der Phaiaken bei Homer waren die Frauen von Tiriolo im 19. und 20. Jahrhundert weit und breit für ihre Schönheit und die Kunst ihrer Handarbeit berühmt. Mädchen mit Stück einer alten Tracht aus Tiriolo (1974)

37 Am Golf von Squillace gefundene Statue unbekannten Alters

38 Theater des antiken Skylletion, des Osthafens der kalabrischen Landenge am Ionischen Meer. Von hier konnten die Phaiaken den homerischen Helden auf direktem Ostkurs nach Ithaka geleiten. Die von Cassiodor überlieferte Sage erzählt, Skylletion sei von dem schiffbrüchigen Odysseus gegründet worden. Offenbar enthält sie einen wahren Kern

39 Blick auf die Landenge von Tiriolo und den Golf von Squillace (gesehen von Copanello) *Bei Homer: Land der Phaiaken*

Tiriolo ↓ (Catanzaro) ↓ Ort der antiken Hafenstadt Skylletion ↓

Dies scheint auf eine Fahrtzeit von einer Nacht zu deuten. So wenige Stunden würden aber nicht ausreichen, um von Italien nach Ithaka zu gelangen. In der Entfernung einer einzigen Nachtfahrt liegt überhaupt kein Land westlich von Ithaka, sondern nur das offene Ionische Meer. Ist Scheria also doch ein reines Phantasieland?

Wir meinen nicht; denn bestimmte Angaben Homers weisen auf eine Reise von zwei Nächten. Auf Odysseus fiel nämlich für die Dauer der Fahrt ein »tiefer Schlaf auf die Augenlider, ein unerwecklicher, ganz süßer, *dem Tode am nächsten* gleichend (νήδυμος ὕπνος ἐπὶ βλεφάροισιν ἔπιπτε, νήγρετος, ἥδιστος, θανάτῳ ἄγχιστα ἐοικώς)« (13, 79–80). Darunter wird kaum der gewöhnliche Nachtschlaf zu verstehen sein. Schon der Schlaf bei der Ankunft im »Phaiakenland«, der »durch die ganze Nacht, den Morgen und den Mittag« währte, wird »unendlich (ἄπειρος)« genannt (7, 286–288). Der »tiefe, unerweckliche, ganz süße, todähnliche« Schlaf erscheint demgegenüber noch als Steigerung. Er kennzeichnet also, da Odysseus an einem Abend einschlief und an einem Morgen erwachte, offenbar einen besonders ruhigen Schlaf des Vergessens (13, 92) über *zwei Nächte samt dem dazwischenliegenden Tag*.

In dieser Zeit legt ein Schiff bei der von Homer eigens vermerkten »schnellen« Fahrt (ῥίμφα 13, 88), für die wir wieder den Durchschnittswert von 5,6 Knoten annehmen, etwa 200 Seemeilen zurück[45]. Nahezu genau dies ist die Entfernung vom Golf von Squillace nach Ithaka (199,2 sm). Auf diese Weise bestätigen auch hier Homers Angaben über Fahrtzeit und -geschwindigkeit unser früher gefundenes Ergebnis, das »Phaiakenland« in Kalabrien zu sehen. Es ist nicht mehr notwendig, die »Phaiaken« als ein »Volk märchenhafter, über Wunderschiffe verfügender Seefahrer auf der Insel Scheria« zu verstehen[46].

Es sei freilich unbestritten, daß die Erwähnung des todähnlichen Schlafes auf der Fahrt vom »Phaiakenland« nach Ithaka den Weg des Odysseus märchenhaft zu verschleiern scheint[47]. Darin kann jedoch – gerade auf dieser letzten Strecke der Heimkehr – eine absichtliche Verschlüsselung liegen. Die Verschlüsselung mag ihren Grund darin haben, daß Kenntnisse der Seewege nicht jedermann preisgegeben werden durften, bedeutete doch das Wissen von fernen Ländern Möglichkeiten zu Handel und Reichtum. Deshalb hat der Dichter seine Kenntnisse vielleicht nur unter dem Siegel der Verschwiegenheit erhalten. Jedenfalls wird man Segelanweisungen im Altertum ebenso geheim gehalten haben, wie es die Portugiesen und Holländer im 16. und 17. Jahrhundert taten[48]. Mit der Verschlüsselung durch den todähnlichen Schlaf hätte Homer das Geheimnis gewahrt und doch offenbart.

Damit sind die zwölf Fahrtstrecken des Odysseus auch in ihren homerischen Fahrtzeiten hinreichend bestimmt. Abgesehen von dem Weg von und nach Ogygia – dem Ort der Rahmenerzählung –, war die von Homer geschilderte Heimfahrt etwa

2240 Seemeilen (rund 4150 Kilometer) lang und dauerte in reiner Fahrtzeit etwa 45 Tage und Nächte zur See. Zusammen mit den Landaufenthalten von knapp 2½ Monaten und der Überwinterung bei Kirke ergibt sich eine Fahrtdauer von etwa einem Jahr und vier Monaten. Die bekannten 10 Jahre kommen nur durch den – möglicherweise eingeschobenen – 7- bis 8jährigen Aufenthalt bei Kalypso (7, 259–261) zustande.

Die kurze Dauer der eigentlichen Fahrt von nur zwei Sommern überrascht. Doch waren seinerzeit nur wenige Wochen und Monate im Jahr für die Schiffahrt geeignet. Hesiod empfahl Seereisen 50 Tage nach der Sommersonnenwende[49], also zwischen dem 21. Juni und dem 10. August. Mutigere Seefahrer hielten Ende März oder Anfang April für »ein wenig riskant, aber möglich«, Anfang Juni bis September für »sicher«, die Zeit von da an bis zum frühen November für »zweifelhaft«, und den Rest des Jahres für »vollkommen unmöglich«, ausgenommen in höchsten Notfällen[50]!

Eine jahreszeitliche Datierung der Ich-Erzählung ergibt sich aus dem Aufbruch von der Kirke-Insel zur Zeit der Sommersonnenwende (10, 470). In der Rahmenerzählung deuten die astronomischen Angaben bei der Abfahrt von Kalypso auf ungefähr Ende Juli (5, 272–275): dann gingen zur Zeit Homers in den Breiten des Mittelmeeres die Pleiaden abends gegen halb elf auf, der Bootes versank gegen Mitternacht und die Bärin konnte nach dem Orion »spähen«, der etwa um halb vier Uhr morgens aufging[51].

Insgesamt hat sich gezeigt, daß die Strecken zwischen den von uns mit Hilfe der Richtungsangaben gefundenen Orten der Odyssee (mit Ausnahme von Ogygia) tatsächlich in den von Homer angegebenen Fahrtzeiten und -geschwindigkeiten gefahren werden können.

KAPITEL V

Folgerungen

Die hier durchgespielte Annahme, die nautischen Angaben Homers seien wörtlich zu nehmen und, wenn man sie in ihrer Gesamtheit untersucht, auch geographisch zu bestimmen, hat sich weitgehend bestätigt. Denn es zeigte sich:
1. Homers Richtungsangaben reichen aus, um eine theoretische Route des Weges des Odysseus geometrisch zu rekonstruieren (vgl. Kapitel II).
2. Diese Route stimmt mit Naturgegebenheiten im Mittelmeer in der Weise überein, daß sie zu im wesentlichen eindeutig bestimmten, in der Wirklichkeit vorhandenen Orten führt (vgl. Kapitel III).
3. Diese Route ist innerhalb der Fahrtzeiten und bei den Geschwindigkeiten, die sich aus dem homerischen Text ergeben, durchaus zu fahren (vgl. Kapitel IV).
All dieses führt zu dem Schluß, daß Homers Odyssee offenbar *Kenntnisse der tatsächlichen Geographie* zugrunde liegen, die letztlich nur auf *Reiseerfahrungen* zurückgehen können.

Man möchte nun gerne wissen, wie sich die von Homer beschriebene Reise zu der vermutlich 400 Jahre älteren Sage vom fahrenden Odysseus, dem Helden von Troia, verhält. Daß Homer eine solche mythische Überlieferung[1] kannte, ist sehr wahrscheinlich; daß er sie mit Erfahrungen seiner eigenen Zeit verschmolz, ist vorstellbar. Ein solches Vorgehen ist in der Geschichte der Literatur nichts Ungewöhnliches. In vergleichbarer Weise läßt das Nibelungenlied des 12. Jahrhunderts Helden aus einer Zeit 700 Jahre zuvor einen im Zuge der Ostkolonisation der eigenen Zeit wichtigen Weg – die Donau – hinunterziehen. Wir sagen also nicht, der Odysseus der *Sage* sei hier oder dort gewesen, und wissen nicht einmal, ob er überhaupt im Meer herumgefahren ist. Aus unseren Untersuchungen wird aber zu folgern sein, der »Odysseus« *Homers* habe eine geographisch bestimmbare Fahrt um Sizilien herum gemacht. Dies würde bedeuten, daß Homer *der erste* uns bekannte *Lokalisator* der Sage von Odysseus war und ein Dichter, der es verstand, auch die Schiffahrtswege, die »Straßen des Meeres« (12, 259), in sein Epos einzubeziehen, um die Heimkehr des Odysseus glaubhaft darzustellen.

Hier erhebt sich die Frage, auf welche Weise Homer solche Erfahrungen gesammelt haben kann. Diese Frage ist nur spekulativ zu beantworten. Die dem Fahrtbericht zugrundeliegenden Erfahrungen kann Homer von fremden Seeleuten erhalten, also aus zweiter Hand übernommen, oder aber aus eigener Anschauung gewonnen haben.

Verarbeitete Homer Erfahrungen einer oder mehrerer *fremder* Reisen, so setzt dies voraus, er habe nautische und geographische Daten pedantisch erfragt und *in Verse übersetzt.* Wie leicht dabei die Genauigkeit der Angaben leidet, zeigt z. B. die Übersetzung der Odyssee in deutsche Hexameter von Johann Heinrich Voß. Obwohl Voß selbst starkes Interesse an der Geographie der Odyssee hatte und sie sogar auf einer Karte darzustellen versuchte, zeigt sein deutscher Text – eben durch die Übersetzung in Verse mit ihrem Zwang zu einer vom Versmaß abhängigen Wortwahl – so viele Veränderungen der nautischen und topographischen Beobachtungen, daß es unmöglich wäre, aufgrund solcher Dichtung aus zweiter Hand die beschriebene Fahrtroute zu rekonstruieren. Diese Unmöglichkeit macht die verbreitete Annahme zweifelhaft, Homer habe nicht aus eigener Anschauung gedichtet, sondern wie Karl May nur eine »Reisebeschreibung ohne Reise« geliefert[2].

Hätte der Dichter Erfahrungen *mehrerer* fremder Reisen verarbeitet, so müßte man unterstellen, er hätte einzelne nautische Daten *ausgeklügelt zusammengesetzt.* Homer müßte dabei, um eine tatsächlich mögliche Reise zu kombinieren, ähnlich komplizierte Berechnungen vorgenommen haben, wie sie hier zur *nachträglichen* Rekonstruktion dieser Reise anzustellen waren. Eine solche Schreibtischarbeit mit Zettelkasten und modernen Land- und Seekarten wäre bei einem fahrenden Sänger des 8. Jahrhunderts vor Christus höchst unwahrscheinlich.

Nehmen wir dagegen an, der Dichter habe die hier rekonstruierte Route selbst befahren, so hätte er ohne besondere Rechnungen und Kombinationen die nautischen Angaben des Fahrtberichts unmittelbar erfahren können. In diesem Fall müßten wir bei ihm nichts voraussetzen als einen wachen Blick, Liebe zu den Dingen und zur Wahrheit. Homer hätte dann offenbar einfache Beobachtungen und reale Erfahrungen einer Seereise in die dichterische Gestaltung der Heimkehr des Odysseus eingebracht[3].

Nach antiker Tradition war Homer zwar blind. Bedeutet dies aber, daß der Dichter von Jugend an nicht sehen konnte? Verraten nicht unzählige Verse seines Werkes, daß der Dichter Dinge, Farben und Formen gesehen haben muß? Vielleicht ist Homer erst im Alter zum *blinden* Sänger geworden! Bisher galt von Homer: »Über sein Leben ist nichts bekannt[4].« Dem sei hier die These gegenübergestellt: Die Ich-Erzählung der Odyssee ist auch autobiographisch zu verstehen. Dies wäre nicht einmal ungewöhnlich; denn wie oft steckt doch in großer Dichtung auch eigenes Leben! Diese These widerspricht nicht dem Urteil von Bernard Andreae, der in »Odysseus das Bild eines sich selbst bestimmenden, nicht mehr schlechthin dem Schicksal oder dem Willen der Götter unterworfenen Menschen« erkannte[5]. Wir gestehen, daß diese Folgerung kühn ist. »In einer seltsam aus Ehrfurcht und Skepsis gemischten Scheu traut man sich nicht recht, geschichtlich mit ihm Ernst zu machen.« Wir dürfen aber annehmen: »Homer war mindestens im Mutterland gewesen, war er doch einer derer, die ›auf Erden die wohlgebauten Städte der Menschen durchwandeln‹, ein Rhapsode, und die alte Legende hat im Typischen ganz recht, wenn sie ihn auf seinen Reisen verfolgt.« Diese alte Legende vom fahrenden Sänger erzählt: »... ein Schiffer namens Mentes ... aus der Gegend von Leukas ... drang in Melesigenes [d. h. in den jungen Homer], daß er seine Schule auflösen und gegen Sold und allen Unterhalt mit ihm zusammen zur See gehen sollte; da werde er überdies fremde Länder und Städte zu sehen bekommen, und das sei für ihn, solange er noch ein junger Mensch sei, das Rechte. Dies nicht zuletzt, dünkt mich, hat den Melesigenes bewogen; er trug sich wohl schon damals damit, sich einmal auf das Dichten zu verlegen. Also löste er seine Schule auf und fuhr mit Mentes zu Schiff. Überall wo er hinkam, sah er sich im Lande um, forschte und machte sich gewiß auch Aufzeichnungen über alles[6].«

Es war wohl üblich, daß Sänger und Dichter reisten. Und war es nicht auch üblich, daß, wer als Reisender freundlich aufgenommen wurde, Fragen nach dem Woher und Wohin beantwortete? Nicht nur die Phaiaken, auch Aiolos »fragte mich aus nach all und jedem: nach Ilion und den Schiffen der Argeier und die Heimkehr der Achaier, und ich erzählte ihm alles nach Gebühr« (10, 14–16; vgl. auch bei Kirke 12, 34–35 B). Man glaubte bisher, daß Homer in seinem Werk »nicht von sich, seinen Lebensumständen und Erlebnissen spricht«. Lediglich in den Szenen der Odyssee, in denen Sänger auftreten, wurde vermutet, »daß der Dichter in den von ihm vorgeführten Gestalten sich selbst und sein Dichtertum zu spiegeln versucht hat«[7]. Odysseus, der am Phaiakenhof von den Abenteuern seiner Heimfahrt berichtet, wird mit einem Sänger verglichen. Alkinoos sagt zu ihm: »Dir aber ist Gestalt der Worte gegeben, und es lebt in dir ein rechter Sinn, und deine Geschichte hast du wie ein Sänger mit kundigem Verstand erzählt ...« (11, 367–368 B). Odysseus bezaubert seine Zuhörer mit seinem Bericht wie ein Sänger (11, 333–334 B; 13, 1–2). In der feierlichen Stimmung am Phaiakenhof hat Werner Suerbaum gewiß mit Recht eine Spiegelung jener Atmosphäre gesehen, in der die homerischen Dichtungen ursprünglich zum Vortrag kamen. So wird dem Hörer »die Identifizierung des Erzählers Odysseus mit dem eigentlichen Erzähler, dem Dichter selbst, nahegelegt. Die Gestalt des Erzählers Odysseus ist ein Bild des Odyssee-Dichters[8].«

Wenn nun aber die Seefahrten, von denen Odysseus am Phaiakenhof »wie ein Sänger« erzählt, nicht bloß in der Phantasie stattfanden, sondern von Homer auf wirkliche Küsten des Mittelmeeres bezogen wurden, warum sollte Homer dann nicht wirklich Erlebnisse eigener Reisen in der Odyssee »verdichtet« haben? Diese Schlußfolgerung stimmt mit einem Zeugnis überein, dem gerade in dieser Frage mehr Urteil zukommt als dem Kalkül des Wissenschaftlers: dem Empfinden eines Dichters. So schrieb Goethe am 14. Februar 1798 an Schiller: »Ich bin mit Ihnen völlig überzeugt, daß in einer Reise... schöne epische Motive liegen, allein ich würde nie wagen einen solchen Gegenstand zu behandeln, weil mir das unmittelbare Anschauen fehlt und mir in dieser Gattung die sinnliche Identification mit dem Gegenstande, welche durch Beschreibungen niemals gewirkt werden kann, ganz unerläßlich scheint. Überdies hätte man mit der Odyssee zu kämpfen, welche die interessantesten Motive schon weggenommen hat.« Bei seinem Aufenthalt in Sizilien war Goethe 1787 zu der Überzeugung gekommen, »daß es für mich keinen bessern Kommentar zur Odyssee... als eben gerade diese lebendige Umgebung« gebe. Odysseus wurde ihm sein »Führer«[9].

Bisher dienten uns die nautischen Daten Homers nur dazu, zu prüfen, ob der Fahrtbericht der Odyssee überhaupt auf eine geographische Wirklichkeit zu beziehen ist, ob er also wirklich den Heimweg (νόστος) eines Mannes widergibt, den der Prolog des Epos »den vielgewandten« nennt, »der gar viel umgetrieben wurde, nachdem er Troias heilige Stadt zerstörte. Von vielen Menschen sah er die Städte und lernte kennen ihre Sinnesart; viel auch erlitt er Schmerzen auf dem Meer in seinem Gemüte, während er sein Leben zu gewinnen suchte wie auch die Heimkehr der Gefährten« (1, 1–5).

In der Sprache des Historikers heißt die Prüfung, ob etwas wirklich das ist, »wofür es gehalten wird oder gelten will«, die »Kritik der Echtheit«[10]. Als Thema nennt das Epos »die Heimkehr des Odysseus« (1, 87). Das Ergebnis unserer Prüfung ist, daß dieser Nostos ein tatsächlicher Fahrtbericht ist, der drei Heimwege eines in die Meere westlich Griechenlands Verschlagenen darstellt: von Afrika her über Malta, von Sizilien her durch die Meerenge von Messina und quer über die Landenge von Kalabrien. Bei den ersten beiden Versuchen, die Heimat zu erreichen, scheitert »Odysseus« in Sturm und Schiffbruch. Erst der dritte Versuch glückt. Hierin kommt ein bekanntes Märchenmotiv zum Ausdruck: erst nach zwei erfolglosen Versuchen erreicht der Held beim drittenmal sein Ziel. Gerade die geographische Lokalisierung der Odyssee hat die realistische Härte dieses Märchenmotivs deutlich werden lassen.

Es muß jedoch offenbleiben, wieweit dieser Nostos dem legendären Heimweg des von Troia zurückkehrenden Odysseus entsprach. Wahrscheinlicher ist, daß sie vom Dichter jenem sagenhaften Odysseus in den Mund gelegt wurde.

In beiden Fällen erhalten wir im Fahrtbericht der Odyssee die ältesten topographischen Daten des Abendlandes und das bei weitem älteste schriftliche Dokument zur Geschichte Tunesiens, Maltas, Siziliens und Italiens. Ernst Meyer hat dieses Ergebnis mit der Behauptung abgelehnt, »daß in der Odyssee das ganze Italien und Sizilien ganz einfach nicht existieren«. Seine Behauptung ist aber überhaupt nicht bewiesen[11]. Die Nicht-Existenz aus dem Fehlen des Namens Siziliens zu schließen, ist nicht möglich[12]. Auch in den Schriften des Columbus kommt der *Name* Amerika nicht vor. Wollte man deshalb behaupten, Amerika sei von Columbus gar nicht besucht worden? Columbus glaubte, in Indien gelandet zu sein. Vielleicht glaubte auch Homer, die von Odysseus besuchten Länder zu beschreiben.

Wird unser Ergebnis akzeptiert, so dürfen wir *jetzt* die umgekehrte Frage stellen: *Wie spiegeln sich diese Länder in den Augen Homers?* Die Antwort hierauf erweist Homer als einen Mann, der es verstand, an nahezu allen Orten rasch typische Merkmale zu beobachten und mit wenigen treffenden Worten zu kennzeichnen. Eine besondere Eigenart der Darstellungsweise Homers liegt darin, am Anfang von Landabenteuern durch Nennung eines auffälligen Merkmals eine Charakterisierung des Ortes zu geben. Obwohl diese Merkwürdigkeiten z. T. erst an Land zu beobachten sind, werden sie bereits *vor* dem Landabenteuer selbst mitgeteilt[13]. Homer nennt damit offenbar eine Art von *Wahrzeichen*. Bei den »Lotophagen« ist es deren Nahrung, bei den »Kyklopen« das Fehlen von Ackerbau und Staatlichkeit, bei »Aiolos« die Felsmauer um die Insel, bei den »Laistrygonen« die steile Burg des »Lamos« und der doppelte Lohn des schlaflosen Hirten, im »Gau der Kimmerischen Männer« Dunst und Wolken (9, 84–85; 106–151; 10, 1–13; 82–92; 11, 14–20). Diese Wahrzeichen der einzelnen Orte spielen nachher bei den Landabenteuern in der Regel gar keine Rolle mehr, sie sind aber zur Identifizierung der Orte wichtig.
Bei den Schwertfischern am Nordeingang der Meerenge von Messina steht immer ein Mann erhöht im Mast, um den Fang zu entdecken; ein anderer lauert mit einer speerartigen Harpune am Bug; die übrigen Männer rudern.
Kann nicht auch die einprägsame Geschichte von Odysseus, der sich vor der Sirenen-Insel aufrecht an den Mastschuh binden ließ und der nachher vor dem

Fig. 37 Schwertfischer am Nordeingang der Straße von Messina (1775)
Ausschnitt aus dem Seite 68 wiedergegebenen Stich (seitenverkehrt)

Fig. 38 Odysseus am Mastbaum bei den Sirenen
Glockenkrater aus Paestum 330 v. Chr. Berlin, Antikenmuseum

Skylla-Felsen mit zwei Speeren auf Lauer stand (12, 178–179; 228–230), als ein solches Wahrzeichen verstanden werden? Sicher ist jedenfalls, daß noch Polybios und Strabon die Verse 12, 95–96 der Odyssee als einen Hinweis auf die auch zu ihrer Zeit beim Skylla-Felsen heimische Schwertfischjagd verstanden. Sie schlossen daraus, »daß nach Homer die Irrfahrt bei Sizilien stattfand«[14].

Ein Vers, der bei Kommentatoren bisher als »überflüssiger, versfüllender Zusatz« galt[15], würde einen Sinn erhalten, wenn man ihn als Wahrspruch versteht. Bisher übersetzte man: Die schattigen Berge des Landes der Phaiaken erschienen dem Seefahrer Odysseus, »wo es ihm *am nächsten* (ἄγχιστον) war« (5, 280). Weil man ein Land von See her in der Regel immer dort zuerst sieht, wo es einem am nächsten liegt, wäre diese Aussage einigermaßen banal. Bezogen auf den Isthmus von Kalabrien können wir nun aber übersetzen: »wo es für ihn *am engsten* war« – und damit am leichtesten zu Fuß zu überqueren[16]! Das griechische Wort ist stammverwandt mit lat. *angustus* und deutsch *eng*[17].

Wir können jetzt schließlich auch beantworten, welche Vorstellungen Homer mit den Bezeichnungen der *Ferne* verband: *Motya* an der Westspitze Siziliens ist für ihn »Fern-Pylos« (10, 82). *Himera* an der Nordküste Siziliens liegt an den »Grenzen des Okeanos« (11, 13). Auch die Dreizack-Insel bei *Messina* liegt »in der Ferne (τηλόθι)« (12, 135), ebenso die *Liparischen Inseln* (Ogygia 5, 55 τηλόθι). Auf dem Weg nach *Kalabrien* sieht Odysseus viele Sternbilder ihr »Bad im Okeanos« nehmen (5, 275). Die Phaiaken dort leben »fern (ἑκάς)« (6, 8), »weitab (ἀπάνευθε) in dem vielflutenden Meer, als äußerste (ἔσχατοι)« (6, 204–205), »andere Leute sind ihnen nicht nahe (οὔ τινες ἐγγύθεν)« (6, 279). Es sind alles Orte, die um das

Tyrrhenische Meer herum gereiht sind, das Homer auf der Insel Ustica als »unbegrenzt (ἀπείριτος)« erscheint (10, 195). Dieser Vorstellung von Ferne entspricht auch die von Hesiod, für den die Tyrsenier »sehr fern (μάλα τῆλε)« auf heiligen Inseln wohnen (Theogonie 1015); denn damit sind offenbar (die Liparischen?) Inseln im Tyrrhenischen Meer gemeint. Dort, an den Küsten dieses – für einen Griechen »jenseitigen«, nämlich jenseits der Landmassen Siziliens und Italiens gelegenen – Meeres endet die Welt Homers. Die Orte dort sind für ihn »fern«. Dort ist für den Mann des 8. Jahrhunderts, der den Atlantischen Ozean noch nicht kennt, der »Okeanos«, der das bewohnte Land umströmt[18]. Homers Welt reicht also zwar nicht so weit, wie die späteren »Exokeanisten« glaubten, nach denen Odysseus auf dem Atlantik herumgeirrt sei. Homers Welt reicht aber weiter, als diejenigen Forscher meinten, nach denen in der Odyssee das ganze Sizilien und Italien einfach nicht existierten. Es sollte nicht überraschen, daß Homer an den Grenzen seiner Welt Mythen lokalisiert.

Zur Rekonstruktion seines Weltbildes dient auch folgende Beobachtung: Geographisch zu einer Hauptinsel gehörige kleine Nebeninseln werden von Homer durch *genealogische* Beziehungen ihrer mythischen Bewohner verbunden: Kirke wurde von Helios mit einer Tochter des Okeanos gezeugt (10, 135–139), wohl ein Bild dafür, daß Ustica (Kirke-Insel) im Tyrrhenischen Meer (Okeanos) jenseits von Sizilien (Helios-Insel) liegt. – Bei Homer leben auf Thrinakia zwei Hirtinnen (Phaetusa und Lampetia); sie werden Töchter des Helios genannt (12, 127–136). Ebenso gehört die Dreizack-Insel vor dem Hafen von Messina zur Sonnen-Insel Sizilien.

Die Weltkenntnis Homers in ihrer Vielseitigkeit von Pflanzen und Tieren bis zu den Handwerken, zum Ackerbau, zur Waffentechnik, zum Bootsbau, zur Regierungskunst und zur Menschenführung ist allgemein anerkannt. Warum sollte er gerade auf dem Gebiet der Geographie westlich von Ithaka ein Ignorant gewesen sein?

Nach all dem erscheinen bestimmte Partien von Homers Odyssee wie ein *Periplous* in gedichteter Form. Solche Küstenbeschreibungen sind sonst nur in Prosa aus späteren Jahrhunderten erhalten; sie werden gekennzeichnet durch »lockere, parataktische Aufzählung der Örtlichkeiten in der Reihenfolge, wie man an ihnen vorbeikam, meist einfach mit anreihenden Konjunktionen oder Adverbien angeknüpft (lat. *inde, hinc, post, tum* usw.). Dazu Entfernungsangaben in Tagen, aber nur im großen, keineswegs für alle genannten Plätze; Beschreibung der Örtlichkeiten, der man deutlich die Autopsie, wie die Blickrichtung vom Meere her anmerkt. Besonders genau ist die Ufergestaltung (Häfen, Buchten, Flußmündungen, Landvorsprünge) vermerkt. Inseln werden genannt, Erscheinungen des Meeres (Brandung usw.) wie der Atmosphäre beachtet, auch Städte und Tempel, die Einwohner mit ihrer Lebensweise ..., die Flora und Fauna berücksichtigt. Aber all dies ruht auf der in ihrer sprachlichen Formung eben charakterisierten Aufzählung als einem festen Gerüst. Die Namen der Örtlichkeiten werden meist genannt, aber nur selten erklärt. Himmelsrichtungen werden nur gelegentlich und dann in der üblichen Weise, nach der Sonne oder dem Wind, angegeben[19].«

Nach dieser Definition hat auch »der Dichter der Odyssee die Küstenbeschreibung in ihrer inhaltlichen und formalen Ausprägung schon gekannt, aber er hat natürlich nur manches davon seiner poetisch-märchenhaften Erzählung eingestaltet«. Unbewiesen ist aber die Behauptung: »Er will auch nicht, daß wir die Örtlichkeiten seiner Märchenländer nachmessen[20].« Aus welchem Grunde nennt er Wegzeiten und Richtungen? Auch wenn sie nicht die dichterisch wichtigsten Aussagen enthalten und vielleicht nur beiläufig mitgeteilt werden, so kann sich der Historiker nicht auf die Frage beschränken, was der Autor eines Textes *bewußt* mitteilen wollte. Gerade aus dem, was in einen Text beiläufig eingeflossen ist, läßt sich oft besonders gut Zeit und Welt eines Autors gedanklich rekonstruieren[21]. Gerade das Nachmessen der Örtlichkeiten erweist, daß in der Odyssee wirklich ein »Periplous« enthalten ist und insofern auch die »Märchenländer« bei Homer einen realen geographischen Bezug haben. Dem widerspricht es nicht, wenn Homer z. B. von Riesen erzählt; zweifelt doch auch niemand daran, daß Columbus' Brief an den spanischen König auf den Erfahrungen einer wirklichen Reise gründet, obwohl darin von Leuten die Rede ist, die mit Schwänzen geboren werden[22]. Auch im Nibelungenlied ist bei der Schilderung des Donauüberganges von Nixen (merwîp) die Rede (1588, 1591), und diese Überfuhr ist dennoch geographisch bestimmt (bei »Moeringen« – Mehring oberhalb Ingolstadts). Und der im Jahre 1407 auf die Liparischen Inseln verschlagene Antoine de la Sale glaubte, auf dem Stromboli erschiene ihm ein Geist[23]. Liegt der Stromboli deshalb in einem irrealen Reich der Phantasie?

In der Odyssee sogar selbst wird auf der Insel Pharos vor der Nilmündung in Ägypten (4, 351; 355 B) eine Geschichte von Proteus erzählt, die im Wunderbaren die Verwandlung der Gefährten in Schweine bei Kirke bei weitem in den Schatten stellt (4, 385–569, besonders 455–458 B): der Meeresalte verwandelt sich in einen Löwen, eine Schlange, einen Panther, in ein großes Wildschwein [!], in flüssiges Wasser und in einen Baum! Sind deshalb die Insel Pharos und Ägypten mit dem Nilstrom keine realen Länder? Nein, Kirkes Insel kann die gleiche Realität haben wie Ägypten!

Mit Recht ist darauf hingewiesen worden, daß der Dichter der Odyssee mitunter *Seemannsgarn* spinnt[24]. Seemannsgarn spinnen jedoch in der Regel nicht Landratten, sondern Leute, die wirklich zur See gefahren sind. Homers Seemannsgarn lügt im übrigen, wie wir sahen, nicht einfach das Blaue vom Himmel herunter. Indem die gleichen Worte bei Homer oft sowohl märchenhaft verstanden werden können als auch einen realen Sinn enthalten, verrät der Dichter mit dieser höchst kunstvollen Mehrschichtigkeit gerade seine Meisterschaft.

Es gibt allerdings auch Stellen, bei denen zwischen dem überlieferten Text und der geographischen Realität erhebliche Widersprüche zu klaffen scheinen. So soll z. B. die Klippe, in der angeblich Skylla haust, »mit ihrem spitzen Haupt bis zum breiten Himmel« reichen, und eine »Wolke, eine dunkle (νεφέλη . . . κυανέη)« umgibt sie. »Diese weicht niemals, und niemals umfängt Himmelsheitre ihr Haupt, weder im Sommer noch zur Erntezeit« (12, 73–76). Der traditionelle Skylla-Felsen an der Meerenge von Messina ist weder spitz noch reicht er bis zum Himmel, noch ist seine Spitze ständig von einer dunklen Wolke umgeben.

Nun gibt es aber bei keinem normalen Berg einen spitzen Gipfel, der ständig von einer solch merkwürdigen Wolke umgeben ist und der trotzdem als Weg- und Wahrzeichen erkennbar ist – außer bei einem tätigen Vulkan. So fanden wir eine gleiche »dunkle Wolke« (12, 405) bereits am Südausgang der Meerenge, wo sie offensichtlich auf die Rauchfahne des Ätna zu beziehen war (Fig. 29). Ebenso ist auch vor dem Nordeingang der Meerenge, vom Felsen der Skylla, ein Vulkan mit spitzem Gipfel und einer ständigen, dunklen Wolke zu sehen: der Stromboli mit seiner Rauchwolke, »die niemals weicht« (Fig. 22, Abb. 26 und 29). Die zitierte, beim Skylla-Felsen unzutreffende Stelle würde also gut zu der unmittelbar voraufgehenden Partie über die Plankten passen, wo gewiß ein feuerspeiender Berg gemeint ist (12, 59–68). Im überlieferten Text ist dort nur von herumfliegenden Steinen und dem verderblichen Feuer die Rede; der Berg selbst mit der zu einem tätigen Vulkan gehörigen Rauchwolke über dem Krater am Gipfel aber fehlt.

Nehmen wir einmal an, die Verse, in denen genau diese fehlenden Merkmale beschrieben sind (12, 73–84), hätten ursprünglich hier, zwischen 12, 58 und 59, gestanden, so ergäbe sich nicht nur ein geographisch richtiges Bild, sondern gleichzeitig würden auch dichterische Unstimmigkeiten des überlieferten Textes bereinigt werden.

Auf die Ankündigung: »Ich will dir den Weg in *beiderlei* Richtung (ἀμφοτέρωθεν) sagen« (12, 58), würden dann nicht wie im überlieferten Text *drei* Wege (Plankten; erste Klippe; zweite Klippe) folgen, sondern unmittelbar die sinngemäße Fortsetzung: »Es gibt da *zwei* Klippen (οἱ δὲ δύω σκόπελοι)« (12, 73). Diese zwei Klippen würden also nicht die beiden Seiten der Meerenge, sondern die *beiden Wege* kennzeichnen, die sich für den Seefahrer am Eingang der Enge ergeben (1. Plankten oder 2. Skylla *und* Charybdis).

Den ERSTEN WEG (nach Norden der Küste folgend) kennzeichnete die »Klippe« mit dem spitzen Gipfel und der dunklen Wolke, die niemals weicht (Stromboli). Von dessen *Sciara del Fuoco* ließe sich tatsächlich sagen: »Auch könnte kein sterblicher Mensch hinaufsteigen noch sie betreten, und wenn ihm auch zwanzig Hände und Füße wären, denn der Fels ist glatt und gleicht einem rings behauenen« (12, 77–79). In Anbetracht des tiefen Kraters trifft auch die folgende Partie zu: »Und mitten in dem Fels ist eine dunstige Höhle, zum Dunkel nach dem Erebos hin gewendet, da wo ihr gewölbtes Schiff vorbeilenkt, strahlender Odysseus! Da könnte auch kein jugendkräftiger Mann mit einem Schuß mit dem Bogen aus dem gewölbten Schiff zu der hohlen Höhle hingelangen« (12, 80–84). Statt »dort (ἔνθα)« (12, 85) würde nun »*von dort* (ἔνθεν)« (12, 59) folgen, und die Versverbindung 12, 84/59, ergäbe einen sinnvolleren Anschluß als der überlieferte Text 12, 58/59, weil man jetzt erfährt, *woher* die herumfliegenden Felsbrocken (Plankten) und das verderbliche Feuer (12, 61; 68) denn eigentlich herkommen: aus der (Krater)höhle (12, 80). Dort sei noch kein bemanntes Schiff, »welches auch herankam«, entronnen (12, 66). – Die Argo allein sei vorbeigefahren (12, 67–72)[25].

Den ZWEITEN WEG (nach Süden durch die Meerenge) kennzeichnet dann die»flachere Klippe« (12, 101–102), das hieße also die Felswand, aus der Skylla (12, 85–100 an Stelle des verdächtigen 103) und unter der Charybdis (12, 104–107) drohen. Sinnvoll würde damit auch der Gegensatz: Die erste, hohe Klippe – Stromboli – ist nicht mit dem Pfeilschuß zu erreichen (12, 84), wohl aber die zweite, flachere, nahe – Skylla (12, 102).

Auf die damit verbundenen textkritischen Probleme kann hier nicht weiter eingegangen werden. Nur soviel sei festgehalten: Weil die Verse 12, 73–84 und 85–100, im überlieferten Text nicht, wohl aber bei einer Umstellung (nach 58 und statt 103) mit den realen Naturgegebenheiten in Einklang stehen, haben wir hier entweder Partien reiner dichterischer Phantasie vor uns oder Partien, die im Laufe der anfänglich wohl mündlichen Überlieferung möglicherweise etwas durcheinander geraten sind[26].

Deutet man die nautischen Angaben Homers in unserer Weise, so ist insbesondere die *Vollständigkeit* der in der Odyssee verborgenen Topographie erstaunlich. Jede Küste und bedeutende Insel oder Inselgruppe in dem von uns abgesteckten Bereich des Mittelmeeres findet in der Odyssee dann ihre Entsprechung. Es gibt zwischen der Westspitze Siziliens und Ithaka, zwischen Kalabrien und der Syrte keine Inselgruppe und kein Land, die nicht genannt werden. (Man könnte allenfalls die kleinen nicht erwähnten Inseln Lampedusa und Pantelleria zwischen Tunis und Malta vermissen; doch bestätigt gerade deren Fehlen, daß in der Odyssee Erfahrungen einer tatsächlichen Reise wie der hier dargestellten zugrundeliegen; denn die Angaben Homers ließen darauf schließen, daß die Reise dort nachts vorbei ging, so daß die kleinen Inseln übersehen werden mußten.) Prinzipiell vollständig führt Homer auch die drei Möglichkeiten des von »Odysseus« gesuchten »Heimwegs (νόστος)« (1, 5; 10, 540) aus dem Westmeer auf: entweder [1] über die offene See bei Malta oder [2] durch die Meerenge bei Messina oder [3] quer über Land durch Kalabrien.

Noch augenfälliger wird diese Vollständigkeit der topographischen Elemente in der Odyssee, wenn wir die aufgezeigte Route im Rahmen der übrigen drei Fahrtberichte sehen, die Homer in dem Epos »Odysseus« in den Mund legt: die sogenannten Lügenmärchen. So erzählt »Odysseus« dem jungen Mann, den er zuerst auf Ithaka trifft (Athene in dieser Gestalt), er habe von *Kreta* nach *Pylos* oder *Elis* fahren wollen, sei aber »durch die Gewalt des Windes« abgetrieben worden und so »hierher«, also nach *Ithaka*, gekommen (13, 256–286). Damit wird ungefähr die Route beschrieben, die »Odysseus« ursprünglich fahren wollte: von Kap Maleia an der griechischen Westküste entlang direkt nach Ithaka. – Dem Schweinehirten Eumaios aber erzählt »Odysseus«, er habe in *Troia* gekämpft, sei danach wieder heim nach *Kreta* gefahren, hätte sich dann bald nach *Ägypten* aufgemacht, wo er sieben Jahre als Sklave habe bleiben müssen. Von dort habe ihn ein Phöniker nach *Phönikien* mitgenommen; auf einer Fahrt mit diesem nach *Libyen* habe er sich aus einem Schiffbruch ins *Thesprotenland* retten können, von dem er schließlich (auf angeblicher Heimfahrt nach Kreta) nach *Ithaka* gekommen sei (14, 234–344). Dieser Reisebericht nennt Länder im Norden, Osten und Süden Griechenlands und läßt merkwürdigerweise gerade die Länder im Westen aus, in die unsere geographische Bestimmung der »Heimfahrt des Odysseus« führte. – Seiner eigenen Frau Penelope gegenüber behauptet Odysseus, er sei Aithon von Kreta und habe dort den Odysseus zu Gast gehabt; auf ihre Frage, was er von ihrem Mann wisse, berichtet er: Odysseus sei (von *Ithaka* kommend) »am *Maleiischen Vorgebirge* abgetrieben« und von der »Gewalt des Windes nach *Kreta*« geführt worden; von dort sei er dann nach *Troia* weitergefahren (19, 185–202). Diese Fahrtbeschreibung bezeichnet also einen Hinweg zu dem bekannten Ausgangspunkt der Heimfahrt. Der Bericht fährt dann fort, Odysseus sei bereits nahe, im Lande der Thesproten. Dorthin sei er nach seinem Schiffbruch bei Thrinakia und seiner Rettung ins Land der Phaiaken gelangt. Hiermit wird offensichtlich eine Küstenfahrt aus Westen beschrieben. (19, 262–307). Dieser Bericht hat auch insofern eine besondere Bedeutung, als in ihm die angeblichen Märchenländer Thrinakia und Scheria die gleiche Realität haben wie Maleia, Kreta und das Thesprotenland.

All diese Reiseberichte ergänzen einander also zu einer Geographie, die – von Kap Maleia aus gesehen – etwa ebenso weit nach Osten wie nach Westen reicht und das gesamte östliche Mittelmeerbecken umfaßt. Zusammengenommen ergeben sie eine Rekonstruktion des homerischen Weltbildes (s. Fig. 39). »Nicht am letzten Dorfanger endete [Homers] Gesichtskreis, sondern dieser ging weit nach Westen, Norden, Süden über Hellas hinaus. Wie sollte es bei dem Dichter auch anders sein, dessen Werk so wie wenige in der Weltliteratur einen ausgesprochenen Welt-Charakter hat[27]?«

In unserem Zusammenhang ist es unerheblich, ob der Odysseus des Epos die drei Fahrten der »Lügenmärchen« wirklich machte oder nicht. Entscheidend ist für unser Wissen von der geographischen Kenntnis jener Zeit, daß Homer die Reiseberichte so darstellt, als seien sie für das jeweilige Gegenüber durchaus

Küsten der griechischen } Westkolonisation im 8.–6. Jh. v. Chr.
Küsten der phönikischen }

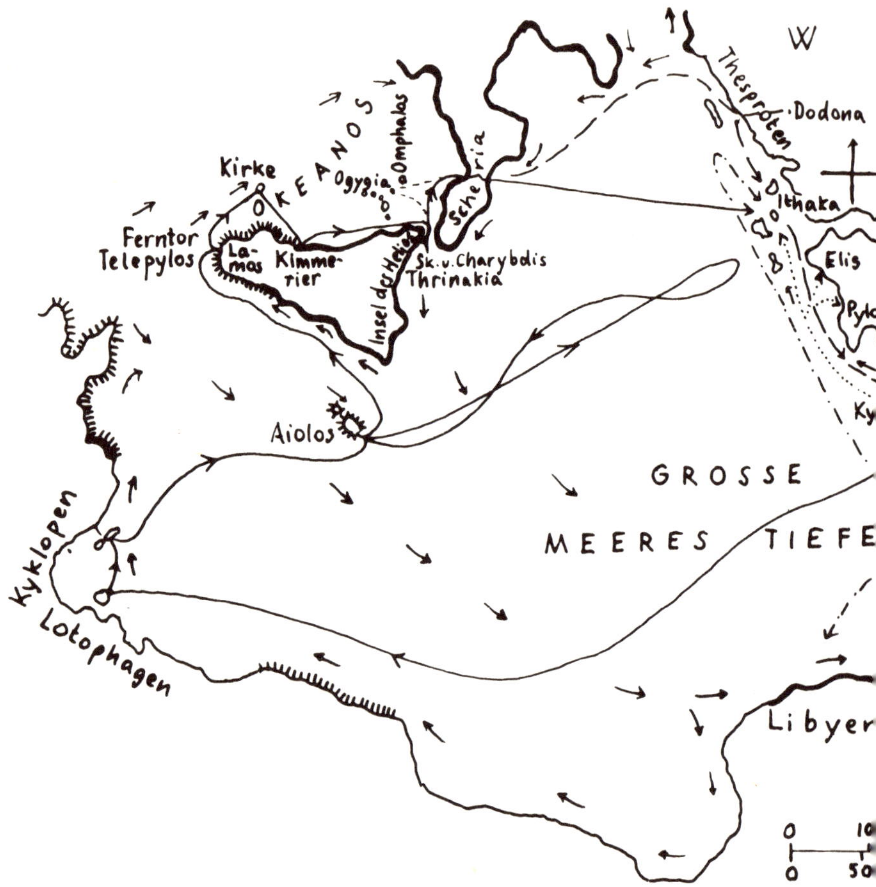

Fig. 39 Rekonstruktion des geographischen Weltbilds Homers nach den vier Fahrtberichten des Odysseus

—— vor den Phaiaken (9, 14–12, 452; 7, 244–297; vgl. 23, 310–342)
.... vor Athene (13, 256–286)
–·–·– vor Eumaios (14, 234–344)
– – – vor Penelope (19, 185–307)

→ Meeresströmungen (nach J. PERTHES See-Atlas)

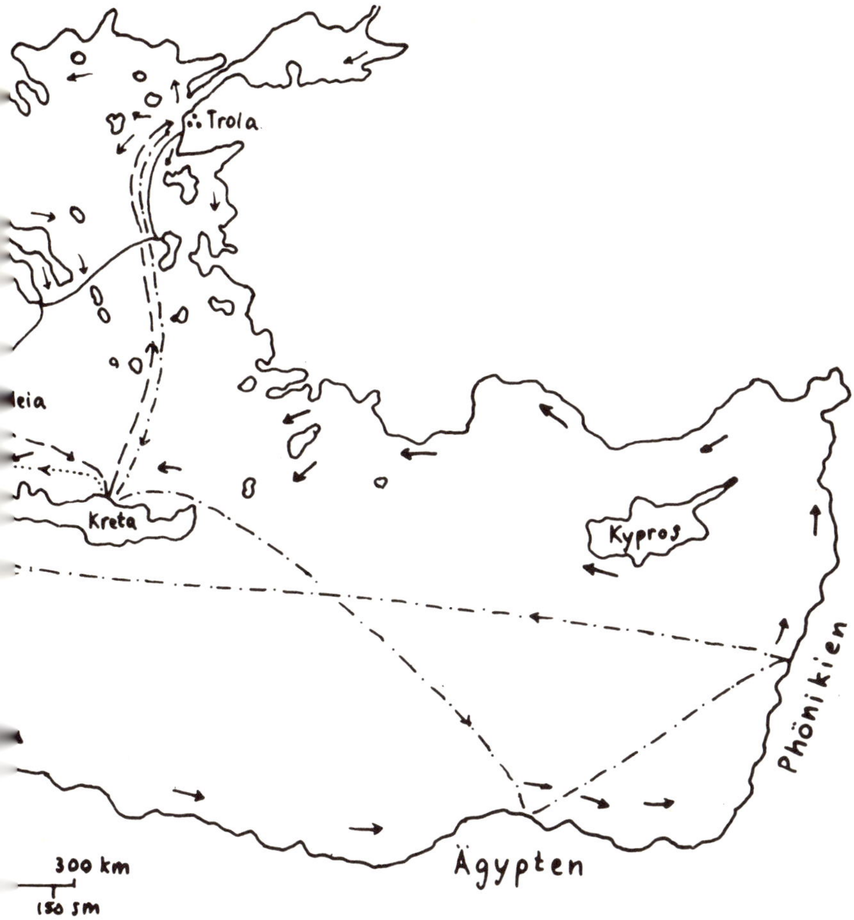

glaubwürdig und die Namen der genannten Länder sogar einem Schweinehirten bekannt. Im Gegensatz dazu berichtet Homer von der »Irrfahrt« in einer Weise, als führe sie in seinerzeit unbekannte Länder. Wenn man unter »Irrfahrt« eine Fahrt versteht, bei der man nicht mehr weiß, wo man ist und in welche Richtung man sich zur Heimfahrt wenden muß, so ist Odysseus nur bei Kirke auf einer Irrfahrt gewesen. Dies ist auch die einzige Stelle, an der Homer das Wort »Irrfahrt (ἄλη)« nennt (10, 464). Als »Herumirrenden (ἀλώμενος)« spricht Odysseus sich selbst nur einmal an, als er schiffbrüchig in dem gleichen Meere schwimmend darum betet, das nahe Festland zu erreichen (5, 448; vgl. 5, 377, und 7, 239).
Odysseus ist also nicht ziellos hierhin und dorthin geirrt, sondern hat als ein vom Sturm Verschlagener systematisch nach der Heimfahrt (νόστος) gesucht, immer wieder, auch wenn er bei den ersten Versuchen scheiterte. Insofern sind die sogenannten Irrfahrten des Odysseus eigentlich *Entdeckungsfahrten!* So läßt Homer »Odysseus« Gefährten ausschicken, »um hinzugehen und zu erkunden, welches die Männer seien, die in dem Lande das Brot äßen« (9, 88–90; 10, 100–102; 155), ihn mitunter auch persönlich forschen (9, 174; 10, 152) und nennt ihn einen Mann, *»der Durchfahrten (Schiffahrtswege) erforscht auf dem Meer* (πόρους ἁλὸς ἐξερεείνων)« (12, 259). Homers Odyssee verliert ihren Charakter als Entdeckungsreise auch weder dadurch, daß die Dichtung die Rache des Poseidon und die Leiden des Odysseus darstellt, noch dadurch, daß Odysseus bei Kap Maleia nach Ithaka fahren wollte und nur ein ungünstiger Wind ihn nach Südwesten verschlug. Waren doch Entdeckungsreisen fast immer von Strapazen und Leiden begleitet, und waren es ebenfalls abwegige Winde, die z. B. Kolaios von Samos die Straße von Gibraltar (um 650–630 v. Chr.), Leif Erikson Nordamerika (um 1000 n. Chr.), Pedro Cabral Brasilien (1500) und Dirk Hartogszoon Westaustralien (1616) entdecken ließen[28].

Die Zeit, in der Homer wahrscheinlich lebte – das 8. Jahrhundert v. Chr. –, ist nun die Zeit der beginnenden griechischen *Westkolonisation*, also eine Zeit, in der der Osten des Mittelmeeres den Griechen tatsächlich schon längst bekannt war, die Wege in die Länder des Westens aber gerade von ihnen wiederentdeckt wurden[29].
So erhalten die in Homers Odyssee gefundenen topographischen Daten auch eine *historisch-politische Bedeutung,* denn bisher hatten wir keinerlei zeitgenössische schriftliche Zeugnisse von den Entdeckungsfahrten im Westen und waren nur »in ganz unzulänglicher Weise über die griechische Kolonisation unterrichtet«[30].
Andererseits macht die wahrscheinliche Gleichzeitigkeit des homerischen Fahrtberichtes mit den Fahrten der Griechen in den Westen unsere These, in dem Weg des homerischen »Odysseus« eine Fahrt um Sizilien zu sehen, erst historisch glaubwürdig. Denn wenn die Griechen seinerzeit tatsächlich über das Meer nach Afrika, Sizilien und Italien fuhren, so ist anzunehmen, daß Homer davon Kenntnis hatte, und möglich, daß er in seiner Dichtung daran anknüpfte[31]. Ein Vergleich der Meere,

Länder und Inseln, in die Homer uns führte, mit denen, in die die griechischen Kolonisten fuhren, zeigt jedenfalls überraschende Übereinstimmungen (vgl. Fig. 40–41).

Die beiden Karten zeigen, daß die Küsten, zu denen uns Homer in dem Fahrtbericht führte, zu einem großen Teil mit denen identisch sind, an denen Griechen im 8., 7. und 6. Jhdt. Kolonien anlegten. An einigen Stellen geht der Fahrtbericht, wie wir ihn bestimmt haben, jedoch über diesen Bereich der griechischen Kolonisation hinaus (Tunesien, Malta, Westsizilien, Ustica). Vielleicht ist es in diesem Zusammenhang bezeichnend, daß dies gerade die Stellen sind, an denen Homer Geschichten von unfreundlichen Bewohnern erzählt: die »Kyklopen« und »Laistrygonen« fraßen Leute des »Odysseus« und warfen Steine hinter den Schiffen her, »Aiolos« verjagte »Odysseus« bei seinem zweiten Besuch mit Flüchen von der Insel, und »Kirke« sperrte seine Gefährten »wie Schweine« in einen Kofen (10, 283) ein.

In diesem Gebiet scheiterten auch die Kolonisationsversuche der Griechen (Thapsos in Afrika[32], Lilybaion und Eryx in Westsizilien). Hier standen die Griechen in Konkurrenz mit den Phönikern, die durch den Besitz von Karthago und Motya zu beiden Seiten der Sizilischen Straße diesen Hauptweg in das westliche Meer kontrollieren konnten. An den Küsten jedoch, von denen Homer in einer Form erzählt, als habe »Odysseus« dort keine Siedlungen vorgefunden (an der Südküste Siziliens und in der Straße von Messina) oder freundliche und hilfreiche Menschen (»Teiresias« in Himera und die »Phaiaken« in Kalabrien), entstanden seit dem 8. und 7. Jahrhundert zahlreiche griechische Kolonien[33]. Dabei war Himera der »Außenposten am Rande der griechischen Welt«[34].

Ist die allgemeine Übereinstimmung zwischen der Geographie der Odyssee Homers und der griechischen Westkolonisation schon erstaunlich, so ist eine Übereinstimmung in zwei Details es noch mehr. Die genauesten nautischen und topographischen Beschreibungen liefert Homer von der zwar gefährlichen, aber doch möglichen Fahrt durch die *Meerenge* von Messina (»Sirenen«, »Felsen«, »Skylla« und »Charybdis«) und von der *Landenge* Kalabriens, deren Übergang vom Ionischen zum Tyrrhenischen Meer jene Gefahren vermeidet (»Phaiakenland«). Diese beiden Orte spielen auch in der griechischen Westkolonisation eine hervorragende Rolle. Die *Ioner*, die als erste unter den Griechen das Tyrrhenische Meer erreichten, setzten sich zu beiden Seiten der *Meerenge* fest: zuerst an deren südlicher Trichteröffnung in Naxos/Taormina (um 734), wenige Jahre später in Zankle/Messina (um 730) an deren westlicher und in Rhegion/Reggio (um 720) an deren östlicher Seite. Die ersten *Achaier* aber gründeten Sybaris (um 720), Kroton (um 708) und Lokroi (um 700) an der kalabrischen Ostküste, von der aus sie die wichtigen Passagen über die kalabrischen *Landengen* erwerben konnten und späterhin auch erwarben[35]. Homers »Phaiakenland« wurde zum späteren Großgriechenland *(Magna Graecia)*!

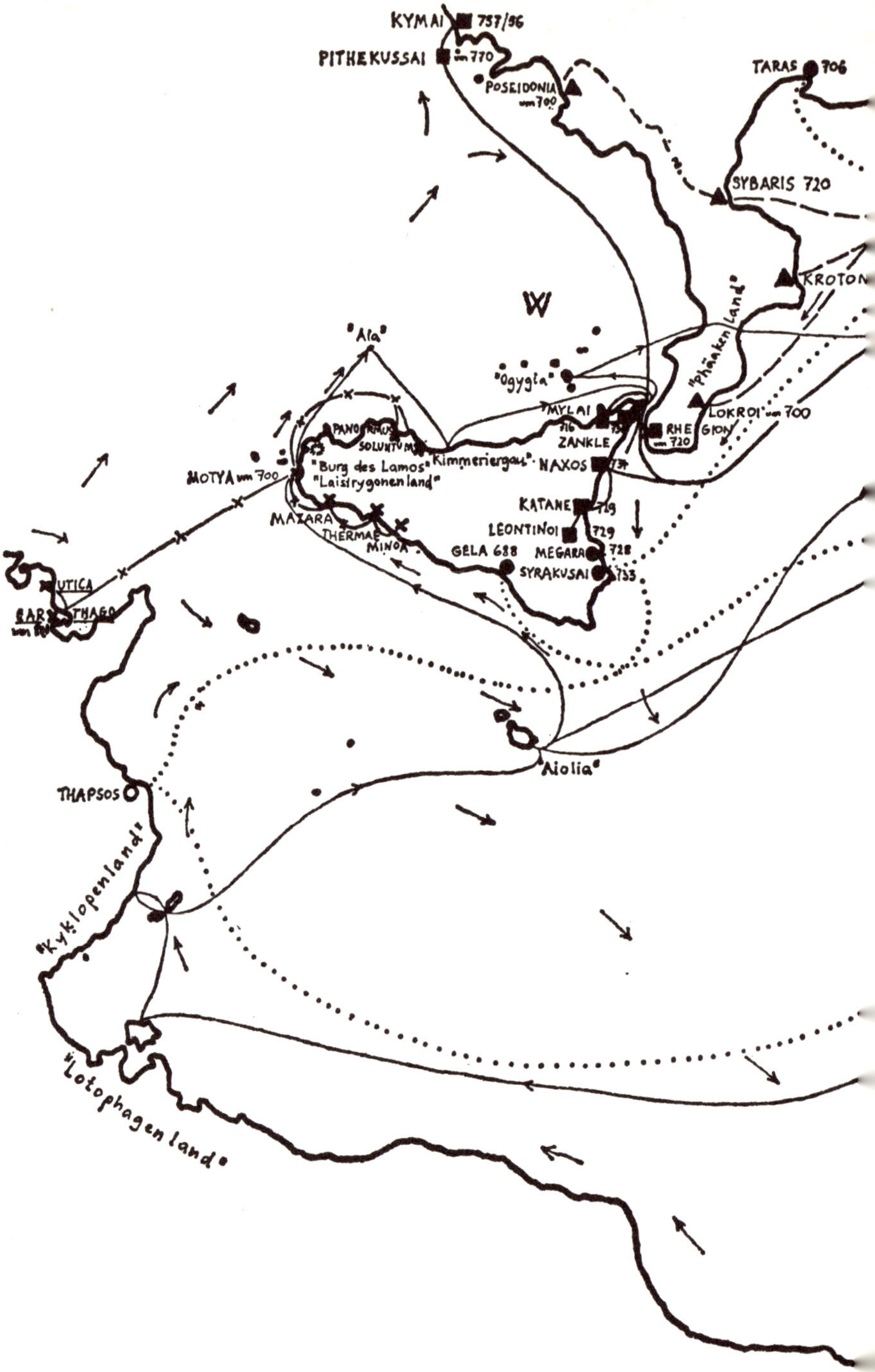

Fig. 40 Das erste Jahrhundert der Griechischen Westkolonisation (um 770 bis 670 v. Chr.)

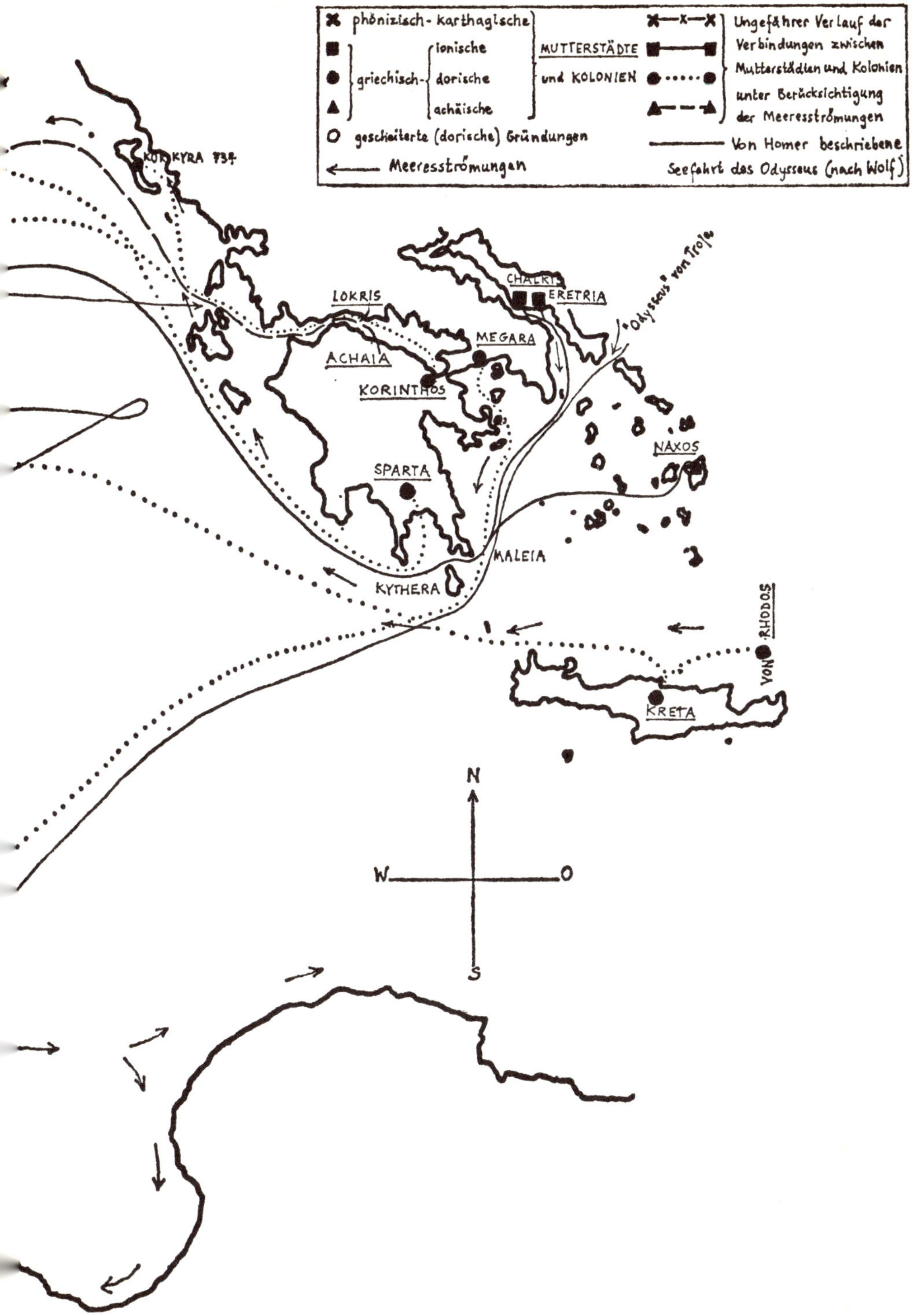
phönizisch-karthagische
griechisch-
ionische
dorische
achäische
MUTTERSTÄDTE
und KOLONIEN
geschleiterte (dorische) Gründungen
Meeresströmungen
Ungefährer Verlauf der Verbindungen zwischen Mutterstädten und Kolonien unter Berücksichtigung der Meeresströmungen
Von Homer beschriebene Seefahrt des Odysseus (nach Wolf)
KORKYRA 734
LOKRIS
ACHAIA
KORINTHOS
MEGARA
CHALKIS
ERETRIA
„Odysseus" von Troja
SPARTA
NAXOS
MALEIA
KYTHERA
RHODOS
VON
KRETA
N
W
O
S

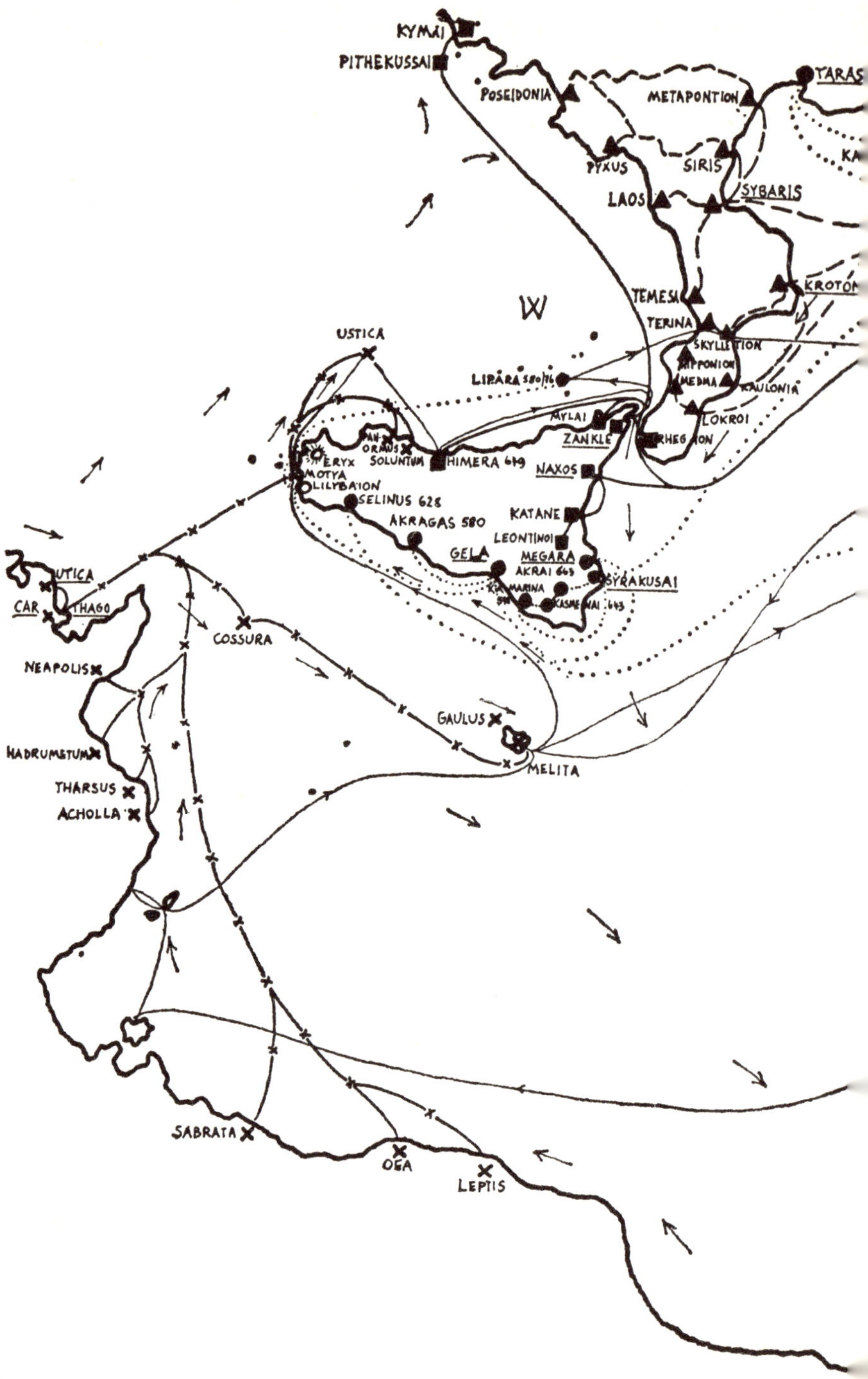

Fig. 41 Das zweite Jahrhundert der Griechischen Westkolonisation (um 670 bis 570 v. Chr.)

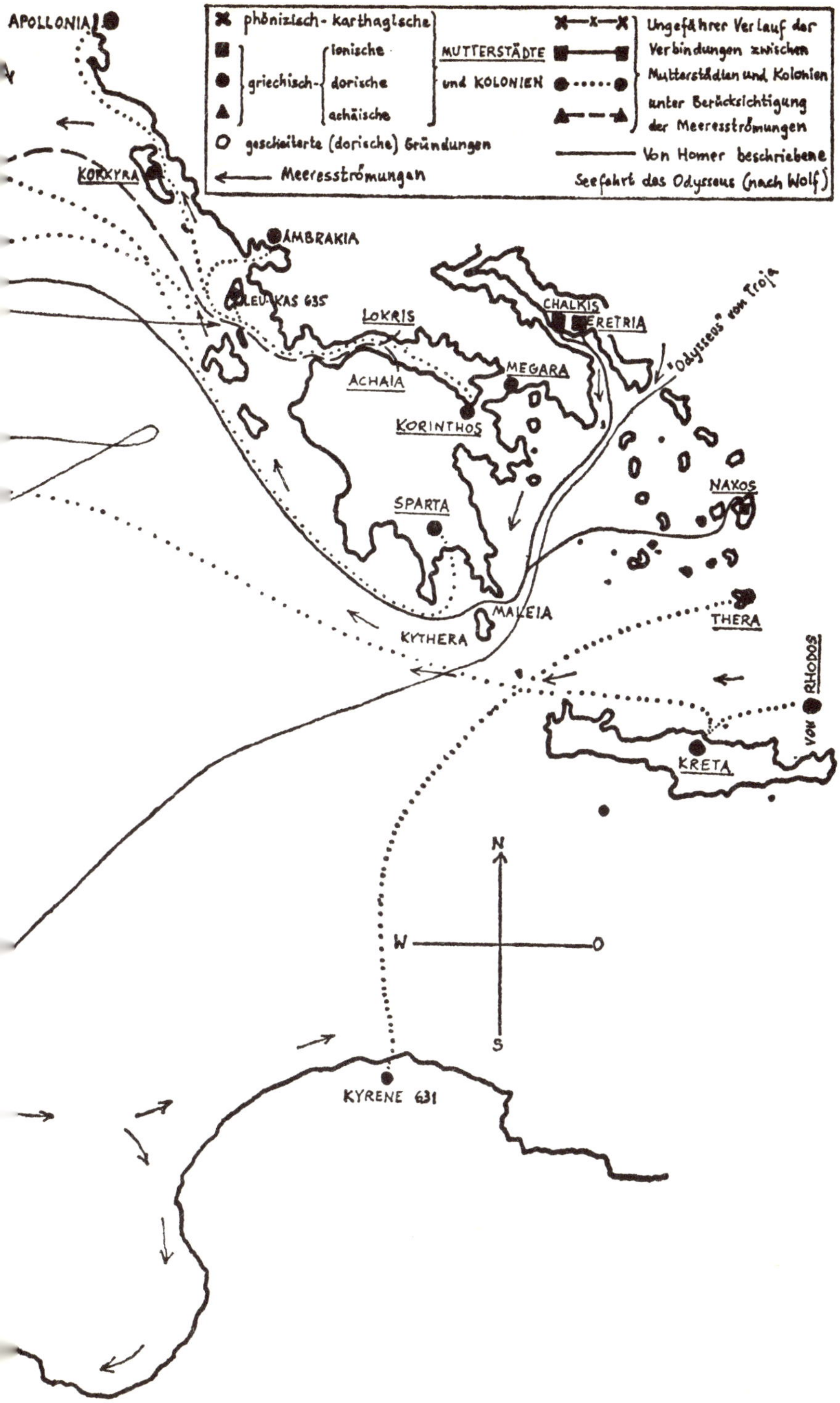
phönizisch-karthagische
griechisch-
ionische
dorische
achäische
MUTTERSTÄDTE
und KOLONIEN
geschaiterte (dorische) Gründungen
Meeresströmungen
Ungefährer Verlauf der Verbindungen zwischen Mutterstädten und Kolonien unter Berücksichtigung der Meeresströmungen
Von Homer beschriebene Seefahrt des Odysseus (nach Wolf)
APOLLONIA
KORKYRA
AMBRAKIA
LEUKAS 635
LOKRIS
ACHAIA
CHALKIS
ERETRIA
MEGARA
KORINTHOS
"Odysseus" von Troja
NAXOS
SPARTA
MALEIA
KYTHERA
THERA
von RHODOS
KRETA
N
W
O
S
KYRENE 631

Daß die Herrschaft über die Meerenge – und damit auch Homers Darstellung ihrer Durchfahrt – historisch-politisch bedeutsam war, versteht sich von selbst[36]. Für den Handel zwischen dem Ionischen und dem Tyrrhenischen Meer war aber auch die Herrschaft über die Landengen Kalabriens höchst wichtig; denn die Umschiffung von Kaps, die wie in Kalabrien nach Süden schauten, war damals gefährlich, weswegen es die Griechen vielfach vorzogen, den Weg hier über Land zu nehmen[37] – wie »Odysseus« schon bei Homer.

So erfahren wir z. B. von der Stadt Sybaris: »Wichtig war die Fruchtbarkeit des Gebietes, wichtiger aber noch die Lage an einer Binnenlandstraße, die den Mangel eines guten Hafens ausglich (Athenaios XII 3)[38].« Im Laufe des 7. und 6. Jahrhunderts »breitete sich Sybaris von der ionischen bis zur tyrrhenischen Küste aus: es gliederte die dortigen Kolonien Skidros, Kerillea und vor allem Laos seinem Territorium ein... Nur Poseidonia [Paestum], die nördlichste Gründung von Sybaris, lag außerhalb seiner Grenzen«[39]. Damit beherrschte Sybaris den Handelsweg über den nördlichsten der drei Isthmen. Die Schiffe löschten ihre Ladungen in Laos, dem sybaritischen Hafen der tyrrhenischen Westküste und nahmen dort neue Frachten auf, während die Güter »auf gangbaren, wenn auch mühsamen Pfaden über die gebirgige Landenge nach Sybaris hinübergeschafft« wurden, um hier wieder eingeschifft zu werden[40]. Durch diese »gewinnbringende Vermittlung des Handels zwischen Etrurien und Milet, dem Welthafen Ioniens«[41] wurde Sybaris zur wohlhabendsten Stadt Großgriechenlands. Reichtum, Üppigkeit und Verweichlichung der Bürger dieser Stadt wurden im Altertum sprichwörtlich[42].

Kalabrien besitzt drei Landengen: eine nördliche bei Sybaris, eine südliche bei Lokroi und eine mittlere bei Skylletion. Während jene über 1000 m bzw. 900 m hoch und in der Luftlinie 55 km bzw. 40 km breit sind, besitzt die mittlere »Phaiaken«-Landenge eine Paßsenke von nur 258 m Meereshöhe und ist nur 30 km breit. Gegenüber Sybaris und Lokroi erscheint daher die Lage von Skylletion auf den ersten Blick für den Überlandverkehr als die günstigste. Tiriolo hat am Isthmus von Kalabrien eine ähnliche Position inne wie das reiche Korinth mit Akrokorinth am Isthmus von Griechenland. Dies kann den Reichtum erklären, den Homer bei den »Phaiaken« rühmt.

Homer hat also an den einzelnen Orten nicht nur typische landschaftliche Merkmale beobachtet und mit treffenden Worten gekennzeichnet; er hat offensichtlich auch strategisch und handelspolitisch wichtige Punkte besonders hervorgehoben. Bei der »Ziegeninsel« verrät Homer sogar ganz deutlich den Blick der Kolonisatoren, indem er geradezu dafür wirbt, ein solch menschenleeres Eiland zu kultivieren: »...sie ist gar nicht schlecht, und sie würde alles tragen nach der Jahreszeit. Denn auf ihr sind Wiesen an den Gestaden der grauen Salzflut, feuchte, weiche: da könnten recht wohl unvergängliche Reben sein. Und ebenes Ackerland ist darauf:

dort könnte man recht wohl eine tiefe Saat jeweils zu den Zeiten der Ernte schneiden, denn sehr fett ist der Boden darunter...« (9, 122–135).
Ist man bereit, die Entsprechungen zwischen griechischer Westkolonisation und homerischem Fahrtbericht zu dessen Datierung heranzuziehen, so wäre das Gründungsdatum von Zankle/Messina (um 730?) als *terminus ante quem* anzunehmen, da Homer »Thrinakia« beim »ausgebuchteten Hafen« noch als »öd (ἐρήμη)« bezeichnet (12, 351). Solche Berechnungen bleiben freilich spekulativ. Jedenfalls aber sind der eigentlichen, städtegründenden Kolonisation bereits Entdeckungs- und Handelsfahrten vorausgegangen; denn »es ist sicher, ... daß die Griechen schon eine Kenntnis der Küsten Siziliens und von dessen Bewohnern besaßen, bevor die ersten Kolonisten ausgeschickt wurden. Der Umfang des präkolonialen Handels darf nicht überschätzt werden. Er reicht nur über den Zeitraum einer einzigen Generation und ist nicht ausreichend genug, um das Bestehen regelmäßig besuchter Handelsplätze annehmen zu lassen. Einzelne Reisen sind eher wahrscheinlich[43].« Das Zeugnis einer solchen »präkolonialen« Einzelfahrt nach Westen ist offenbar in Homers Odyssee verborgen[44].

Damit stellt sich schließlich die Frage, wieweit der von Homer beschriebene Weg des Odysseus und die archäologischen Funde aus dem 8. Jahrhundert einander bestätigen und vielleicht ergänzen, um unser Bild von dieser Zeit zu vervollständigen.
In Djerba und Kerkennah gibt es bisher nur zufällige Funde aus dem Altertum. Hier sind systematische Ausgrabungen abzuwarten, bis überprüft werden kann, ob das »Lotophagenland« im 8. Jahrhundert schon besiedelt war, die »Ziegeninsel« dagegen noch nicht. Das Festland des südlichen Tunesiens, Homers »Kyklopenland«, gilt als altbesiedelt[45]. Das Alter der dortigen Höhlenbauweise ist bisher noch nicht bestimmt.
Auf Malta entspricht die hohe Kultur, die Homer erwähnt, den bedeutenden archäologischen Denkmälern dieser Insel, die bis ins 3. Jahrtausend v. Chr. zurückreichen[46]. In Borg in-Nadur wird man geradezu die »berühmten Häuser des Aiolos« sehen dürfen (s. S. 38). Bei Homers Hinweis auf die Geschwisterehen möchte man an Beziehungen zu Ägypten denken (10, 7). Handelsbeziehungen mit Griechenland bezeugen eine korinthische und eine rhodische Vase aus dem frühen 7. Jahrhundert, die zusammen mit einem zyprischen Lampenständer und phönizischen Vasen in einem Grab auf Malta gefunden wurden[47].
Die Südküste Siziliens, an der Homers »Odysseus« kein Heimgeleit fand, war im 8. Jahrhundert vermutlich unbesiedelt[48]. Die Elymerfestung auf dem Berg Erice (Eryx) an der Westspitze Siziliens ist seit der späten Bronze- und frühen Eisenzeit besiedelt[49]. Homer konnte hier zu Recht von einer »Stadtburg (des Lamos)« sprechen; aber auch von »Telepylos« mit dem »berühmten Hafen«, denn »nur in

Motya gibt es phönizische oder griechische Funde, die eindeutig vor das siebente Jahrhundert zurückgehen«[50], und eine einheimische Besiedlung läßt sich sogar vor dieser Zeit archäologisch nachweisen[51]. Der Kannibalismus von »Laistrygonen« ist hier zwar nicht belegt, wohl aber Opfertötungen von Kindern[52].

Eine Besiedlung von Ustica war bisher erst für die römische Zeit gesichert. Jetzt hat sich durch die Entdeckung eines spätbronzezeitlichen Dorfes an der Nordseite (beim *Scoglio di Colombaro)* 1981 bestätigt, daß die »Kirke-Insel« doch schon erheblich früher bewohnt war[53].

An der Mündung des Fiume Grande und des Fiume Torto liegt in Himera ein archäologisch zweifellos höchst bedeutender Ort. Die ältesten Funde auf dem Stadtberg gehen bis ins 7. Jahrhundert zurück. Ob bei oder unter dem Tempel im Tal noch ältere Heiligtümer – Homers »Häuser des Hades und der Persephoneia«? – liegen können, ist noch zu prüfen. Aus Funden der letzten Jahre ergibt sich jedenfalls, daß der nach der Schlacht bei Himera errichtete Siegestempel – entgegen der Annahme seines ersten Ausgräbers Pirro Marconi – in einem bereits älteren heiligen Bezirk steht[54].

In Messina sind bisher keine Funde aus dem 11. bis 9. Jhdt. v. Chr., also den drei Jahrhunderten vor der Gründung der griechischen Kolonie bekannt[55]. Damit stimmt überein, daß Homers »Odysseus« auf der Insel »Thrinakia« zwei »Nymphen« als Hirtinnen trifft, aber noch keine feste Ansiedlung (12, 132; 351). Der Hauptüberfahrtsort von Sizilien in prähistorischer Zeit war Faro[56]. Messineser Geographen nehmen an, daß Faro im 3. Jtsd. v. Chr. (und später?) ein »bewohnter Vorposten« vor dem Kap Peloro war, daß die Lagune von Ganzirri auf der Ostseite zum Stretto hin noch offen war und bei der ehemaligen Saline einen sichelförmigen Hafen bildete, ähnlich wie heute der Braccio di S. Raineri vor Messina. Messina habe erst, nachdem diese ihm vorgelagerte, ursprünglich inselförmige Düne zur Halbinsel geworden war (in der Legende schüttete Orion einen Damm auf), als Hafen die Funktion von Faro übernommen[57]. Auf die frühere Insel scheint der Name Thrinakia zu deuten, auf die später mit dem Landbogen verbundene Halbinsel der Name Zankle, d. h. Sichel[58]. Die homerische Überlieferung wird künftig stärker bei Forschungen zur frühen Geschichte von Messina heranzuziehen sein. Zu den ältesten Funden aus griechischer Zeit in Messina gehört ein Sanktuarium auf der äußersten Spitze der dreizackförmigen Düne. Wir erinnern uns, daß Odysseus »die Insel (Thrinakia) hinauf« ging, um zu den Göttern zu beten (12, 333 f.).

Auf Panarea ist ein bronzezeitliches Dorf an der Westspitze ausgegraben worden[59]. In Kalabrien sind die archäologischen Funde gerade aus der späten Bronze- und frühen Eisenzeit, also genau aus den zwei Jahrhunderten vor Beginn der griechischen Kolonisation und dem ihr folgenden »ungewöhnlich reich«[60]. Auch die von Homer gerühmte hohe Kultur der »Phaiaken« (7, 82–102) scheint also archäologisch faßbar. Im Museo Nazionale von Reggio sind herrliche Keramiken, prächtige

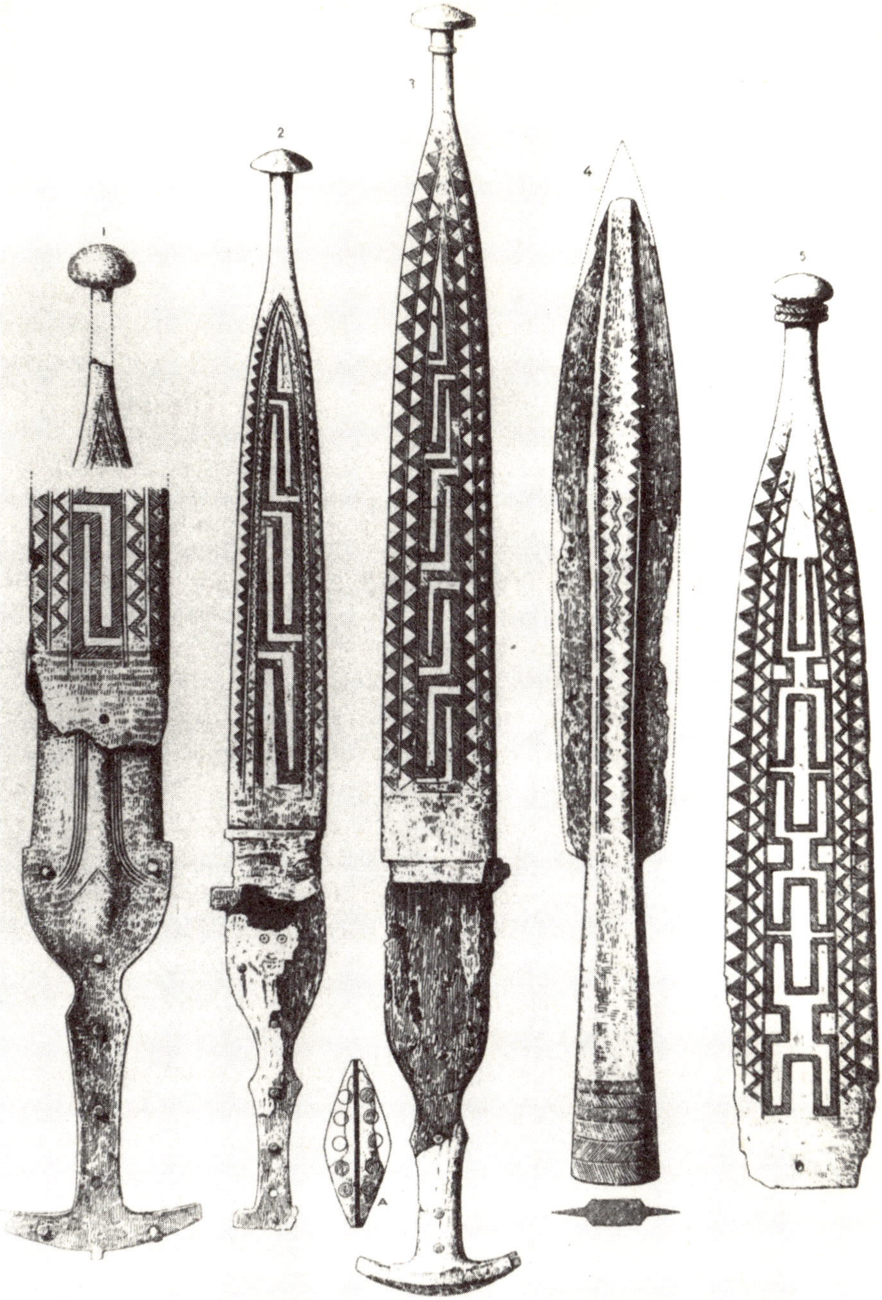

Fig. 42 Reichverzierte Bronzewaffen homerischer Zeit aus Torre Galli (Kalabrien, Provinz Catanzaro). Reggio di Calabria, Museo Nazionale. Nach P. Orsi.

bronzene Armreife, Ringe, Fibeln, Äxte und Waffen der damaligen Einwohner Kalabriens zu bewundern.
Man weiß freilich nicht, »welchen Namen wir diesen Leuten geben sollen«[61]. Warum sollte man sie nicht Homer zu Ehren »*Phaiaken*« nennen? Dieser Name ist durch Homer für das 8. Jahrhundert bezeugt; die sonstigen Namen früher Einwohner Kalabriens (Oinotrer, Bruttier usw.) treten erst viel später auf.
Allerdings stammen die bisher ausgestellten Funde nur aus Teilen Kalabriens nördlich und südlich der Landenge von Tiriolo und Skylletion. Auch auf der in Reggio aufgehängten Fundkarte ist dieser mittlere, engste Isthmus Kalabriens für das 9. und 8. Jahrhundert v. Chr. immer noch merkwürdig leer[62]. Doch wird dies daran liegen, daß hier noch kaum Ausgrabungen stattfanden wie schon vor Jahrzehnten am südlichen und dann am nördlichen der drei Isthmen[63].
Immerhin zeigen auch in der Landenge von Tiriolo sporadische Funde »reichliche Spuren gleichartiger Kultur... Das Fallaco-Tal, die unmittelbare Umgebung von Tiriolo, Settingiano, die Landschaft um Catanzaro, von Borgia und Squillace haben manche Funde dieser Art ergeben...«[64].
Tiriolo, der *ager Teuranus,* ist zwar als Fundort des im 17. Jahrhundert entdeckten, berühmten *Senatus Consultum de Bacchanalibus* von 186 vor Christus berühmt. Die Frühgeschichte von Burg und Stadt ist aber unerforscht. Bedeutende Funde, die im 18. Jahrhundert in Tiriolo gemacht wurden, sind leider inzwischen verschollen[65]. Auch im 19. und frühen 20. Jahrhundert haben Reisende in Tiriolo von antiquarischen Funden gesprochen[66]. Während eines Besuches in Tiriolo zu Ostern 1972 hörten wir von einem zuverlässigen Ortskundigen, an diesem Morgen seien auf einem Feld in der Gemarkung drei goldene Statuetten gefunden worden; trotz Einschaltung der Soprintendenza und der Carabinieri seien die Finder nicht namhaft zu machen gewesen. Mehr war damals nicht herauszubekommen. Bei einem späteren Besuch in Tiriolo hieß es, die unersetzlichen Funde seien eingeschmolzen worden. Archäologische Grabungen, die Roberto Spadea 1971 in Tiriolo nur bis zu einer römischen Schicht vornahm, mußten aufgegeben werden, weil an der Stelle Neubauten errichtet wurden.
Auch über den Hafenort Skylletion haben die Gelehrten noch nicht viel erforscht: »Die älteste Geschichte der Stadt ist unbekannt.«[67] Immerhin ist der alte Streit, wo Skylletion genau gelegen habe, durch die 1964 entdeckten griechischen und römischen Funde südlich der Kirchenruine von S. Maria di Roccelletta (Gem. Borgia) nunmehr entschieden. Leider wurden jedoch die unter der Leitung des Soprintendente Giuseppe Foti unternommenen Grabungen nach der Freilegung eines Theaters inzwischen wieder eingestellt[68].
Im Zusammenhang mit dem Zeugnis Homers erhält ein Zitat des ältesten sizilischen Historikers, *Antiochos von Syrakus* (tätig um 430 bis 410 vor Chr.) eine neue Bedeutung: *Italos,* »ein guter und weiser (Mann) habe, indem er die einen der

Nachbarn mit Worten überzeugte, die anderen aber mit Gewalt zwang, die ganze Landschaft unter seine Herrschaft gebracht, soweit sie zwischen den beiden Meerbusen, den Napetinischen [heute: Golf von S. Eufemia] und dem Skylletinischen [heute: Golf von Squillace], lag. Und diese Landschaft sei als erste *Italien* genannt worden, nach dem Italos. Als er aber Herr dieser Landschaft geworden war und viele Leute hatte, die ihm untertan waren, habe er sogleich nach den angrenzenden Gebieten verlangt und viele Städte (unter seiner Herrschaft) zusammengefaßt. Dieser sei aber der Abstammung nach ein Oinotrer (gewesen)«[69]. Nach diesem Zeugnis des Antiochos bestand also in der Zeit vor oder während der griechischen Westkolonisation an der kalabrischen Landenge tatsächlich bereits ein Reich und sogar dessen Herrschaftsmittelpunkt. Merkwürdigerweise war dies gerade die Landschaft, die als allererste *Italien* hieß. Von hier aus breitete sich dieser Name später auf das heutige Kalabrien[70] und im 3. Jahrhundert auf die ganze Apenninen-Halbinsel aus[71]. Es ist also keine beliebige Landschaft, in die uns Homers Bericht von der Fahrt zum »Phaiakenland« – unabhängig von jeder historischen Nachricht – geführt hat, sondern die gleiche Landschaft, die zu einem unbekannten Zeitpunkt vor dem 5. Jahrhundert den Namen Italien erhielt!

Italos, der sagenhafte Beherrscher der kalabrischen Landenge, soll übrigens nach Hyginus ein Sohn des Telegonos gewesen sein, den schon Hesiod als einen Sohn von Odysseus und Kirke erwähnte[72].

In der ersten Auflage dieses Buches (1968) haben wir es uns strikt versagt, Legenden von homerischen Helden in Ortssagen Großgriechenlands zur Deutung der Odyssee heranzuziehen. Diese Sagen sind erst sehr spät, mehrere Generationen nach Homer, überliefert, und ihre Bedeutung ist umstritten. Einerseits nahm man an, daß die Sagen zur Zeit der Kolonisation vom Mutterland mit in den Westen gebracht worden seien (E. Pais, E. Ciaceri, G. Gianelli), andererseits glaubte man, aus den Sagen auf vorkoloniale Beziehungen zwischen Griechenland und Italien in mykenischer Zeit (15.–12. Jahrhundert) schließen zu können (Jean Bérard).

Vor vier Jahren sind nun mit der Sorgfalt höchster Gelehrsamkeit beide Thesen verneint worden (F. Prinz 1979): »Nach dieser Analyse ist allen westgriechischen Sagen jeglicher historische Wert abzusprechen[73].« Dieses Urteil beruht auf folgendem Gedankengang: Grundsätzlich habe »zuerst die antike Lokalisierung der Abenteuer des Odysseus im Westen erfolgt sein« müssen, erst danach habe man an derartige Lokalisationen Gründungssagen anschließen können. Weil nun solche Lokalisierungen erst seit dem Ende des 5. Jahrhunderts in der Überlieferung belegt seien, seien davor auch keine Gründungssagen möglich gewesen[74].

Dieser scharfsinnige Gedankengang rechnet allerdings nicht mit der Denkmöglichkeit, daß es vor dem 5. Jahrhundert ja schon Homer selbst gewesen sein kann, der die Abenteuer in Sizilien und Italien lokalisierte. Auch wenn man der Auffassung ist, daß Lokalisierungen der Heimfahrt des *Odysseus* unmöglich seien[75], so ist doch mit

Fig. 43 Ruinen des antiken Skylletion/Scyllaceum und der christlichen Basilika S. Maria di Roccelletta an der Ostseite der kalabrischen Landenge mit dem Golf von Squillace.
Nach einem Kupferstich von J. Varin 1781/86.
(Bei Homer: *Osthafen der Phaiaken)*

aller wissenschaftlicher Sorgfalt die methodisch davon zu unterscheidende Frage zu prüfen, ob und gegebenenfalls wo *Homer* die Heimfahrt des sagenhaften Odysseus lokalisierte.

Daß es hierfür in Sizilien und Italien eine ganze Reihe von Argumenten gibt, zeigt dieses Buch. Wenn es solche Lokalierungen aber nicht erst im 5. Jahrhundert, sondern schon zur Zeit Homers, also im 8. Jahrhundert, gab, so stellt sich auch die Frage der Ortssagen neu. Wie immer deren Datierung zu bestimmen ist, es ist merkwürdig, daß es unter den großgriechischen Städten gerade Skylletion (lat. *Scyllaceum)* war, das sich rühmte, von *Odysseus* gegründet zu sein[76].

Eine Scholie des Servius zur Aeneis überliefert die Sage, daß Odysseus nach seinem Schiffbruch nach Italien gekommen sei und aus den Schiffstrümmern sich eine Stadt gebaut habe, die er *Navifragum Scyllaceum* genannt habe[77]. Der selbst aus Scyllaceum gebürtige Cassiodor, Kanzler Theoderichs des Großen, Historiker und Gründer von Vivarium (im heutigen Copanello bei Squillace) verkündet stolz: »Scyllaceum ist die erste der Städte der Bruttier, von ihr sagt man, Odysseus, der Zerstörer Troias, habe sie gegründet[78].«

Nach Solinus soll in Bruttium, d. h. im heutigen Kalabrien, von Odysseus ein Tempel der Minerva erbaut worden sein[79]. Auch diese Sage wird auf Skylletion bezogen, das im Jahre 122 v. Chr. als römische Kolonie den Namen *Scolacium Minervium* erhielt[80]. Homer erwähnt bei der Stadt der Phaiaken einen heiligen Hain der Athene (6, 291, 322). Der Kult der Athena als Beschützerin der Schiffbrüchigen ist in Skylletion im 3. Jahrhundert v. Chr. bezeugt[81].

Solange wir das Alter dieser erst spät überlieferten Sagen nicht festlegen können[82], muß es offen bleiben, ob Homer sie schon vorfinden und verarbeiten konnte oder ob sie von späteren Autoren erfunden wurden, die ebenso wie Homer glauben mochten, daß Odysseus auf seiner Heimfahrt das Gebiet von Skylletion besucht habe.

Wir enden wie 1968 mit der Aufforderung an die zuständigen Archäologen, im Isthmus von Kalabrien – bei Tiriolo und Skylletion – die Orte auszugraben, denen Homer in der Odyssee als Stadt und Hafen der Phaiaken ein dichterisches Denkmal gesetzt hat.[83] Fände man sie, wäre es eine augenfällige Bestätigung für unsere These, nach der Homer im Fahrtbericht der Odyssee an eine bestimmte geographische und historische Wirklichkeit anknüpft und damit zugleich ein einzigartiges Zeugnis der Entdeckungsfahrten wagemutiger Griechen am Beginn der griechischen Westkolonisation hinterlassen hat. Man fände damit zugleich auch Herrschersitz und Hafenort jener Landschaft, die als allererste *Italien* hieß.

Armin Wolf

Forschungsgeschichte

Wo Odysseus fuhr, weiß niemand. Wir können nur erfahren, wo Menschen die Spur dieses Helden zu sehen glaubten.

In vorhomerischer Zeit war dies vermutlich in Griechenland selbst: »Der älteste Schauplatz einiger Abenteuer war zweifellos die Pelopsinsel und ihre Küsten: die Heliosrinder wurden ursprünglich am Vorgebirge Tainaron geschlachtet... Den Kyklopen begegnete Odysseus auf dem Isthmos oder bei Nauplia... Kirke gehört ursprünglich nach Korinth oder in den Saronischen Golf... Die Skylla sah Odysseus das erstemal wohl an dem argivischen Vorgebirge Skyllaion... Kalypso ist die Tochter des Atlas, des Berggottes der Kyllene... Und Phaiax hatte ein Heroon bei Phaleron...

Endlich wurde seit der Mitte des 8. Jahrhunderts das Westbecken des Mittelmeeres der Ort für des Odysseus Irrfahrt[1]«. Dies war die Zeit HOMERS (um 750 v. Chr.?). Damals entdeckten griechische Händler und Kolonisten die Seewege nach Sizilien und Italien; sie folgten dabei den Spuren ihrer mykenischen Vorväter, deren Verbindungen mit dem Westen in der Zwischenzeit verloren gegangen waren[2]. So mag Homer geglaubt haben, auch Odysseus sei einst nach der Eroberung Troias an die Küsten Afrikas, Siziliens und Süditaliens gekommen. Jedenfalls entsprechen die nautischen und geographischen Angaben in Homers Odyssee, wie wir zeigten, einer Fahrt zu diesen Ländern. Wie Historiker wohl immer, wenn sie von der Vergangenheit handeln, bewußt oder unbewußt zugleich die Geschichte ihrer eigenen Zeit schreiben, hat offenbar auch Homer, wenn er die Geschichte des berühmten Helden aus der mykenischen Vergangenheit erzählte, zugleich ein unschätzbares Zeugnis der Geschichte seiner eigenen Zeit, der Zeit der griechischen Entdeckungsfahrten, hinterlassen. Im naiven Verständnis der meisten Hörer und Leser erzählte Homer zwar einfach die historische Fahrt des Odysseus, auch wenn diese schon zu seiner Zeit einige Jahrhunderte zurücklag. Wenn Homer aber selbst schon Lokalisator der Odyssee war, so waren die späteren Versuche, die Spuren des Odysseus mit Hilfe der Angaben Homers zu finden, in Wirklichkeit immer zugleich Versuche, die Spuren Homers zu finden. Diese ständig mögliche historische Brechung gilt es im Auge zu behalten, wenn wir nun die Lokalisierungsversuche der Odyssee durch die weitere Geschichte verfolgen.

Auch HESIOD (um 700?) soll der Meinung gewesen sein, »die Irrfahrt des Odysseus habe sich in der Gegend von Sizilien und Italien abgespielt«[3], Kirke habe auf einer der Inseln im Tyrrhenischen Meer gewohnt[4] und auch »Ogygia liege in der Mitte gegen Westen« (τὴν μὲν γὰρ Ὠγυγίαν ἐντὸς εἶναι πρὸς ἑσπέραν)[5].

Zur Zeit des Lyderkönigs Ardys, der um 652–610 regierte, soll ein Barbarenvolk von den Küsten des Schwarzen Meeres in der Nähe der Krim auf einem Plünderungszug bis nach Ionien vorgedrungen sein[6]. In zeitgenössischen assyrischen Aufzeichnun-

gen heißt dieses Volk »Gimirraa«[7], um 600 löste es sich wieder auf; mehr als sechs Generationen später trug es bei dem griechischen Historiker HERODOT (um 485–425) den Namen »Kimmerier« – wie die »Kimmerischen Männer« in der Odyssee (11, 14). Es ist schwierig, aus dem späten Zeugnis des Herodot den ursprünglichen Tatbestand zu rekonstruieren. Vielleicht gab es beim Auftreten jenes Barbarenvolkes in der griechischen mythologischen Überlieferung schon den Namen »Kimmerier«, und die Griechen glaubten nun, die »Gimirraa« seien diese[8]. Umgekehrt ist es aber auch nicht ganz ausgeschlossen, daß der Name »Kimmerier« erst mit dem Auftreten der »Gimirraa« entstand und auch damals erst die Kimmerier-Verse (11, 14–19) in die Odyssee-Dichtung eingefügt wurden[9]. In beiden Fällen wären die Kimmerier ein frühes Beispiel dafür, daß mit der Erweiterung der geographischen Kenntnisse neue Landschaften – hier die des Schwarzen Meeres – mit der Odyssee in Verbindung gebracht wurden.
Die Lotophagen wohnten nach Herodot noch zu seiner eigenen Zeit in der Nähe eines Küstenvorsprungs an der *Kleinen* Syrte, etwas östlich des Tritonsees[10].

THUKYDIDES (um 460 – um 400) bezeichnete die Liparen als die »sogenannten Äolischen Inseln« und die Meerenge von Messina als »die sogenannte Charybdis, wo Odysseus vorbeigefahren sein soll«[11]. Von Sizilien, das »früher Trinakria geheißen hat«, sagte er: »Die ältesten Einwohner in einem Stück der Insel sollen die Kyklopen und Laistrygonen gewesen sein ...[12].« Kerkyra sei ehedem von den Phaiaken bewohnt worden[13]. Thukydides ließ zwar durchblicken, daß er diese einzelnen geographischen Bestimmungen nicht unbedingt für sicher halte, doch bezeugt er, daß im 5. Jahrhundert viele Orte der Odyssee vor allem auf Sizilien und deren benachbarten Inseln gesucht wurden. So ließ auch EURIPIDES (um 480–406) die Kyklopen auf Sizilien, in der Nähe des Ätna, wohnen und dachte sich Skylla und Charybdis in der Meerenge von Messina[14].
Die gleiche Vorstellung muß auch PLATON (427–347) gehabt haben, der – im Rückblick auf seine unglücklichen Reisen nach Sizilien – davon spricht, er sei genötigt worden, »zum drittenmal zur Meerenge bei der Skylla zu kommen«[15]. Er zitierte an dieser Stelle die Odyssee, »auf daß ich noch einmal die böse Charybdis durchmessen sollte« (12, 428), so daß ganz sicher ist, daß er dabei an die von Homer beschriebene Meerenge dachte.
KALLIMACHOS (um 310–240) lokalisierte die Insel der Kalypso auf der südlich von Sizilien gelegenen maltesischen Insel Gozo (Strabon I 2,37 C. 44; VII 3,6 C. 299). Er war dabei wahrscheinlich von der schon früher vorgenommenen Identifizierung Kerkyras mit dem Phaiakenland ausgegangen und hatte nach der homerischen Kursangabe für diese Strecke eine Insel südwestlich davon gesucht.

Neben den sizilischen Überlieferungen brachte eine andere Tradition Odysseus mit

den Küsten Latiums und Kampaniens zwischen Rom und Neapel in Verbindung. Es scheint bezeichnend zu sein, daß deren erster Beleg sich an einer Stelle findet, an der von der Gründung Roms die Rede ist. Nach HELLANIKOS von Lesbos (vor 400) soll Aeneas nach Latium gekommen sein und zusammen mit Odysseus Rom gegründet haben[16]. Das Land um den Averner See bei Neapel, dessen Totenorakel (νεκυομαντεῖον) schon Sophokles gekannt haben soll[17], hielt EPHOROS von Kymai (um 400) für den Gau der Kimmerier[18]. Zwei oder drei Generationen später, zur Zeit des Aristoteles-Schülers THEOPHRAST (um 370–287), trug ein latinisches Vorgebirge den Namen Kirkes; die Einwohner glaubten, die Zauberin habe dort gewohnt[19]. Mit einiger Sicherheit wird es sich hierbei um das noch heute Monte Circeo genannte Kap südlich Roms handeln.
Gleich eine ganze Reihe mittelitalischer Lokalisierungen finden sich im Werk des Chalkidiers LYKOPHRON (3. Jhdt.): die Kyklopeninsel deutete dieser Dichter vermutlich auf das heutige Ischia, die Kimmerier suchte er bei Kymai, die Sirenen bei Neapel[20]. Außer der Straße von Messina brachte er dagegen keinen sizilischen Ort mit Odysseus in Zusammenhang. Nun ist bei Lykophron ein »breiter Einschlag anderer [nicht-homerischer], zumeist italischer Mythen (aus Timaios) bemerkbar (etwa 90 Verse gegenüber 80, die auf Homer beruhen)«[21], und da Lykophron in seinem gelehrten Werk vor allem die Verherrlichung der Stadt Rom zum Ziel hatte, deren Sieg über Griechenland und einstige Weltherrschaft er prophezeite, möchte man annehmen, die latinisch-kampanischen anstelle der griechisch-sizilischen Lokalisierungen dokumentieren die steigende Bedeutung Roms. Gleichgültig, ob dieser Zusammenhang besteht oder nicht, in jedem Fall ergibt sich aus dem bisher Dargelegten, daß es im 4. und 3. Jahrhundert neben der bereits früher nachweisbaren »sizilischen« auch eine »latinisch-kampanische« Theorie über die Orte der Odyssee gab. So lag z. B. die Sireneninsel nach der einen – wohl älteren[22] – Ansicht an der Straße von Messina, nach der anderen bei Neapel[23].

Auf diesen Widerspruch der Theorien über die Lage der Sireneninsel wies der alexandrinische Gelehrte ERATOSTHENES (vor 200) hin. Er begründete damit seine skeptische Überzeugung, daß die Orte der Odyssee überhaupt nur erfunden seien; diejenigen, die behaupteten, diese Orte seien nicht erdichtet und hätten eine Grundlage in der Wirklichkeit, würden schon dadurch widerlegt, daß sie nicht miteinander übereinstimmten[24]. Der Streit zwischen der »sizilischen« und »latinischen« Auffassung war also die historische Situation, in der Eratosthenes zu der Auffassung kam, Homer habe die Irrfahrt überhaupt nicht an bestimmten Orten stattfinden lassen wollen; in diesem Zusammenhang spottete Eratosthenes mit seinen bis heute immer wieder zitierten Worten, man werde die Orte der Odysseus-Fahrt erst finden, wenn man den Schuster gefunden habe, der den Schlauch für die Winde des Aiolos nähte[25]. Merkwürdig inkonsequent hat sich Eratosthenes jedoch trotzdem nicht gescheut, als erster in unserer Überlieferung die Insel Meninx (Djerba) als Homers Lotophagenland zu bezeichnen[26].

Wie der Versuch eines Auswegs aus diesen widersprüchlichen Auffassungen erscheint es nun, wenn KRATES von Mallos (um 170) die Orte der Abenteuer des Odysseus – wohl erstmals – in den Meeren jenseits der Säulen des Herakles im Atlantischen Ozean suchte[27]: die Stadt der Laistrygonen hoch im Norden und Homers Gau der Kimmerier gar am Nordpol[28]. Auch nach APOLLODOR von Athen sei es Homers Plan gewesen, die Irrfahrt in den (Atlantischen) Ozean hinaus zu verlegen (Strabon I 2,37 C. 44).
POSEIDONIOS (135–50) hielt die zu seiner Zeit aus Jütland eingebrochenen Kimbern für Kimmerier[29], Zeitgenossen des DIODOR (um 50 v. Chr.) die Kelten[30]. Doch dachten dabei beide Autoren in erster Linie an das Kimmeriervolk von der Krim – darauf deutet der Kontext – und höchstens indirekt an die Odyssee.
Sichere Zeugnisse für Odyssee-Lokalisierungen an den Atlantik-Küsten, die dem erweiterten Gesichtskreis der Zeit entsprachen, finden sich jedoch bei ARTEMIDOR (um 100 v. Chr.), PLUTARCH (um 46–120) und TACITUS (um 55–116/20). Artemidor hielt die Westküste des heutigen Marokko für das Lotophagenland[31]; Plutarch stellte sich die Kalypso-Insel Ogygia fünf Tagereisen westlich Britanniens vor[32].
Nach dem Zeugnis des Tacitus glaubten damals manche Leute, »auch Odysseus habe – auf jener langen, sagenumwobenen Irrfahrt in diesen Teil des Ozeans verschlagen – die Länder Germaniens besucht und Asciburgum, das am Rheinufer liegt und heute noch bewohnt ist [Asberg an der Ruhrmündung], gegründet und benannt[33]«.

Somit waren bereits im 2. Jahrhundert v. Chr. alle Grundauffassungen über die Geographie der Odyssee vorhanden, von denen auch die neuzeitlichen Theorien nur Variationen oder auch Kombinationen sind:

1. Mittelmeer-Theorie,
   a) sizilisch,
   b) latinisch-kampanisch,
2. Schwarzmeer-Theorie,
3. Atlantik-Theorie (sog. Exokeanismos),
4. Skeptische Theorie (Annahme, die von Homer berichtete Fahrt des Odysseus habe keinerlei historisch-geographische Grundlage).

Der Streit der hellenistischen Gelehrten ging nun einerseits darum, »ob Odysseus, wie ARISTARCH behauptete, im »inneren Meer« oder, wie KRATES meinte, im »äußeren« Meer herumgeirrt sei[34]. Andererseits bestand die Frage, ob Homer die Fahrt des Odysseus historisch dargestellt oder nur einen wahren Kern dichterisch ausgeschmückt oder gar, wofür ERATOSTHENES eintrat, keine bedeutenden geographischen Kenntnisse besessen und mit der Freiheit des Dichters »erfunden« habe[35]. Die ausführlichsten antiken Nachrichten über diese Fragen stammen von dem Geographen und großen Reisenden STRABON (63 v.–19. n. Chr.). Nach dessen Ansicht war Homer »mit den Ländern des Mittelmeeres bekannt«[36] und hat »in der Überzeugung, die Fahrt des Odysseus habe dort stattgefunden, diese Hypothese als Tatsache angesehen und dichterisch ausgestattet (ποιητικῶς διεσκεύασε)«[37]. Strabon wandte sich sowohl gegen den naiven Glauben, alles was bei Homer stehe, kritiklos für historisch zu halten[38], als auch gegen die Skepsis des Eratosthenes[38]. Bei den Lokalisationen selbst nahm Strabon ebenfalls eine mittlere Position ein. Die meisten Orte suchte er im Mittelmeer, die einen auf und um Sizilien, die anderen in Latium und Kampanien, doch hielt er es für möglich, daß Homer schon von Kimmeriern am Schwarzen Meer gehört habe[39] und schloß aus der Nennung des Tartaros bei Homer auf eine Bekanntschaft mit Tartessos an der atlantischen Küste Iberiens[40]. Die meisten dieser Lokalisationen sind schon bei älteren Autoren bezeugt; Strabon ist weitgehend nur Kompilator. Auf diese Weise hat Strabon zwar die längste Reihe geographischer Bestimmungen der Orte der Odyssee zusammengestellt, die aus der Antike erhalten ist; doch folgte daraus auch, daß die Verbindungslinie zwischen all den Orten nicht mit Homers Fahrtbeschreibung übereinstimmte. Strabon bemerkte das selbst und rechnete Homers Fahrzeitangaben (διαστήματα πλοῦ) daher zum »dichterischen« Teil der Odyssee[41]. Trotzdem ist Homer für Strabon der Begründer der geographischen Wissenschaft (ἀρχηγέτης τῆς γεωγραφικῆς ἐμπειρίας)[42].

Seit dem 1. Jahrhundert vor Christus besitzen wir auch römische Zeugnisse über Orte, die Odysseus besucht haben soll. Dabei zeigt sich, daß gerade die Römer Odysseus gerne mit Latium in Verbindung brachten. So wurde die Stadt der Laistrygonen, die die Griechen sich auf Sizilien vorgestellt hatten[43], von den Römern in Formiae am Golf von Gaeta gesehen. Den ältesten Beleg dafür gibt CICERO (106–43), spätere POMPEIUS TROGUS (um 20 v.3Chr.), HORAZ (65–8 v. Chr.), OVID (43 v. Chr.–17. n. Chr.), PLINIUS d. Ä. (23–79 n. Chr.) und SILIUS ITALICUS (26–101 n. Chr.)[44]. Es handelt sich hier offensichtlich um eine sekundäre Lokalisierung. Die Laistrygonen wohnen bei Homer in der Nähe der Kirke-Insel. Nachdem man diese – irrig – mit dem Kap Circaeum indentifiziert hatte, suchte man auch für die Laistrygonen einen Ort im latinisch-kampanischen Grenzgebiet. Bei dem Griechen STRABON findet sich jedoch zur gleichen Zeit weiterhin die ältere Tradition, die die Laistrygonen auf Sizilien ansiedelte[45].

Die Frage, wieweit VERGIL (70–19 n. Chr.) in der Gestalt des Aeneas die des Odysseus umformte, ist sehr schwierig und bleibe hier auf sich beruhen. Jedenfalls setzte Vergil die Ansicht voraus, Odysseus habe eine Fahrt um Sizilien herum gemacht und wiederholte einige der uns bekannten älteren Ortsbestimmungen: die Kyklopen am

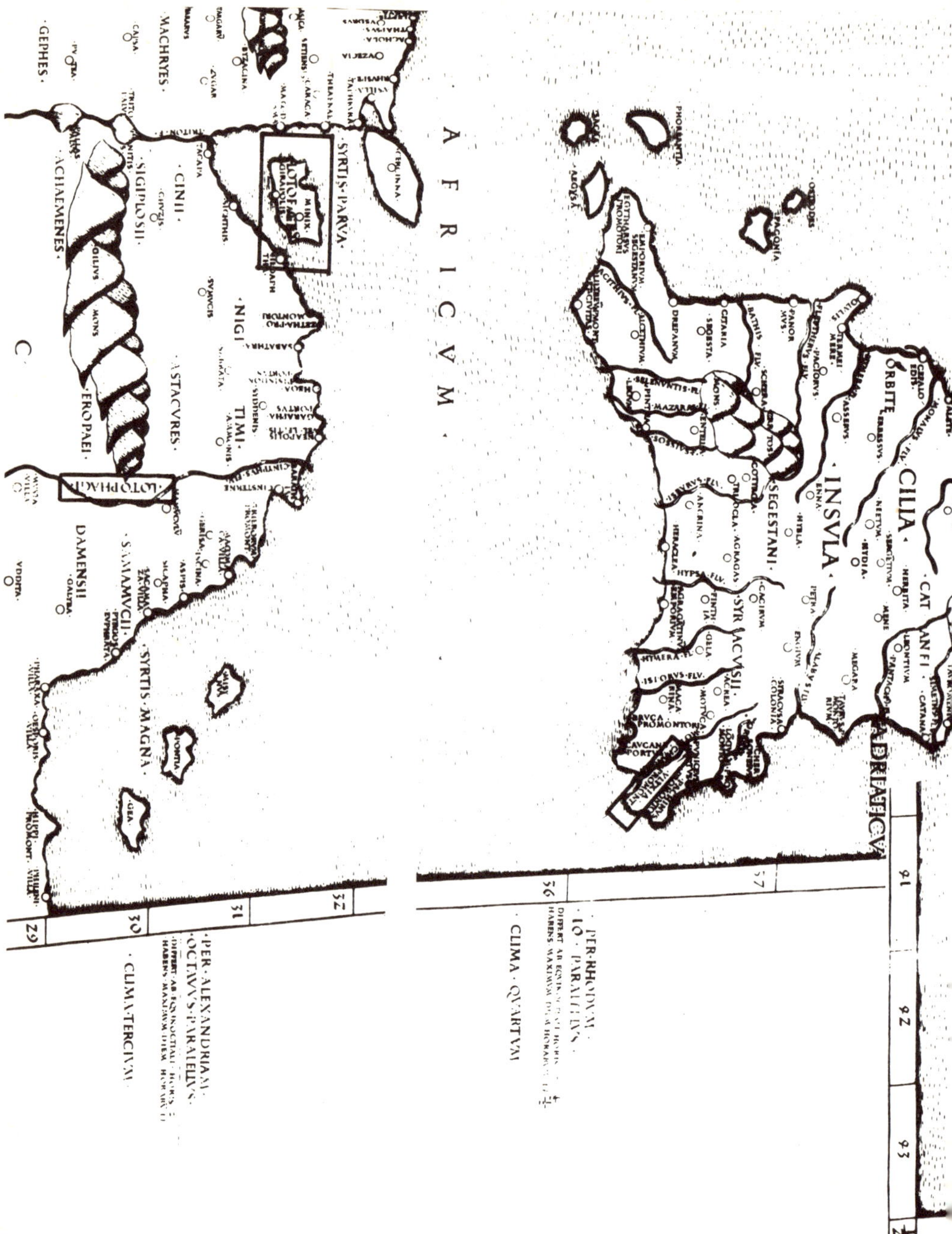

Fig. 44 Ausschnitte der Karten Africa minor, Sicilia und Italia nach PTOLEMAIOS (um 150 n. Chr.) in dem Druck von K. SWEYNHEYM und A. BUCKINCK (Rom 1478). Montage der drei Karten: Armin WOLF (1983)

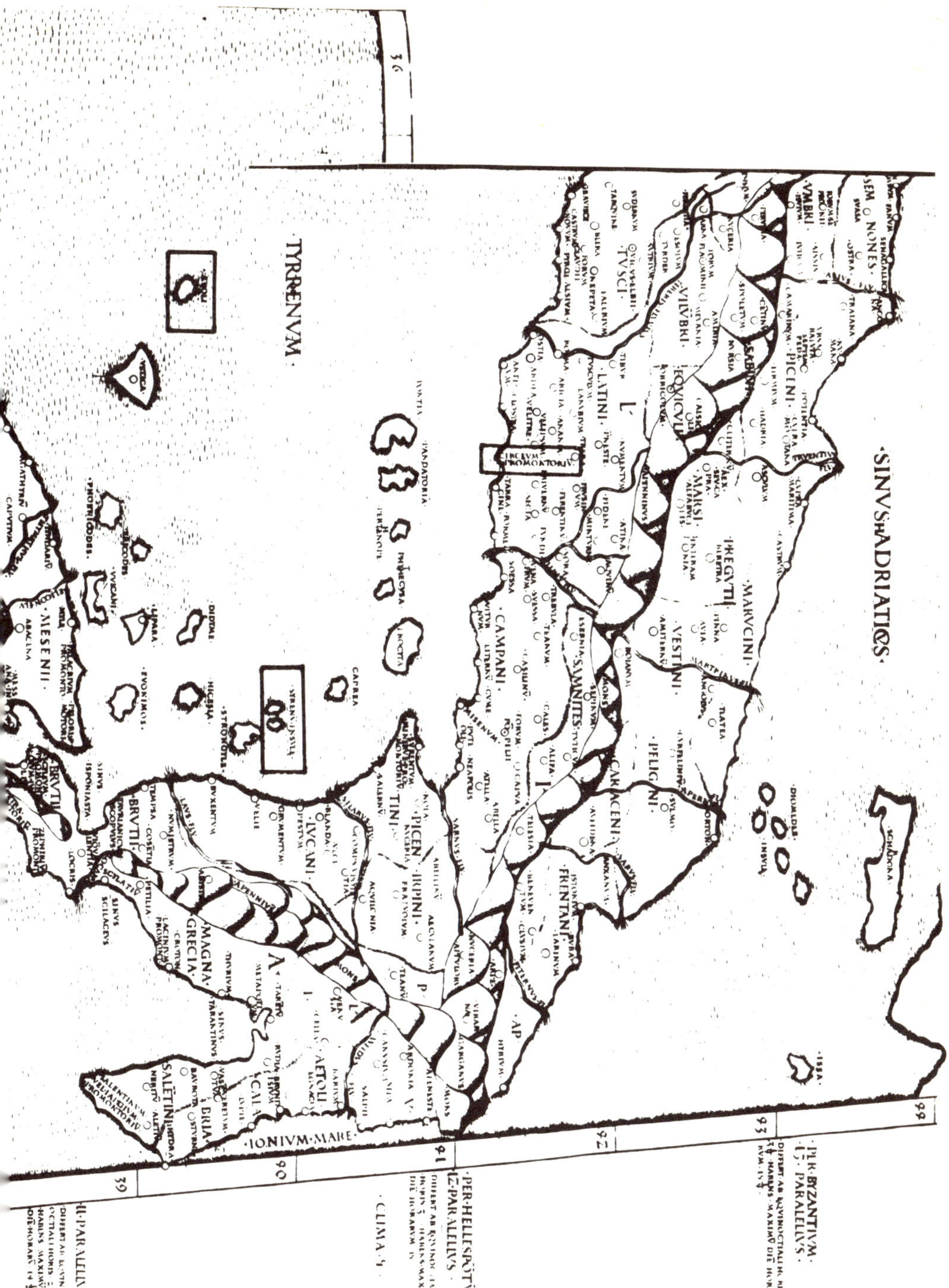
TYRRENVM
SINVS ADRIATICVS
IONIVM MARE
CAMPANI
LATINI
TVSCI
PICENI
MARVCINI
VESTINI
PELIGNI
MESENII
MAGNA GRECIA
SALETINI
LVCANI

Ätna, Aiolia als Lipari, Skylla und Charybdis beim Kap Peloro in der Straße von Messina. Bei dem strittigen Ort der Sirenen-Insel entschied er sich für eine Insel vor Kampanien[46].

Pomponius MELA (Mitte 1. Jhdt. n. Chr.), von dem das älteste erhaltene geographische Werk der Römer stammt, erwähnt darin fünf odysseeische Namen *(Lotophagi, Aeoliae, Circeia, Scylla* und *Charybdis)*, ohne sie als mythische Orte von realen Orten abzuheben[47]. Zur Zeit des Klaudios PTOLEMAIOS (um 150 n. Chr.) waren einige odysseeische Ortsnamen bereits so feststehend, daß dieser sie in gleicher Weise wie andere geographische Namen mit Angaben von Breiten und Längen in seiner *Geographia* genannten Anweisung, Karten zu zeichnen, aufführte: Auf der zweiten Afrika-Karte finden wir die *Lotophagi* im heutigen Libyen und das heutige Djerba *Lotophagitis* genannt. Die Sizilien-Karte enthält die benachbarte *Insula Aeoli* und ein *Odyssia* oder *Ulyxia promontorium*. Auf der Italien-Karte gibt es ein *Circaeum promontorium* in der Nähe von Terracina, zwei *Sirenusae insulae* in der Nähe des Stromboli und das *Scylaeum promontorium* an der Meerenge von Messina[48]. Eine ptolemaische Karte selbst ist aus dem Altertum leider nicht erhalten. Doch gibt es seit dem späten Mittelalter mehrere Rekonstruktionen, die auf dem Text der Geographie des Ptolemaios aufbauen (s. Fig. 44).

Wichtig ist in unserem Zusammenhang, daß aus der Antike nur *einzelne* Lokalisierungen, aber kein einziger Versuch überliefert ist, die *ganze* von Homer beschriebene Route des Odysseus geographisch zu bestimmen. Diese Einzelbestimmungen erhielten sich in Sammelwerken (SOLINUS) und Kommentaren (SERVIUS) und als Ortstraditionen. So berichtete der hl. HIERONYMUS (um 348–420): »Ich kam nach Rhegium [Reggio di Calabria], stand ein wenig am Strand der Skylla, wo ich die alten Fabeln kennen lernte, den schnellen Kurs des listenreichen Odysseus, die Gesänge der Sirenen und den unersättlichen Strudel der Charybdis[49].« Auch der Historiker OROSIUS (5. Jh.) ging davon aus, daß Sizilien die Heimat der Kyklopen gewesen sei[50].

Die Überlieferung ist dann für einige Jahrhunderte nicht weiter zu verfolgen und setzt erst wieder mit dem byzantinischen Erzbischof von Thessaloniki EUSTATHIOS († 1195/97) ein. Dieser Historiker und Philologe ging in seinem Kommentar zu Homers Odyssee davon aus, daß die von Homer genannten Orte ihre Entsprechung in der geographischen Wirklichkeit haben. Eustathios ist der erste Autor, von dem wir eine vollständige Reihe von Lokalisationen aller dieser Orte erhalten haben[51]. Keine seiner Ortsbestimmungen stammt von Eustathios selbst, alle finden sich bereits bei antiken Autoren, von denen er sie – freilich ohne Angabe der Gewährsmänner – übernahm[52]. Einer Überprüfung an dem Fahrtbericht Homers hält diese offenbar nur kompilierte, verschiedenen Quellen und Traditionen entnommene Reihe von Lokalisationen allerdings nicht stand[53].

KONRAD von Querfurt (um 1155–1202), Bischof von Hildesheim und Kanzler Kaiser

Heinrichs VI. durchfuhr um 1195 auf seiner Reise nach Sizilien die Straße von Messina. Er bekannte, er habe »Skylla und Charybdis nicht ohne große Furcht durchfahren«, da niemand dort heil und ohne Grausen hindurchgelange[54].
DANTE (1265–1328) kannte zwar nicht den homerischen Text selbst, wohl aber die Ortsüberlieferung, nach der Kirke auf einem Kap in Latium gewohnt haben soll. So ließ er Odysseus in der Unterwelt sprechen: »Als ich von Kirke aufbrach, die mich über ein ganzes Jahr dort bei Gaeta festhielt, bevor Äneas noch es so benannte, hat weder Vaterglück noch Sohnesfurcht zum alten Vater, noch die rechte Liebe, die doch Penelope beglücken sollte, in mir die heiße Glut besiegen können, die mich hinaustrieb, nach der Welt zu forschen und nach den Lastern und dem Wert der Menschen ...[55]« Für Dante ist es dieser Drang nach Erkenntnis, der Odysseus zwang, den Weg auf die hohe See zu wagen: »Ich bin hinaus aufs offene Meer gefahren ... Ich sah die beiden Ufer bis nach Spanien, bis nach Marokko, sah Sardiniens Insel und alle, die noch rings im Meere liegen. Wir waren alt schon, ich und die Gefährten, als wir an jene Meeresenge kamen, wo Herkules die Zeichen aufgerichtet, damit die Menschen nicht mehr weiterfahren. Zur Rechten ließ ich hinter mir Sevilla, zur Linken hatt' ich Ceuta schon verlassen... Zum Osten hin ward unser Heck gewandt ...[56]« Die Lokalisierung der Odyssee als Fahrt hinaus auf den offenen Atlantik wurde für den mittelalterlichen Dichter zum literarischen Mittel, Odysseus »als den Menschen der hybriden Erkenntnisverirrung« zu zeichnen[57]. Im Gegensatz zur Tradition verloren bei Dante in dem Schiffbruch jenseits der Meerenge nicht nur die Gefährten, sondern auch Odysseus ihr Leben[58]. Noch im Blick vom Kristallhimmel herab über das Gefüge der Welt sah Dante »jenseits von Cadiz die vermessene Ausfahrt des Odysseus *(di là da Gade il varco folle d'Ulisse)«r*[59].
Die Kenntnis des homerischen Textes selbst begann im lateinischen Abendland erst mit PETRARCA (1304–1374), der im Jahre 1353 von dem Byzantiner Nikolaos Sigeros eine Homerhandschrift erhielt. Er ließ sie sich ins Lateinische übersetzen und schrieb an Boccaccio, der ihm die Übersetzung verschafft hatte, im Jahre 1360, »er habe vor allem wissen wollen, wie der blinde asiatische Dichter die italischen Einöden beschrieben habe, sei es nun Aeolien, d. i. die Liparischen Inseln, oder der Avernussee und das Vorgebirge Circei«[60].
Am Ende des Mittelalters schrieb der Nürnberger Arzt und Historiker Hartmann SCHEDEL (1440–1514) in seiner 1493 gedruckten Weltchronik, Odysseus sei nach der Eroberung Troias verschlagen worden und schließlich nach Sizilien und zur Südspitze Italiens gelangt: »Do Ulixes ... von dem troyanischen Krieg widerkeret, do fuer er 10 iar irr auff dem meer und kome am ende welscher land gegen Sicilia mit einem einigen schiff in ein innseln, dorin wonet Circis ...« Schedel berief sich dabei auf die Autoritäten Augustinus und Boethius[61].
Der englische Pädagoge Roger ASCHAM († 1568), Erzieher der Prinzessin und Sekretär der Königin Elisabeth I., empfahl Odysseus und Homer geradezu als

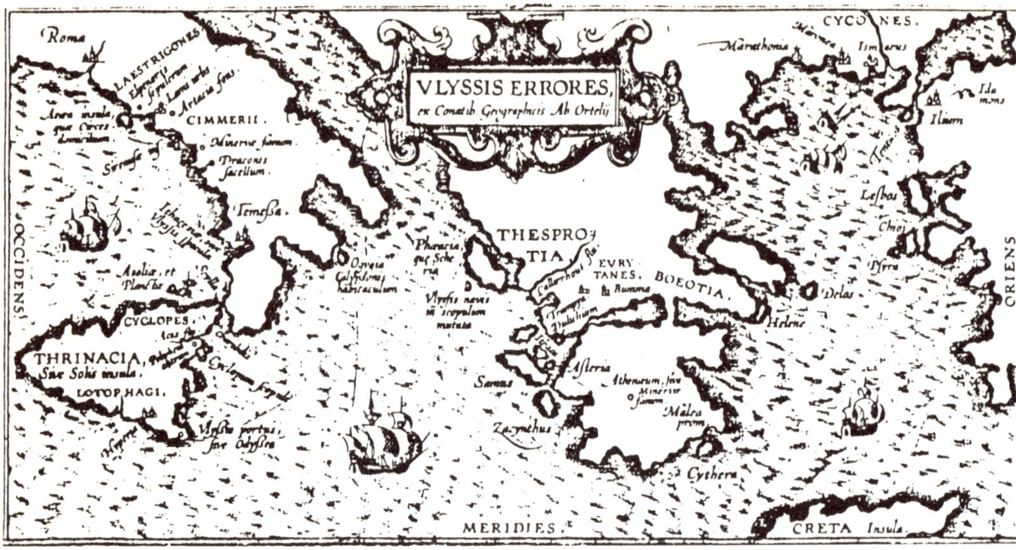

Fig. 45 »Die Irrfahrten des Odysseus
nach den geographischen Versuchen des Abraham Ortelius« (Antwerpen 1597/1601)

Führer auf Reisen nach Italien: »Wenn ein Gentleman nach Italien reisen muß, wird er gut daran tun, auf das Leben des weisesten Reisenden zu schauen, der jemals dort reiste, dargestellt durch den weisesten Autor, der jemals mit einer Zunge sprach – nur Gottes Wort ausgenommen – das ist Odysseus in Homer[62].«

Der Antwerpener humanistische Kartograph Abraham Ortelius (1527–98) war nicht allein der Schöpfer des ersten geographischen Atlas' der Welt *(Theatrum Orbis Terrarum),* sondern er schuf im Jahre vor seinem Tode auch die älteste bekannte Karte der Odyssee *(Ulyssis errores ex conatibus geographicis Ab. Ortelii,* 1597)[63]. Er gründete dabei auf einzelnen antiken Ortsbestimmungen in Sizilien und Süditalien, verband diese jedoch nicht zu einer Route. Wo die Traditionen mit der Geographie nicht übereinstimmten, veränderte Ortelius mutig die Geographie. So machte er das Kap des Monte Circeo in Latium zu einer Insel. Da er an der traditionellen Identifikation Scherias mit Korfu festhielt und westlich davon Ogygia suchte, erfand er eine nicht existierende Kalypso-Insel östlich von Kalabrien. Bei der Lokalisierung der Plankten auf den Liparen, von Skylla und Charybdis in der Straße von Messina und der Sonnen-Insel auf Sizilien, stimmen aber Homer-Text und Geographie überein (s. Fig. 45).
Der erste Autor, von dem sich ein schriftlich ausgearbeiteter, wissenschaftlich begründeter Versuch, die ganze von Homer beschriebene Fahrt des Odysseus geographisch zu bestimmen, erhalten hat, war Philipp Clüver (Cluverius). Dieser aus

Danzig gebürtige Professor in Leiden legte in seiner bedeutenden Landeskunde Siziliens auch den Verlauf der Odyssee, wie er ihn sich vorstellte, dar[64]. Er gründete dabei seine Auffassung auf antike Theorien, die er in Fülle zitierte und kritisch verarbeitete, indem er sie mit den Fahrtangaben Homers und seiner eigenen Anschauung des von ihm bereisten Siziliens und Italiens verglich[65]. Trotz seiner zweifellos wissenschaftlichen Methode gelang es Clüver jedoch nicht, die Orte so festzulegen, daß ihre Verbindungslinie mit den Angaben Homers in allen Stellen übereinstimmt. Vor allem konnte er nicht das Problem, an dem auch spätere Versuche bis heute immer wieder scheiterten, lösen, wie Odysseus nach dem Schiffbruch durch die Meerenge wieder zurückgetrieben wurde und dennoch heimgelangte, ohne die Meerenge erneut zu durchfahren[66]. Clüver versperrte sich den Weg zu einer Lösung dadurch, daß er sich nicht von antiken Lokalisierungen freimachen konnte, auch wenn diese den Fahrtangaben Homers widersprachen, wie insbesondere bei der Bestimmung von Ogygia (Gozo/Malta) und Aiolia (Lipari).
Samuel Bochart (1646) versuchte zwar keine vollständige Lokalisierung der Odyssee, ist aber hier zu erwähnen, da er als erster semitische Sprachkunde zur Erklärung und geographischen Bestimmung homerischer Ortsnamen verwandte[67].
Eine Kupferstichfolge über »des fürtrefflichen griechischen Helden und Ithacensischen Fürsten Ulysses Leben, Thaten und Zufälle, die ihme nach Eroberung des asiatischen Königreichs und Statt Troja auf seiner zehenjährigen Heimreise zu Wasser und Land begegnet«, verdanken wir einem Schwiegersohn von Matthäus Merian: Melchior Küsell (1681). Die Einleitung zu dieser Kupferstichfolge spricht von den Abenteuern des Odysseus wie von historischen Ereignissen in den Meeren und an den Küsten um Sizilien. Die einzelnen Lokalisierungen entsprechen dabei – stark vergröbert – den Theorien Clüvers.

Der erste Vertreter des »Exokeanismos« in der Neuzeit war der Ire Roderic O'Flaherty (1685). Er verfaßte ein Werk zur irischen Geschichte unter dem Titel *Ogygia, seu Rerum Hibernicarum Chronologia.* Gewährsmann für diese Indentifizierung Irlands mit der Insel der Kalypso war offensichtlich Plutarch.
Der norwegische Theologe und Historiker Jonas Ramus (1702/1716) gründete dagegen auf Ähnlichkeiten zwischen griechischen und germanischen Worten seine absonderliche Theorie, die als Beispiel für die Aneignung antiker Tradition im europäischen Norden recht merkwürdig ist: Für Ramus war Odysseus mit Odin, der aufsässige Gefährte Eurylochus mit Loki identisch. Odysseus-Odin sei auf seiner Fahrt von Troia (Asgard) in den hohen Norden geraten. Die Kyklopen wohnten am Kap Finisterre, Aeolia sei Albion (Britannia), Homers Stadt und Burg des Lamos suchte er am Limfjord (Nordjütland), Kirke habe Odysseus in Odense (Fünen, Dänemark) besucht, der Kimmeriergau, die Sirenen-Insel, Skylla und Charybdis lägen in Norwegen und Thrinakria sei Tranogh (heute Tränen), eine norwegische

Inselgruppe am Polarkreis. Das Phaiakenland Scheria sei das nordische Scheren oder Skier bzw. englische Shire[68].
Der florentinische Professor Angelo Maria RICCI (1740) folgte wiederum antiken Traditionen und suchte die homerischen Orte an den sizilischen und italischen Küsten. Da er aber feststellte, daß das sogenannte Kap Circaeum in Latium keine Insel ist, während Kirke bei Homer auf einer Insel wohnt, die rings von unendlichem Meer umgeben ist (10, 195), lehnte er diese antike Lokaltradition (s. S. 147) ab. Statt dessen suchte er Aia im Schwarzen Meer in der Nähe der antiken Krim-Kimmerier, die er mit den bei Homer genannten Kimmeriern gleichsetzte. Das Problem, wie Odysseus aus dem Tyrrhenischen in das Schwarze Meer gekommen sei, erklärte Ricci mit der Freiheit des Dichters[69].

Somit waren die drei schon der Antike bekannten Grundtypen der Odyssee-Geographie im 16., 17. und 18. Jahrhundert wiedergekehrt (Mittelmeer-, Atlantik- und Schwarzmeertheorie – Ortelius/Clüver, Ramus und Ricci). Da erhob sich in Guilleaume DUBOIS DE ROCHEFORT (1777) auch wieder eine Stimme, die, wie im Altertum Eratosthenes, schlechthin alle Versuche, die Wege und Orte des Odysseus in der Wirklichkeit wiederzufinden, verwarf[70].
Merkwürdig berührt demgegenüber das Bekenntnis GOETHES in einem Brief an Herder aus Italien nach seinem Besuch Siziliens (1787): »Was den Homer betrifft, ist mir wie eine Decke von den Augen gefallen. Die Beschreibungen, die Gleichnisse usw. kommen uns poetisch vor, und sind doch unsäglich natürlich, aber freilich mit einer Reinheit und Innigkeit gezeichnet, vor der man erschrickt. Selbst die sonderbarsten erlogenen Begebenheiten haben eine Natürlichkeit, die ich nie so gefühlt habe als in der Nähe der beschriebenen Gegenstände ... Nun ich alle diese Küsten und Vorgebirge, Golfe und Buchten, Inseln und Erdzungen, Felsen und Sandstreifen, buschige Hügel, sanfte Weiden, fruchtbare Felder, geschmückte Gärten, gepflegte Bäume, hängende Reben, Wolkenberge und immer heitere Ebenen, Klippen und Bänke und das alles umgebende Meer mit so vielen Abwechslungen und Mannichfaltigkeiten im Geiste gegenwärtig habe, nun ist mir erst die Odyssee ein lebendiges Wort[71].« Goethe hatte sich bei seinem Aufenthalt in Palermo gedrängt gefühlt, eilig einen Homer zu kaufen und den Plan zur »Nausikaa« gefaßt[72]. Später schrieb er an Schiller: »Uns Bewohner des Mittellandes entzückt zwar die Odyssee, es ist aber nur der sittliche Theil des Gedichts, der eigentlich auf uns wirkt, dem ganzen beschreibenden Theile hilft unsere Imagination nur unvollkommen und kümmerlich nach. In welchem Glanze aber dieses Gedicht vor mir erschien, als ich Gesänge desselben in Neapel und Sicilien las! ... Ich gestehe, daß es mir aufhörte ein Gedicht zu seyn, es schien die Natur selbst ...[73]«

Wenig bekannt ist, daß die frühen Ausgaben der später so weitverbreiteten

Fig. 46 »Homerische Welttafel« nach Johann Heinrich Voss (Altona 1793)

deutschen Übersetzung der Odyssee von Johann Heinrich Voss (1781, 1793) eine ganze Reihe von Anmerkungen enthielt, die von der Geographie der odysseischen Orte handeln. Wie geographisch-real Voß die Odyssee auffaßte, erweist die ebenfalls kaum bekannte Tatsache, daß er in der zweiten Ausgabe seiner Übersetzung eine »Homerische Welttafel« beifügte (s. Fig. 46)[74]. Diese zeigt, wie Homer sich den Verlauf der Irrfahrten des Odysseus vorgestellt haben soll. Es ist die erste bekannte Karte, die nicht nur einzelne Orte der Abenteuer, sondern auch eine Route enthält. Das Eigentümliche – aber auch Fragwürdige – seiner Karte ist, daß Voß die Vorstellungen Homers dadurch zu treffen glaubte, daß er die normale Landkarte des Mittelmeeres einfach stark verzerrte. Diese Verzerrungen ließen sich jedoch nicht im einzelnen aus dem homerischen Text begründen, sie waren mehr oder weniger willkürlich. Der Einfluß der von Voß entworfenen Karte zeigt sich in

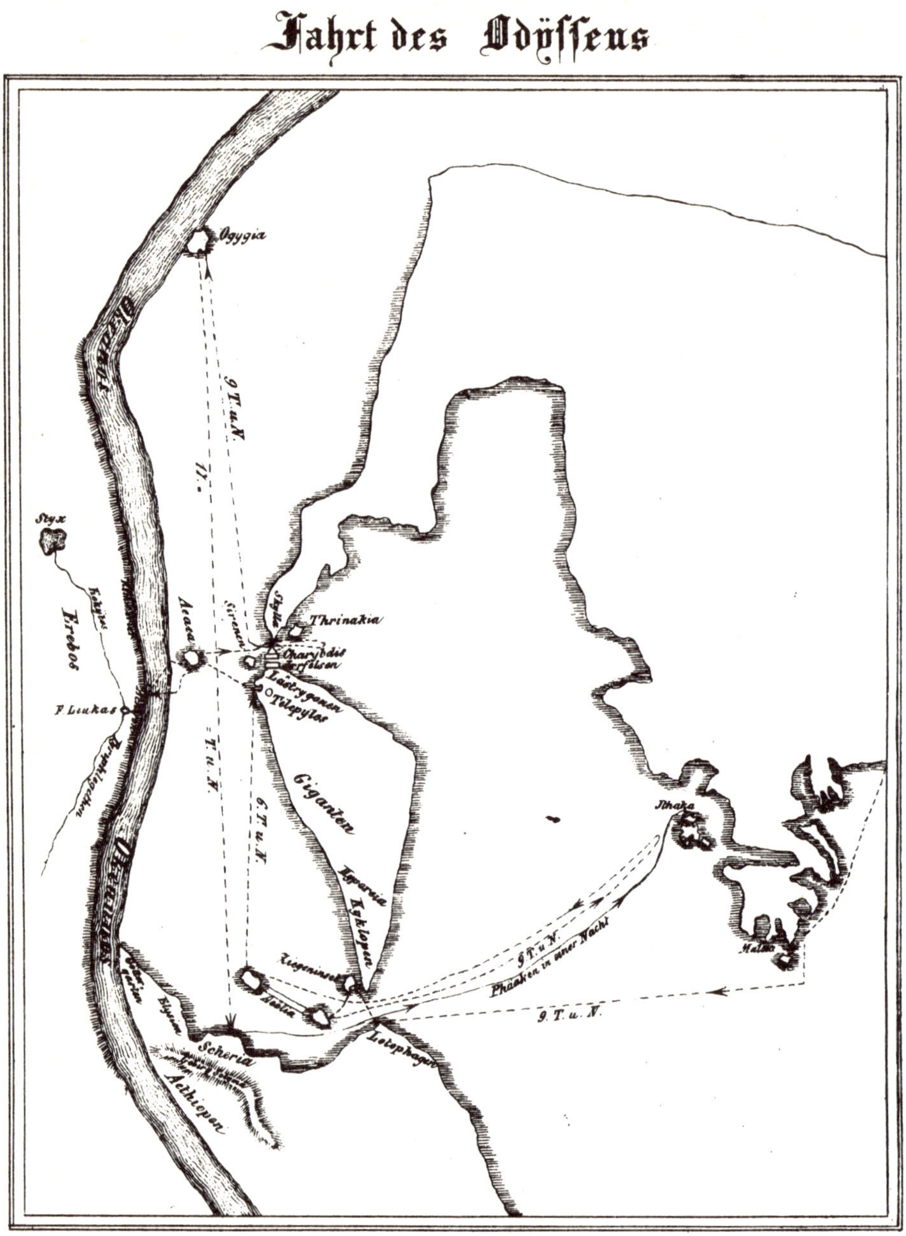

Fig. 47 »Fahrt des Odysseus« nach Rudolf Heinrich KLAUSEN (Bonn 1834)

der Tatsache, daß im 19. Jahrhundert noch eine lange Reihe ähnlicher, mehr oder weniger abgewandelter Phantasiekarten entstand. Unverändert, allerdings ergänzt um eine Route der Argonauten, findet sich die Voß'sche Karte noch in dem »Corso di geografia universale« von F. C. MARMOCCHI (1857) wieder.
Der italienische Polyhistor Francesco SOAVE (1743–1806), der die Bücher 5 bis 13 der Odyssee unter dem Titel »I Viaggi d'Ulisse« ins Italienische übersetzte (1796), glaubte ebenso wie Voß, daß Homer an geographische Wirklichkeit anknüpfte. Soave zeichnete zwar keine Karte, doch benannte er in seinen Anmerkungen, wo er sich die Orte der einzelnen Abenteuer vorstellte[75]. Er übernahm dabei bekannte antike Lokalisierungen, nur die Kalypso-Insel bestimmte Soave nicht, da ihm der Widerspruch der Theorien (Gozo bei Malta, im Atlantik oder bei Crotone) mit den Angaben Homers auffiel.
Ähnliche Phantasiekarten wie Voß zeichneten August ZEUNE (1815)[76], Friedrich August UKERT (1816)[77], Karl Heinrich Wilhelm VÖLCKER (1830)[78] und Rudolf Heinrich KLAUSEN (1834) (s. Fig. 47)[79]. Weitaus am genauesten erscheint dabei die »homerische Erdkarte«, die Albert FORBIGER (1842) seinem gründlich aus den Quellen erarbeiteten Handbuch der alten Geographie beifügte[80]. Er verzichtete zwar auf die Einzeichnung einer Route; seine Karte steht aber hinsichtlich der Insel des Aiolos und der Insel Aea dem homerischen Text näher als die von Voss gezeichnete Welttafel. Wie die Lage von Ogygia verrät, scheiterte Forbiger, wie so viele, an dem Problem der Rückkehr aus dem Meer jenseits der Straße von Messina (s. Fig. 48). Forbigers Karte war das Vorbild für die Karte »Orbis Homeri«, die Karl von SPRUNER (1850) in seinem weitverbreiteten Atlas Antiquus aufnahm. Abweichend von seinem Vorbild zeichnete Spruner die Kirke-Insel Aeaea (griech. Aia) nicht nur als eine Insel nördlich von Sizilien ein, sondern zusätzlich auch als Landstrich an der Ostküste des Schwarzen Meeres (s. Fig. 49).
Während alle diese Forscher Variationen der Mittelmeer-Theorie verfochten, wandte der spätere englische Premierminister William E. GLADSTONE (1858) die Methode der Phantasie-Karte auf die Schwarzmeer-Theorie an (Fig. 50)[81]. Hierbei mußte er allerdings die tatsächlichen geographischen Verhältnisse noch mehr als Voß und dessen Nachfolger vergewaltigen, wodurch die Fragwürdigkeit dieser Methode besonders deutlich wird. Sie wurde seitdem immer seltener angewandt.

Friedrich PRELLER hat wiederholt die Abenteuer des Odysseus bildlich dargestellt (1859/63). Zu seinem Bild der Vorbeifahrt an den Sirenen schrieb er: »Ich habe mir den Charakter von Amalfi gedacht, dort liegen nämlich die Sireneninseln, heute unter dem Namen ›isole dei Galli‹ bekannt.« Er bemerkte allerdings nicht, daß diese Felsen-Riffe keineswegs Homers Beschreibung einer »blumigen Wiese« (12,159) entsprechen. Prellers Odyssee-Landschaften haben trotzdem das Homerbild mehrerer Generationen mitgeprägt.

Fig. 48 »Homerische Erdkarte« nach Albert FORBIGER (Leipzig 1842)

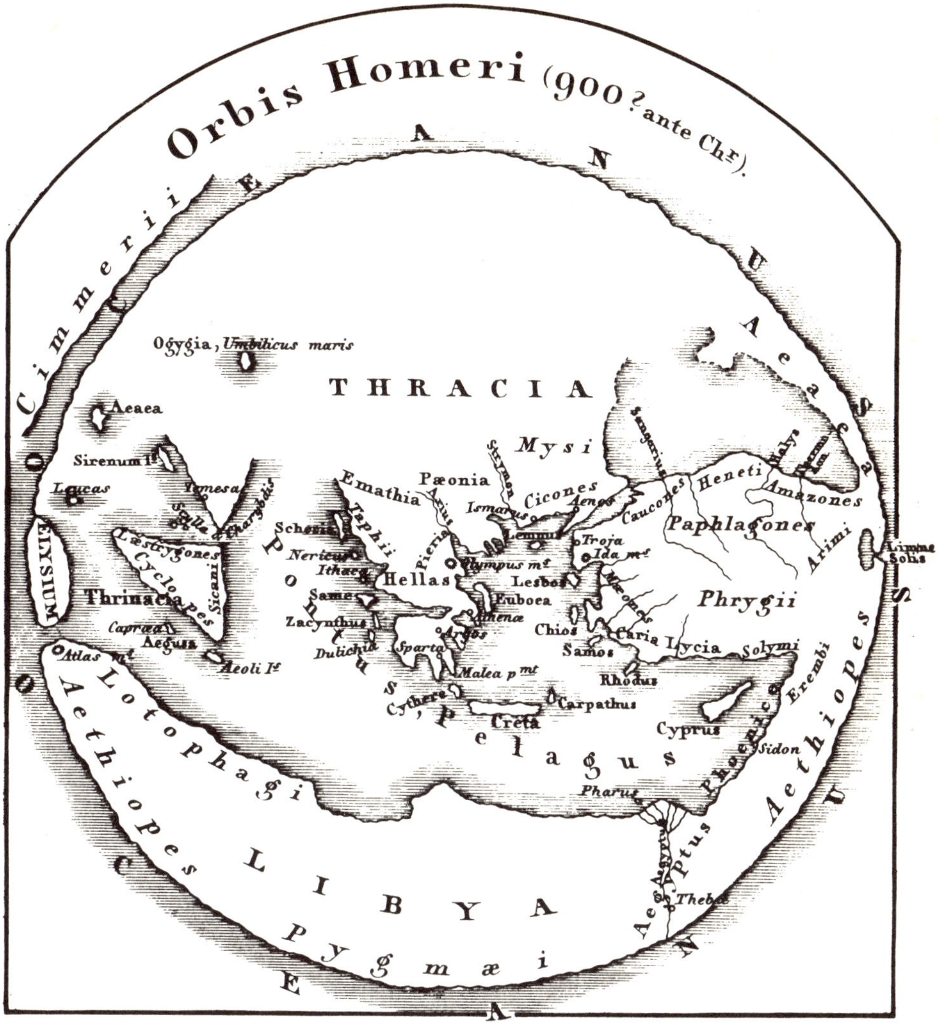

Fig. 49 »Welt Homers (900 vor Chr.?)« nach Karl von Spruner (Gotha 1850)

Einen neuen Zugang zur wissenschaftlichen Erforschung der homerischen Geographie öffnete Theodor Menke (1864) mit seinem Schema »Orbis terrarum ad mentem Homeri« (Fig. 51)[82]. Im Gegensatz zu seinen Vorgängern verzichtete er weitgehend auf Verzerrungen der normalen Landkarte und zeichnete statt dessen die von Odysseus besuchten Orte, die er als »regiones fabulosae« ansah, abstrakt ohne Beziehung zur tatsächlichen Geographie, allein aufgrund der Angaben Homers in seine Karte ein (im Ansatz also ähnlich wie unser Schema oben S. 30). Menke verwendete dabei Homers Angaben der Tagereisen als Entfernungen, allerdings nicht konsequent[83] und ohne Berücksichtigung der Fahrtgeschwindigkeiten. So

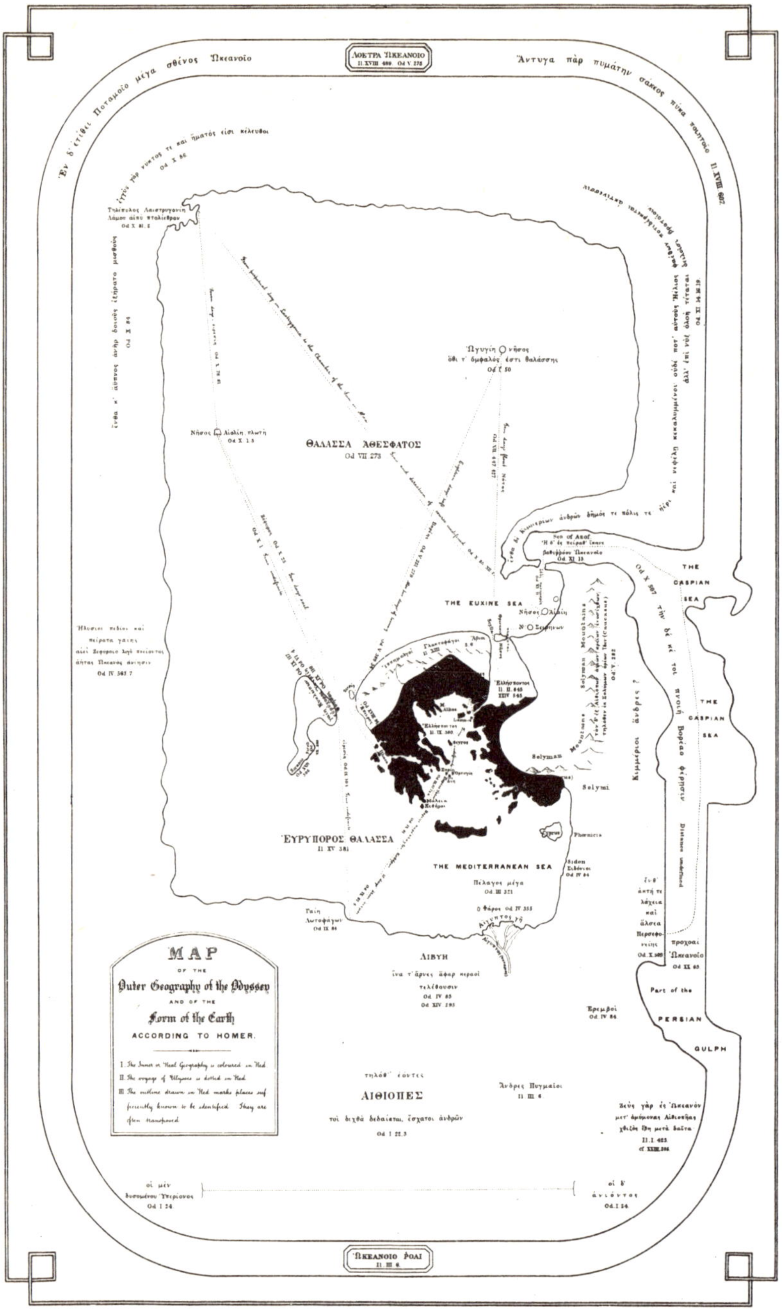

Fig. 50 »Karte der äußeren Geographie der Odyssee und der Form der Erde nach Homer« nach William E. Gladstone (Oxford 1858)

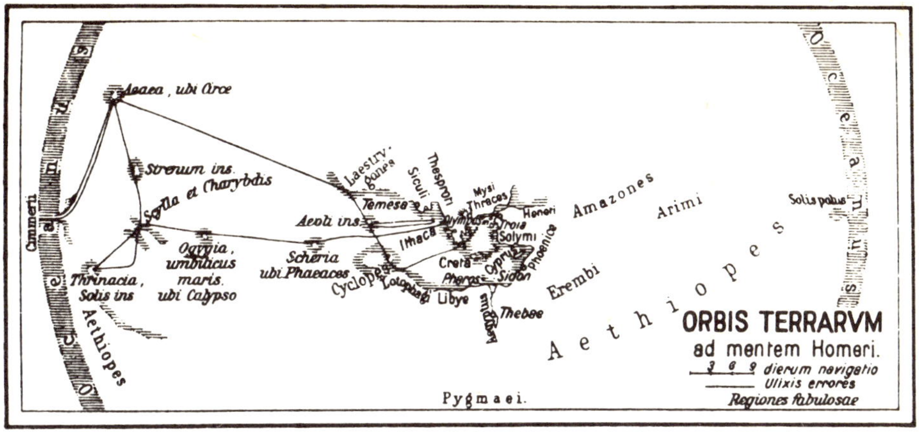

Fig. 51 »Der Erdkreis in der Vorstellung Homers« nach Theodor MENKE (Gotha 1864)

kam er zu immensen Entfernungen: wenn man Menkes Schema auf eine normale Landkarte projizierte, würde die Fahrt des Odysseus bis nach Nordamerika führen! Eine ähnliche Lösung wie Forbiger vertrat der Erforscher der homerischen Realien Eduard BUCHHOLZ (1871)[84]. Er verzichtete zwar auf eine Kartenzeichnung, lokalisierte aber die meisten Odysseus-Orte in der Gegend von Sizilien (Sikanien). Im Unterschied zu Forbiger bemerkte Buchholz, daß das Phaiakenland von Homer nicht als Insel bezeichnet wird. Er wandte sich daher gegen die traditionelle Identifizierung mit Kerkyra und suchte Scheria in dem nahegelegenen »Nachbarland von Epeiros«[85].

In einem wenig bekannten Vortrag »Das Phäakenland Homer« äußerte sich auch der Historiker Jacob BURCKHARDT (1876) zur homerischen Geographie. Er lehnte die Deutung auf Kerkyra ab, Scheria gehöre vielmehr einer »wunderbaren Traumgeographie« an. Diese verstand Burckhardt als eine vom Dichter erhöhte und poetisch geschilderte Welt. »Was das Bild des Phaiakenlandes bei Homer so zauberhaft macht, ist, daß der Dichter von einem solchen Zustand noch gar nicht soferne ist und ihn in vollem Ernst als einen möglichen, denkbaren und vielleicht ganz nahen behandelt.« Burckhardt vergleicht das Phaiakenland mit den Fabelländern Rabelais' und Swift's Lilliput und Brobdignac, die das französische und englische Leben des 16. und 18. Jahrhunderts in »Hohlspiegelbildern« karikierten. »Die Fabelländer der Poeten schildern nicht immer einen Zustand, den man wünscht, einen Idealzustand, sondern ebenso oft ein Dasein, welches die Kritik und selbst die Karikatur des wirklichen Erdenlebens einer bestimmten Zeit und Gegend bildet.« Die historisch bedeutsame Frage, auf welche »bestimmte Zeit und Gegend« sich Homers »Traumgeographie« der Phaiaken bezieht, verfolgt Burckhardt jedoch nicht[86].

Weit weniger wissenschaftlich als die Bemühungen von Forbiger, Menke und Buchholz waren die zahlreichen im letzten Drittel des 19. Jahrhunderts blühenden Theorien, die die von Homer geschilderten Orte allein aufgrund irgendwelcher Ähnlichkeiten oder Lokaltraditionen einzeln zu bestimmen versuchten. Da solche Ähnlichkeiten natürlich an vielen Stellen der Welt zu finden sind, fehlten diesen Theorien exakte Kriterien der Ortsbestimmung.
Für diese Beweisart typisch ist z. B. die Behauptung des baltischen Naturforschers und bedeutenden Embryologen Karl Ernst von Baer (1873, 1878), »daß für das 10., 11. und 12. Buch [der Odyssee] der Schauplatz im Schwarzen Meere ist, weil die Bucht der Lästrygonen so gezeichnet wird, daß ihre Übereinstimmung mit der Wirklichkeit von Balaklava so in die Augen springt«[87]. Bemerkenswert ist auch der Untertitel der Schrift: »Historische Fragen mit Hülfe der Naturwissenschaften beantwortet.« Von Baer gehörte wie Gladstone zu den Anhängern der Schwarzmeer-Theorie. Abgesehen von Widersprüchen mit den Richtungsangaben Homers (Kirke-Kimmerier Nordwind!) erscheint von Baers Beweisgang vor allem deshalb zweifelhaft, weil vorausgesetzt wird, Homer habe einerseits genaue geographische

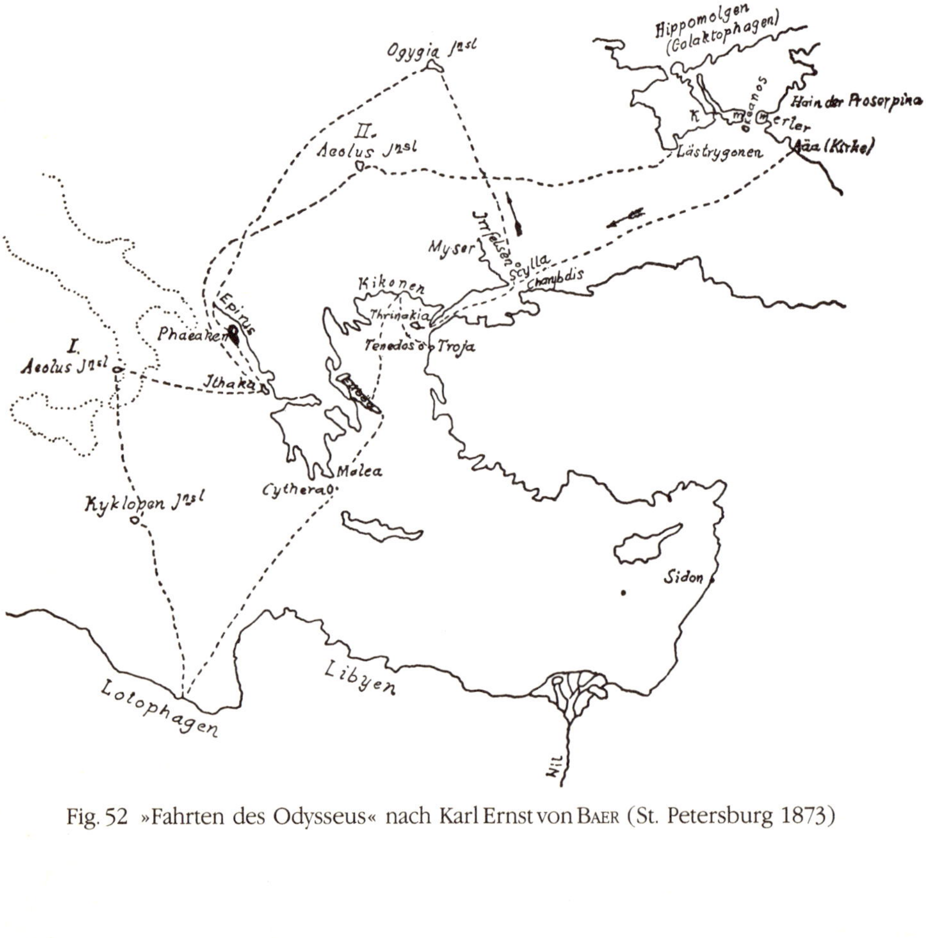

Fig. 52 »Fahrten des Odysseus« nach Karl Ernst von Baer (St. Petersburg 1873)

Einzelkenntnis von den hintersten Winkeln des Schwarzen Meeres gehabt, sei andererseits aber so unwissend gewesen, daß er das Schiff des Odysseus zweimal quer durch Süditalien und zweimal gar über den ganzen Balkan fahren lassen konnte (s. Fig. 52).
Kaum eher akzeptabel sind die Theorien jener Autoren, die als moderne Nachfolger von Ramus und den antiken »Exokeanisten« die Irrfahrten des Odysseus in das Weltmeer hinausverlegten und dabei noch kühner ausgriffen als ihre Vorgänger. Anton KRICHENBAUER (1877) entdeckte in der Odyssee nichts weniger als eine Umschiffung Afrikas. Nach seiner Ansicht wohnten die Lotophagen im südlichen Arabien, die Kyklopen am Kap Guardafui (Somalia), Aiolos auf den Seychellen, die Laistrygonen auf der Panzerbank, Kirke erst auf der Insel Rodriguez (östlich von Madagaskar), dann aber – bei Odysseus' zweitem Besuch – auf der Insel Ascension (vor der Westseite Afrikas); dazwischen sei Odysseus bei den Kimmeriern im südlichen Polarland gewesen! Dann folgen in kurioser Reihenfolge Gibraltar als Meerenge, Teneriffa als Thrinakia, Palma als Ogygia und nochmals Teneriffa, jetzt als Scheria[88]. Auch Konrad JARZ (1881) war der Auffassung, Homers Ortsangaben träfen genau auf die Kanarischen Inseln zu[89]. Während der Amerikaner William F. WARREN (1885) sich von Homer bis zum Nordpol führen ließ[90], behauptete Friedrich SOLTAU (1887), das homerische Schifferepos spiele im Südlichen Eismeer[91]. Der Direktor der Bremer Schiffahrtsschule Artur BREUSING (1889) lehnte es zwar ab, »diese mythischen Fahrten in die Karte eintragen zu wollen«, bestimmte dann aber doch Aia als eine der Kanarischen Inseln, Skylla und Charybdis als Straße von Gibraltar; andere Orte wieder, wie die Insel Thrinakia, wurden für ihn zur »freien Schöpfung des Dichters«[92].

Es ist zu verstehen, daß angesichts solcher unsinnigen und inkonsequenten Vorstellungen über die Geographie der Odyssee Vertreter der Wissenschaft sich von dem Problem abwandten. So urteilte Benedictus NIESE (1882): »Der Odyssee einen historischen Kern zu geben, scheint ein verzweifeltes Unternehmen; sie ist durchaus Poesie[93].« Doch gab Ulrich von WILAMOWITZ-MOELLENDORFF (1884) zu bedenken: »will man die abenteuer [des Odysseus] beurteilen, so kommt man um die frage ihrer geographischen ansetzung nicht herum, die so alt und älter als die homerischen studien ist, mit leidenschaftlichkeit bis auf den heutigen tag, und gewiß auch so lange es homerische studien geben wird, geführt[94].« Wilamowitz war der Auffassung, Homer habe sich die Lotophagen an der Syrte gedacht und die Kyklopen an derselben Küste; »denn er gibt keine beträchtliche fahrt zwischen Lotophagen und Kyklopen an. man muß wohl am ehesten an eine küstenfahrt westwärts denken.« Aiolia aber hält er für ein »mythisches reich«, »so kann diese nirgends gesucht werden«[95]. Auch »Seirenen, Skylla und Charybdis, Thrinakia tragen in sich keinen für den redactor charakteristischen zug«[96]. Indem Wilamowitz

Aia nach Kolchis setzte, gehörte er teilweise zu der Gruppe der Schwarzmeer-Theoretiker.

Angesichts der Feiern zum 400jährigen Jubiläum der Entdeckung Amerikas in der Columbus-Stadt Genua kam der italienische Senator Gaspare FINALI (1893) auf den Gedanken, die Lektüre der Odysseus-Stellen bei Dante (Inferno XXVI) hätten Columbus zu seiner Fahrt nach Westen über den Ozean angeregt. »Columbus hat Dantes Reise des Odysseus wiederholt, mit sicherer Richtung und größerem Glück«[97]. Es handelt sich hier nur um eine Deutung des Odysseus-Bildes von Dante, nicht von Homer.

Eine Mittelmeer-Theorie verfocht erst wieder der englische Philosoph und Schriftsteller Samuel BUTLER (1897)[98]. Nach seiner recht eigenwilligen Auffassung war Homer eine Frau! Das homerische Ithaka gehörte nicht zu den Ionischen Inseln, sondern lag bei Trapani an der Westspitze Siziliens. Merkwürdigerweise sei dieses Ithaka zugleich auch Kyklopen- und Phaiakenland gewesen. Und sowohl die Kirke- als auch die Sirenen-Insel sah Butler in Lipari. Selbst wenn man solche Doppel- und Dreifachidentifikationen hinnehmen wollte, so bleibt an Butlers Theorie zu kritisieren, daß sie an mehreren Stellen Homers Fahrtangaben eindeutig widerspricht[99]. Daß Butler nicht selbst diese Widersprüche zwischen seiner Theorie und den

Fig. 53 »Die Seereisen des Odysseus« nach Samuel BUTLER (London/New York/Bombay 1897)

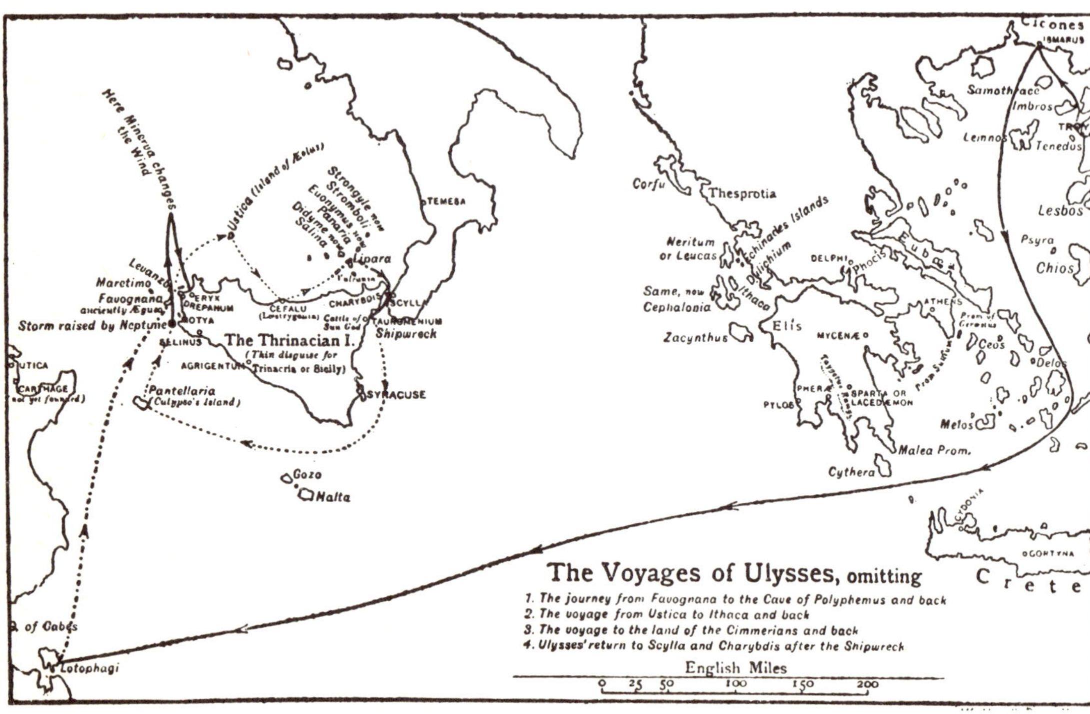

Angaben Homers sah, erscheint um so verwunderlicher, als er der erste war, der eine normale geographische Karte verwendete, um seine Auffassung von der Fahrt des Odysseus darauf darzulegen (s.Fig. 53).

Ohne Krichenbauer und Butler zu zitieren, übernahm Eumaios (1898) den Gedanken der Odyssee als einer Afrika-Umseglung und der Identifizierung Ithakas mit Sizilien. In der Einleitung erzählt er von einem Gespräch mit Heinrich Schliemann auf der Überfahrt von Athen nach Alexandria. Weil das Mittelmeer viel zu klein sei, »als daß man annehmen könnte, daß ein Seekönig von der Erfahrung eines Odysseus nur zwei Jahre, geschweige denn zehn Jahre auf ihm hätte herumirren können«, wird Odysseus jetzt sogar zum Amerikaentdecker[100]! Mit scheinbarer Exaktheit werden Tatsachen der Meereskunde, der Ethnologie und der Sagenforschung herangezogen, auch zurechtgebogen und die Odyssee erstmals mit Zeichnungen in der Art naturkundlicher Bilderbücher des 19. Jahrhunderts illustriert. Auf

Fig. 54 »Karte zu: Odysseus als Afrikaumsegler und Amerikaentdecker von Eumaios« (Leipzig 1898)

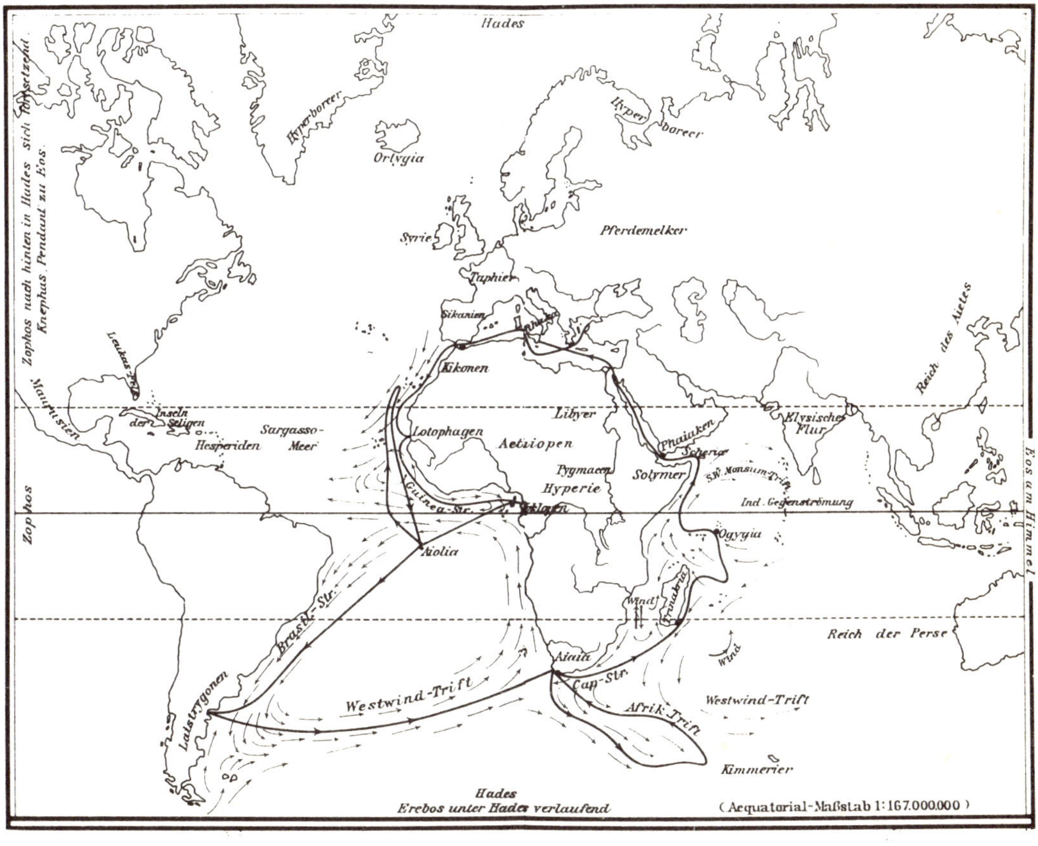

diese Weise gelangt der Leser über Westafrika (Lotophagen) zu den Hottentotten (Kyklopen) und über Ascension mitten im Atlantik (Aiolos), nach Südamerika (Laistrygonen). Die Zahl der sechs Rudertage wird wegdiskutiert; »denn in Bezug auf Zahlen kann sich auch ein Rhapsoden-Gedächtnis irren.« Telepylos sei auf ein Verhören der Nachschreiber zurückzuführen, eigentlich heiße es Tylepolis, »d. h. ein aus dicker Haut hergestellter Ort, also ein Lederzelt-Dorf«[101]. In diesem Stil geht es weiter: Indem Südafrika »zur Zeit des Odysseus für eine Insel gehalten wurde«, kann es zur Insel der Kirke werden[102]. Die Kimmerier wohnen in der Antarktis, Madagaskar sei die Insel des Sonnengottes, Kalypso wird auf einer der Seychellen im Indischen Ozean gesucht, der Omphalos des Meeres wird als Atoll abgebildet. Die Phaiaken schließlich leben in Aden oder auf Sokotra. Zur Überwindung des Isthmus von Suez werden ihre »leichten über Land tragbaren Schiffe« über die Landenge geschleift[103]. Der ganze Spaß ist natürlich nur möglich, weil die Fahrtzeiten unberücksichtigt bleiben. Eumaios will, daß es dem Leser »nicht leicht gemacht wird, zu unterscheiden, inwieweit die Sache Scherz oder Ernst sein soll«. Relativierend macht er sich über die verschiedenen Methoden der Homer-Interpretation lustig: »Das Land muß sich verändert haben, sagt der Exakte. Die Schilderung im Homer ist natürlich nicht treu, sie ist poetisch gefärbt, meint der absolute Homerbewunderer und giebt sich zufrieden. Der Dichter hat nicht nach Autopsie geschildert, sondern sich vom Hörensagen ein Phantasiegebilde gemacht, verkündet ein anderer Homer-Interpret. Der Text ist eben corrumpiert, beweist klar und deutlich der Text-Kritiker[104].« Das Werk ist gewiß der amüsanteste Beitrag zu unserem Thema und ein kleines Juwel der wissenschaftlichen Parodie. Leider ist der Name des geistvollen Autors, der sich schalkhaft hinter dem Pseudonym des Eumaios verbirgt, nicht bekannt. Das Vorwort unterzeichnet er als »der göttliche Sauhirt und exakte Altertumsforscher«. Das einzige nachweisbare Exemplar der fast verschollenen Schrift besitzt die British Library in London (s. Fig. 54).

Kein hintergründiger Scherz, sondern ernst gemeint ist die Theorie des Niederländers Joseph SCHREINER (1901). Dieser glaubte, die Welt der Odyssee sei die des alttestamentlichen Palästina. Er hatte die »Idee..., das Epos als mysteriöse und kryptologische Dichtung aufzufassen« und behauptete, »daß die glorreiche Geschichte des Volkes Israel vom Dichter Homer mit genialem Überblick und bewunderungswürdigem Aufbau unter dem undurchdringlichen Schleier einer geheimnisvollen Sprache zur meisterhaften Darstellung gebracht und dem Andenken aller Zeiten überliefert worden« sei[105]. Sein »Facit: Hypothese eins: *Troja gleich Jericho«*, und Hypothese zwei: *»Odysseus gleich Jehoshuagh«* [106]. Ogygia war für ihn Gilgal, die erste Ruhestätte der heiligen Lade nahe bei Jericho, die Phaiakenstadt Tyrus, Scheria Palästina insgesamt[107]. »Weiterhin haben wir uns unter... Alkinoos, welcher von den Göttern die Gabe der Weisheit empfangen (6, 12), selbstverständlich niemand anders vorzustellen als eben... König Salomon den Weisen.« Das

»ungeschlachte Nomadenvolk der Kyklopen repräsentiert« dagegen »die historischen Hirtenkönige der Hykshôs«. Ithaka war für Schreiner die Stadt Sichem in Samaria[108].

Auf einem unvergleichlich höheren Niveau stand dagegen die Theorie des französischen Gelehrten und späteren Senators der Republik Victor Bérard (1902–03). Dieser führte Homers in der Odyssee verarbeitetes Wissen von der Welt im Westen Griechenlands auf die Seefahrten der Phöniker zurück[109] (vgl. unten S. 172).

In Deutschland wurde diese Auffassung Bérards von I. Miller (1904) vertreten. Auch dieser nahm an, Homer habe »seine Angaben nach dem Berichte von Seefahrern gemacht«[110]. Philippe Champault (1906)[111] suchte die Orte der Odyssee ebenfalls um Sizilien und Italien, löste sich aber stärker als Bérard von antiken Lokalisierungsüberlieferungen, indem er z. B. die Lotophagen am tunesischen Kap Bon, Aiolia in der Insel Marettimo (Westsizilien) und das Phaiakenland in Ischia (bei Neapel) suchte. So vermied Champault zwar einige der traditionellen Widersprüche mit den Angaben Homers, doch kam auch er nicht ohne Annahme längerer, von Homer nicht erwähnter Fahrtzeiten aus[112]. Champault trat für einen Zusammenhang nicht nur der phönikischen, sondern auch der griechischen Westkolonisation mit der Odyssee ein. Der schwedische Forscher Hans H. von Schwerin (1909) vermutete sogar, daß in der Erzählung des Kyklopenabenteuers »wahrscheinlich ... Erinnerungen einer mißlungenen griechischen Kolonisierungsunternehmung an der Küste der Syrten stecken«[113]. Doch hatte auch Schwerin mit der üblichen Lokalisierungsmethode durch Einzelbestimmungen[114] – aufgrund mehr oder weniger willkürlich ausgewählter antiker Ortstraditionen und Ortsähnlichkeiten – wenig Erfolg und verwickelte sich in starkem Maße in Widersprüche mit den Fahrtangaben Homers[115]. So rettete sich Schwerin angesichts seiner Ortsbestimmungen mit dem Urteil, »daß der Dichter der Odyssee eine in geographischer Hinsicht gänzlich verkehrte Vorstellung ... hat«[116].

Auch der Philologe Walther Kranz (1915) äußerte sich zur Frage der geographischen Bestimmung der Odyssee. Er war der Überzeugung, daß »die Epen des 8. und 7. Jahrhunderts v. Chr. ... den Entdeckungsfahrten ionischer Kauffahrer ihr Wesen verdanken«; er versuchte daher, »die Odyssee aufzunehmen wie die, für deren Ohren sie gedichtet wurde, denen Stern und Wind lebendige Genossen und nicht nur Namen waren, von denen jeder Zweite eine Fahrt ins Meer gewagt hatte wie Odysseus selbst, jeder Dritte ein Seeräuber und Abenteurer war, so gut wie er, und indem wir uns von modernen Theorien über die Entstehung dieses Epos so frei machen, wie wir es nur irgend vermögen, wollen wir von seinen *geographischen* Angaben ausgehen, um zu sehen, wieweit sie allein uns das Verständnis des Irrfahrtengedichts vermitteln[117].« Von diesem gewiß fruchtbaren Ansatz her deutete Kranz – im Sinne der Schwarzmeer-Theorie – einen Teil der in der Odyssee genannten Orte auf den Westen, einen anderen auf den Osten[118], aufgrund dieser

Fig. 55 »Das homerische Weltbild« nach Wilhelm DÖRPFELD (München 1925)

zwei Bestimmungen kam er zu dem Schluß: »Hier liegen uns in der Tat zwei durch die geographischen Angaben klar geschiedene Gedichte vor, eins, dessen Schauplatz der Westen, ein anderes, dessen Schauplatz der Osten ist[119].« Kranz versuchte also, seine Auffassung von der Odyssee-Geographie für die Textanalyse fruchtbar zu machen; doch ist gegen seine Lokalisierung einzuwenden, daß sie bei weitem nicht alle nautischen Angaben Homers berücksichtigte, auch nicht alle Orte geographisch bestimmte und insofern nicht als zwingend gelten kann.

Der Schwarzmeer-Theorie folgte auch Otto MAASS (1915), der jedoch im wesentlichen nur Lokalisierungen von Karl von Baer übernahm[120]. Der Archäologe und Architekt Wilhelm DÖRPFELD (1925) setzte dagegen die Reihe derer fort, die die

Odysseus-Orte im Westen und teilweise sogar draußen im Ozean suchten (s. Fig. 55)[121]. Er legte dabei seiner Theorie bis zur Aiolos-Insel, die er zwischen Sardinien und Nordafrika vermutete, eine normale Karte zugrunde, von dort ab jedoch lediglich Vorstellungen. So bestimmte Dörpfeld nur einen Teil der Orte exakt geographisch; aber auch bei diesen geriet er in Widersprüche mit den Angaben Homers, so daß gegen seine Lokalisierung der Odysseus-Fahrt allzu starke Bedenken bestehen[122]. Immer noch in der Diskussion ist jedoch Dörpfelds vielumstrittene, schon 1902 erstmals vertretene These, das homerische Ithaka sei nicht die heutige Insel Thiaki, sondern das nördlich davon gelegene Leukas.

Ein Zeugnis der damaligen Germanentümelei ist das Wiederaufleben der Nordland-Variation der Atlantik-Theorie bei dem Philologen Friedrich CORNELIUS (1925): Die Laistrygonenstadt liege in einem norwegischen Fjord, die Kimmerier werden – wie schon von Poseidonios – mit den Kimbern identifiziert, womit der betreffende Homervers (11, 14) »die älteste Erwähnung der Germanen« wäre. Daß Homer hier von »elenden Menschen« spricht, bedeute aber »nicht ein Urteil über die Tapferkeit des Volkes, sondern über seine äußere Lage«! Die übrige Geographie der Odyssee – Kyklopen, Aiolos, Skylla – wird ohne weitere Begründung ebenfalls im »Ozean«, also wohl im Atlantik, gesucht, Kalypso und Scheria »mit seinem milden Klima« etwa bei den Kanarischen Inseln[123].

Eine irisch-schottische Atlantik-Theorie verfocht J. RENDEL HARRIS (1925), indem er Skylla als eine der Skelligs (= Seefelsen vor Irland oder Schottland) ansah. Der Strudel von Corrievreckan bei den Hebriden erschien ihm eher der Charybdis zu entsprechen als die Strömungen in der Straße von Messina[124]. Roland HERKENRATH (1926), faßte vier Stellen der Odyssee (10, 82–86, 190–192; 11, 13–19; 12, 3–4) als »feste Stützen für die Ansicht« auf, »daß Homer seinen Helden eine Polarfahrt hat machen lassen und dazu Mitteilungen eines uralten Polarfahrtberichtes benützte«[125].

Neue Wege beschritt der Berliner Geograph Albert HERRMANN (1926). Er stellte fest, die Frage, wieviel in dem Epos Dichtung sei und wieviel wahre Begebenheit erzählt werde, könne »erst jetzt beantwortet werden, nachdem das Problem der Entstehung der Odyssee im wesentlichen geklärt ist«[126]. Herrmann setzte dabei philologische Forschungen seiner Zeit voraus, nach der die überlieferte Fassung der Odyssee das Werk von fünf Redaktionen sein sollte. Für jede dieser fünf Stufen versuchte Herrmann, das geographische Erdbild zu rekonstruieren. Er nahm dabei an, »daß das älteste Irrfahrtengedicht von den wirklichen Erlebnissen des Odysseus erzählt«[127]. Zu dieser »Urodyssee« gehören von den Orten der Abenteuer nur das Kyklopenland, Thrinakia und das Phaiakenland. Herrmann bestimmte sie in Mitteltunesien, als Lampedusa und am Kap Bon (s. Fig. 56). Während Herrmann diese »Urodyssee« auf einer normalen Karte einzeichnete, versuchte er, die

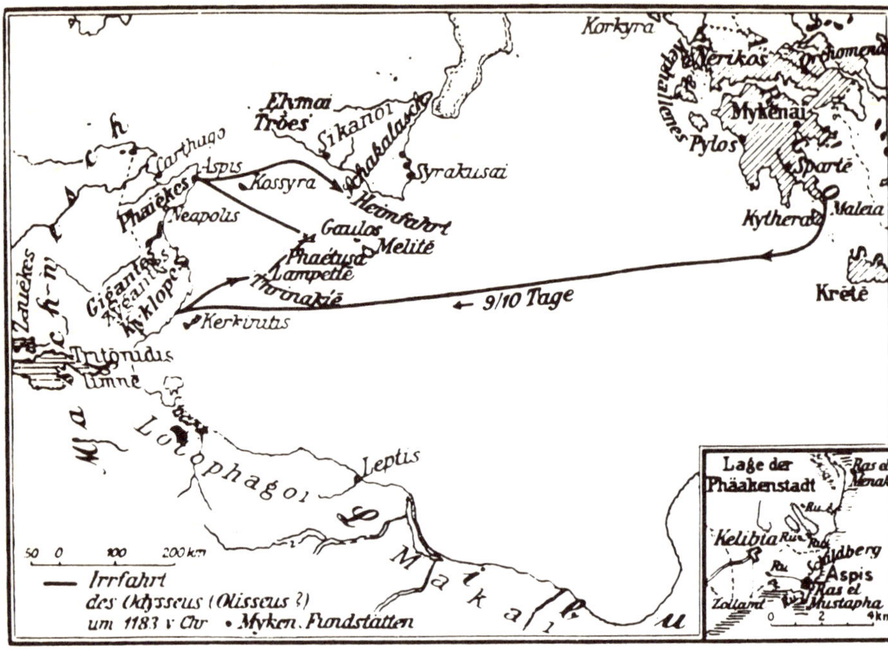

Fig. 56 »Die Irrfahrt des Odysseus nach der Urodyssee« nach Albert HERRMANN (Berlin 1926)

geographischen Vorstellungen der späteren Fassungen der Odyssee auf Karten in der Art von Voß und Gladstone, also mehr oder weniger willkürlich verzerrt, darzulegen. Als Beispiel sei hier nur die Karte für die dritte, als »homerisch« geltende Fassung der Odyssee wiedergegeben (s. Fig. 57). Herrmann folgte hierbei der Schwarzmeer-Theorie und stellte sich das geographische Erdbild Homers ähnlich wie Gladstone und von Baer vor. Die Abhängigkeit seiner Theorie von der Textanalyse der Philologie seiner Zeit machen die Bedingtheit der Herrmannschen Lösung aus; doch war Herrmann der erste, der kartographisch zwischen der Fahrt des Odysseus selbst und der Fahrtroute, wie sie sich Homer vorstellte, unterschied. Das war ein Fortschritt auf dem Weg zu methodischer Genauigkeit, auch wenn sonst das Ergebnis wenig befriedigt.

Seine schon ein Vierteljahrhundert zuvor aufgestellte Phöniker-Theorie (s. S. 169) entwickelte der Graezist Victor BÉRARD noch einmal in einem vierbändigen Werk in aller Breite (1927–29)[128]. Er versuchte, die Route des Odysseus mit Hilfe von antiken Traditionen, Seekarten, nautischen Instruktionen, Ortsähnlichkeiten und Namen im westlichen Mittelmeer bis ins einzelne zu bestimmen: Djerba (Lotophagen), Nisida bei Pozzuoli (Ziegeninsel), Kymai (Kyklopen), Stromboli (Aiolos), Porto Pozzo/ Sardinien (Laistrygonen), Monte Circeo (Kirke), Averner See (Hades), Galli (Sirenen), Pietra lunga und Pietra menalta zwischen Vulcano und Vulcanello (Plankten),

Fig. 57 »Die Erdkarte Homers« nach Albert HERRMANN (Berlin 1926)

Straße von Messina (Skylla und Charybdis), Messina/Sizilien (Hafen/Sonneninsel), Pérejil in der Straße von Gibraltar (Kalypso), Kerkyra (Phaiaken). Als erster unter den Odyssee-Lokalisatoren seit Clüver war Bérard so gründlich, alle die von ihm angenommenen Orte persönlich in Augenschein zu nehmen. Bereits im Jahre 1912 hatte er sie bereist; aber erst 1933 erschien Bérards »Odysseeisches Album« mit den reizvollen Aufnahmen des Fotografen Fréderic BOISSONAS, den der Philologe zu seiner Begleitung mitgenommen hatte[129]. Einige dieser Abbildungen finden sich auch in Bérards französischer Übersetzung der Odyssee (1941). Bérards Theorie bildete einen vorläufigen Schlußpunkt in der Geschichte der homerischen Geographie (Fig. 58). Etwa eine Generation lang versuchte niemand ernsthaft, an die Stelle

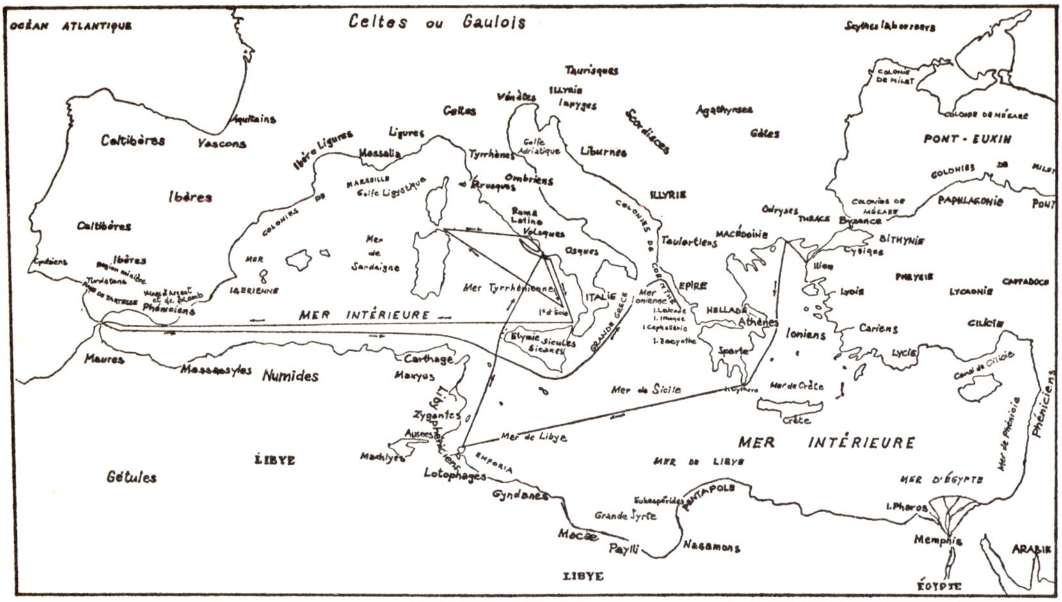

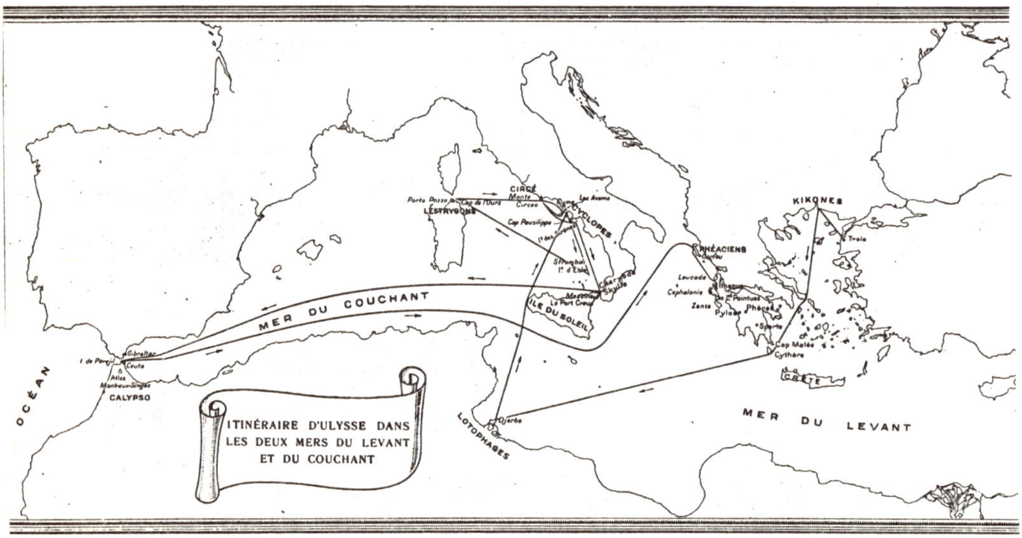

Fig. 58 »Der Weg des Odysseus in den zwei Meeren des Ostens und des Westens« nach Victor BÉRARD a) 1. Fassung (Paris 1929) b) 2. Fassung (Paris 1933)

der von Bérard gezeichneten Karte der Reisen des Odysseus eine andere zu setzen. Trotz aller Gründlichkeit hat aber auch Victor Bérard eine ganze Reihe erheblicher Widersprüche mit Homers Angaben nicht vermeiden können[130].
Der Geograph Richard HENNIG (1934) bemühte sich um »die Ausnutzung der Erkenntnisse der modernen vor- und frühgeschichtlichen Forschung für die Homerkunde«[131] und gelangte zu der neuen Identifikation: »Das Kimmerierland ist das Zinnland des Altertums Britannien und weiter nichts[132].« Im übrigen folgte Hennig im wesentlichen den Theorien von Breusing[133]. Weitere Vertreter von Atlantik-Theorien waren Heinrich RÜTER (1937), der Dörpfelds Theorie übernahm[134], Wilhelm von WEICKHMANN(1944), der Skylla und Charybdis bei Teneriffa vermutete[135], und Alfred KLOTZ(1952), der hauptsächlich die Ansichten von Breusing und Hennig wiederaufnahm[136]. Die Hauptschwierigkeit all dieser Theorien liegt darin, daß sie zwischen den gefundenen Orten sehr weite Fahrtstrecken annehmen müssen, ohne daß der Text dies sagt[137]. Damit aber geht jede Möglichkeit, das Problem wissenschaftlich kontrollierbar zu lösen, verloren. Klotz versuchte außerdem, seine Theorie mit der Behauptung zu stützen, der »Exokeanismos« sei die älteste, noch vorhesiodische Auffassung über die Fahrt des Odysseus gewesen; allerdings konnte Klotz dafür keinen einzigen Textbeleg liefern. Weisen doch, wie wir sahen, die ältesten, aus dem 7. bis 3. vorchristlichen Jahrhundert stammenden Überlieferungen geographischer Bestimmungen von Odysseus-Orten ausschließlich in die Welt des Mittelmeeres.
Im Bereich dieser frühen Traditionen suchen auch die folgenden Theorien den Weg des Odysseus. Emile MIREAUX (1948–49) versuchte zwar keine Lokalisierung der Odyssee, doch sah er Homer in enger Verbindung zu den Aristokraten von Chalkis, Eretria, Korinth und Aigina, die ihre Macht auf die Technik der Metallbehandlung gründeten und die naturgemäß großes Interesse an den wichtigen Zinnwegen nach Kolchis und Etrurien hatten. Homer rühmt, so nahm Mireaux an, in der Ilias mit Troia die Dardanellen und in der Odyssee mit dem Phaiakenland die Insel Kerkyra, beides wichtige Sicherungspunkte für diese Zinnwege. »Le poème du Retour d'Ulysse c'est l'expression de la poussée du peuple grec vers l'expansion maritime et coloniale dans la Mediterranée[138].« Allerdings steuerte Mireaux für diese kühne Theorie wenig zwingende Begründungen bei.

Als »historische Phantasie« bezeichnete der Schweizer F. J. WIL (1950) selbst seine Theorie, die Odysseus' Weg aus dem Mittelmeer (Lotophagen, Kyklopen) heraus bis nach Britannien (Aiolos, Laistrygonen, Kirke, Sirenen, Skylla, Thrinakia), Island (Kimmerier), Färöer (Kalypso) und Norwegen (Phaiaken und Ithaka!) lokalisierte (s. Fig. 59)[139]. Von der Insel Man (Kirke) zum Hades-Eingang (Island) wird Odysseus aber schwerlich an einem Tag mit Nordwind haben fahren können. Noch phantastischer ist Wils Auffassung von der »Urheimat der Phaiaken«: »Als gute Indoeuropäer

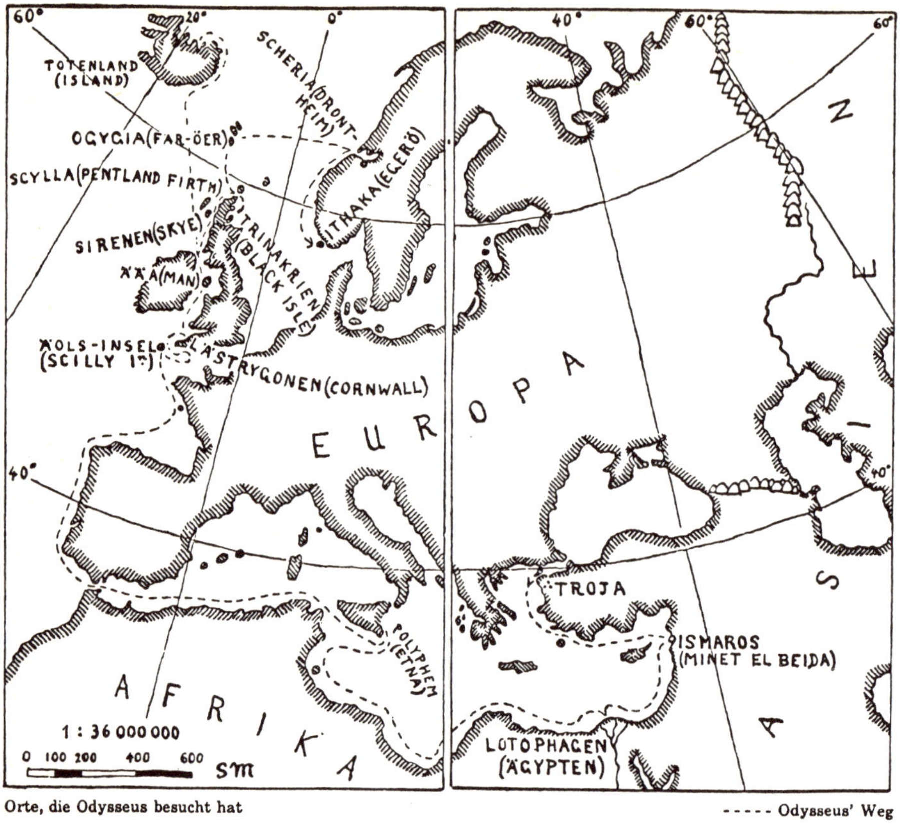

Fig. 59 »Orte, die Odysseus besucht hat« nach F. J. Wil (Affoltern/Schweiz 1950)

stammen sie aus den Hochländern Innerasiens, kommen von da nach Indien, von dort auf die Andamanen, wo sie ihre Tonscherben hinterlassen, und von da nach Java und anderen Sunda-Inseln. Von diesen werden sie durch die Südseeinsulaner vertrieben.« Durch die Magellhanstraße segelten sie »nach einem Aufenthalt in Brasilien, über den Atlantik und fanden, teils im Mittelmeer, besonders aber in Skandinavien ... freies Land und hervorragende Voraussetzungen für Schiffbau und Fischfang ...[140]«

Der französische Philologe Gabriel Germain (1954) entwarf in seiner Studie über die Entstehung der Odyssee ein Schema der Seefahrten des Odysseus, das im Zentrum eine Karte des Gebietes von Ithaka bis Ägypten darstellt (s. Fig. 60)[141]. Außerhalb dieser durch einen doppelten Rahmen begrenzten »geographischen Welt« finden wir die Orte und Strecken der Odyssee in einem geographielosen Raum, der offensichtlich das Reich der dichterischen Phantasie darstellen soll. Im Unterschied

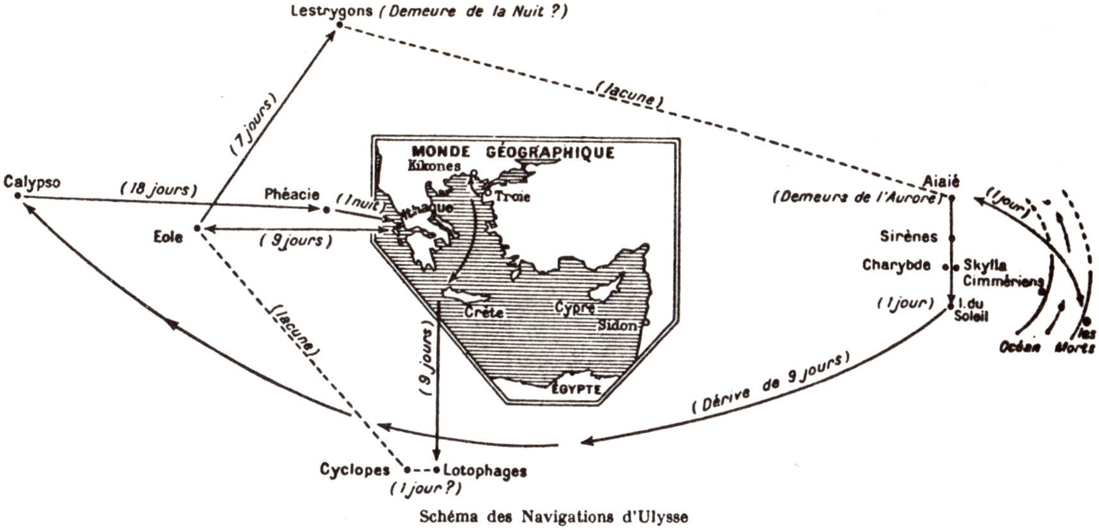

Fig. 60 »Schema der Seefahrten des Odysseus« nach Gabriel GERMAIN (Paris 1954)

zu dem vergleichbaren Versuch von Theodor MENKE (1864) wird eine Reihe von Orten nicht im Westen, sondern im Osten der realen Welt kartiert. Daraus folgt aber bei Germain, daß Odysseus in den 9 Tagen, die er als Schiffbrüchiger durch das Meer treibt, fünfmal weiter kommt als in den 9 Tagen mit dem leichten, günstigen Wind des Aiolos zu Schiff. Auch in einer Phantasiewelt wäre dies eine sinnlose Vorstellung! Während bei Menke reale und dichterische Welt ineinander übergehen, ist Germains Karte ein anschauliches Beispiel für die Vorstellung, nach der in der Odyssee zwei Welten, eine geographische und eine geographielose streng voneinander getrennt seien.
Der neuseeländische Philologe Lewis G. POCOCK (1955, 1957, 1959)[142] griff die eigenartige Theorie Samuel Butlers wieder auf: aus den Ortsangaben Homers ergebe sich, die Insel Ithaka liege nicht vor Griechenland, sondern sei Trapani in Westsizilien, dies sei zudem nicht nur die Heimat des Odysseus, sondern auch die des Dichters Homer selbst. Pocock hält diese Butlersche These für »die bedeutendste Entdeckung in der gesamten Geschichte der homerischen Studien *(the most important discovery in the whole history of Homeric scholarship)*[143].« Pocock suchte wie Butler in der Gegend von Trapani auch das Land der Kyklopen und das der Phaiaken. Er folgte Bérard in der Bestimmung Ogygias (Pérejil in der Straße von Gibraltar). Als erster fand er die Kirke-Insel auf Ustica nördlich von Palermo. Originell sind auch seine Bestimmungen von Skylla und Charybdis (Vulcano/Vulcanello) und Thrinakia (Ortygia/Syrakus). Pocock versuchte, wie viele vor ihm, die Odysseus-Orte einzeln und allein aufgrund von Orts- oder Namensähnlichkei-

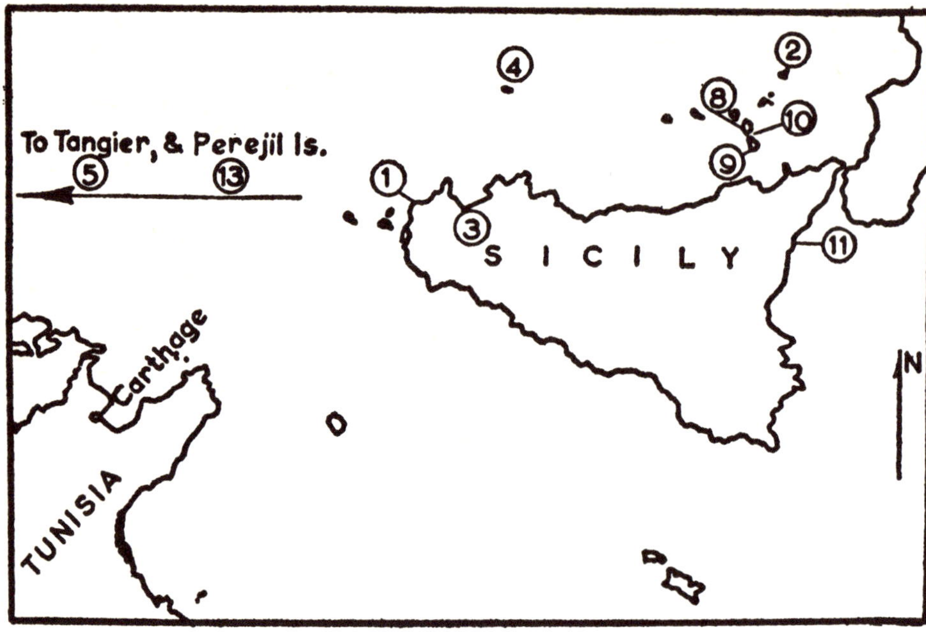

Drawn by F. B. Chennells

Fig. VI. LANDFALLS OF ODYSSEUS, AS SUGGESTED, FROM POLYPHEMUS ONWARDS. The list below gives the full sequence: places revisited are numbered once only on the map.

1. POLYPHEMUS *(near Trapani)*
2. AEOLUS *(Stromboli)*
3. LAESTRYTONIANS *(Castellammare)*
4. CIRCE *(Island of Ustica)*
5. HOUSE OF HADES *(near Tangier). Off map*
6. CIRCE AGAIN *(see No. 4)*
7. SIRENS *(Ustica. See No. 4)*
8. PLANCTAE *(Lipari Island)*
9. SCYLLA *(Vulcano Island)*
10. CHARYBDIS *(Vulcanello)*
11. CATTLE OF THE SUN *(Naxos)*
12. CHARYBDIS AGAIN *(see No. 10)*
13. CALYPSO *(Perejil Island, near Tangier). Off map*
14. SCHERIA *(Trapani. See No. 1)*
15. ITHACA *(Trapani. See No. 1)*

11. *(Naxos)* S. 64. Anm. 15 von POCOCK *verändert in: Ortygia (Syrakus).*

Fig. 61 »Die Landungen des Odysseus ...«
nach Lewis G. POCOCK (Wellington, New Zealand, 1957)

ten zu bestimmen[144]; das wird auch aus seiner Karte deutlich, auf der er die einzelnen gefundenen Orte nicht zu der von Homer beschriebenen Fahrtroute verbindet (s. Fig. 61). Zeichnet man die Verbindungslinien nachträglich ein, so werden jedoch die Widersprüche der Pocockschen Theorie mit den Fahrtangaben Homers leicht ablesbar[145]. Sie sind zu kraß, als daß hier die von Homer beschriebenen Orte gefunden worden wären. Damit fallen aber auch Pocock's phantasiereiche Schlußfolgerungen hin: »Wenn also Trapani sowohl ›Ithaka‹ als auch ›Scheria‹ ist, ist dem Schluß in der Tat kaum zu entgehen, daß Trapani auch die Heimat des Dichters

Fig. 62 »Kurzer Aufriß der Seefahrten des Odysseus im zentralen Mittelmeer« nach Gaetano Baglio (Rom 1958)

gewesen sein muß[146].« Homer sei ein Dichter der Elymer gewesen und sein Haß gegen die Phöniker sei in die Dichtung eingeflossen. »Polyphem repräsentiert einen Phönizier aus Sizilien, mit dem Odysseus im Streit lag: der Zorn des Poseidon ist der Zorn der Phönizier: die Irrfahrten (wanderings) des ›Odysseus‹ sind … die Irrfahrten eines aus Trapani Verbannten, der unter den Karthagern diente und mit ihnen Unannehmlichkeiten (trouble) bekam …[147]« Eine Reihe von Einzelbeobachtungen Pococks – z. B. die zu 10, 86 – sind jedoch überzeugend.

Eine eigene Variante der Mittelmeer-Theorie entwickelte der Italiener Gaetano Baglio (1957, 1958, 1959)[148]. Er versetzte als erster die Kyklopen nach Sardinien. Originell ist seine Bestimmung der Felsen der Skylla und Charybdis nach Stromboli und Panarea. Aber auch Baglio (s. Fig. 62) konnte schwerwiegende Widersprüche mit der homerischen Fahrtbeschreibung nicht vermeiden[149]. Trotzdem ist seine allgemeine These interessant: Während Mireaux das Heimkehr-Gedicht für einen »Ausdruck« *(expression)* der griechischen Westkolonisation hält, sieht Baglio umgekehrt in der Odyssee eine Art Führer für diese Seefahrten: »Der Dichter hat den Griechen allmählich mit den Mitteln seiner Kunst auch neue Orte möglichen Handels und der Kolonisation in den Ländern des zentralen Mittelmeeres ge-

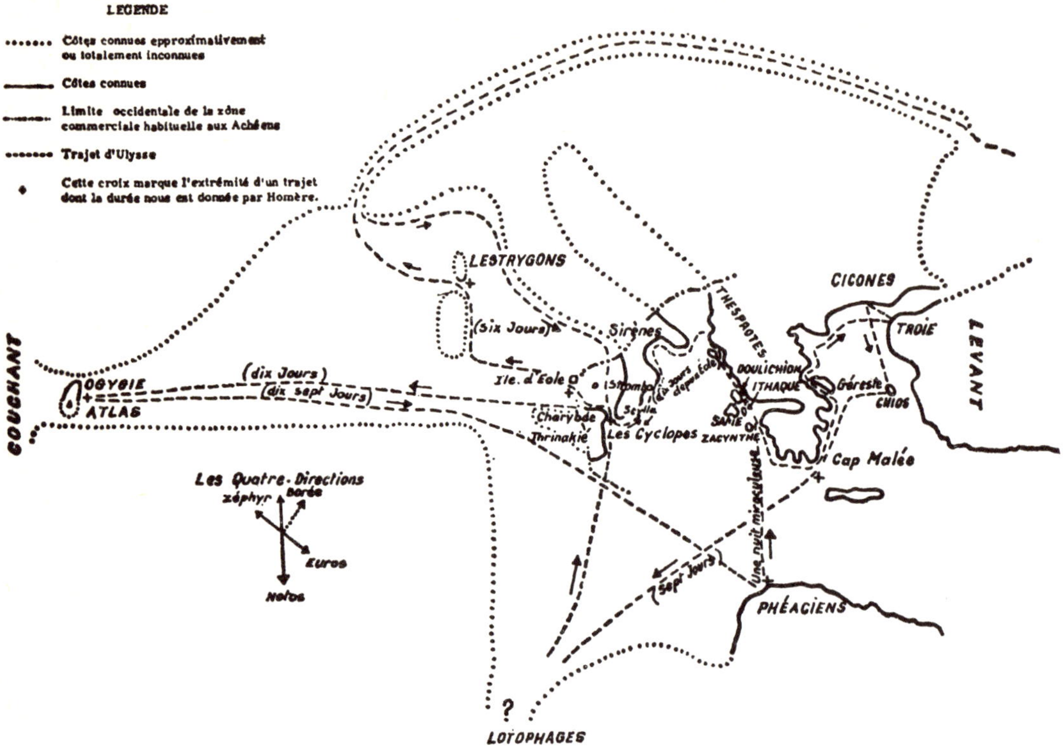

Fig. 63 »Fahrt des Odysseus« nach Louis MOULINIER (Aix-en-Provence 1958)

zeigt[150].« Baglio macht dabei allerdings die m. E. unnötige Voraussetzung, Homer habe in der ersten Hälfte des 9. Jahrhunderts – also rund 100 Jahre vor dem Beginn der Westkolonisation – gelebt und die Fahrt, die er beschreibt, sei tatsächlich die Fahrt des Odysseus aus der Zeit um 1200 v. Chr.[151].

Einen wichtigen Schritt zur Erkenntnis der »doppelten Geographie *(double géographie)*« in der Odyssee – d. h. die Unterscheidung zwischen vorhomerischen, der alten Sage von Odysseus zugehörenden, und für den Dichter zeitgenössischen geographischen Angaben – hat der französische Gelehrte Louis MOULINIER (1958) getan (siehe Fig. 63). Er hat die fruchtbare Formulierung gefunden, »daß Homer die Episoden der Odyssee wirklich lokalisieren wollte *(qu'Homère a voulu réellement localiser les épisodes de l'Odyssée)*«[152]. Moulinier macht damit erneut klar, daß es sich nicht darum zu handeln hat, den Mythos von Odysseus zu lokalisieren, sondern festzustellen, wo Homer diesen lokalisierte. Ob die Odyssee märchenhaft oder geographisch faßbar sei, ist eben gar kein echter Gegensatz. Über die Grenze zwischen den beiden »Geographien« wird allerdings zu streiten sein. Bei den einzelnen Lokalisierungen folgt Moulinier zumeist Victor Bérard (Laistrygonen,

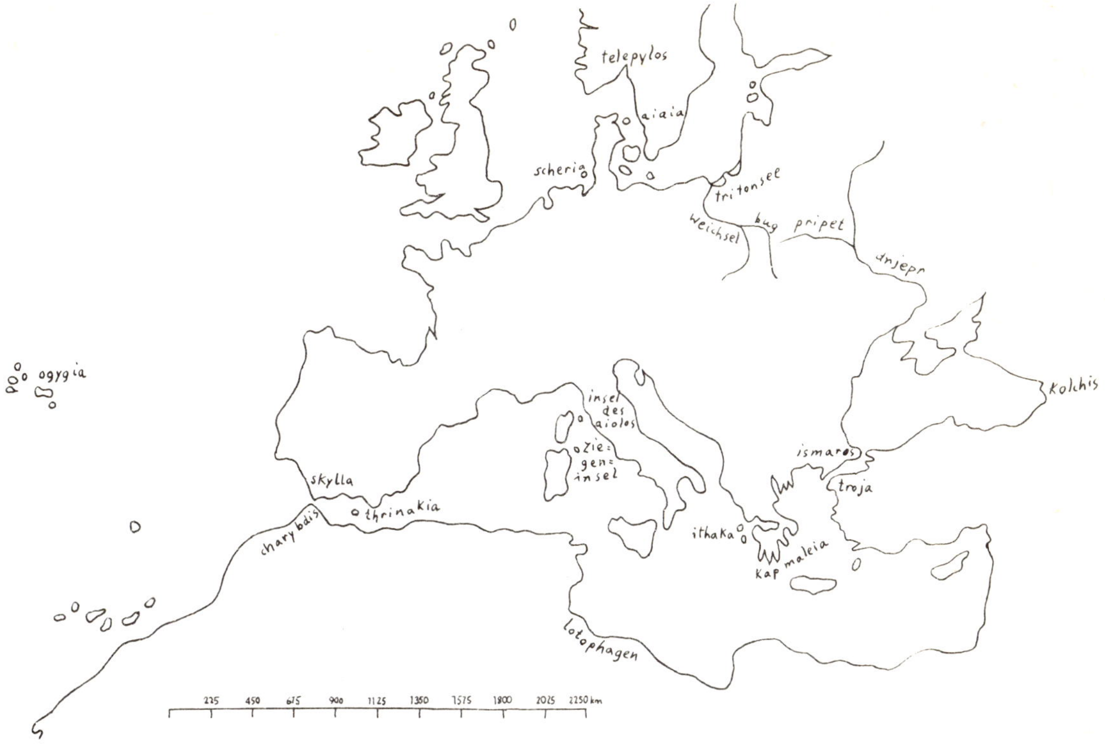

Fig. 64 »Auf des Odysseus und der Argo Spuren« nach Otto ZELLER (Aalen 1959)

Kalypso u. a.) oder Germain (Kirke, Hades u. a.), doch bietet er für die Phaiaken eine neue (Festlands!-)Lösung an: die Kyrenaika in Nordafrika. Wie seine zwei Vorgänger hat auch Moulinier eine Reihe der von Homer genannten Orte weit entfernt von den zu Homers Zeit bekannten Küsten angesetzt. Dies ist aber weder nötig noch richtig, wenn man die Fahrtbeschreibung Homers als Ganzes ernst nimmt. Jedenfalls gerät auch Moulinier mit seinen Einzelbestimmungen mehrfach in Widerspruch zu den Angaben Homers[153].

Als geistiger Nachfahre des norwegischen Historikers Ramus und im Zusammenhang mit den Atlantis-Forschungen des Pastors Jürgen Spanuth läßt Otto ZELLER (1959) Odysseus wieder bis nach Dänemark und Norwegen fahren (s. Fig. 64)[154] Das Phaiakenland sei Helgoland und die Sirenen wohnten auf den Friesischen Inseln. Wenn sich zwar auch in Nordeuropa Orte finden, auf die Homers Einzelbeschreibungen passen mögen (z. B. Oslofjord als Laistrygonenhafen), so lassen sich diese Lokalisationen aber beim besten Willen nicht mit Homers Fahrtbeschreibung vereinbaren: der Gedanke, von den Friesischen Inseln (Sirenen) durch die Straße von Gibraltar (Skylla und Charybdis) nach Alboran (Thrinakia) in wenigen Stunden zu rudern, erscheint grotesk. Daß es unmöglich ist, von Elba (Aiolia) in sechs Tagen nach Norwegen (Laistrygonenland) zu rudern, bemerkt Zeller selbst. Bezeichnenderweise verzichtet Zeller – ebenso wie Pocock – auf die Einzeichnung der Fahrtroute des homerischen Helden auf seiner Karte; die Widersprüche mit dem Text würden dann zu rasch offenbar. Zweifelhaft erscheint daher Zellers Ergebnis: »von dem von kleinlichen alexandrinern ins mittelmeer gebannten homer hinweg wollten wir zu dem anderen homer hinführen, der souverän reiseentfernungen im weltmaßstab überbrückt und die fernen länder unter dem kiel des abenteuernden helden zu einer erlebniseinheit zusammenwachsen läßt«[155].

Auch der Historiker Richard Graf COUDENHOVE-KALERGI (1960), der bekannte Vorkämpfer eines vereinigten Europas, hat sich mit Fragen der homerischen Geographie beschäftigt. Sein Gedanke, Malta könne aufgrund der reichen prähistorischen Kultur dieser Inseln das Phaiakenland Homers gewesen sein, ist nicht ohne Reiz. Diese Einzelbestimmung führt jedoch nicht zu einer einwandfreien Lokalisierung der *gesamten* von Homer beschriebenen Fahrt. Vier der zwölf Orte bleiben unbestimmt[156].

Eine neuartige These vertrat der Belgier A. ROUSSEAU-LIESSENS (1961–65). Er verlegte die Odyssee als erster in das Adriatische Meer[157]. Wenn er das Phaiakenland in Istrien suchte, weil es dort noch heute viele Maultiere gibt, so erscheint seine Methode allerdings bedenklich[158]. Der Haupteinwand gegen jede Adria-Theorie wird jedoch sein: bei Homer war es ausdrücklich ein Nordwind, der Odysseus beim Kap Maleia vom Wege nach seiner Heimat Ithaka abtrieb; so konnte Odysseus wohl kaum gerade gegen den Sturm an Ithaka vorbei nach Norden in die Adria verschlagen werden!

Da besticht die Darstellung des englischen Marineoffiziers Ernle BRADFORD (1963) schon eher[159]; denn wie wohl kaum einer der früheren Homer-Geographen besitzt Bradford reiche Segelerfahrung, eigene Anschauung des Mittelmeeres und Kenntnis der Nautik. Die einzelnen Lokalisierungen sind freilich in keinem Fall originell. Soweit sie nicht antiken Ortsbestimmungen folgen (Djerba, Monte Circeo, Straße von Messina, Kerkyra), lehnte sich Bradford an die englischsprachigen Autoren Butler (Kyklopen bei Trapani, Aiolos auf Ustica, Taormina als Hafen auf der Sonneninsel) und Pocock (Hades bei Gibraltar) an, nur in einem Fall an Moulinier (Laistrygonen in Bonifacio). Aber auch Bradford's Kombination älterer Ortsbestimmungen (s. Fig. 65) enthält zu viele Widersprüche mit den Angaben Homers, um als Lösung des Problems anerkannt werden zu können: Bradford's Kirke-Insel (Monte Circeo) ist keine Insel, sondern nur ein Kap. Selbst wenn es wegen Küstenveränderungen in der Antike vom Festland abgetrennt gewesen sein sollte, so kann es jedenfalls niemals eine Insel gewesen sein, »die rings im Kreis ein unendliches Meer umgibt«, so daß Odysseus die Orientierung verlieren konnte (10, 190–195); das Festland wäre immer ganz nahe und sichtbar gewesen. Von dieser Kirke-Insel in

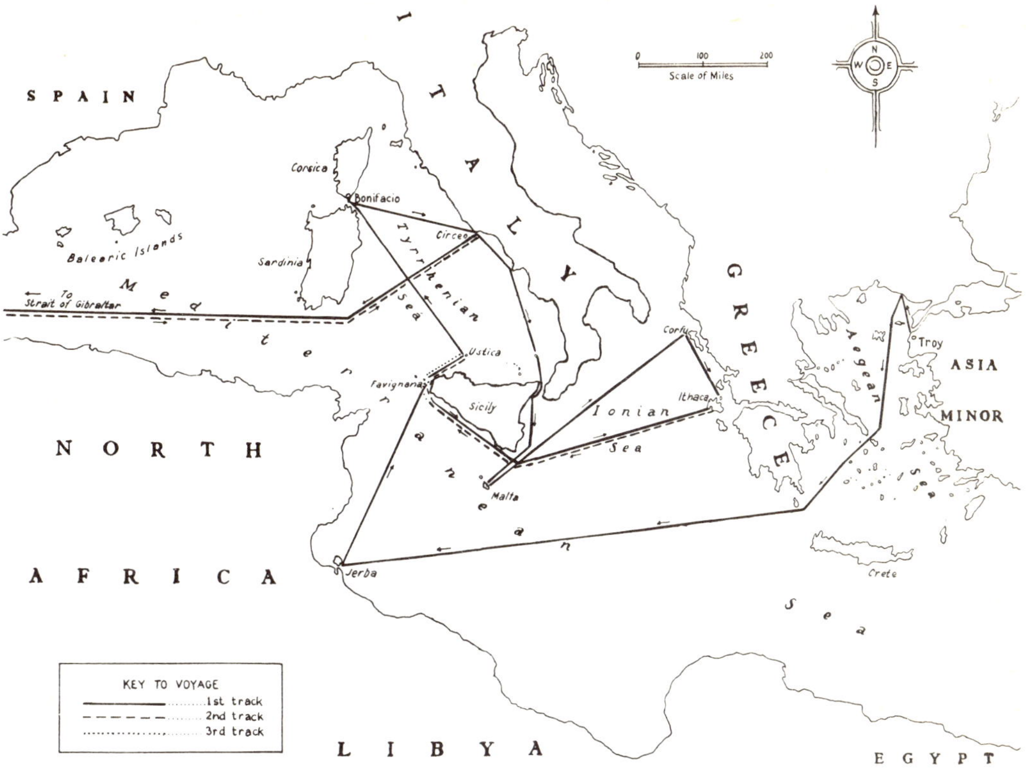

Fig. 65 »Die Route des Odysseus« nach Ernle Bradford (London 1963)

Latium kann man außerdem schwerlich mit »Nordwind« (10, 507) und keinesfalls an einem einzigen Tag (11, 11) bis zu Bradford's Haus des Hades (bei Gibraltar) segeln. Auch die Strecke von den Sirenen (Galli bei Neapel) durch die Meerenge zum Hafen (Taormina) ist unmöglich in wenigen Stunden zu rudern; dies sind 200 Seemeilen! Odysseus aber fuhr am hohen Tage (12, 176) an den Sirenen vorbei und landete schon bei Sonnenuntergang (12, 265; 291–292) im »ausgebuchteten Hafen«. Die zweite Fahrt durch die Meerenge (12, 427 ff.) fehlt bei Bradford; damit wird jedoch die Bestimmung der gesamten folgenden Fahrt – insbesondere die Identifizierung Maltas mit Ogygia – hinfällig.

Einen neuen Zugang zur Odyssee hat der Fotograf Erich Lessing (1965) eröffnet, der sich die Aufgabe stellte, zum einen »die Fülle der Kunstwerke, die von der griechisch-römischen Antike zu Themen der Odysseus-Reise geschaffen wurden«, zum anderen »die odysseeischen Orte, wie sie uns von Homer oft mit genauesten Details beschrieben sind, wiederzufinden und abzubilden«[160]. Der begleitende, die Lokalisierungsfrage wenig wissenschaftlich behandelnde Text von Michel Gall erreicht allerdings nicht entfernt die Qualität der Fotografien Lessings. Die Bildaus-

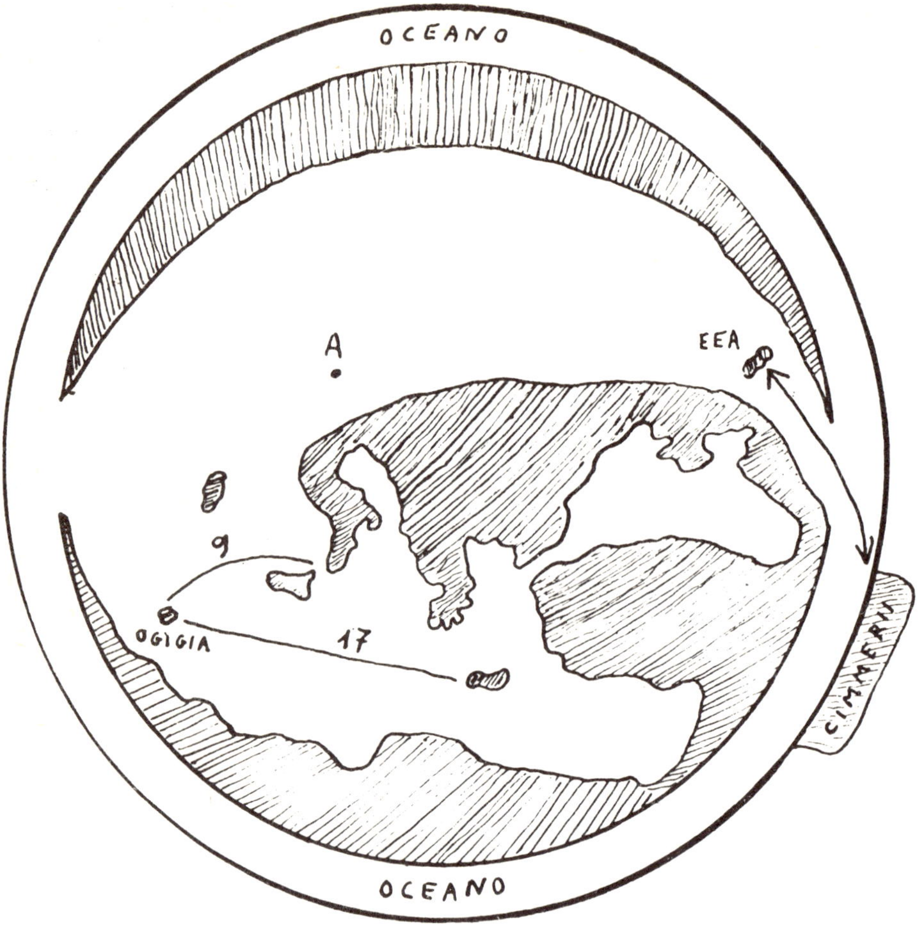

Fig. 66 »Die Welt nach Homer. Einige Etappen der Reise« nach Luigi Ferrari (Palermo 1968)

wahl gründet teilweise auf den Lokalisierungstheorien von Victor Bérard, teilweise auf der von Ernle Bradford. Da beide Theorien, wie wir sahen, mehrfach dem Text Homers widersprechen, bleibt allerdings zweifelhaft, ob Lessing wirklich die von Homer beschriebenen Orte fotografierte. Zweifeln wird der Betrachter auch bei Bildunterschriften wie »Der Ölbaum, in dessen Schutz sich Odysseus zum Schlaf legte«[161]. Dennoch ist Lessings Sammlung meisterlicher Fotografien ein schönes Zeugnis für die noch heute lebendige Überzeugung, daß die Spuren des Odysseus in dieser Welt zu finden seien.

Luigi Ferrari (1968) schloß sich in seinem Buch über Wirklichkeit und Phantasie in der Geographie der Odyssee teilweise an die von Moulinier kombinierten Ortsbestimmungen von Victor Bérard und Gabriel Germain an. Doch wich er bei den

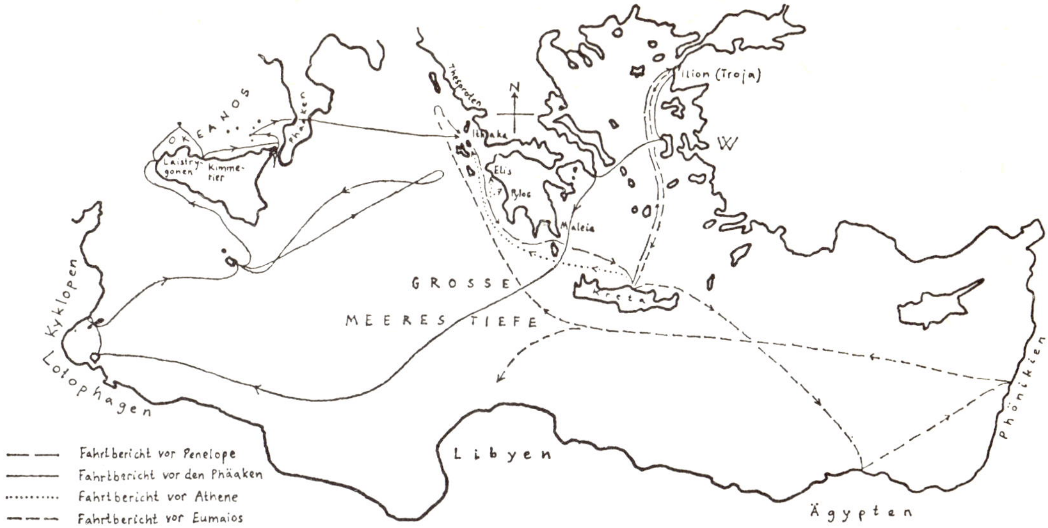

Fig. 67 »Die vier Fahrtberichte des Odysseus«
nach Armin und Hans-Helmut WOLF (Tübingen 1968)

Kyklopen davon ab und setzte diese wie Butler bei Trapani an. Thrinakia bestimmte er wie Pocock bei Syrakus (Ortygia). Die Phaiaken lokalisierte er wie Walther Kranz auf der Insel Kreta[162]. Keine der einzelnen Lokalisationen ist also wirklich originell (s. Fig. 66).

In der 1. Auflage des vorliegenden Buches (1968)[163] wurde eine Methode entwikkelt, mit der auch die grundsätzliche Frage, wieweit die Orte der Odyssee überhaupt der realen Welt und nicht einfach der Phantasie zugehören, erstmals nicht vorweg entschieden, sondern kritisch geprüft werden konnte. Diese Prüfung fand auf folgende Weise statt: Die von Homer beschriebene Seefahrt wurde zunächst ohne Verwendung geographischen Wissens, traditioneller Lokalisierungen oder historischer Gegebenheiten rein geometrisch auf einem weißen Blatt Papier rekonstruiert. Dieses geometrische Schema wurde sodann auf die Seekarte projiziert. Bei dieser Projektion mußte sich nun entscheiden, wieweit die Route der Realität entspricht oder nicht. Erst *nach* dieser Prüfung, die einige Jahre in Anspruch nahm, waren wir grundsätzlich von unserem Lösungsvorschlag überzeugt. Die einzelnen, zunächst noch groben Lokalisierungen wurden schließlich in eingehenden landeskundlichen Studien und auf zahlreichen Reisen an Ort und Stelle im ständigen Vergleich mit dem homerischen Text ausgearbeitet. Im Ergebnis fanden wir einige antike Traditionen bestätigt (Lotophagen/Djerba, Laistrygonen/Sizilien, Plankten/Liparen, Skylla und Charybdis/Straße von Messina). Andere ließen sich sogar präzisieren (Sirenen/Düne Faro, Thrinakia/Düne Messina). In weiteren Fällen kamen wir auf anderem Wege zu gleichen Ergebnissen wie Wilamowitz-Moellendorf, Herrmann und Dörpfeld (Kyklopen/Tunesien), Pocock (Kirke/Ustica), Friedreich, Buchholz und Herrmann (Laistrygonen/Nordwestspitze oder -küste Siziliens). Auch hier waren Präzisionen möglich (Motya, Eryx/Erice). In drei Fällen ergaben sich völlig neue Ortsbestimmungen (Aiolia/Malta, Kimmerier/Himera, Phaiakenland Scheria/ Magna Grecia/Kalabrien). Vor allem der Landübergang auf dieser letzten Station löste ein Problem, an dem andere Autoren immer wieder gescheitert waren: Wie konnte Odysseus aus einem Meer hinter der Enge von Skylla und Charybdis mit Hilfe der Phaiaken heimkehren, ohne erneut die Meerenge durchfahren zu müssen? Insgesamt wurde eine Gesamtroute zur Diskussion gestellt, die – auch bei strenger Selbstkritik – besser mit dem homerischen Text und auch den historischen Umständen seiner Zeit harmoniert als die früheren Lösungsversuche (vgl. Fig. 67). Unter den zahlreichen Rezensionen fiel diejenige im Nachrichtenmagazin DER SPIEGEL damit auf (7. 10. 1968), daß unsere Karte unter der Rubrik »Forschung« eine – anonyme – Umzeichnung nach der Art von *comic strips* mit Kurztexten in der Diktion dieses Blattes erfuhr (s. Fig. 68). Dadurch schlichen sich zwar einige Mißverständnisse ein (z. B. wird der Landübergang im Phaiakenland nicht deutlich), die Umzeichnung erschien aber offenbar so einprägsam, daß sie später sogar in Schulbüchern abgedruckt wurde[164].

Fig. 68 »Irrfahrt des Odysseus« DER SPIEGEL (Hamburg 1968)

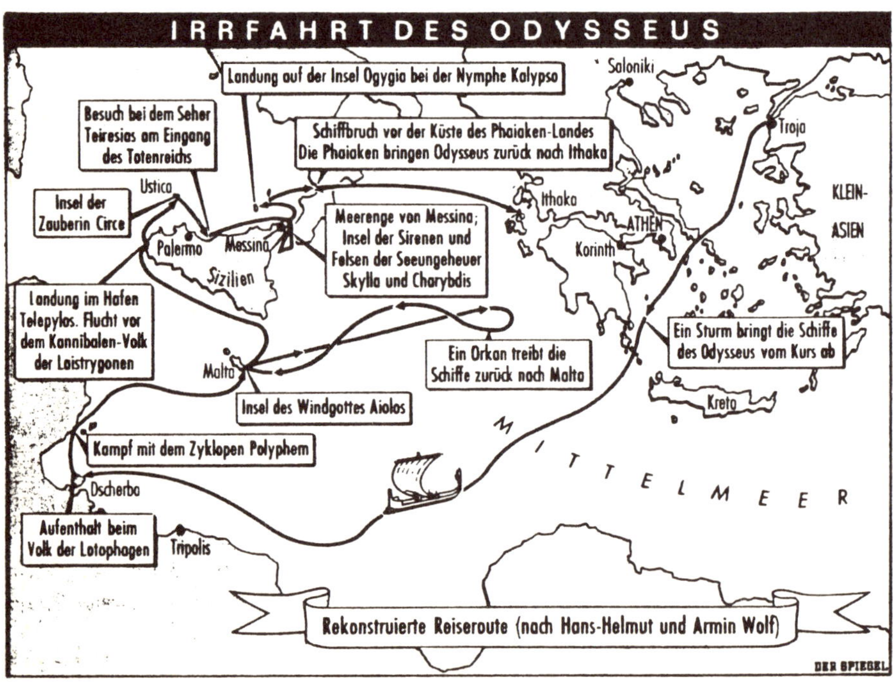

In Palermo fiel die genannte Nummer vom SPIEGEL Benno WUNDSHAMMER in die Hände, der gerade mit der Hochsee-Yacht »Colomba« das Mittelmeer befuhr und dabei für das Zweite Deutsche Fernsehen einen siebenteiligen Fernsehfilm »Ein Schiff kam aus Troja« drehte (s. Fig. 69)[165]. Es war nun aber zu spät, die Route zu ändern, bei der sich Wundshammer – außer bei Aiolos und den Kimmeriern – ganz an Ernle Bradford hielt. In dem Bildband, den Wundshammer später (1982) mit dem Titel »Auf den Spuren des Odysseus« und den Aufnahmen vom Herbst 1968 publizierte, erklärte Wundshammer, der keinen Anspruch auf Wissenschaftlichkeit erhebt, ohne jeden Beleg oder eine Literaturangabe, die von ihm gewählte Lokalisierung werde »von der Antike bis heute für die wahrscheinlichste gehalten[166].«

Wie J. R. Harris und F. J. WIL vor ihm, aber ohne sie zu kennen, versuchte Gilbert PILLOT (1969) aus der Odyssee zu beweisen, daß die Griechen bereits in archaischer Zeit bis zu den britischen Inseln, ja bis nach Island gekommen seien[167]. Er meint, daß das Epos eine »geheime Botschaft« enthalte, um den Weg nach Marokko (Lotophagen), Teneriffa (Kyklopen), Madeira (Aiolos), West-Irland (Laistrygonen), die Hebriden-Insel Barra (Kirke), Nord-Irland (Kimmerier), Corrievreckan westlich

Fig. 69 »Das ist der Weg, den Odysseus zurücklegte«
nach Benno WUNDSHAMMER (München 1969)

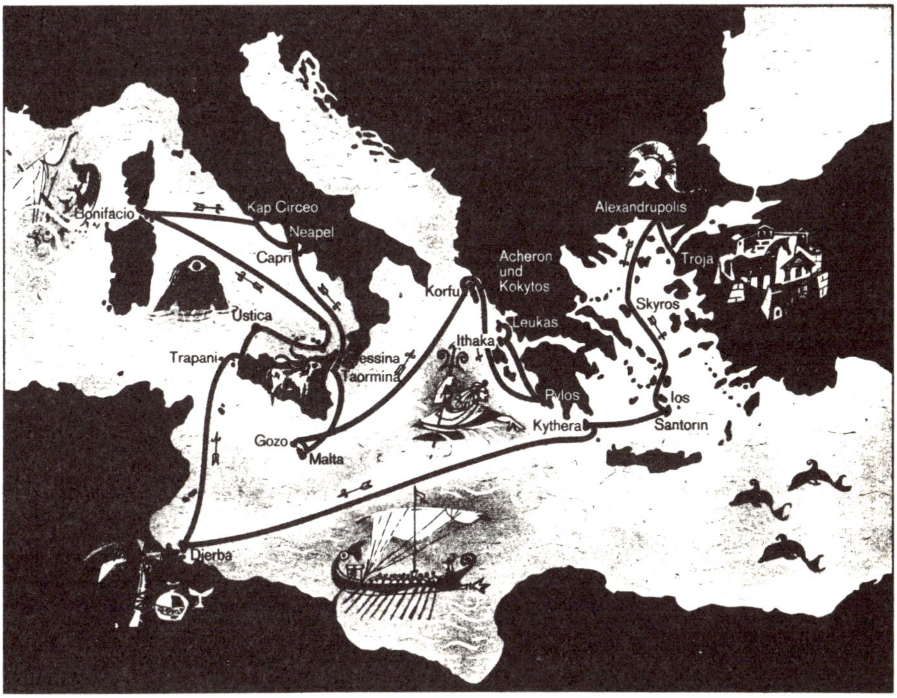

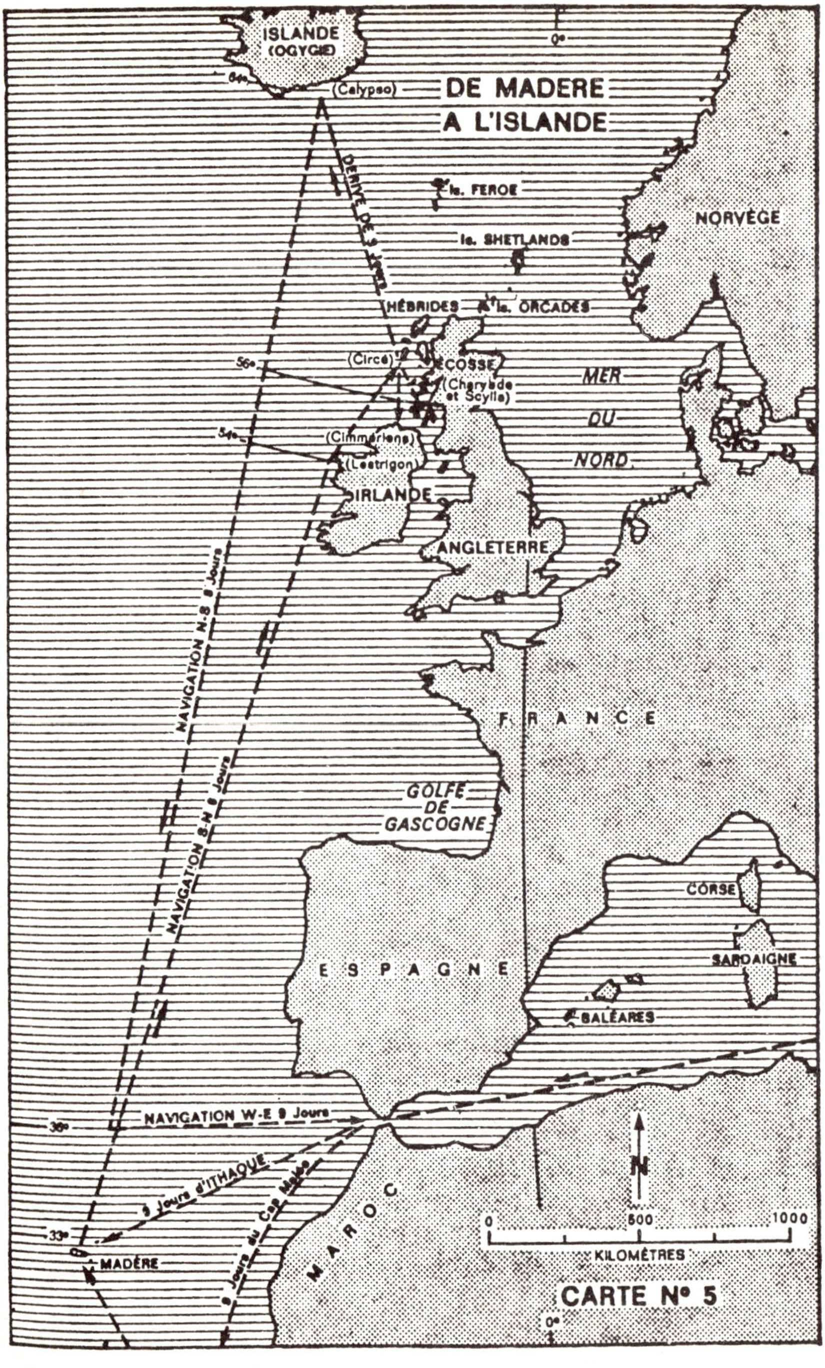

Fig. 70 a/b »Die geheime Botschaft der Odyssee« nach Gilbert Pillot (Paris 1969)

von Schottland (Skylla und Charybdis), Island (Kalypso), Kerkyra (Phaiaken) und Ithaka zu finden (s. Fig. 70)[168]. Wie alle Exokeanisten mußte auch Pillot unwahrscheinlich hohe Geschwindigkeiten annehmen (210 Seemeilen pro Tag, d. h. 9 Knoten als Durchschnitt!) und Fahrtstrecken von mehreren Tagen unterstellen, auch wenn der Text nichts davon sagt. Unverständlich bleibt unter anderem auch, warum der astronomisch genau bestimmte Kurs von Kalypso zu den Phaiaken erst von Norden nach Süden verlaufen, auf der Höhe von Gibraltar aber zu einem West-Ost-Kurs abbiegen soll. Auf eine kritische Diskussion mit seinen Vorgängern verzichtet Pillot fast ganz.

Völlig neu gegenüber allen bisherigen Deutungen der Odyssee ist die Theorie des Bonner Orientalisten Hubert Daunicht (1970)[169]. Parallelen in ostasiatischen Sagen sollen zeigen, daß Odysseus auf seiner Heimfahrt bis in das Gelbe Meer gekommen sei: Die Kyklopen wohnen bei Wladiwostok, die Laistrygonen in Korea, die Inseln des Aiolos, der Kirke, der Sonne und der Kalypso entsprechen den vier japanischen Hauptinseln (Hondo, Hokkaido, Shikoku und Kyushu), der Hades liegt am sowjetisch-chinesischen Grenzfluß Amur, und die Stadt der Phaiaken wird in Lo-yang, 500 km vom Meer entfernt, lokalisiert (s. Fig. 71). Der Grieche Aristeas von Prokonnesos habe um die Mitte des 8. Jahrhunderts v. Chr. eine Reise nach Asien unternommen,

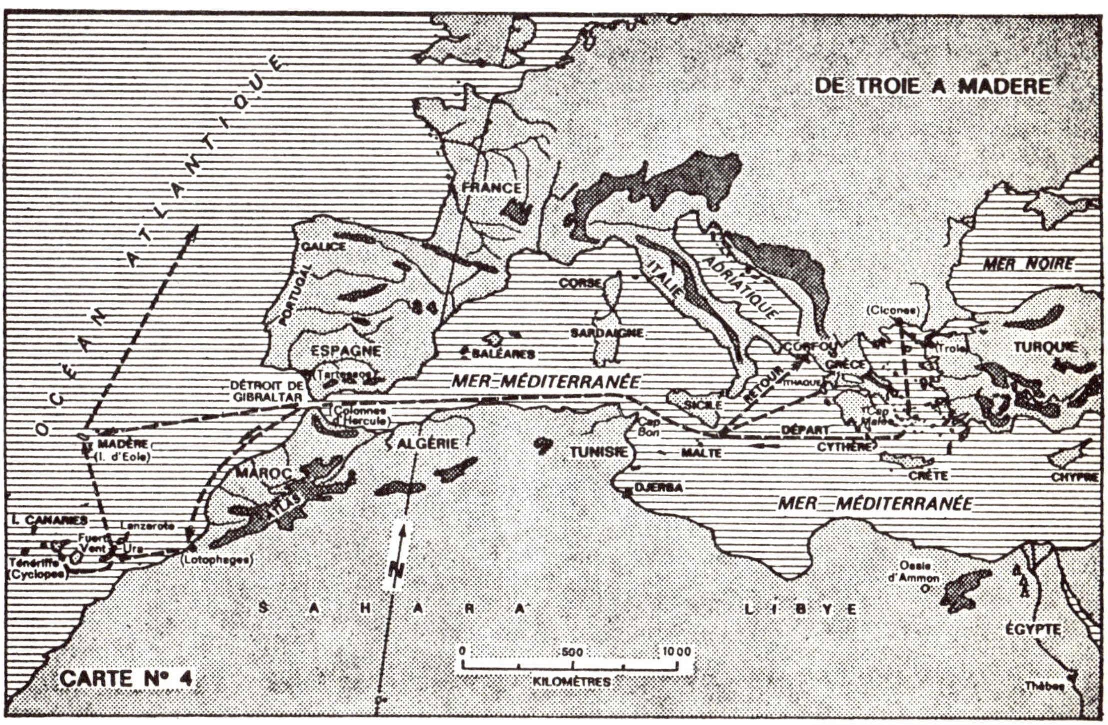

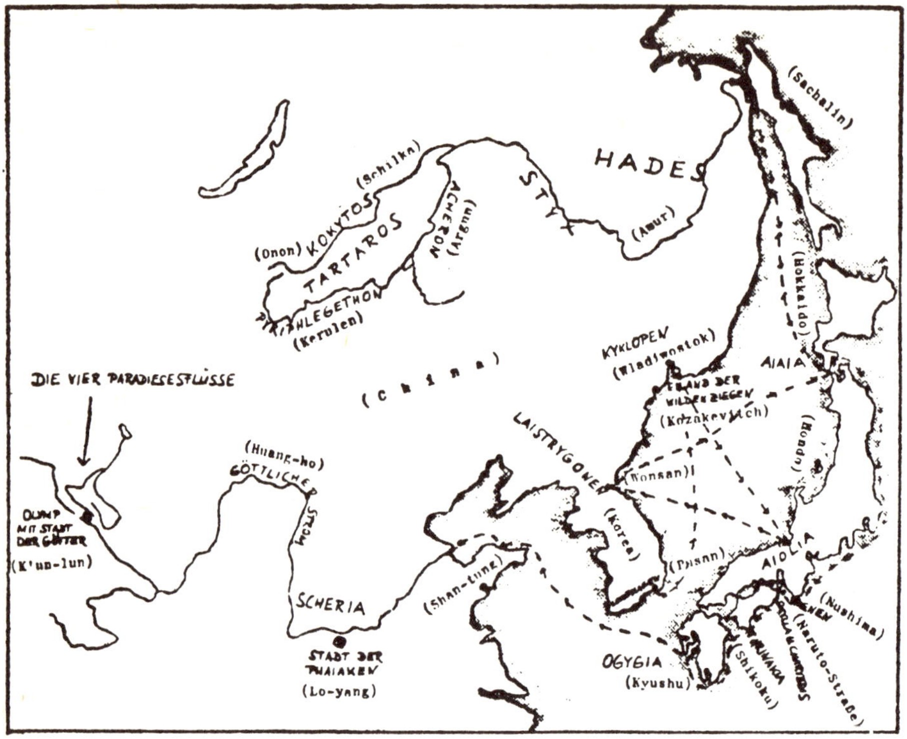

Fig. 71 »Die Odyssee in Ostasien«
nach Hubert Daunicht (Frankfurter Neue Presse 14. 2. 1971)

dort diese Sagen kennengelernt und als Lehrer Homers diese dem Dichter übermittelt. Nach Daunicht seien die geographischen Übereinstimmungen zwischen dem Bericht Homers und der Wirklichkeit »nirgends sonst auf der Welt« zu belegen.

Der Offizier der kolumbianischen Luftwaffe und stellvertretende Rektor der Anden-Universität in Bogotá Mauricio Obregón (1971) setzte das Flugzeug ein, um die Geschichte der Entdeckungen zu erforschen[170]. Er variierte die von Ernle Bradford vorgeschlagene Route und versetzte, abweichend von Bradford, die Kyklopen und Aiolos nach Mallorca und Menorca, Kirke auf die Insel Ischia und die Phaiaken auf die Insel Zypern (s. Fig. 72). Auf diese Weise milderte er zwar einige der Widersprüche zwischen der Bradfordschen Route und dem homerischen Text, gelangte aber doch zu Entfernungen, die so erheblich sind, daß er sie eben leichter auf seiner »Flugreise in die Welt Homers« als Odysseus mit seinem Schiff zurücklegen konnte. Ebenso wie Bradford berücksichtigte Obregón nicht die Rückdrift durch die Meerenge, so daß die Route von Skylla und Charybdis an erheblich von dem

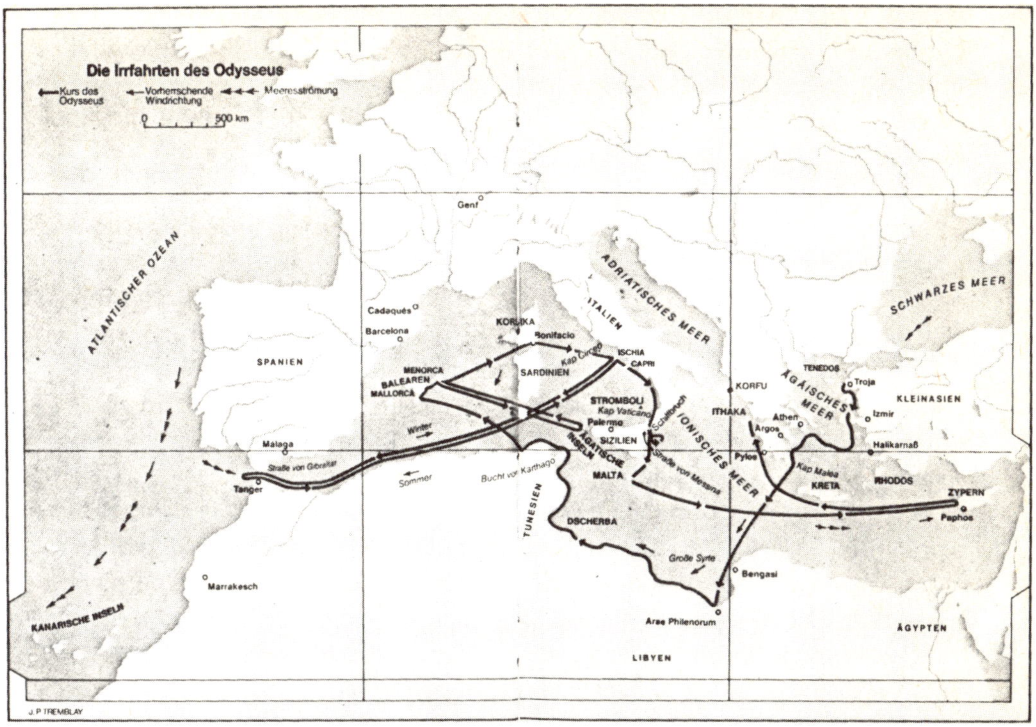

Fig. 72 »Die Irrfahrten des Odysseus«
nach Mauricio OBREGÓN (New York 1971, Wiesbaden 1975)

homerischen Text abweicht. Von anderen Lokalisationsversuchen zitiert Obregón nur Bradford und Pillot.

Der erste Autor, der bei einer Lokalisierung einzelner Orte der Odyssee auf die erste Auflage des vorliegenden Buches einging, war der deutsch-schweizerische Philosoph Michael LANDMANN (1971). In seiner »Phäakischen Träumerei« verwendete er Ortssagen der Inseln zwischen Sizilien und Kalabrien, um die Kyklopen auf Vulcano und die Phaiaken auf Lipari zu lokalisieren. Nach Landmann brauchen sich aber seine »Deutung und die der Brüder Wolf... nicht auszuschließen«, da er an die Zeit des Odysseus, wir aber an die Homers denken[171]. Die Beobachtungen Landmanns sind ein Zeugnis dafür, daß es nicht nötig ist, bis nach Ostasien zu reisen, um Ortssagen zu finden, die mit der Odyssee in Verbindung zu bringen sind. Ausdrücklich übernommen wurde unsere Lokalisierung des Phaiakenlandes in Kalabrien von dem Modeneser Rechtsanwalt und Sprachforscher Enzo GATTI (1975). Er wollte sie zusätzlich noch mit Entsprechungen zwischen homerischen Namen von phaiakischen Männern am Hofe des Alkinoos und Ortsnamen in Kalabrien stützen[172]. Dazu wäre es methodisch jedoch erforderlich, nicht nur die heutigen Ortsnamen zugrundezulegen, sondern deren frühere historische Formen. Im übrigen folgte Gatti weitgehend antiken Einzellokalisierungen, ohne genau zu prüfen, ob die Fahrtstrecken dazwischen mit Homer übereinstimmen. Gattis Büchlein enthält keine Karte der gesamten Route.

In einem populär geschriebenen Aufsatz legte der Professor für Vermessungswesen an der Universität Essen, Karl BARTHOLOMÄUS (1977), seine – im Zusammenhang mit Spanuths Arbeiten über Atlantis stehenden – These dar: »Odysseus kam bis Helgoland[173].« Von früheren Theorien zitiert er ausschließlich Bradford und ist der irrigen Meinung, »bisherige Deutungen beschränkten die Irrfahrten des Odysseus auf den Mittelmeerraum«. In Wirklichkeit gibt es schon seit der Antike, jedenfalls seit dem 2. Jahrhundert v. Chr., exokeanistische Theorien. Bartholomäus verschweigt auch, daß die von ihm vertretene Lokalisierung der Strecke von Kalypso (Azoren) zu den Phaiaken (Helgoland) bereits 1959 von Otto Zeller verfochten wurde (oben S. 181). Bartholomäus war auch nicht der erste, der aufgrund der astronomischen Angaben Homers zu der genannten Strecke einen Nordostkurs (nach Bartholomäus etwa 54°) errechnete. Ein solcher Kurs trifft zwar auf die Strecke Azoren-Helgoland zu (vgl. Fig. 73), aber z. B. auch auf die Strecke Malta-Kerkyra (Kallimachos u. a.) oder Liparen-Kalabrien (Wolf).

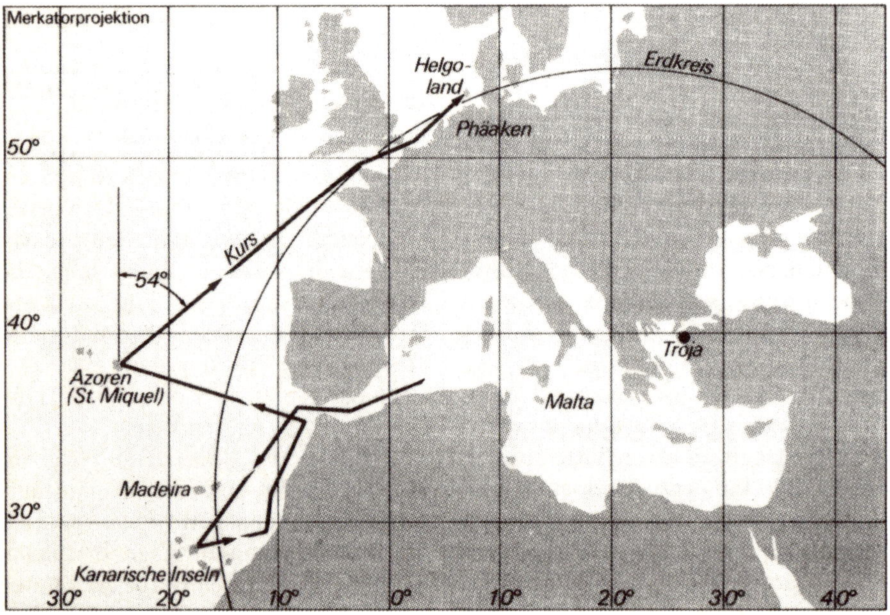

Fig. 73 »Odysseus kam bis Helgoland« nach Karl BARTHOLOMÄUS (Stuttgart 1977)

Diesen astronomisch ziemlich eindeutigen Nordostkurs geradezu in sein Gegenteil zu verdrehen, war das Werk des Vorsitzenden Richters am Kammergericht zu Berlin, Hans STEUERWALD (1978). Er machte daraus einen Südwestkurs von der Insel Man (Kalypso) nach Cornwall (Phaiaken), wobei er es sich aber in unzulässiger Weise erlaubte, die Präzession nicht zu berücksichtigen[174]. Steuerwald war der erste, der in Kenntnis und unter teilweiser Verwendung der in der ersten Auflage unseres Buches gemachten Beobachtungen eine eigene Rekonstruktion der Gesamtroute der Odyssee vorschlug. Er hat unsere methodische Forderung, die Orte nicht einzeln, sondern in ihrer Gesamtheit zu bestimmen, übernommen, sie aber nicht wie wir im Mittelmeer, sondern im Atlantik zu realisieren versucht (s. Fig. 74)[175]. Er sieht einen Zusammenhang nicht mit der griechischen Westkolonisation, sondern mit den Leuten der »Megalithkultur, die auf ihren Wanderfahrten zur See, aus dem Mittelmeerraum bis nach Nordwesteuropa vordringend, weit auseinanderliegende Gebiete besiedelten[176].« Steuerwald kam wie wir zu der Umschiffung einer großen Insel, aber nicht zu der Siziliens, sondern der Britanniens. Er übernahm von uns auch den Landübergang bei den Phaiaken, versetzte ihn aber aus der Landenge von Kalabrien nach Cornwall. Er bemerkte dabei nicht, daß es sich bei Homer um eine West-Ost- und keine Nord-Süd-Durchquerung handelt (8, 29 vgl. oben S. 85).

Steuerwald stellte zweifellos die detaillierteste Atlantik-Theorie auf. Sie gibt daher einen geeigneten Anlaß, grundsätzliche Erwägungen über Stärken und Schwächen von Mittelmeer- und von Atlantik-Theorien anzustellen. Das Hauptargument gegen die Mittelmeer-Theorien sind die Fahrzeiten nach Ogygia und von dort zurück. Neue Überlegungen zu diesem Problem, die das homerische Weltbild in dem historischen Rahmen des Mittelmeeres belassen würden, habe ich oben vorgelegt. Als eine scheinbare Stärke der Atlantik-Theorien wirkt im ersten Augenblick ferner, daß die zurückgelegte Strecke insgesamt um ein Mehrfaches länger ist, die Stürme schwerer, die Felsen höher, die Gezeitenströme extremer, kurz: alle Gefahren schrecklicher sind und damit die seemännische Leistung des duldenden Odysseus gewaltiger! Aber ist dies nicht eine anachronistische, moderne, nicht-griechische Betrachtung? Für das Bewußtsein der frühen Griechen war das Mittelmeer nämlich gar nicht so »klein«, wie Steuerwald es darstellen möchte. Bereits das Mittelmeer zwischen Griechenland und Afrika hieß für Homer – auch nach Steuerwalds Lokalisierung – die »große Meerestiefe« (9, 260); und die Küsten Siziliens und Süditaliens wurden »Groß-Griechenland«!
Wenn Steuerwald trotzdem Odysseus in die riesige Entfernung von Troia und Ithaka bis nach Schottland reisen lassen will, so ist er zu zwei fragwürdigen Schritten gezwungen:
1. Er muß bei den Strecken, für die Homer Fahrtzeiten in Tagen angibt, ganz extrem

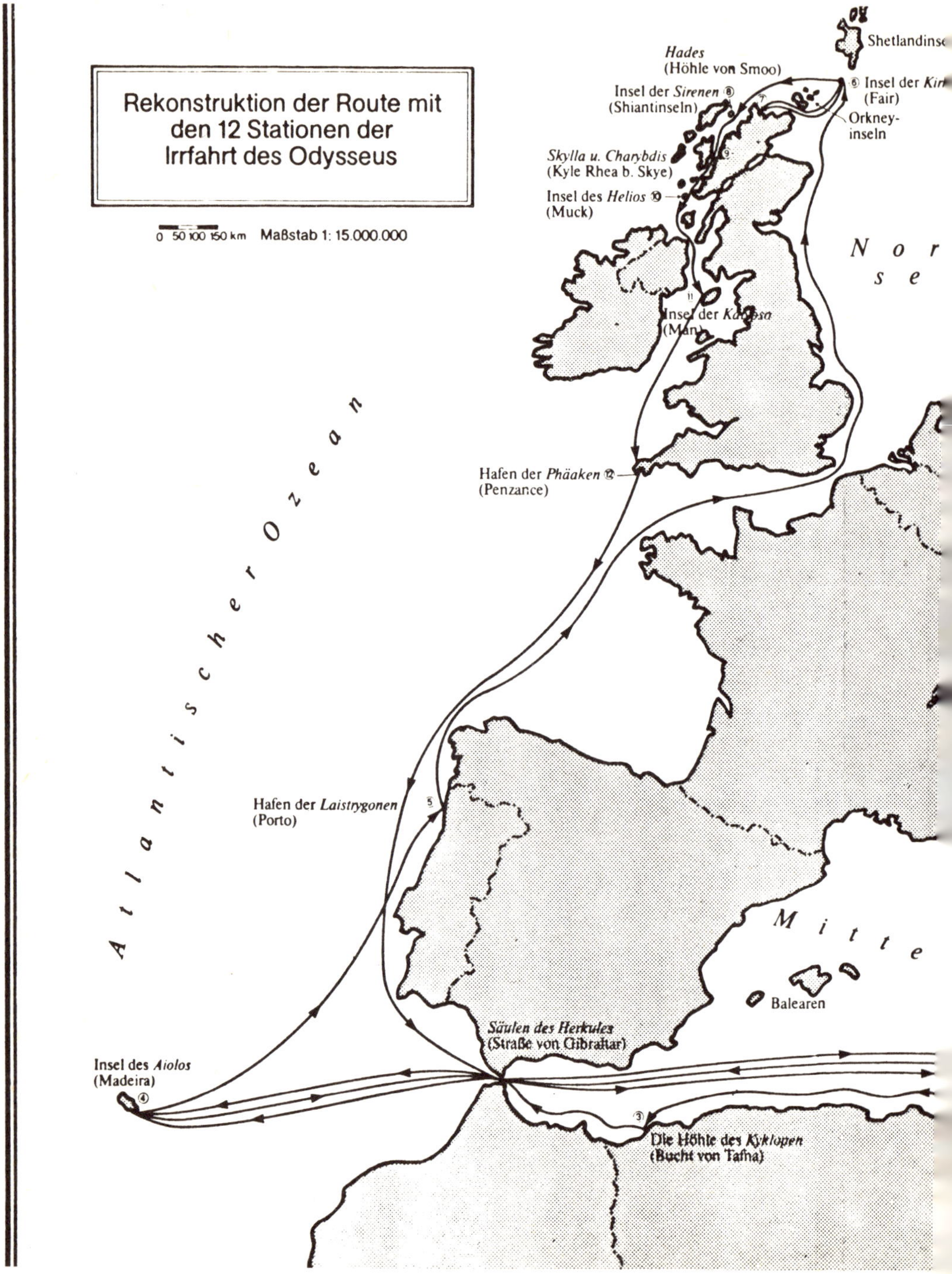
Rekonstruktion der Route mit den 12 Stationen der Irrfahrt des Odysseus
0 50 100 150 km Maßstab 1: 15.000.000
Hades
(Höhle von Smoo)
Shetlandinse
Insel der Sirenen
(Shiantinseln)
Insel der Kir
(Fair)
Orkney-
inseln
Skylla u. Charybdis
(Kyle Rhea b. Skye)
Insel des Helios
(Muck)
N o r
s e
Insel der Kalypso
(Man)
Atlantischer Ozean
Hafen der Phäaken
(Penzance)
Hafen der Laistrygonen
(Porto)
M i t t e
Balearen
Säulen des Herkules
(Straße von Gibraltar)
Insel des Aiolos
(Madeira)
Die Höhle des Kyklopen
(Bucht von Tafna)

Fig. 74 »Rekonstruktion der Route mit den 12 Stationen der Irrfahrt des Odysseus« nach Hans STEUERWALD (Hamburg 1978, Frankfurt 1981)

hohe Durchschnittsgeschwindigkeiten unterstellen: a) Bei der Strecke von Aiolos (Madeira) nach Ithaka legt Steuerwald für das archaische Boot des Odysseus bereits die Rekordgeschwindigkeit spätantiker Schnellsegler als Dauergeschwindigkeit zugrunde. Es ist ganz unwahrscheinlich, daß Odysseus deren kurzzeitig erreichbares Tempo über 9 bis 10 Tage kontinuierlich durchhalten konnte. Ebenso unwahrscheinlich ist es, daß ein Sturm das Boot von Ithaka den ganzen Weg bis nach Madeira zurückgetrieben haben könnte; historische Beispiele dafür liefert Steuerwald nicht. Die reale Möglichkeit, von den Küsten Griechenlands zu einer unfreiwilligen Landung auf Malta getrieben zu werden, ist dagegen durch den Apostel Paulus bezeugt. b) für die 6½ Tage Ruderfahrt von Aiolos (Madeira) zu den Laistrygonen (Portugal) muß Steuerwald zusätzliches Setzen von Segeln unterstellen, ohne daß Homer dies erwähnt, und die starke Gegenströmung auf dieser Strecke völlig unberücksichtigt lassen. c) Für die Strecke von den Sirenen (Shianti nördlich von Schottland) zur Helios-Insel (Muck westlich von Schottland) vermeidet Steuerwald eine Geschwindigkeitsberechnung überhaupt. Dabei wäre zutage getreten, daß diese Entfernung von etwa 100 Seemeilen unmöglich in der von Homer angegebenen Zeit vom Vormittag bis zum Sonnenuntergang rudernd zu bewältigen gewesen wäre, zumal wenn dabei doch auch noch die gefährliche Fahrt durch die Meerenge zu bestehen war.

2. Noch gewagter wird Steuerwalds Beweisgang, wenn Homer keine Tageszahl als Fahrtzeit angibt. Wie die Exokeanisten oft, fühlt Steuerwald sich hier frei, willkürlich beliebige Reisezeiten zu unterstellen. Besonders bedenklich wird dies bei der Schlüsselstrecke von den Laistrygonen (Portugal) zur Insel der Kirke (nordöstlich Schottlands). Hier sind fundamentale Zweifel anzumelden. Soll Homer, dem Steuerwald an anderen Stellen größte Genauigkeit in nautischen und geographischen Details über Meeres- und Landeskunde, Bevölkerung, Flora und Fauna bescheinigt, hier plötzlich bei der Umfahrung der spanischen und französischen Nordwestspitzen, bei der Fahrt durch den Ärmelkanal und die Straße von Dover und sodann die gesamte britische Ostküste hinauf überhaupt nichts Bemerkenswertes gefunden haben? Für die angeblich außerordentliche Länge dieser Strecke bringt Steuerwald ein Argument: Die Männer seien bei der Ankunft auf der Kirke-Insel sehr erschöpft gewesen; daraus also schließt er auf eine Reisezeit einer größeren Anzahl von Tagen, »vielleicht sogar von Wochen«[177]. Dieser Schluß überzeugt jedoch keineswegs; denn was hatten die Gefährten des Odysseus unmittelbar zuvor alles hinter sich! 9½ Tage günstige Fahrt von Aiolos in Richtung Heimat, kurz vor Ithaka Sturm, der sie (nochmals ± 9½ Tage lang) zu Aiolos zurückwarf, Verweigerung eines zweiten Aufenthaltes bei Aiolos, also sofortige, 6½ tägige Weiterfahrt mühevollen Ruderns, Landung und Kampf im Hafen der Laistrygonen, Rettung auf die Insel der Kirke – insgesamt also rund 26 Tage nur von zwei kurzen, vergeblichen Landeversuchen unterbrochene Fahrt! Kein Wunder, daß die Männer erschöpft

waren! Eine Phantasiefahrt von Portugal in die Nordsee zwischen Schottland und Norwegen ist damit keineswegs zu begründen. Steuerwald weiß auch genau, daß von dieser Strecke seine übrigen Lokalisierungen um Schottland herum abhängen. Mehrmals sagt er: »Wenn... stimmt...« Sie stimmt offensichtlich nicht.

Seine geographische Präzision verraten auch zwei moderne Details seiner Karte: der südliche Teil des früheren Ostpreußens gehört bei Steuerwald zur Sowjetunion (statt zu Polen) und West-Berlin ist bei Steuerwald ein Teil der DDR! Was wird das Berliner Kammergericht dazu sagen?

Steuerwald ist ein mit höchstrichterlicher Autorität ausgestatteter, geschickt argumentierender Jurist, aber – bei aller Gewißheit, daß in diesen Fragen interdisziplinäre Forschung nötig ist – als Philologe und Historiker überzeugt er nicht. Von den sechs Argumenten, die er generell gegen eine Lokalisierung im Mittelmeer, insbesondere von Skylla und Charybdis in der Straße von Messina, vorbringt[178], treffen, wie oben ausgeführt wurde, fünf nicht zu; diskutabel bleibt nur das erste: die Straße von Messina ist tatsächlich breiter, als daß man von einem Ufer auf das andere mit einem Pfeil hinüberschießen könnte. Dies aber ist bei der von Steuerwald angebotenen Meerenge von Kyle Rhea, die an ihrer engsten Stelle 420 m breit ist, ebenfalls nicht möglich. Steuerwald deutet den Passus daher so, als wäre der Pfeil nicht von Ufer zu Ufer, sondern vom Schiff aus bis zu einem Ufer zu schießen[179]. Einverstanden! Falls die Verse 12, 101–103, echt und wörtlich zuverstehen sind, was Steuerwald annimmt, sprechen sie aber gegen Schottland; denn bei Kyle Rhea wächst gewiß kein Feigenbaum (12, 103; 432). Auch Steuerwalds Umdeutung der von Homer beschriebenen übrigen mittelmeerischen Flora (Olivenbäume, Zedern, Weinstöcke) auf die kargen Inseln vor Schottland – der Wein sei »vielleicht eine Art prähistorischer Whisky« gewesen[180] – ist zwar lustig, aber eben nicht ernstzunehmen.

Im übrigen sind Steuerwalds Beschreibungen der Orte wenig anschaulich; es fehlen Detailkarten. Die einzige Spezialkarte – vom Landübergang in Cornwall – besitzt keinen Maßstab[181]. Nach dem Abbildungsnachweis stammen ausschließlich die Fotos aus Cornwall von Steuerwald selbst, so daß es offen bleibt, ob er überhaupt all die anderen von ihm lokalisierten Odysseus-Orte persönlich in Augenschein genommen hat.

Der Untertitel seines Buches lautet: »Neue Forschungsergebnisse beweisen: Odysseus kam bis Schottland.« Dies ist irreführend; denn schon Harris und Pillot haben die Meerenge von Skylla und Charybdis und die Insel der Kirke in Schottland bestimmt. Diese früheren Autoren haben ihre Lokalisierungen zwar auch nicht »bewiesen«; in einem Buch mit wissenschaftlichem Anspruch ist aber zu erwarten, seine Vorgänger im Literaturverzeichnis nicht zu verschweigen. Steuerwald kannte Pillot jedenfalls: In Anmerkung 157 erwähnt er ihn für Island, nicht aber für Schottland und Madeira (Anm. 54), wo Steuerwald auf Pillots Spuren wandelt. Harris

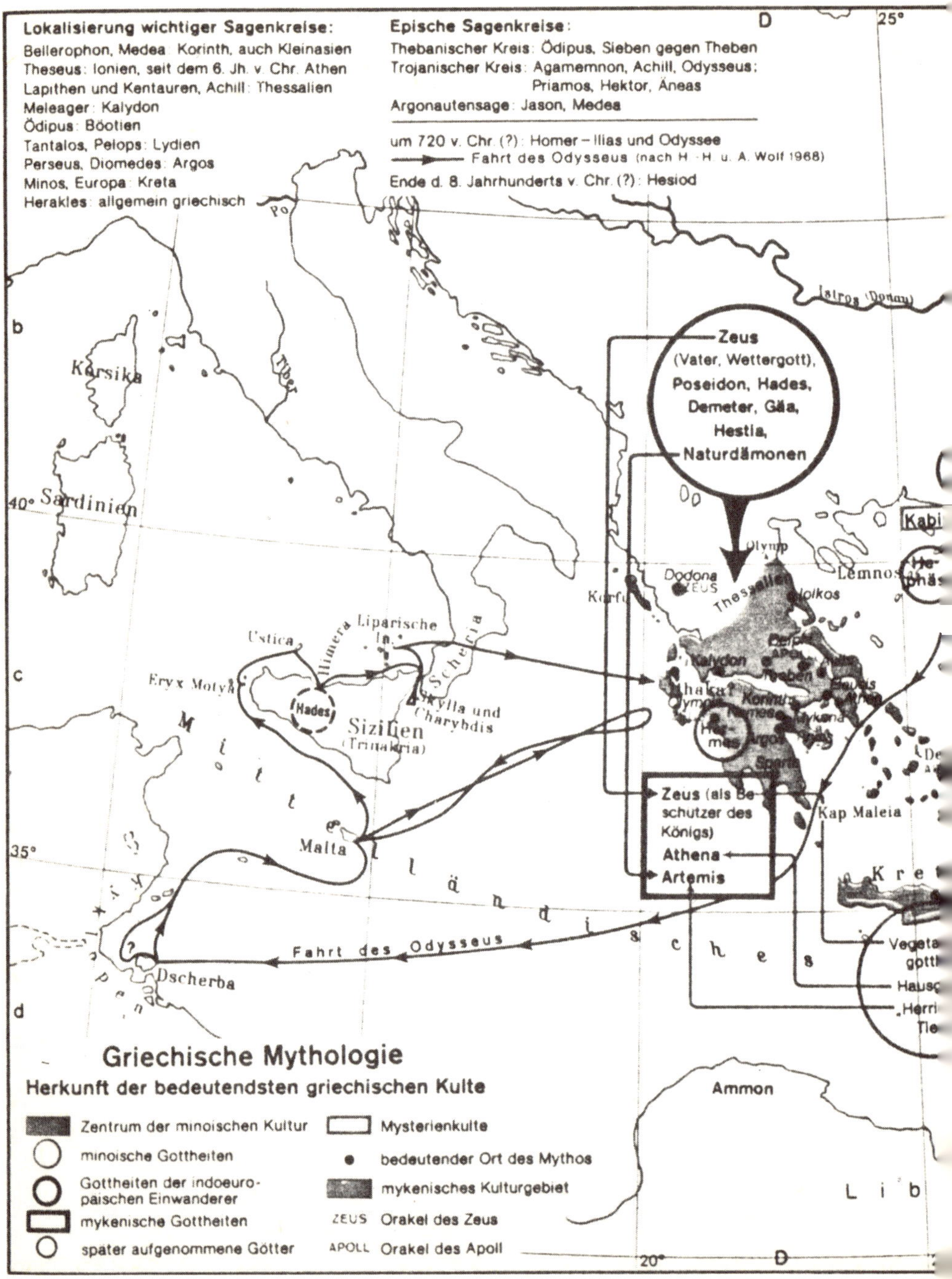

Lokalisierung wichtiger Sagenkreise:
Bellerophon, Medea: Korinth, auch Kleinasien
Theseus: Ionien, seit dem 6. Jh. v. Chr. Athen
Lapithen und Kentauren, Achill: Thessalien
Meleager: Kalydon
Ödipus: Böotien
Tantalos, Pelops: Lydien
Perseus, Diomedes: Argos
Minos, Europa: Kreta
Herakles: allgemein griechisch
Epische Sagenkreise:
Thebanischer Kreis: Ödipus, Sieben gegen Theben
Trojanischer Kreis: Agamemnon, Achill, Odysseus; Priamos, Hektor, Äneas
Argonautensage: Jason, Medea
um 720 v. Chr. (?): Homer – Ilias und Odyssee
Fahrt des Odysseus (nach H.-H. u. A. Wolf 1968)
Ende d. 8. Jahrhunderts v. Chr. (?): Hesiod
Zeus (Vater, Wettergott), Poseidon, Hades, Demeter, Gäa, Hestia, Naturdämonen
Zeus (als Beschützer des Königs)
Athena
Artemis
Korsika
Sardinien
Sizilien (Trinakria)
Malta
Dscherba
Ustica
Liparische In.
Skylla und Charybdis
Hades
Mittelländisches
Fahrt des Odysseus
Kap Maleia
Lemnos
Olymp
Dodona
Thessalien
Kalydon
Theben
Korinth
Argos
Sparta
Ammon
Po
Tiber
Istros (Donau)
Griechische Mythologie
Herkunft der bedeutendsten griechischen Kulte
Zentrum der minoischen Kultur
minoische Gottheiten
Gottheiten der indoeuropäischen Einwanderer
mykenische Gottheiten
später aufgenommene Götter
Mysterienkulte
bedeutender Ort des Mythos
mykenisches Kulturgebiet
ZEUS Orakel des Zeus
APOLL Orakel des Apoll

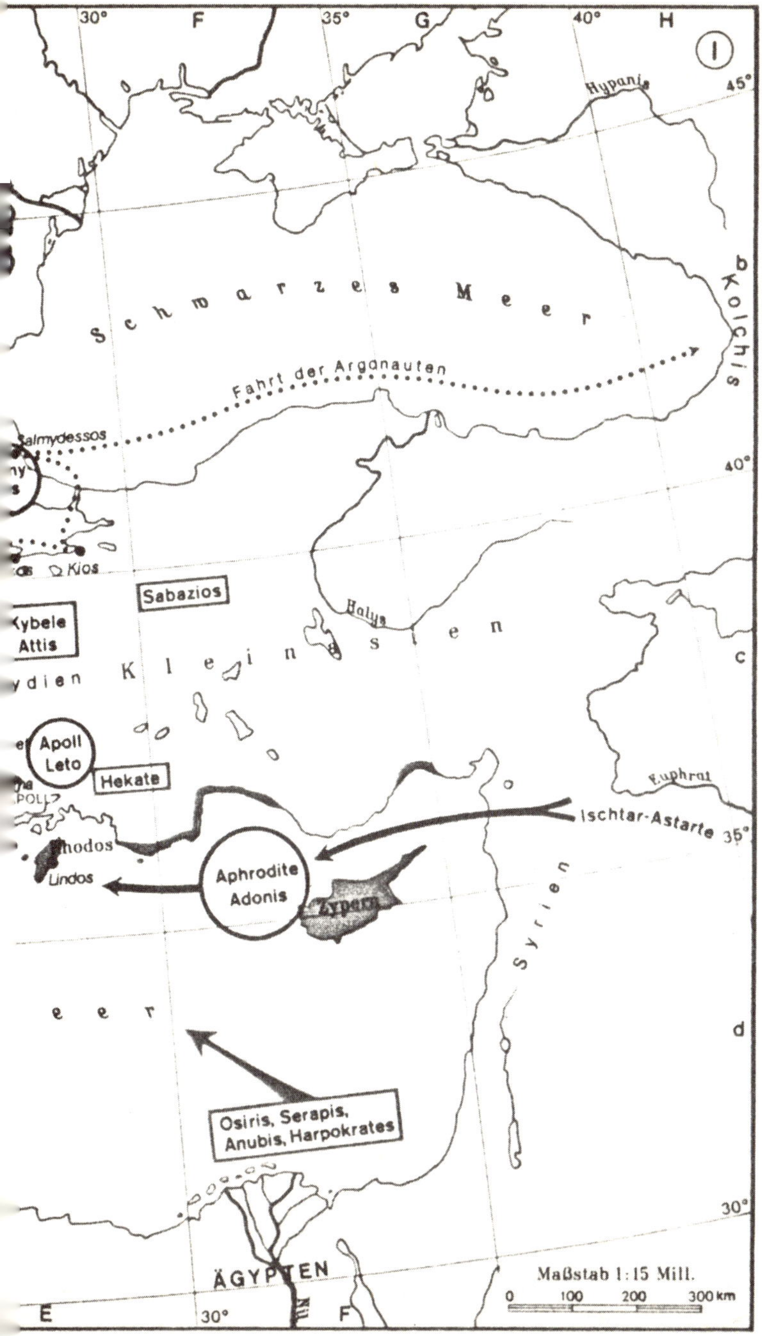

Fig. 75 »Griechische Mythologie« nach List/Oldenbourg, Atlas zur Universalgeschichte (München [2]1980)

kannte er aus unserem im übrigen ausgiebig benutzten Forschungsbericht. Auch die im Vorspann aufgestellte Behauptung, Steuerwald habe es »erstmals« unternommen, »alle Angaben Homers zu den einzelnen Landestationen Schritt für Schritt zu überprüfen«[182], lenkt in die Irre.

Einen kritischen Vergleich zweier Mittelmeer-Theorien – der älteren von Victor Bérard und der neueren von uns – nahm der Graezist Joseph MOREAU (1978) in seinem Aufsatz über »Sizilien und die Odyssee« vor[183]. Er bemerkt, daß wir Schwierigkeiten und Unmöglichkeiten der Bérardschen These vermieden haben. Moreau bezeichnet die Lokalisierung der Phaiaken an der Landenge von Kalabrien als »une hypothèse ingénieuse des frères Wolf«; sie stelle »la plus remarquable curiosité de leur ouvrage« dar[184]. Nach dem Urteil von Moreau habe unsere Methode die Tendenz, in den geographischen Studien der Odyssee mittels geometrischer Überlegungen eine größere Objektivität einzuführen, indem wir die raum-zeitlichen Koordinaten in Rechnung stellen, die aus der Analyse des Fahrtberichts zu gewinnen sind[185].

Mythen leben nicht im luftleeren Raum, sondern an wirklichen Orten. Aufgrund dieser Beobachtung nahm der Atlas zur Universalgeschichte der Verlage List und Oldenbourg (1980) auch eine Karte zur griechischen Mythologie auf (s. Fig. 75)[186] Sie zeigt ebenso wie die Kultzentren von Zeus, Apollon, Aphrodite und anderen griechischen Göttern auch die »Fahrt des Odysseus«. Sie macht anschaulich, daß eine mythologische und eine geographische Betrachtung des homerischen Epos sich nicht ausschließen müssen, sondern einander ergänzen.

Im Gegensatz zu dieser bescheidenen, griechischen und großgriechischen Deutung hat jüngst die Wiener Ethnologin Christine PELLECH (1983) in zweijähriger Arbeit aus der Odyssee erstmals »eine antike Weltumsegelung« herausgelesen (s. Fig. 76). Noch weiter ausgreifend als die klassischen Atlantik-Theorien, die – ironisch gemeinte – Amerika-Theorie des Eumaios und die Ostasien-Theorie von Daunicht geht die Odyssee bei Pellech auf eine altorientalische Fahrt zurück: über Tunesien und Nord-Norwegen zum St.-Lorenz-Strom in Nordamerika, südlich um Südamerika herum »an Australien vorbei, nach Indien, von dort zum Horn von Afrika, weiter durch das Rote Meer nach Ägypten und von dort in das Heimatland der Reisenden, nach Phönizien, und nicht, wie bisher angenommen, nach Ithaca in Griechenland«. Eine Auseinandersetzung ist noch nicht möglich, weil bisher nur eine Verlagsankündigung vorliegt und das Buch selbst noch nicht erschienen ist[187].

Damit hat dieser Überblick über die Forschungsgeschichte die Gegenwart erreicht. Aus der eingeflochtenen Forschungskritik ergibt sich, daß die Ergebnisse keineswegs »trotz aller offensichtlichen Akribie der Beweisführung zu auswechselbaren Ergebnissen kamen«[188]. Das Ausmaß der methodischen Genauigkeit, der patrioti-

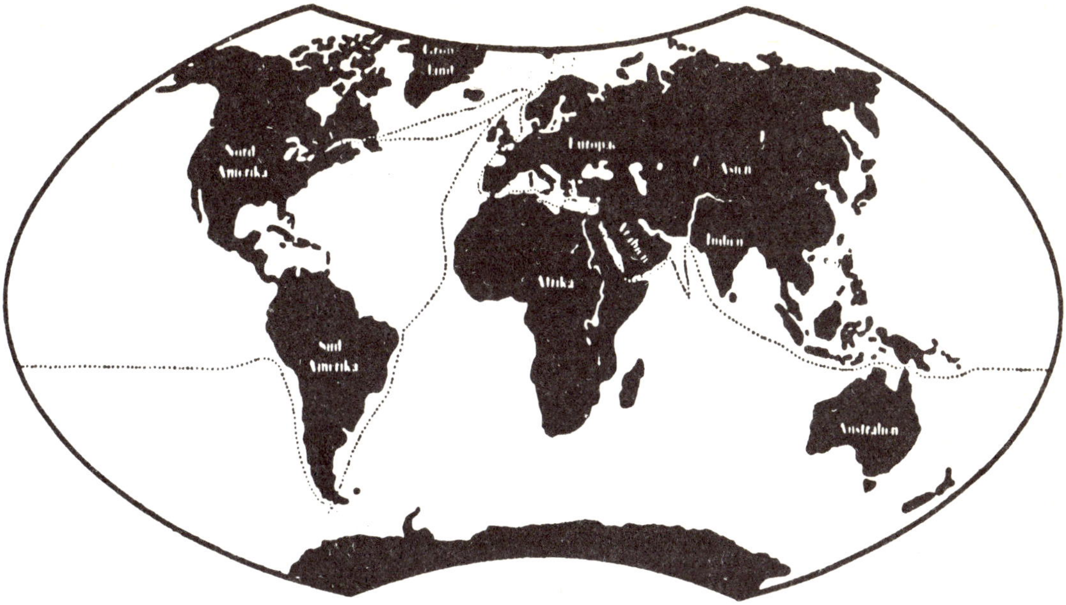

Fig. 76 »Die Odyssee – eine antike Weltumsegelung« nach Christine PELLECH (1983)

schen Bevorzugung bestimmter Landstriche und Himmelsgegenden, der wissenschaftlichen Kompetenz, der selbstkritischen Prüfung und der historischen Glaubwürdigkeit war bei den einzelnen Lösungsversuchen vielmehr ganz außerordentlich verschieden. Freilich enthielten selbst die absurdesten Deutungen oft eine originelle Idee und mitunter einen brauchbaren Kern. Die Bemühungen um diese alte Frage werden gewiß weitergehen; aber auch die grundsätzlich skeptischen Nachfahren des Eratosthenes werden nicht aussterben. Es werden noch viele Irrtümer auszumerzen und genauere Beobachtungen zu machen sein. Jedenfalls ist zu hoffen, daß die Frage der homerischen Odyssee-Geographie künftig nicht mehr einerseits oft allzu laienhaft behandelt und andererseits von Gelehrten einfach schon als Fragestellung abgelehnt wird. Es sollte eine kritische, offene und faire Diskussion der vielen damit verbundenen Fragen möglich werden. Das bisher zumeist Außenseitern überlassene Thema verdient es, von den zuständigen Wissenschaftlern – seien es Philologen, Historiker, Geographen, Kartographen, Archäologen oder Angehörige welcher Disziplin auch immer – als fruchtbares Feld der Forschung anerkannt zu werden.

Im Laufe der Geschichte haben die Menschen die Orte der Odyssee immer wieder gerne an den Grenzen ihrer eigenen Welt gesehen: Aus der Welt Großgriechenlands »wanderte« Odysseus zur Zeit des Aufstiegs Roms nach Latium und Kampanien. Nachdem Spanien, Britannien und Germanien römisch geworden waren, gab

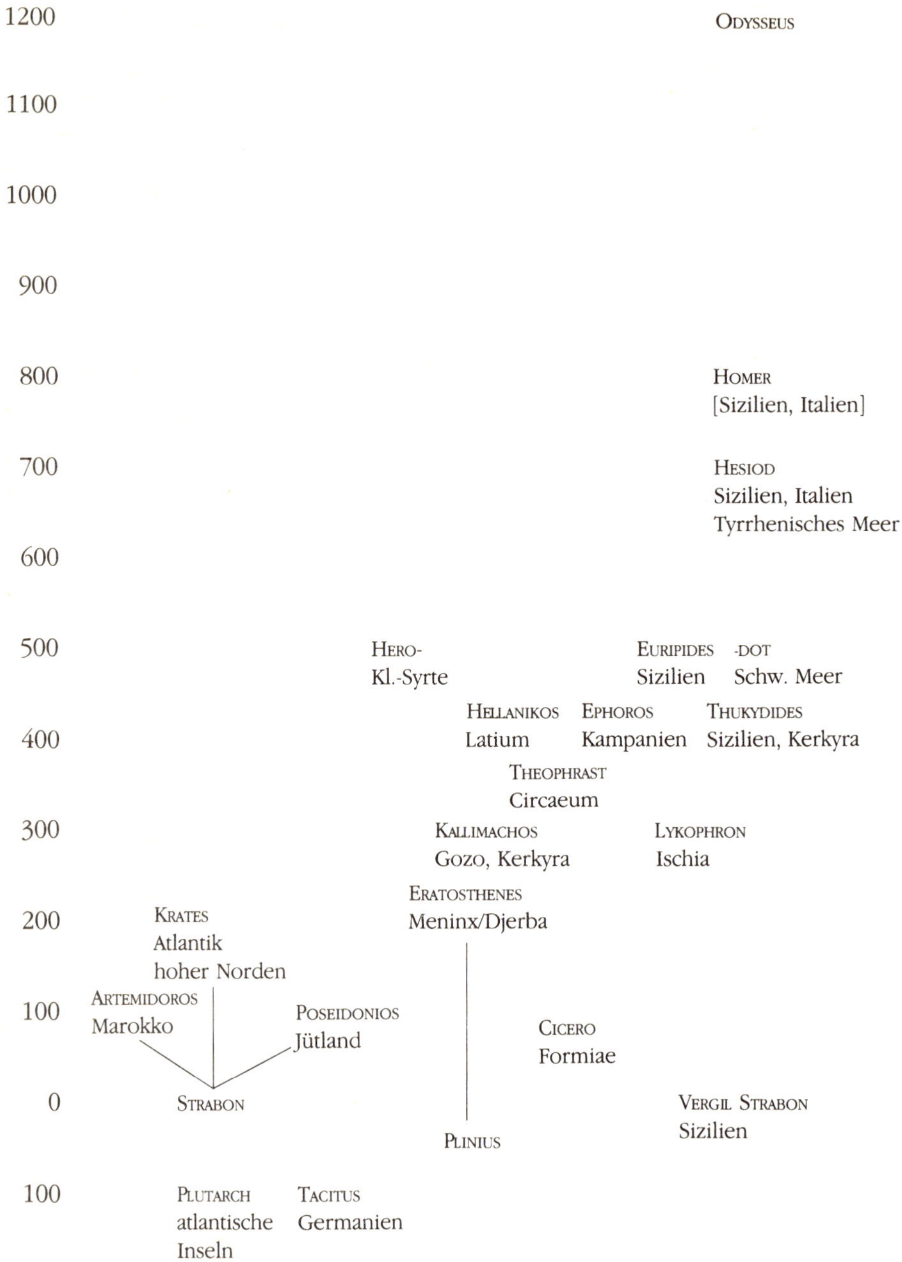

Fig. 77 STEMMA: Die wichtigsten Theorien zur Lokalisierung der Odyssee

a) in der Antike

1500

1600

O'Flaherty 1685 Irland

1700

Ramus 1702 England, Dänemark Norwegen

1800

1820

1840

1860

Krichenbauer 1877 Afrikaumseglung

1880

1885 Warren Nordpol — 1887 Soltau Südpol — 1898 Eumaios Amerika — Breusing 1889 Kanaren, Madeira Andalusien

1900

1910

1920

Herkenrath 1926 Polarfahrt — Dörpfeld 1925 Südafrika — Harris 1925 Irland — Cornelius 1925 Norwegen

1930

Hennig 1934 Atlant. Inseln Cornwall

1940

1950

Klotz 1952 — Wil 1950 Brit. Inseln Island Drontheim

Zeller 1959 Oslofjord Helgoland

1960

Pillot 1969 Schottland Irland, Island

1970

Bartholomäus 1977 Helgoland — Steuerwald 1978 Schottland

1980

Pelech 1983 Weltumseglung

b) in der Neuzeit (exokeanistische Theorien)

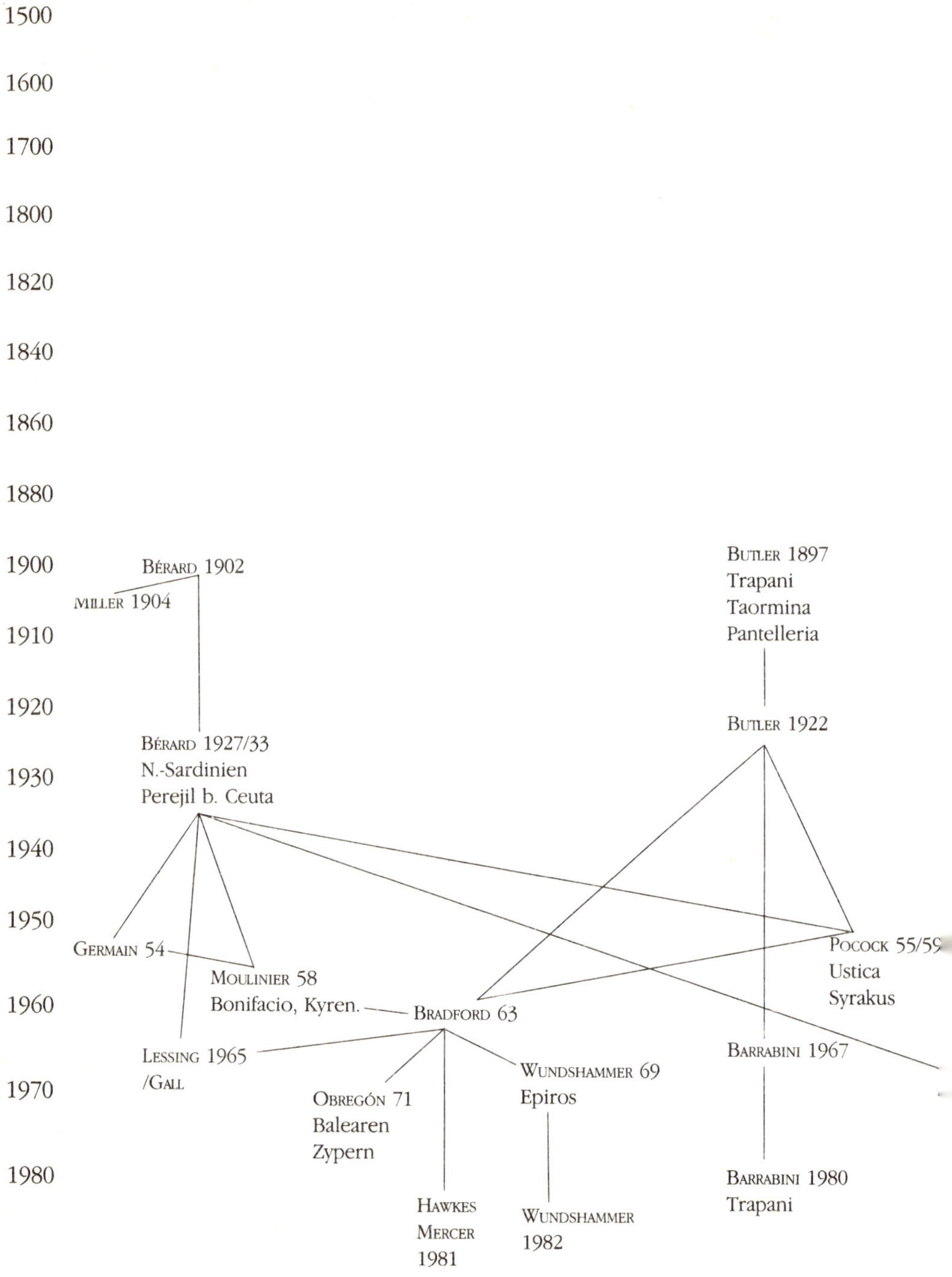

c) in der Neuzeit (Mittelmeer- und Schwarzmeer-Theorien)

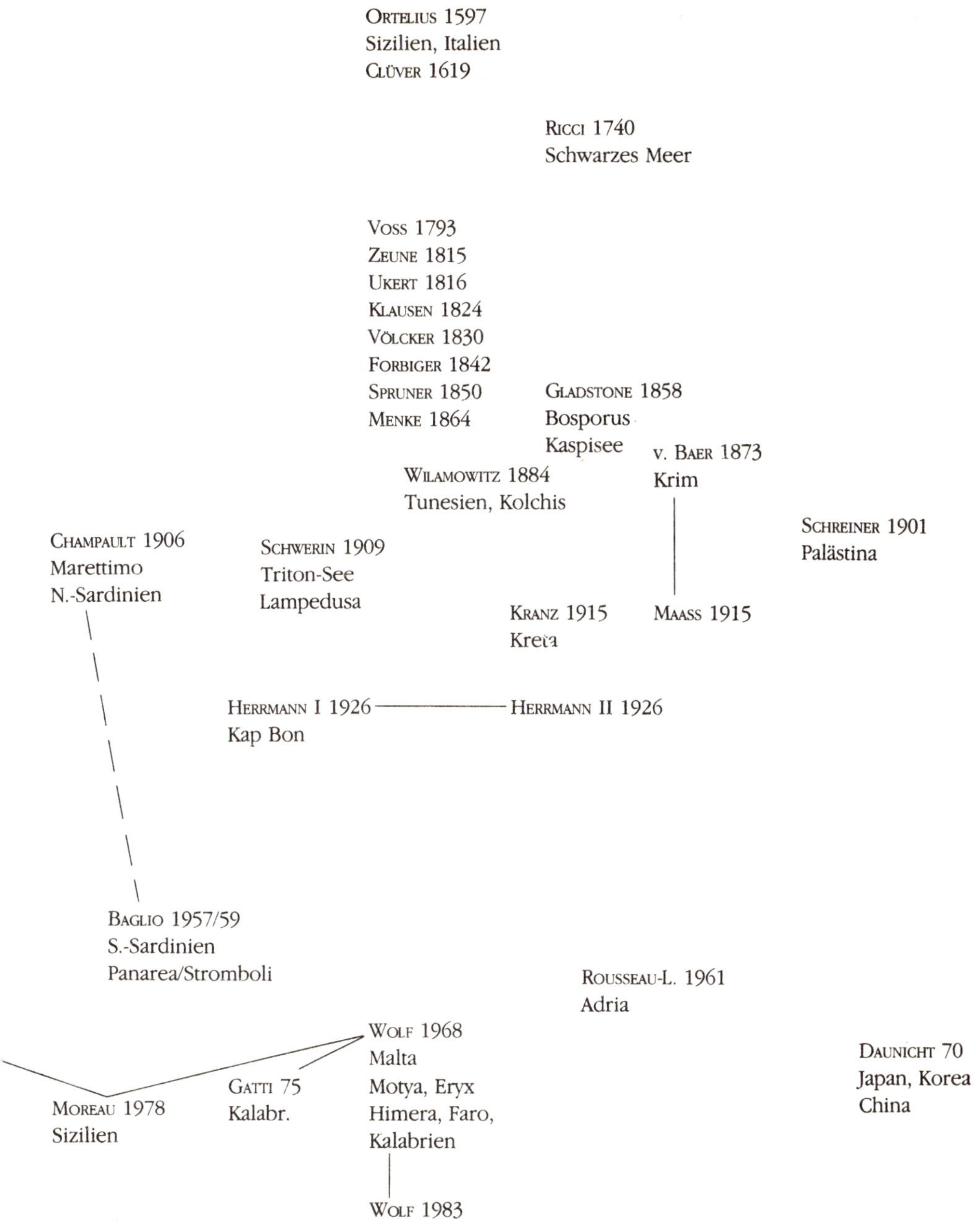

Aus Platzgründen werden nur solche Ortsnamen angegeben, die für eine Theorie besonders kennzeichnend sind.

es die Vorstellung, Odysseus sei auch bis in diese Länder vorgedrungen. In der Neuzeit glaubte ein norwegischer Historiker, den von Odysseus besuchten Laistrygonenhafen in Jütland zu finden, ein russischer Forscher suchte ihn auf der Krim, ein Franzose auf Korsika. Zur Zeit des Kolonialimperialismus wurde die Odyssee zu einer Umschiffung Afrikas. Als man sich anschickte, Nord- und Südpol zu erobern, gab es die Meinung, Odysseus sei auch dort schon gewesen. Nachdem Satelliten die ganze Erde ständig zu umkreisen begonnen hatten, kam die Vorstellung auf, in der Irrfahrt des Odysseus sogar eine Weltumsegelung zu sehen. Und als ferne Planeten von Raumschiffen erreicht und fotografiert wurden, erhielten schließlich Orte auf dem Mars odysseische Namen: *Aeolia, Laestrygonia, Sirenum sinus*[189]. Vielleicht ist diese 3000jährige Reise im Bewußtsein der europäischen Menschen die wirkliche Reise des Odysseus.

Wenn wir diese merkwürdige Reise betrachten, so erscheint es geradezu natürlich, daß Homer die Spuren des Odysseus an den sizilischen Küsten suchte, die die Griechen zu seiner Zeit entdeckten, erforschten und dann besiedelten. So mag auch dieses Ergebnis der Forschungsgeschichte ein Argument für unsere These sein, daß *Homers* Odyssee eine Fahrt um Sizilien war und der Dichter ihr Historiker. Die auf diese Weise gedeutete Reise des Odysseus erlaubt uns eine Rekonstruktion des homerischen Weltbildes.

Textanhang

Der Fahrtbericht in der Odyssee

unter Verwendung der Übersetzung von Wolfgang Schadewaldt

zusammengestellt und mit Anmerkungen versehen

von Hans-Helmut Wolf

Den Mann nenne mir, Muse, den vielgewandten,
der gar viel umgetrieben wurde,
nachdem er Trojas heilige Stadt zerstörte.

Von vielen Menschen sah er die Städte
und lernte kennen ihre Sinnesart;

viel auch erlitt er Schmerzen auf dem Meer
in seinem Gemüte, während er
sein Leben zu gewinnen suchte
wie auch die Heimkehr der Gefährten.

(Jedoch er rettete auch so nicht die Gefährten, so sehr er es begehrte. Selber nämlich durch ihre eigenen Freveltaten verdarben sie, die Toren, die die Rinder des Sohns der Höhe, Helios, verzehrten. Der aber nahm ihnen den Tag der Heimkehr.)

Davon
– du magst beginnen, wo es sein mag –
Göttin, Tochter des Zeus!
sage auch uns!

Mit diesen berühmten zehn Einleitungsversen der Odyssee wird zwischen Anrufung der Muse (1, 1) und Bitte an die Tochter des Zeus, zu beginnen, wo es auch sein mag (1, 10), nur nach der Heimfahrt des Mannes [Odysseus] und seiner Gefährten gefragt, wodurch die allein die Heimfahrt berichtenden Verse und Gesänge so besonders hervorgehoben werden, daß man sie zunächst als den Kern des Epos ansehen darf, auf den alle übrigen Geschehnisse der Odyssee hin ausgerichtet sind. Dieser Kern wird von Homer gegen Ende seines Werkes gewissermaßen als Inhaltsangabe mit den folgenden Versen umrissen (23, 310–342):

Und er begann, wie er zuerst die *Kikonen* bezwungen hatte und
alsdann gekommen war zu dem fetten Ackerland der *Lotophagen;* und
was alles der *Kyklop* getan, und wie er von ihm Buße nahm für die trefflichen Gefährten, die er verspeiste und sich nicht erbarmte; und
wie er zu *Aiolos* gelangte, der ihn freundlich aufnahm und ihm ein Geleit gab, doch war es ihm noch nicht bestimmt, in das eigene *Vaterland* zu kommen, sondern ihn entraffte abermals ein Wirbelsturm und trug ihn auf das fischreiche Meer, den schwer Stöhnenden; und
wie er nach *Telepylos ins Laistrygonenland* gelangte, die ihm die Schiffe vernichteten und die gutgeschienten Gefährten alle, und Odysseus allein entkam in dem schwarzen Schiffe.
Und er erzählte von der *Kirke* Arglist und vielfältiger Erfindsamkeit, und wie er zu des *Hades Haus* [εἰς 'Αΐδεω δόμον] kam, dem modrigen, um die Seele des Thebaners Teiresias zu befragen, im vielrudrigen Schiff, und sah alle Gefährten und die Mutter, die ihn geboren (und erzogen hatte, als er klein war); und
wie er der hellen *Sirenen* Stimmen hörte und
wie er zu den *Felsen* des Scheiterns kam und zu der furchtbaren *Charybdis* und der *Skylla,* der noch nie die Männer unbeschädigt entronnen waren; und
wie die Gefährten die *Rinder des Helios* töteten, und
wie Zeus, der hochher donnernde, das schnelle Schiff mit dem rauchenden *Blitz* traf und die edlen Gefährten zugrunde gingen alle zugleich, er selber aber entrann den bösen Göttinnen des Todes; und
wie er zur Insel *Ogygia* und der Nymphe *Kalypso* kam, die ihn festhielt, begehrend, daß er ihr Gatte wäre, in den gewölbten Höhlen, und ihn ernährte und beständig sagte, daß sie ihn unsterblich und alterslos machen werde alle Tage – allein, sie konnte ihm niemals den Sinn in seiner Brust bereden –; und
wie er zu den *Phaiaken* kam, nachdem er vieles ausgestanden, die ihn über die Maßen ehrten in dem Herzen wie einen Gott und ihn im Schiff ins eigene *väterliche Land* geleiteten, nachdem sie ihm Erz und Gold genug und auch Gewandung gegeben hatten.
Das war das letzte Wort, das er erzählte.

Das, was mit dieser Inhaltsangabe ganz knapp als der Weg des Odysseus von den Kikonen bis ins väterliche Land angegeben ist, wird von Homer in der »ersten Ich-Erzählung der Weltliteratur«[1] als subjektiver Bericht des Odysseus (Ich-Form) über eine Fahrt von Ilion bis nach Ogygia und von dort zu den Phaiaken ausführlich wiedergegeben und in eine Rahmenerzählung (Er-Form) eingebettet, die die beiden letzten Reiseabschnitte von Ogygia zu den Phaiaken und von dort nach Ithaka breit ausmalt.

Beides zusammen, also Heimkehr-Fahrtbericht mit Rahmenerzählung, ist wiederum eingespannt in »weitere geographische wie gesellschaftliche Horizonte«[2] und zwar zwischen die großangelegte Schilderung einer Reise des Sohnes Telemach nach Pylos und Sparta – um nach Kunde über das Schicksal des noch nicht heimgekehrten Vaters zu forschen – und die Darstellung des dramatischen Kampfes des heimgekehrten Odysseus um Wiedergewinnung seiner königlichen Rechte.

Der in fünf Gesängen überlieferte, in Ich-Form gehaltene Fahrtbericht des Odysseus wird hier bedachtsam gekürzt, also im Prinzip vollständig, wiedergegeben; um den straffen Handlungsablauf hervortreten zu lassen, werden Dialoge, Wiederholungen und retardierende Passagen ausgelassen, ebenso die einzelnen Schilderungen von der Begegnung mit den Schatten der mythischen Frauen und Helden beim Haus des Hades. Die zur Kürzung des Textes erforderlichen Auslassungen sind gekennzeichnet.

Da hier die Übersetzung von Schadewaldt benutzt wird, werden auch dessen Angaben über Einschübe und Umbauten eines Bearbeiters ›B‹ in die »ursprüngliche Dichtung A« beachtet. Solche vermutlich »dem Dichter B angehörenden Partien«[3] werden eingeklammert; auch der von Schadewaldt vorgeschlagene Umbau der im überlieferten Text von Kirke gegebenen »Maße der Fahrt« (12, 38–141) in die Teiresiasrede im elften Gesang (hinter 11, 104) wird vorgenommen. Dies sei der einfacheren Handlungsführung um so eher gestattet, als es niemandem schwer fallen dürfte, den Text auch in der überlieferten Reihenfolge zu lesen. Im übrigen ist zu bemerken, daß an Stellen, in denen der folgende Text von der Übersetzung Schadewaldts abweicht, der griechische Originaltext in Klammern beigegeben ist.

Außer den für die Rekonstruktion der Fahrtroute erforderlichen Passagen werden hier auch die ausführlich geschilderten Landerlebnisse, die zunächst nicht zur Seefahrt zu gehören scheinen, auszugsweise, aber im Prinzip vollständig, wiedergegeben, da gerade sie den Bericht des Odysseus als korrekten Seefahrtbericht erweisen; denn sie schildern, abgesehen von dem kurzen Aufenthalt im Gau der kimmerischen Männer beim Haus des Hades, wo Odysseus sich die »Maße der Fahrt« einholen muß, ausnahmslos Unfälle der Gefährten oder deren Ursache. Und Unfälle der Besatzung müssen sogar heutzutage ausführlich im Schiffstagebuch beschrieben werden.

Damit der Leser des Folgenden unmittelbar erkennen kann, wie weit der Fahrtbericht des Odysseus einem korrekten Seefahrtbericht gleicht, mag ihm eine Hilfe sein zu wissen, was nach den heutigen See-Vorschriften, die sich »aufgrund allgemeiner seemännischer Gebräuche ... entwickelt« haben, in einem »Schiffstagebuch« festzuhalten ist[4]:

In das Tagebuch sind einzutragen:

»1. Wind und Wetter.
2. Alle für die Führung des Fahrzeuges in navigatorischer und seemännischer Beziehung wichtigen Angaben. Die navigatorischen Angaben müssen so genau sein, daß man nachträglich den ungefähren Schiffsort für jeden Zeitpunkt der Reise durch Rekonstruktion auf der Karte feststellen kann. Unter die seemännischen Angaben rechnen: Segelführung, Loggen und Loten, ... Ankern und Ankerlichten, ... An- und Abstellen der Maschine u. a. m.
3. Alle Veränderungen in der Schiffsbesatzung.
4. Alle Unfälle, die dem Schiff oder Personen der Besatzung zustoßen. Sie vor allem [sic!] müssen in ihrem ganzen Hergang genau beschrieben werden, ...
5. Alle Beobachtungen, von denen angenommen werden kann, daß sie von allgemeinem Interesse für die Schiffahrt sind.«

In einer besonderen Vorschrift heißt es über »Havarie«:

»Unter Havarie versteht der Seemann jeden Schaden, der durch irgendeinen Unfall am Schiff oder dessen Zubehör entstanden ist. Dieser Unfall kann verursacht sein durch Höhere Gewalt (force majeur), z. B. Sturm, Kollision oder Strandung im Nebel, Blitzschlag; oder durch schuldhaftes Verhalten der Schiffsführung ... Jede Havarie ist mit genauer Beschreibung der Ursachen, des Herganges und des Schadenumfanges in das Tagebuch einzutragen. Wird ein Tagebuch nicht geführt, so ist eine Niederschrift mit obigen Angaben anzufertigen.«

Es folgt nun der Fahrtbericht des Odysseus (9, 14 bis 12, 453; 7, 244–297). Hiervon werden die Beschreibungen von Land und Leuten ebenso wie Ruhepunkte auf See (Meeresstille, Dialoge u. ä.) enggedruckt und – soweit sie reine Landerlebnisse darstellen – zusätzlich auch noch eingerückt.
Dem Fahrtbericht folgt aus der Rahmenerzählung die Beschreibung des Heimgeleites von den Phäaken nach Ithaka (7, 297 bis 9, 13, und 13, 1 – 125):

Was soll ich dir alsdann zuerst und was zu allerletzt erzählen? Denn Kümmernisse haben mir die Götter, die Söhne des Himmels, viele gegeben. Doch jetzt will ich zuerst meinen Namen nennen, damit auch ihr ihn wißt und ich alsdann, entronnen vor dem erbarmungslosen Tage, euch Gastfreund bin, wenn ich auch fernab die Häuser bewohne.

Ich bin Odysseus, Laertes' Sohn, der ich mit meinen allfältigen Listen die Menschen beschäftige, und es reicht die Kunde von mir bis in den Himmel.

> Ich wohne aber auf Ithaka, der gut sichtbaren, und ein Berg ist auf ihr, Neritos, der blätterschüttelnde, stark ins Auge fallend. Ringsum aber liegen Inseln viele, gar dicht beieinander: Dulichion und Same und die bewaldete Zakynthos. Sie selber aber liegt niedrig ganz zu oberst in dem Salzmeer, nach dem Dunkel hin, die anderen von ihr weg nach Morgen und zur Sonne. Rauh ist sie, aber gut, um Männer aufzunähren. Kann ich für mein Teil, als das eigene Land, doch sonst nichts Süßes erblicken. (...)

Doch auf! so will ich dir auch meine Heimfahrt berichten, die an Kümmernissen reiche, die Zeus über mich gebracht hat, als ich vom Troerlande fortging.

Von Ilion her trug mich der Wind und brachte mich zu den Kikonen, nach Ismaros.

> Dort zerstörte ich die Stadt und vernichtete die Männer. Und als wir aus der Stadt die Weiber und viele Güter genommen hatten, ... da überwältigten die Kikonen die Achaier und brachten sie zum Wanken. Und sechs gutgeschiente Gefährten von jedem Schiff gingen zugrunde, wir andern aber entkamen dem Tod und dem Verhängnis. Und wir fuhren von dort weiter, betrübten Herzens, froh dem Tod entronnen, verlustig lieber Gefährten. (...)

Und es erregte gegen die Schiffe einen Nordwind der Wolkensammler Zeus mit einem Sturmwind, einem ungeheuren, und verhüllte mit Wolken Land zugleich und Meer, und herein vom Himmel her brach Nacht. Da trieben die Schiffe mit herabgedrücktem Bug dahin, und es zerriß ihnen die Segel dreifach und vierfach die Gewalt des Windes. Da zogen wir diese in die Schiffe ein, in Furcht vor dem Verderben, und ruderten die Schiffe eilig voran zum festen Lande hin.

> Da lagen wir zwei Nächte und zwei Tage, immer in einem fort, und verzehrten unseren Mut zugleich in Ermattung und Schmerzen.

Als aber nun den dritten Tag die flechtenschöne Eos vollendet hatte, da setzten wir die Mastbäume und zogen die weißen Segel auf und saßen da, und die Schiffe lenkten der Wind und die Steuerleute. Und nun wäre ich wohl unversehrt ins väterliche Land gekommen,

doch trieb die Woge und die Strömung mich ab, als ich Maleia umrunden wollte, und auch der Nordwind, und verschlug mich vorbei an Kythera. Von da wurde ich neun Tage von bösen Winden über das fischreiche Meer getragen, jedoch am zehnten liefen wir an im Lande der Lotophagen, die pflanzliche Nahrung essen.

> Dort stiegen wir auf das feste Land und schöpften uns Wasser, und alsbald nahmen die Gefährten das Mahl bei den schnellen Schiffen.
> Doch als sie Speise und Trank genossen hatten, da schickte ich die Gefährten aus, um hinzugehen und zu erkunden, welches die Männer seien, die in dem Lande das Brot äßen, und wählte zwei Männer aus und gab ihnen einen dritten mit als Herold. Die aber gingen alsbald dahin und mischten sich unter die Lotophagenmänner.
> Und es sannen die Lotophagen gegen unsere Gefährten kein Verderben, sondern gaben ihnen zu essen von dem Lotos: und wer von ihnen aß die honigsüße Frucht des Lotos, der wollte nicht mehr zurück Meldung bringen noch heimkehren, sondern an Ort und Stelle wollten sie unter den Lotophagenmännern den Lotos rupfen und bleiben und der Heimkehr vergessen.
> Diese führte ich weinend mit Gewalt zu den Schiffen und zog sie in den gewölbten Schiffen unter die Deckbalken und band sie. Aber die andern geschätzten Gefährten trieb ich, daß sie sich eilen und die schnellen Schiffe besteigen sollten, damit keiner auf irgendeine Weise von dem Lotos äße und der Heimkehr vergäße.

Und sie stiegen alsbald ein und setzten sich auf die Ruderbänke, und als sie sich der Reihe nach gesetzt, schlugen sie die graue Salzflut mit den Riemen. Von dort fuhren wir weiter, betrübten Herzens, und kamen zum Lande der Kyklopen, der übergewaltigen, gesetzlosen, die, sich auf die Götter verlassend, die unsterblichen, weder Gewächse pflanzen mit den Händen, noch pflügen, sondern das wächst alles ungesät und ungepflügt:

> Weizen und Gerste und Reben, die einen Wein von großen Trauben tragen, und der Regen des Zeus mehrt es ihnen. Und sie haben weder ratspflegende Versammlungen noch auch Gesetze, sondern bewohnen die Häupter der hohen Berge in gewölbten Höhlen, und ein jeder setzt die Satzungen fest für seine Kinder und seine Weiber, und sie kümmern sich nicht umeinander.

Alsdann erstreckt sich da querab vom Hafen eine flache Insel, weder nah am Land der Kyklopen noch weit ab, eine bewaldete, und darauf leben unendliche wilde Ziegen.

> Denn kein Pfad der Menschen vertreibt sie, noch betreten die Insel Jäger, die im Walde Schmerzen leiden, wenn sie die Häupter der Berge durchstreifen. Weder von Herden ist sie eingenommen noch von Ackerbau, sondern unbesät und ungepflügt alle Tage ist sie von Menschen leer und nährt nur meckernde Ziegen.
> Denn den Kyklopen sind keine Schiffe zu Gebote mit mennigfarbenen Wangen, und auch keine Zimmermänner von Schiffen sind unter ihnen, die wohlverdeckte Schiffe bauen könnten, die da jegliches ausrichten, zu den Städten der Menschen fahrend, so wie vielfach die Männer auf Schiffen zueinander das Meer durchqueren. Diese hätten ihnen wohl auch die Insel zu einer gutgebauten machen können; denn sie ist gar nicht schlecht, und sie würde alles tragen nach der Jahreszeit. Denn auf ihr sind Wiesen an den Gestaden der grauen Salzflut, feuchte, weiche: da könnten recht wohl unvergängliche Reben sein. Und ebenes Ackerland ist darauf: dort könnte man recht wohl eine tiefe Saat jeweils zu den Zeiten der Ernte schneiden, denn sehr fett ist der Boden darunter.

> Und auf ihr ist ein Hafen, gut anzulaufen, wo kein Haltetau nötig ist und auch nicht nötig, Ankersteine auszuwerfen noch Hecktaue anzubinden, sondern man braucht nur aufzulaufen und eine Zeit zu warten, bis der Mut der Schiffer sie treibt und die Winde heranwehen. Doch am Kopf des Hafens fließt helles Wasser, eine Quelle, hervor aus einer Grotte, und Pappeln wachsen darum.

Dort liefen wir an – und es ging ein Gott vor uns her – während der dunklen Nacht, und da zeigte sich nichts, das man sehen konnte. Denn ein tiefer Nebel war um die Schiffe, und auch der Mond schien nicht vom Himmel, sondern hielt sich verborgen in Wolken. Da sah keiner die Insel vor sich mit den Augen, und auch keine großen, ans trockene Land rollenden Wogen sahen wir, bis die gutverdeckten Schiffe aufliefen.
Und als die Schiffe aufgelaufen waren, zogen wir alle Segel ein und stiegen auch selber aus an den Strand des Meeres. Dort schliefen wir und erwarteten das göttliche Frühlicht.

> Als aber die frühgeborene erschien, die rosenfingrige Eos, sahen wir staunend die Insel und schweiften auf ihr umher... den ganzen Tag bis zur untergehenden Sonne und schmausten unendliches Fleisch und süßen Wein. Denn noch war den Schiffen der rote Wein nicht ausgegangen, sondern drinnen vorhanden, denn vielen hatten wir, jeder einzelne, in unsere Krüge eingefüllt, als wir die heilige Stadt der Kikonen eingenommen hatten.
> Und wir schauten hinüber zum Land der nahen Kyklopen und nahmen den Rauch von ihnen wahr und den Laut von Schafen und von Ziegen. Als die Sonne unterging und das Dunkel heraufkam, da schliefen wir am Ufer des Meeres.

Als aber die frühgeborene erschien, die rosenfingrige Eos, da... sprach ich und stieg auf das Schiff und hieß die Gefährten auch selber einsteigen und die Hecktaue lösen. Die aber stiegen alsbald ein und setzten sich auf die Ruderbänke. Und als sie sich der Reihe nach gesetzt, schlugen sie die graue Salzflut mit den Riemen. Doch als wir nun zu dem Platz gekommen waren, dem nahen, da sahen wir am äußersten Rande eine Höhle nah dem Meere, eine hohe, mit Lorbeerbäumen überdachte.

> Dort pflegte viel Kleinvieh, Schafe und auch Ziegen, die Nacht zu verbringen. Und herum war eine Hofmauer hoch erbaut mit eingegrabenen Steinen und großen Fichtenstämmen und hochbelaubten Eichen.
> Da pflegte der Mann zu nächtigen, der ungeheure, der ganz allein das Vieh, fernab, zu weiden pflegte, und nicht mit anderen verkehrte er, sondern hielt sich abseits und hegte Gesetzloses in seinem Sinne. War er doch geschaffen als ein Wunder, ein ungeheures, und glich nicht einem brotessenden Manne, sondern einer bewaldeten Felskuppe von hohen Bergen, die sichtbar ist für sich allein, entfernt von andern.

Da befahl ich den anderen geschätzten Gefährten, daß sie an dem Orte bei dem Schiffe bleiben und das Schiff bewachen sollten.

Ich aber las von den Gefährten die zwölf besten aus und schritt dahin. Und einen Ziegenschlauch nahm ich mit voll schwarzen Weines ... und dazu auch Speisen in einem Korbe. ...Und schnell gelangten wir zu der Höhle. Jedoch wir fanden ihn nicht drinnen, sondern er weidete auf der Weide sein fettes Vieh.
Und wir gingen in die Höhle und betrachteten jedes einzelne. Da strotzten Darren von Käse, und Pferche waren gedrängt voll von Lämmern und Zicklein. Und abgesondert voneinander waren sie, jegliche für sich eingesperrt..›.
Da zündeten wir ein Feuer an und opferten und nahmen selbst auch von den Käsen und aßen und warteten auf ihn, drinnen sitzend, bis er herankam, eintreibend. Und er trug eine gewaltige Last trockenen Holzes, damit es ihm für das Nachtmahl dienlich wäre, warf es hinein in die Höhle und machte ein Getöse. Wir aber stürzten vor Furcht hinweg in das Innerste der Höhle. Doch er trieb das fette Vieh in die weite Höhle, alles Stück für Stück, soviel er melken wollte, das männliche aber ließ er vor der Türe, die Widder und die Böcke, draußen in dem tiefen Hofe. Und setzte alsbald einen großen Türstein davor, den er hoch aufhob, einen gewaltigen ...
Doch als er nun geschäftig seine Arbeiten verrichtet hatte, da zündete er ein Feuer an und erblickte uns und fragte uns: »Fremde, wer seid ihr? von woher kommt ihr die feuchten Pfade gefahren? eines Geschäftes wegen? oder schweift ihr nur so hin wie die Seeräuber über die Salzflut, die da umherschweifen und ihr Leben daran setzen, indem sie Anderen Böses bringen?« So sprach er. Aber uns zerbrach das liebe Herz, in Furcht vor seiner rauhen Stimme wie vor ihm selber, dem ungeheueren.
Aber auch so erwiderte ich und sagte zu ihm mit Worten: »Wir sind zu dir von Troja her, Achaier, verschlagen von allfachen Winden, über die große Meerestiefe, während wir heimwärts strebten, anderen Weges, andere Pfade hergekommen – so hat es Zeus wohl beschließen wollen –, und Volk des Atreus-Sohnes Agamemnon rühmen wir uns zu sein, ... Das Schiff hat mir Poseidon, der Erderschütterer, zerschlagen, es gegen die Felsen werfend an den äußersten Enden eures Landes, nachdem er es an eine Klippe herangetragen: der Wind trieb es vom Meere her. Ich aber entkam mit diesen hier dem jähen Verderben.« So sprach ich.
Doch er erwiderte mir nichts mit ungerührtem Mute, sondern sprang auf und streckte nach den Gefährten die Hände aus und packte zwei auf einmal und schlug sie wie junge Hunde gegen die Erde ...

Doch als die frühgeborene erschien, die rosenfingrige Eos, da ... trieb er das fette Vieh aus der Höhle, nachdem er leicht den großen Türstein weggenommen. Doch setzte er ihn dann wieder vor, wie wenn man den Deckel auf einen Köcher setzt, und trieb sein fettes Vieh mit vielem Pfeifen bergwärts, der Kyklop. Ich aber blieb zurück, tief über Schlimmem sinnend ... Da lag von dem Kyklopen ein großer Knüttel bei dem Pferch, grün, von Olivenholz; den hatte er geschnitten, um ihn zu tragen, wenn er getrocknet wäre. Den schätzten wir, als wir ihn betrachteten, so groß wie den Mastbaum eines zwanzigrudrigen schwarzen Schiffes, eines breiten Lastschiffs, das die große Tiefe überquert; so groß war er an Länge, so groß an Dicke anzuschauen. Zu dem trat ich heran und schlug von ihm ein Stück, so groß wie eine Klafter, ab und ... verwahrte es gut, unter dem Mist verborgen, der hoch aufgehäuft war durch die Höhle hin, genugsam viel. Jedoch den anderen befahl ich, über sich das Los zu werfen, wer das Wagnis unternehmen sollte, mit mir zusammen den Pfahl aufzunehmen und ihm in ein Auge [ἐν' ὀφθαλμῷ] zu bohren, wenn der süße Schlaf über ihn kam ...
Des Abends aber kam er ... Doch als er geschäftig seine Arbeiten verrichtet hatte, da packte er wieder zwei auf einmal und bereitete sie zum Nachtmahl. Da trat ich dicht vor den Kyklopen und sagte zu ihm, einen Napf voll schwarzen Weines in den Händen haltend ... Doch als der Wein dem Kyklopen die Sinne umfangen hatte, da sagte ich zu ihm mit schmeichelnden Worten: »Kyklop! du fragst nach meinem berühmten Namen. Nun denn! so will ich ihn dir sagen! Du aber gib mir das Gastgeschenk, so wie du es versprochen hast! Niemand ist mein

Name, und Niemand rufen mich Vater und Mutter und all die anderen Gefährten.« So sprach ich. Der aber erwiderte mir alsbald mit ungerührtem Mute: »Den Niemand werde ich als letzten verspeisen unter seinen Gefährten, die anderen zuvor: das soll dein Gastgeschenk sein!« so sprach er… und der Schlaf ergriff ihn, der Allbezwinger… Da stieß ich den Pfahl unter die Asche, die viele, bis er sich erhitzte…; die Gefährten… ergriffen den Ölbaumpfahl, den an der Spitze geschärften, und stemmten ihn in ein Auge [ὀφθαλμῷ ἐνέρεισαν], aber ich stemmte mich von oben her auf ihn und drehte… Und schrecklich brüllte er laut auf, und es erscholl ringsum der Felsen, wir aber stoben vor Furcht davon. Er aber riß sich den Pfahl aus dem Auge, den mit vielem Blut besudelten, und warf ihn von sich, wild mit den Händen um sich fahrend, und rief laut nach den Kyklopen, die in der Runde um ihn her in Höhlen zwischen den windigen Kuppen wohnten.
Die kamen, als sie einen Ruf gehört, herbei, der eine von hier-, der andere von dorther, und stellten sich um die Höhle und fragten, was ihn bekümmere… Da sagte hinwieder aus der Höhle zu ihnen der starke Polyphemos: »Freunde! Niemand erschlägt mich mit List und nicht mit Gewalt!«… und sie gingen davon. Mir aber lachte mein liebes Herz, wie sie mein Name getäuscht hatte und der untadelige Einfall.
Der Kyklop aber, stöhnend und sich in stechendem Schmerzen windend, nahm, mit den Händen tastend, den Stein von den Türen und setzte sich selbst in die Türen, beide Arme ausgebreitet…

Doch als die frühgeborene erschien, die rosenfingrige Eos, da trieb er alsbald die männlichen Schafe aus zur Weide,… Das aber gewahre der Törichte nicht, wie sie [die Gefährten] ihm unter die Brust der Schafe mit den wolligen Vliesen gebunden waren. Als letzter schritt unter dem Vieh der Schafbock durch die Tür hinaus, beengt von der Wolle und von mir, der ich Vielfältiges bedachte… Und eilig trieben wir die Schafe, die streckfüßigen, dick von Fett, uns vielfach umwendend, dahin, bis daß wir zu dem Schiff gelangten. Und wir erschienen unseren Gefährten willkommen, die wir dem Tod entronnen waren, die anderen aber beklagten sie mit Stöhnen.

Und sie stiegen alsbald ein und setzten sich auf die Ruderbänke, und als sie sich der Reihe nach gesetzt, schlugen sie die graue Salzflut mit den Riemen. Doch als das Schiff soweit entfernt war, wieweit ein Rufender reicht mit der Stimme, da rief ich den Kyklopen an mit höhnenden Worten… Doch der ergrimmte darauf noch mehr im Herzen, riß ab die Kuppe von einem großen Berge, schleuderte sie, und nieder schlug sie vorn vor dem Schiff mit dem dunklen Bug. Da wallte das Meer auf unter dem herniederfahrenden Felsen, und zurück zum Lande trug es die rückbrandende Woge, die Flutwelle aus dem Meer, und versetzte es, daß es an das trockene Land gelangte.
Ich aber ergriff mit den Händen eine gar lange Stange, stieß es querab und trieb die Gefährten und hieß sie sich in die Riemen legen, damit wir dem Unheil entrinnen könnten, indem ich ihnen mit dem Kopf zunickte. Sie aber fielen nach vorne aus und ruderten… Der [Kyklop] aber betete zu dem Herrn Poseidon, die Arme zu dem bestirnten Himmel streckend… und ihn hörte der mit der schwarzen Mähne…
Doch als wir nun zu der Insel kamen, wo die andern gutgedeckten Schiffe alle miteinander geblieben waren und rings die Gefährten jammernd saßen und uns

beständig erwarteten, da ließen wir, dorthin gekommen, das Schiff auflaufen auf dem Sande

und stiegen auch selber aus an den Strand des Meeres und nahmen die Schafe des Kyklopen aus dem gewölbten Schiff und verteilten sie unter uns ... So saßen wir da den ganzen Tag bis zur untergehenden Sonne und schmausten unendliches Fleisch und süßen Wein. Als aber die Sonne untergegangen war und das Dunkel heraufkam, da schliefen wir an dem Strand des Meeres.

Als aber die frühgeborene erschien, die rosenfingrige Eos, da trieb ich die Gefährten und befahl ihnen, selber einzusteigen und die Hecktaue zu lösen. Und sie stiegen alsbald ein und setzten sich auf die Ruderbänke, und als sie sich der Reihe nach gesetzt, schlugen sie die graue Salzflut mit den Riemen. Und wir fuhren von dort weiter, betrübten Herzens, froh dem Tode entronnen, verlustig lieber Gefährten. Und wir gelangten zur Aiolos-Insel.
Dort wohnt Aiolos, Hippotes' Sohn, ein Freund den unsterblichen Göttern, auf einer zur Schiffahrt geeigneten Insel [νῆσος πλωτή]. Ganz um sie herum ist eine Mauer, eine eherne, unzerbrechliche, und springt glatt der Fels auf.

> Ihm waren auch zwölf Kinder in den Hallen geboren worden: sechs Töchter und sechs Söhne, die standen in Jugendreife. Da gab er die Töchter den Söhnen, daß sie ihnen Lagergenossinnen wären. Die aber schmausen immer bei dem lieben Vater und der sorgsamen Mutter, und ihnen stehen zehntausend Speisen bereit, und erfüllt von Fettdampf erschallt das Haus rings von Flötenspiel die Tage über; die Nächte aber ruhen sie bei ihren ehrsamen Gattinnen in Decken und gurtdurchzogenen Betten.

Und wir gelangten zu ihrer Stadt und den schönen Häusern,

> und während eines ganzen Mondes tat er mir Liebes an und fragte ... Doch als ich nun auch um die Fahrt bat und verlangte, daß er mich geleiten sollte, da weigerte jener es nicht und bereitete mir das Geleit und gab mir einen Schlauch von einem neunjährigen Rind, nachdem er es abgezogen. Da band er die Pfade der heulenden Winde hinein; denn ihn hatte zum Verwalter über die Winde Kronion gemacht, daß er entweder stillte oder erregte, wen er wollte. Und er band ihn fest in dem gewölbten Schiff mit einer Schnur, einer schimmernden, von Silber, damit nichts nebenher herausblase auch nur ein wenig.

Mir aber ließ er den Hauch des Westwindes wehen, damit er die Schiffe und uns selber trage. Doch sollte er es nicht vollenden, denn durch unsere eigenen Torheiten richteten wir uns zugrunde. Neun Tage fuhren wir in einem fort die Nächte hindurch und auch am Tage. Am zehnten aber zeigte sich schon das väterliche Land, und nahe sahen wir schon die Feuerwachen.
Da kam ein süßer Schlaf über mich, den ermatteten. Denn immer hatte ich das Ruder des Schiffs geführt und es keinem anderen gegeben unter den Gefährten, damit wir um so schneller in das väterliche Land gelangten. Da aber sprachen die

Gefährten zueinander mit Worten und ... der schlimme Rat der Gefährten siegte. Sie lösten den Schlauch, und alle Winde fuhren heraus, und alsogleich packte sie ein Wirbel und trug sie auf das Meer hinaus, weinend, hinweg von dem väterlichen Lande ... Die Schiffe aber wurden von dem bösen Wirbelwind wieder zur Aiolos-Insel getragen, und es stöhnten die Gefährten.

> Dort stiegen wir ans Land und schöpften uns Wasser, und geschwind nahmen die Gefährten bei den schnellen Schiffen die Mahlzeit. Doch als sie von Speise und Trank genossen hatten, da nahm ich mir einen Herold und einen Gefährten zum Begleiter und schritt zu des Aiolos berühmten Häusern. Und ich traf ihn, wie er bei seiner Gattin und seinen Kindern speiste. ... und er schickte mich hinweg aus den Häusern, den schwer Stöhnenden.

Und wir fuhren von dort weiter, betrübten Herzens, und der Mut der Männer wurde aufgerieben durch die schmerzliche Ruderarbeit um unserer Verblendung willen, denn nicht mehr zeigte sich ein Heimgeleit. Sechs Tage fuhren wir immerfort die Nächte hindurch und auch am Tage.
Am siebenten aber gelangten wir zu der steilen Burg des Lamos, nach Telepylos im Laistrygonenland, wo der Hirt den Hirten anruft, wenn er eintreibt, und der, der austreibt, auf ihn hört.

> Da könnte ein Mann ohne Schlaf sich wohl doppelten Lohn verdienen: den einen als Rinderhirte, den anderen, weiße Schafe weidend, denn nahe sind dort die Pfade der Nacht wie auch des Tages.

Als wir dort in den herrlichen Hafen kamen, um den sich rings der Fels hinzieht, steil aufsteigend, fort und fort auf beiden Seiten, und vorspringende Gestade ragen vor, einander gegenüber an der Mündung, und schmal ist die Einfahrt – da lenkten die anderen alle die beiderseits geschweiften Schiffe ins Innere hinein. Die wurden drinnen im hohlen Hafen dicht beieinander festgebunden. Denn niemals wuchs die Flut in ihm heran, weder groß noch gering, sondern rings war lichte Meeresglätte. Nur ich allein hielt draußen das schwarze Schiff daselbst zurück und am äußersten Rande und band die Taue an einen Felsen, stieg dann empor und betrat einen schroffen Ausguck. Da zeigten sich weder die Werke von Rindern noch von Menschen, einen Rauch nur sahen wir, der vom Boden aufstieg.
Da schickte ich Gefährten voraus, die hingehen und erkunden sollten, welches die Männer seien, die in dem Lande das Brot äßen, wählte zwei Männer aus und gab einen Herold mit als dritten.

> Die stiegen aus und gingen einen ebenen Weg, auf welchem Wagen von den hohen Bergen das Holz zur Stadt hinunterführten. Und trafen eine Jungfrau vor der Stadt, die Wasser holte; die starke Tochter des Laistrygonen Antiphates. Die war zur Quelle hinabgestiegen, der schönfließenden: Artakie, denn von dort holten sie zur Stadt das Wasser. Und sie traten an sie heran und

redeten sie an und fragten, wer über die Menschen hier König sei und über welche er gebiete. Und sie wies ihnen alsogleich das hochbedachte Haus des Vaters.
Doch als sie in die berühmten Häuser gekommen waren, da fanden sie die Frau, so groß wie das Haupt eines Berges, und sie entsetzten sich vor ihr. Die aber rief alsbald den berühmten Antiphates, ihren Gatten, aus der Versammlung. Der sann ihnen ein trauriges Verderben. Gleich packte er einen von den Gefährten und bereitete ihn sich zum Mahle, die zwei andern aber eilten davon und gelangten flüchtend zu den Schiffen. Doch der ließ den Ruf durch die Stadt ergehen,
und sie, die ihn vernommen, kamen herbei, die starken Laistrygonen, der eine von hier-, der andere von dorther, Zehntausende, nicht Männern gleichend, sondern Riesen. Die warfen mit Feldsteinen, von denen jeder einen Mann schwer belastet hätte, von den Felsen, und alsbald erhob sich ein schlimmes Getöse auf den Schiffen von Männern, die zugrunde gingen, und Schiffen zugleich, die zerbrachen. Und wie Fische spießten sie sie auf und trugen sie mit sich fort zur unlieblichen Mahlzeit.

Indessen sie diese vernichteten im Innern des vielfältigen Hafens, derweil zog ich das scharfe Schwert von der Hüfte und hieb mit ihm die Haltetaue des schwarzbugigen Schiffes ab und trieb geschwind meine eigenen Gefährten und hieß sie sich in die Riemen werfen, daß wir aus dem Unheil entrinnen möchten. Die wirbelten alle die Salzflut auf, in der Furcht vor dem Verderben, und glücklich entkam mein Schiff auf das offene Meer von den eindeckenden [?] Steinen [ἐπηρεφέας φύγε πέτρας]. Doch die andern gingen alle miteinander daselbst zugrunde. Von dort fuhren wir weiter, betrübten Herzens, froh dem Tode entronnen, verlustig lieber Gefährten. Und wir kamen zur Insel Aia.

Dort wohnt Kirke, die flechtenschöne, die furchtbare Göttin, begabt mit Sprache, die leibliche Schwester des bösgesonnenen Aietes. Beide waren dem Helios entsprossen, der den Sterblichen scheint, und ihre Mutter war Perse, die Okeanos als Tochter zeugte.

Da liefen wir mit dem Schiff in Stille an dem Gestade in einen schiffbergenden Hafen ein, und irgendein Gott ging uns voran.

Dort stiegen wir aus und lagen zwei Tage und zwei Nächte und verzehrten unseren Mut zugleich in Ermattung und in Schmerzen.
Doch als nun die flechtenschöne Eos den dritten Tag vollendet hatte, da ergriff ich meine Lanze und das scharfe Schwert und stieg eilig von dem Schiff auf einen Platz mit weiter Umschau, ob ich irgend die Werke von Sterblichen sehen und ihren Ruf vernehmen möchte. Und ich stieg hinauf und betrat einen schroffen Ausguck, und es zeigte sich mir ein Rauch, der aufstieg von der weiträumigen Erde, in den Hallen der Kirke, durch das dicke Gehölz und den Wald.
Da überlegte ich in dem Sinn und in dem Gemüte, ob ich hingehen und es erkunden sollte, nachdem ich den schimmernden Rauch gesehen. Und so schien es mir, da ich mich bedachte, klüger zu sein: daß ich zuerst zu dem schnellen Schiff und zu dem Ufer des Meeres ginge und den Gefährten die Mahlzeit gäbe und sie ausschickte, Kunde zu holen.
Doch als ich dahinging und war dem beiderseits geschweiften Schiff schon nahe, da erbarmte sich einer der Götter meiner, des Einsamen: der sandte mir einen hochgehörnten Hirsch, einen großen, gerade auf den Weg. Der wollte von der Weide des Waldes zum Bach [ποταμόνδε]

hinuntersteigen, um zu trinken, denn schon ruhte auf ihm die Macht der Sonne. Den traf ich, wie er herausschritt, ins Rückgrat... Als aber die Sonne untergegangen war und das Dunkel heraufkam, da schliefen wir am Ufer des Meeres.

Als aber die frühgeborene erschien, die rosenfingrige Eos, da setzte ich eine Versammlung an und sprach unter ihnen allen: »Freunde, wir wissen ja nicht, wo das Dunkel ist und nicht, wo Morgen, auch nicht, wo Helios, der den Sterblichen scheint, unter die Erde geht und wo er wieder heraufkommt.
So laßt uns schleunigst überlegen, ob noch irgendein Rat ist. Doch ich meine, es ist keiner! Denn ich sah, auf einen schroffen Ausguck hinaufgestiegen, eine Insel, die rings im Kreis ein unendliches Meer umgibt. Sie selber liegt flach da, und einen Rauch erblickte ich mit den Augen in ihrer Mitte durch das dichte Gehölz und den Wald.« So sprach ich...
Und er [Eurylochos] schritt hin und ging, und zugleich mit ihm zweiundzwanzig Gefährten, weinend, und ließen uns klagend zurück. Und sie fanden in den Tälern die Häuser der Kirke, aus behauenen Steinen gebaut auf einem umschauenden Platze, und um sie waren Bergwölfe und Löwen, welche sie selbst verzaubert [gezähmt?] hatte, nachdem sie ihnen böse Kräuter gegeben. Doch die drangen nicht auf die Männer ein, sondern standen auf und umwedelten sie mit den langen Schwänzen...
Eurylochos aber kam zu dem schnellen schwarzen Schiff zurück, um Botschaft über die Gefährten und ihr schmähliches Los zu sagen. Und er konnte kein Wort hervorbringen, so sehr er es begehrte, so getroffen war er durch den großen Kummer in dem Herzen, und es waren die Augen ihm mit Tränen erfüllt, und der Mut war ihm gestimmt zur Wehklage. Doch als wir uns alle über ihn verwunderten und ihn befragten, da erzählte er der andern Gefährten Verderben:
»Wir gingen, wie du es befahlst, durch das Gehölz, strahlender Odysseus! Wir fanden in den Tälern schöne Häuser aus behauenen Steinen gebaut, auf einem umschauenden Platze. Und dort sang eine hell, die an einem großen Gewebe hin- und herschritt: eine Göttin oder eine Frau. Und sie erhoben ihre Stimme und riefen. Die aber kam alsbald heraus und öffnete die Türen, die schimmernden, und rief, und sie folgten alle im Unverstand. Ich aber blieb zurück, mir ahnte, daß es ein böser Anschlag sei. Die aber blieben verschwunden alle miteinander, und keiner mehr von ihnen wurde sichtbar, und lange saß ich dort und spähte.« So sprach er.
Doch ich warf mir das Schwert, beschlagen mit Silbernägeln, um die Schultern, das große, eherne, nahm den Bogen um, und... ging von dem Schiffe landeinwärts. Doch als ich nun dahinging durch die heiligen Täler und fast bei dem großen Haus der Kirke, der an Zauberkräutern reichen, angelangt war, da kam mir Hermes mit dem goldenen Stab entgegen, während ich dem Hause zuschritt: einem jugendlichen Manne gleichend, einem, der im ersten Barte steht, bei dem am anmutigsten die Jugend ist.
Und er legte seine Hand fest in die meine und sprach das Wort und benannte es heraus: »Wohin gehst du nun wieder, Unseliger, allein durch die Bergeskuppen, unkundig der Gegend? Und deine Gefährten sind dir hier im Hause der Kirke eingesperrt als Schweine und sind verwahrt in festen Kofen! Kommst du hierher, um diese zu befreien? Doch sage ich, du wirst auch selber nicht heimkehren, sondern auch du wirst bleiben, dort, wo die andern sind. Doch auf! ich will dich von den Übeln erlösen und will dich bewahren. Da! nimm dies gute Kraut und gehe zu der Kirke Häusern: es wird vom Haupt dir abwehren den schlimmen Tag...«...

Ich aber ging zu den Häusern der Kirke, und viel wogte mir das Herz, während ich dahinging. Und ich trat in die Türen der flechtenschönen Göttin und rief, dort hingetreten, und die Göttin hörte meine Stimme. Und kam alsbald heraus und öffnete die schimmernden Türen und rief, ich aber folgte, besorgten Herzens.
Und sie setzte mich, nachdem sie mich hineingeführt, auf einen Stuhl, beschlagen mit

Silbernägeln, einen schönen, kunstreich gefertigten, und darunter war ein Schemel für die Füße. Und bereitete mir ein Mus in einem goldenen Becher, daß ich es tränke, und warf hinein das Zauberkraut, Böses in dem Gemüte sinnend. Und als sie es gegeben und ich ausgetrunken, sie aber mich nicht bezaubert hatte, schlug sie mich mit der Gerte...

Ich aber zog das scharfe Schwert von der Hüfte und drang auf Kirke ein, als ob ich sie zu töten strebte. Da schrie sie laut auf und unterlief mich und faßte meine Knie und sprach jammernd zu mir die geflügelten Worte:

»Wer bist du und woher unter den Männern? Wo ist deine Stadt und deine Eltern? Ein Staunen faßt mich, daß du diese Kräuter getrunken hast und wurdest nicht verzaubert! Denn niemals, nie hat sonst ein Mann diese Kräuter ausgehalten, der sie getrunken und dem sie einmal über das Gehege der Zähne gekommen. Dir aber ist in deiner Brust ein Sinn, der ist nicht zu bezaubern! Wahrhaftig, Odysseus bist du, der vielgewandte,... Doch auf! stecke das Schwert in die Scheide und laß uns beide alsogleich auf unser Lager steigen, daß wir, in Lager und Liebe vereinigt, zueinander Vertrauen fassen!« So sprach sie.

Aber ich erwiderte und sagte zu ihr: »Kirke! wie kannst du mich heißen, daß ich dir freundlich sein soll? die du mir die Gefährten in den Hallen zu Schweinen gemacht hast...« »...Darum, wenn du mich ernstlich zu trinken und zu essen heißest, löse sie, daß ich die geschätzten Gefährten mit den Augen sehe.« So sprach ich.

Da schritt Kirke durch die Halle hinaus, in der Hand die Gerte haltend, und öffnete die Türen des Schweinekofens und trieb sie heraus, Mastschweinen gleichend, neunjährigen. Dann stellten sie sich einander gegenüber, und sie schritt zwischen ihnen hindurch und strich ein anderes Zauberkraut auf einen jeden. Da fielen ihnen die Borsten von den Gliedern, die vorher das böse Kraut hatte wachsen lassen, das ihnen gereicht hatte die Herrin Kirke. Und sie wurden wieder Männer...

Und ich schritt hin und ging zu dem schnellen Schiff und dem Ufer des Meeres. Da fand ich bei dem schnellen Schiff die geschätzten Gefährten,... ich sagte zu ihnen mit sanften Worten: »Laßt uns zu allererst das Schiff an Land ziehen und die Güter und alles Gerät in Höhlen schaffen. Ihr selber aber eilt euch, daß ihr alle zusammen mit mir kommt, damit ihr seht, wie die Gefährten in den heiligen Häusern der Kirke trinken und essen, denn auf das ganze Jahr hin haben sie es.« So sprach ich, und schnell folgten sie meinen Worten. Einzig Eurylochos versuchte, mir alle Gefährten zurückzuhalten,... Doch ich erwog in meinem Sinne, ob ich, das langschneidige Schwert gezogen von der starken Hüfte, ihm damit den Kopf abschlüge und zu Boden legte, ob er gleich ein gar naher Verwandter war. Allein die Gefährten hielten mich mit sanften Worten zurück...

Indessen hatte in den Häusern Kirke die anderen Gefährten sorgsam gewaschen und glatt gesalbt mit Öl, und sie legte ihnen wollene Mäntel um und Leibröcke, und wir fanden sie alle, wie sie gut in den Hallen speisten... Sie aber trat zu mir heran und sagte, die hehre unter den Göttinnen: »Zeusentsproßter Laertes-Sohn, reich an Erfindungen, Odysseus! Erregt nicht weiter jetzt die quellende Klage! Weiß ich doch selber auch, wieviele Schmerzen ihr auf dem fischreichen Meer gelitten, und wieviel euch feindliche Männer Schaden getan auf dem festen Lande. Doch auf! eßt die Speise und trinkt den Wein, bis ihr von neuem in der Brust Lebensmut faßt, wie damals, als ihr zu allererst das väterliche Land der rauhen Ithaka verlassen. Jetzt aber seid ihr abgezehrt und mutlos, und denkt beständig an die harte Irrfahrt, und nie ist euch der Mut in Frohsinn, da ihr, wahrhaftig! gar viel ausgestanden!« So sprach sie, und uns ließ sich der mannhafte Mut bereden.

Da saßen wir alle auf ein volles Jahr hin und schmausten unendliches Fleisch und süßen Wein. Doch als es nun ein Jahr war und die Jahreszeiten sich wendeten, während die Monde dahinschwanden und im Kreislauf die langen Tage vollendet wurden, da riefen mich die geschätzten Gefährten hinaus... und mir ließ sich der mannhafte Mut bereden. So saßen wir da den ganzen Tag bis zur untergehenden Sonne und schmausten unendliches Fleisch und süßen Wein.

Als aber die Sonne untergegangen war und das Dunkel heraufkam, da schliefen sie in den schattigen Hallen. Ich aber bestieg der Kirke gar schönes Lager... Und sagte zu ihr die geflügelten Worte: »Kirke! vollende mir das Versprechen, das du mir versprochen: daß du mir ein Heimgeleit nach Hause gäbest! Der Mut ist mir schon bewegt wie auch den anderen Gefährten,...« Und sie erwiderte mir alsbald, die hehre unter den Göttinnen:
»Zeusentsproßter Laertes-Sohn, reich an Erfindungen, Odysseus! Nicht länger sollt ihr wider euren Willen jetzt hier in meinem Hause bleiben. Doch gilt es einen andern Weg zuvor zu vollenden und zu gelangen zu den [εἰς] Häusern des Hades und der schrecklichen Persephoneia, um die Seele des Thebaners Teiresias zu befragen, des blinden Sehers,...
Laß das Verlangen nach einem Führer bei deinem Schiff dich nicht bekümmern! sondern hast du den Mastbaum aufgestellt und die weißen Segel ausgebreitet, so sitze hin, und das Schiff wird dir der Atem des Nordwinds tragen.
Doch wenn du nun mit deinem Schiff den Okeanos durchmessen hast, dorthin, wo das flache Gestade und die Haine der Persephoneia und die großen Pappeln und die Weiden sind, denen die Frucht verdirbt, so laß dein Schiff daselbst auffahren an dem Okeanos mit den tiefen Wirbeln und gehe selbst in das Haus des Hades, das modrige. Dort fließen in den Acheron Pyriphlegeton und Kokytos, der von dem Wasser der Styx ein Ausfluß ist, und ist ein Fels und der Zusammenfluß der beiden Ströme, der stark dröhnenden.
Dort, Heros! wenn du, wie ich dir befehle, nahe herangedrungen bist,... opfere daselbst ein Schaf, ein männliches, und ein weibliches schwarzes, zum Erebos sie wendend, du selber aber kehre dich ab nach den Strömungen des Flusses hin... Dort wird alsbald zu dir der Seher kommen, Herr der Völker! der dir ansagen wird den Weg und die Maße der Fahrt und den Heimweg, wie du über das fischreiche Meer gelangst!« So sprach sie, und alsbald kam die goldthronende Eos...

Als wir nun aber zu dem Schiff und dem Meer hinuntergekommen waren, da zogen wir zu allererst das Schiff in die göttliche Salzflut und legten Mastbaum und Segel in das schwarze Schiff hinein und nahmen die Schafe und führten sie hinein und stiegen auch selber hinauf, bekümmert, quellende Tränen vergießend. Und es schickte uns hinter dem schwarzbugigen Schiffe her einen günstigen Fahrtwind, der das Segel füllte, als guten Gefährten Kirke, die flechtenschöne, die furchtbare Göttin, begabt mit Sprache. Und nachdem wir uns mit jeglichem Gerät zu schaffen gemacht hatten auf dem Schiffe, saßen wir, und dieses lenkte der Wind und der Steuermann. Und den ganzen Tag waren seine Segel gespannt, während es das Meer durchquerte. Und die Sonne ging unter, und überschattet wurden alle Straßen. Und das Schiff kam zu den Grenzen des tiefströmenden Okeanos, wo Gau und Stadt der Kimmerischen Männer ist.

In Dunst und Wolken sind sie eingehüllt, und niemals blickt der leuchtende Helios auf sie herab mit seinen Strahlen, weder wenn er zum gestirnten Himmel aufsteigt, noch wenn er sich vom Himmel her wieder zurück zur Erde wendet, sondern böse Nacht ist über die armen Sterblichen gebreitet.

Dort angekommen, ließen wir das Schiff auflaufen,

schafften die Schafe heraus und gingen selbst hinwieder die Strömung des Okeanos entlang, bis wir zu dem Platze hingelangten, den Kirke gewiesen hatte... und [ich] grub eine Grube, eine Elle lang hierhin und dorthin, und um sie goß ich den Weihguß für alle Toten... [und opferte die Schafe]...
Und es kam herauf die Seele des Teiresias von Theben, ein goldenes Szepter haltend, und er erkannte mich... Ich aber wich zurück und steckte das Schwert, beschlagen mit Silbernägeln, in die Scheide. Doch er, als er das schwarze Blut getrunken hatte, da sprach er mit Worten zu mir, der untadelige Seher: »Nach der Heimkehr verlangt dich, der honigsüßen, strahlender Odysseus! Aber diese wird dir ein Gott beschwerlich machen! Denn nicht wirst du verborgen bleiben dem Erderschütterer, denke ich, der gegen dich in dem Gemüt einen Groll gefaßt hat, darüber erzürnend, daß du ihm den eigenen Sohn geblendet (...)[5].

Du aber höre, wie ich zu dir rede, und auch ein Gott selbst wird dich daran erinnern. Zuerst wirst du zu den Sirenen gelangen, die alle Menschen bezaubern, wer auch zu ihnen hingelangt. Wer sich in seinem Unverstande ihnen nähert und den Laut der Sirenen hört, zu dem treten nicht Frau und unmündige Kinder, wenn er nach Hause kehrt, und freuen sich seiner, sondern die Sirenen bezaubern ihn mit ihrem hellen Gesang, auf einer Wiese sitzend, und um sie her ist von Knochen ein großer Haufen, von Männern, die verfaulen, und es schrumpfen rings an ihnen die Häute ein.
Du aber steuere vorbei und streiche über die Ohren der Gefährten Wachs, honigsüßes, nachdem du es geknetet, daß keiner von den anderen höre; selbst aber magst du hören, wenn du willst. Doch sollen sie dich in dem schnellen Schiff mit Händen und Füßen aufrecht an den Mastschuh binden – und es seien die Taue an ihm selber angebunden –, damit du mit Ergötzen die Stimme der beiden Sirenen hören magst. Doch wenn du die Gefährten anflehst und verlangst, daß sie dich lösen, so sollen sie dich alsdann mit noch mehr Banden binden!
Doch wenn die Gefährten nun an diesen vorbeigerudert sind, dann [...][6] sind zwei Klippen, die eine reicht mit ihrem spitzen Haupt zum breiten Himmel, und eine Wolke umgibt sie, eine dunkle. Diese weicht niemals, und niemals umfängt Himmelsheitre ihr Haupt, weder im Sommer noch zur Erntezeit. Auch könnte kein sterblicher Mann hinaufsteigen noch sie betreten, und wenn ihm auch zwanzig Hände und Füße wären, denn der Fels ist glatt und gleicht einem rings behauenen. Und mitten in der Klippe ist eine dunstige Höhle, zum Dunkel nach dem Erebos hin gewendet, da wo ihr das gewölbte Schiff vorbei lenkt, strahlender Odysseus! Da könnte auch kein jugendkräftiger Mann mit einem Schuß mit dem Bogen aus dem gewölbten Schiff zu der hohlen Grotte hingelangen. Dort drinnen wohnt Skylla, die schrecklich bellende... Noch niemals können Schiffer sich rühmen, daß sie an dieser unversehrt mit dem Schiff vorbei entronnen wären...
Die andere Klippe wirst du flacher erblicken, Odysseus – nah sind sie beieinander, du könntest auch mit dem Pfeil hinüberschießen –: auf dieser ist ein Feigenbaum, ein großer, üppig in Blättern stehend. Unter diesem schlürft die göttliche Charybdis das schwarze Wasser ein. Denn dreimal sendet sie es empor am Tage und dreimal schlürft sie es ein, gewaltig: mögest du nicht gerade dort sein, wenn sie einschlürft! Denn es könnte dich aus dem Übel auch nicht der Erderschütterer erretten. Sondern halte dich ganz nahe an der Klippe der Skylla und treibe dort schnell dein Schiff vorbei, da es viel besser ist, sechs Gefährten in dem Schiffe einzubüßen, als alle miteinander. (...) Dann wirst du zur Insel Thrinakia gelangen. Da weiden viele Kühe des Helios und feiste Schafe...
Wenn du diese unversehrt läßt und auf deine Heimfahrt bedacht bist, dann mögt ihr, wenn auch Schlimmes leidend, wohl noch nach Ithaka gelangen. Doch wenn du sie verletzen solltest, dann

> sage ich dir für dein Schiff und für die Gefährten den Untergang voraus. Und wenn du selbst auch wohl entrinnen solltest, wirst du spät heimkehren, auf schlimme Weise, nachdem du verloren alle die Gefährten.« (...)

> Als sie so gesprochen, schritt die Seele des Herrn Teiresias in das Haus des Hades, nachdem sie die Göttersprache verkündet hatte... Ich aber wartete dort beständig, ob noch einer käme von den Heroenmännern, die vormals zugrunde gegangen waren... Doch kamen in Scharen zuvor die Völker der Toten, zehntausende, mit unsäglichem Geschrei heran, und mich ergriff die blasse Furcht, es möchte mir die erlauchte Persephoneia das Haupt der Gorgo, der schrecklichen, der ungeheueren, aus dem Hades schicken. Da ging ich alsbald zum Schiff und befahl den Gefährten, daß sie selbst hinaufsteigen und die Hecktaue lösen sollten.

Und sie stiegen schnell hinein und setzten sich auf die Ruderbänke. Und das Schiff trug die Woge mit der Strömung den Okeanosstrom hinab, zuerst mit Ruderarbeit, dann war schöner Fahrtwind. Als aber das Schiff die Strömung des Flusses Okeanos verlassen hatte und auf das Gewoge des weitbahnigen Meeres gekommen war, (...)[5],

> da sprach ich unter den Gefährten betrübten Herzens: »Freunde! denn es ist not, daß nicht nur einer noch auch nur zwei die Wahrsprüche wissen, die mir Teiresias (Kirke) verkündet hat,... Zuerst befahl sie, die Stimmen der Sirenen, der göttlich Redenden, und die blumige Wiese zu vermeiden. Nur mich allein hieß sie, die Stimme hören. Doch bindet mich in Bande, schmerzliche, daß ich an Ort und Stelle fest verharre, aufrecht an den Mastschuh, und es seien die Taue an ihm selber angebunden. Und wenn ich euch anflehe und verlange, daß ihr mich löst, so sollt ihr mich alsdann in noch mehr Bande zwängen.« So sprach ich zu den Gefährten

und wies ihnen all und jedes. Indessen aber gelangte das gutgebaute Schiff schnell zur Insel der beiden Sirenen, denn ein leidloser Fahrtwind trieb es. Da hörte mit einemmal der Wind auf, und es ward Meeresglätte, still vom Winde, und ein Daimon ließ sich die Wogen legen. Da standen die Gefährten auf und rollten die Segel des Schiffs zusammen und warfen sie in das gewölbte Schiff.

> Sie aber setzten sich an die Riemen und schlugen das Wasser weiß mit den geglätteten Fichtenrudern. Ich aber schnitt eine große runde Scheibe Wachs mit dem scharfen Erz in kleine Stücke und preßte sie mit den starken Händen, und alsbald erwärmte sich das Wachs, da der starke Druck es dazu trieb wie auch der Strahl des Helios, des Sohns der Höhe, des Gebieters. Und der Reihe nach strich ich es den Gefährten allen auf die Ohren,

Sie aber banden mich in dem Schiff zugleich mit den Händen und mit den Füßen aufrecht an den Mastschuh und banden die Taue an ihm fest, und setzten sich selber und schlugen die graue Salzflut mit den Riemen.
Doch als wir so weit entfernt waren, wie ein Rufender reicht mit der Stimme, und geschwind dahintrieben, da entging jenen nicht, wie sich das schnellfahrende Schiff heranbewegte, und sie bereiteten einen hellen Gesang... und entsandten die schöne Stimme. Jedoch mein Herz wollte hören. Und ich hieß die Gefährten mich

lösen und winkte ihnen mit den Augenbrauen. Die aber fielen nach vorn aus und ruderten, und alsbald standen Perimedes und Eurylochos auf und banden mich in noch mehr Bande und zwängten mich noch fester ein.
Doch als sie nun an ihnen vorbeigerudert waren, und wir alsdann die Stimme der Sirenen und ihr Singen nicht mehr hörten, da nahmen sich die mir geschätzten Gefährten alsbald das Wachs ab, das ich ihnen auf die Ohren gestrichen hatte, und machten mich aus den Banden los.
Doch als wir nun die Insel verlassen hatten, sah ich alsbald darauf einen Rauch und eine große Brandungswelle und hörte ein Gedröhn. Sie aber fürchteten sich, und aus ihren Händen flogen die Riemen und rauschten alle in der Strömung hinterdrein. Und das Schiff blieb daselbst liegen, weil sie nicht mehr die vorn geschärften Ruder mit den Händen bewegten. Ich aber ging durch das Schiff und trieb die Gefährten an mit sanften Worten, herangetreten an einen jeden Mann:...

»Doch auf jetzt! folgen wir alle, wie ich es sage: ihr schlagt mit den Rudern die tiefe Brandung des Meeres, hinsitzend auf die Ruderbänke: ob Zeus es vielleicht gibt, daß wir diesem Verderben entrinnen und entschlüpfen mögen.
Dir aber Steuermann! befehle ich so – du aber lege es dir in den Sinn, da du das Ruder führst in dem gewölbten Schiffe –: von diesem Rauch dort und der Brandungswelle dränge hinweg das Schiff und halte auf die Klippe zu, damit es dir nicht unvermerkt nach dorthin abtreibt und du uns ins Unheil stürzest.« So sprach ich und

sie folgten eilig meinen Worten. Doch von der Skylla sagte ich nichts weiter: der Plage, gegen die nichts auszurichten, damit mir die Gefährten nicht in Furcht abließen von der Ruderarbeit und sich in dem Schiff zusammendrängten. (...)
[Ich] tauchte in die herrliche Rüstung, ergriff zwei lange Speere mit den Händen und stieg am Bug auf das Verdeck des Schiffes. Dort wartete ich, bis mir Skylla zuerst aus dem Stein erscheinen würde, die mir Leid bringen sollte über die Gefährten.
Doch konnte ich sie nirgendwo erblicken, und müde wurden mir die Augen, während ich überall umher an dem dunstigen Felsen spähte. So fuhren wir in die Enge, weheklagend: hier Skylla, drüben aber schlürfte die göttliche Charybdis furchtbar das salzige Wasser des Meeres ein...

Wahrhaftig, und wenn sie es ausspie, so brodelte sie ganz auf wie ein Kessel auf vielem Feuer, herumstrudelnd, und hoch auf flog der Schaum bis auf die Spitzen der beiden Klippen. Doch wenn sie das salzige Wasser des Meeres wieder verschluckte, so wurde sie, herumstrudelnd, bis ganz nach innen hinein sichtbar, und ringsher brüllte fürchterlich der Fels, und unten wurde die Erde sichtbar, schwarz von Sand. Die aber ergriff die blasse Furcht.

Wir blickten auf sie hin, in Furcht vor dem Verderben: Unterdessen holte sich Skylla aus dem hohlen Schiffe sechs Gefährten, die an Armen und an Kraft die besten waren. Und als ich auf das schnelle Schiff und zugleich nach den Gefährten blickte,

sah ich von ihnen schon die Füße und die Hände darüber, wie sie in die Höhe schwebten. Und sie erhoben ihre Stimme und riefen mich beim Namen, damals zum letztenmal, betrübten Herzens... so schwebten sie zappelnd den Felsen hinauf. Und dort fraß diese sie an dem Eingang, die Schreienden, indessen sie die Arme nach mir streckten in dem schrecklichen Verderben.
Das war das Jammervollste, das ich mit den Augen gesehen habe unter allem, soviel ich ausgestanden, während ich nach Durchfahrten auf der Salzflut forschte.
Doch als wir den Felsen und der furchtbaren Charybdis und der Skylla entgangen waren, gelangten wir alsbald darauf zu des Gottes untadeliger Insel. Dort waren die schönen breitstirnigen Rinder und die vielen fetten Schafe des Sohnes der Höhe, Helios. Da hörte ich, während ich noch auf dem Meer war, in dem schwarzen Schiff das Muhen der Rinder, wie sie eingetrieben wurden, und das Geblök der Schafe...

Da sprach ich unter den Gefährten betrübten Herzens: »Hört auf meine Reden, so schlimm es euch ergeht, Gefährten! damit ich euch die Wahrsprüche des Teiresias (und der Kirke von Aia) sage, die mir gar vielfach aufgetragen, daß wir die Insel des Helios, der die Sterblichen erfreut, vermeiden sollen. Denn dort, so sagten sie, sei für uns das schlimmste Unheil. Darum lenkt das schwarze Schiff vorbei an der Insel!« So sprach ich. Denen aber zerbrach das liebe Herz, und alsbald erwiderte mir Eurylochos mit feindseliger Rede:
»Hart bist du, Odysseus! übermäßig deine Kraft, und nicht müde wirst du an den Gliedern! Wirklich! alles an dir ist eisern geschaffen! der du die Gefährten, die genug haben von Ermattung und von Übermüdung, das Land nicht betreten läßt, wo wir doch auf der umströmten Insel wieder einmal ein leckeres Nachtmahl bereiten könnten, sondern uns nur so hin durch die schnelle Nacht zu irren heißest, von der Insel abgetrieben, auf dem dunstigen Meer. Und aus den Nächten kommen doch die schweren Winde herauf, die die Verderber der Schiffe sind. Wie möchte einer dem jähen Untergang entgehen, wenn da mit eins ein Wirbelwind kommt, entweder von dem Süd oder dem West, dem schlimmwehenden, die am meisten ein Schiff zertrümmern, auch ohne den Willen der Götter, der Gebieter?
Aber wahrhaftig! gehorchen wir jetzt der schwarzen Nacht und bereiten uns ein Nachtmahl und bleiben bei dem schnellen Schiffe! In der Frühe aber steigen wir hinauf und fahren auf die weite See.« So sprach Eurylochos, und die anderen Gefährten gaben Beifall. Und da erkannte ich denn, daß ein Daimon Böses sann (...).

Da legten wir das gutgebaute Schiff in einem ausgebuchteten Hafen an, nahe dem süßen Wasser,

und es stiegen die Gefährten aus dem Schiffe und bereiteten alsdann kundig das Nachtmahl. Doch als sie sich das Verlangen nach Trank und Speise vertrieben hatten, da gedachten sie der lieben Gefährten und weinten um sie, die aus dem gewölbten Schiff sich Skylla geholt und gefressen hatte, und während sie weinten, kam über sie der tiefe Schlaf.
Als aber noch ein Drittel der Nacht war und die Sterne hinübergegangen waren, da erregte einen heftig wehenden Wind der Wolkensammler Zeus mit schrecklichem Sturm, und er verhüllte mit Wolken Land zugleich und Meer, und herein vom Himmel her brach Nacht. Doch als die frühgeborene erschien, die rosenfingrige Eos, da legten wir das Schiff fest, nachdem wir es in eine hohle Grotte gezogen hatten. Dort waren die schönen Reigenplätze und Sitze der Nymphen. Da setzte ich eine Versammlung an und sagte unter ihnen die Rede: »Freunde! es ist

in dem schnellen Schiff ja Speise und Trank: jedoch der Rinder wollen wir uns enthalten, daß uns nicht etwas widerfahre. Denn eines gewaltigen Gottes sind diese Rinder und fetten Schafe: des Helios, der alles sieht und hört.« So sprach ich, und ihnen ließ sich der mannhafte Mut bereden.
Und es wehte den ganzen Mond hindurch unaufhörlich der Süd, und kam alsdann kein anderer auf von den Winden, außer dem Ostwind und dem Süd. Doch sie, solange sie Brot hatten und roten Wein, solange enthielten sie sich der Rinder, bedacht auf ihr Leben.
Doch als nun alle Speisen von dem Schiffe dahingeschwunden waren, da gingen sie auf Fang aus, in der Not umherstreifend, nach Fischen und nach Vögeln und was ihnen auch in die Hände kam, mit krummen Haken, und der Hunger zerrieb ihnen den Magen. Da schritt ich hinweg, die Insel hinauf, damit ich zu den Göttern riefe, ob einer mir einen Weg wiese fortzukommen.
Doch als ich mich, durch die Insel gehend, entfernt hatte von den Gefährten,... da umkam mich der süße Duft von Fettdampf...
Doch als ich nun zu dem Schiff und dem Meer hinabkam, da schalt ich sie [die Gefährten], bald zu dem einen, bald zu dem andern hingetreten. Doch konnten wir keine Abhilfe finden, die Rinder waren schon tot!...
Sechs Tage schmausten darauf die mir geschätzten Gefährten, nachdem sie sich von den Rindern des Sonnengottes die besten herbeigetrieben hatten.

Doch als nun Zeus, der Sohn des Kronos, den siebenten Tag heraufgeführt, da legte sich alsdann der Wind, der im Sturme wütende, und wir stiegen alsbald auf das Schiff und fuhren auf die weite See, nachdem wir den Mastbaum aufgestellt und die weißen Segel aufgezogen. Doch als wir die Insel verlassen hatten, und da war kein anderes sichtbar von den Erdenländern, sondern nur Himmel und Meer, da stellte eine dunkelblaue Wolke Kronion über das gewölbte Schiff, und es verfinsterte sich unter ihr das Meer. Doch das lief nicht für gar lange Zeit dahin, denn es kam mit eins sausend der West, mit einem großen Sturmwind wütend, und der Wirbel des Windes zerriß die Vordertaue am Mastbaum beide, und der Mastbaum fiel nach hinten über und das Takelwerk ergoß sich alles hinunter in das Bodenwasser. Der aber schlug am Heck des Schiffs dem Steuermann auf das Haupt und schmetterte das Gebein des Hauptes zusammen alles miteinander, und er, einem Taucher gleichend, stürzte von dem Verdeck herab, und seine Gebeine verließ der mannhafte Lebensmut.
Zeus aber donnerte zugleich und warf in das Schiff hinein den Blitz. Das wurde ganz herumgewirbelt, geschlagen von dem Blitz des Zeus, und es war voll von Schwefeldampf. Da fielen die Gefährten aus dem Schiffe und, Wasserkrähen gleichend, wurden sie rings um das schwarze Schiff getragen von den Wogen, und es raubte ihnen ein Gott die Heimkehr.
Aber ich lief durch das Schiff hin und her, bis der Wogenschlag die Wandungen von dem Kiele löste – den trug die Woge nackt dahin – und aus ihm schleuderte er den Mastbaum zu dem Kiel hin. Doch war das hintere Tau auf ihn gefallen, das von Rinderhaut gefertigte. Mit diesem schnürte ich sie beide aneinander zusammen, Kiel wie Mastbaum, und setzte mich darauf und wurde getragen von den schlimmen

Winden. Ja, und da legte sich nun zwar der West, der im Sturme wütende, doch kam schnell der Süd herauf und brachte meinem Mute Schmerzen, auf daß ich noch einmal die böse Charybdis durchmessen sollte. Die ganze Nacht hindurch trug es mich, jedoch zugleich mit aufgehender Sonne kam ich zur Klippe der Skylla und der furchtbaren Charybdis. Die schlürfte das salzige Wasser des Meeres ein. Ich aber

hob mich hoch hinauf zu dem großen Feigenbaum, klammerte mich an ihn und hielt mich wie eine Fledermaus und hatte nichts, mich irgendwo fest mit den Füßen anzustemmen noch darauf zu treten. Denn weitab lagen seine Wurzeln und hoch weg waren seine Äste, die langen, großen, und beschatteten die Charybdis. Jedoch ich hielt mich unablässig, bis sie hernach Mastbaum und Kielbalken wieder ausspie.
Doch kamen sie mir, der ich sehnlich harrte, erst spät. Und zu der Zeit erst, wo ein Mann zum Nachtmahl von der Versammlung aufsteht, der viele Streitfälle entscheidet, wenn die jungen Männer ihr Recht einholen: zu der Zeit erst erschienen die Stämme aus der Charybdis. Da ließ ich mich von oben herab mit Händen und mit Füßen fallen und schlug dumpf mitten hinein, quer neben die gar langen Stämme, und setzte mich auf sie und

ruderte durch mit meinen Händen.
Die Skylla aber ließ mich nicht mehr der Vater der Menschen und der Götter sehen, sonst wäre ich dem jähen Verderben wohl nicht entronnen. Von dorther trug es mich neun Tage, in der zehnten Nacht aber brachten die Götter mich zur Insel Ogygia, wo Kalypso wohnt, die flechtenschöne, die furchtbare Göttin ... (...)[7]

(... sie nahm mich auf – und tat mir sorgsam Liebes an und ernährte mich und sagte, daß sie mich unsterblich und alterslos machen wollte alle Tage. Doch konnte sie niemals den Mut in meiner Brust bereden).
Dort blieb ich sieben Jahre unablässig, und immer benetzte ich die Kleider mit Tränen, die unsterblichen, die mir Kalypso gegeben hatte.

Doch als mir nun das achte umlaufende Jahr kam, da trieb sie mich und befahl mir heimzukehren, auf eine Botschaft des Zeus hin, oder auch, es hatte sich ihr Sinn gewandelt. Und schickte mich fort auf einem vielverklammerten Floß, und gab mir vieles, Speise und süßen Wein, und legte mir unsterbliche Kleider an, und ließ einen Fahrtwind wehen, einen leidlosen und lauen. Und siebzehn Tage fuhr ich, das Meer durchquerend, am achtzehnten aber zeigten sich die schattigen Berge eures Landes, und es frohlockte mir das liebe Herz – dem Unseligen, denn, wahrhaftig! noch vielem Jammer sollte ich begegnen, den über mich Poseidon brachte, der Erderschütterer. Dieser erregte gegen mich die Winde und unterband die Fahrt und rührte das Meer auf, das unermeßliche, und nicht ließ es die Woge zu, daß ich laut stöhnend auf dem Floß dahintrieb. Dies riß alsdann ein Wirbel auseinander, ich aber durchmaß schwimmend diese Tiefe, bis mich an euer Land herantrieb Wind und Wasser.
Da hätte mich, als ich hinauszusteigen suchte, die Woge am Gestade überwältigt, die

mich an große Steine warf und eine unliebliche Stelle. Doch ich wich rückwärts aus und schwamm zurück, bis ich zu einem Fluß kam. Dort schien mir ein Platz am besten, ein von Steinen glatter, und es war ein Schutz dort vor dem Winde. Und ich sank ans Land, während sich der Lebensmut mir wieder sammelte, und es kam herauf die ambrosische Nacht.

Doch ich schritt von dem himmelentsprungenen Strom hinweg und legte mich in dem Gebüsch zum Schlafen nieder und schöpfte Blätter um mich her, und ein Gott goß unendlichen Schlaf auf mich herab. Da schlief ich unter den Blättern, bekümmert in meinem Herzen, die ganze Nacht und über den Morgen und den Mittag.
Und die Sonne begann niederzugehen [δύσετο], und der süße Schlaf verließ mich. Da gewahrte ich am Strande die Mägde deiner Tochter, wie sie spielten, und unter ihnen war sie selbst, Göttinnen gleichend. Sie bat ich um Schutz, und sie ließ es durchaus nicht an rechtem Verstande fehlen (so wie du nicht erwarten möchtest, daß ein Jüngerer handeln würde, der dir begegnet. Denn immer sind die jüngeren Leute unverständig). Sie gab mir Speise genug und funkelnden Wein und badete mich im Fluß und gab mir diese Kleider.

(Damit habe ich dir, so bekümmert ich bin, die Wahrheit berichtet.)[8]

(7, 298–316:)[9]
(Da entgegnete ihm hinwieder Alkinoos und begann: ...Ein Haus würde ich und Habe geben, wenn du denn willig bleiben wolltest. Doch wider Willen wird dich keiner zurückhalten von den Phaiaken, möchte nicht dieses Zeus, dem Vater, lieb sein!)

13, 1–9:[9]
So sprach er. Die aber waren alle stumm in Schweigen und waren von Bezauberung gefangen rings in den schattigen Hallen. Doch Alkinoos antwortete ihm hinwieder und begann:
»Odysseus! da du zu meinem Haus mit der ehernen Schwelle gekommen bist, dem hochbedachten, so sollst du nicht wieder verschlagen werden, denke ich, wenn du von hier zurück nach Hause kehrst, und ist dir auch gar vieles widerfahren. Euch aber sage ich dieses und lege es einem jeden Manne auf, so viele ihr immer in meinen Hallen den funkelnden Wein der Ratsmänner trinkt und dem Sänger zuhört.

7, 317–328:[10]
Das Heimgeleit aber setze ich auf diesen Zeitpunkt fest – daß du es wohl weißt –: auf morgen. Dann sollst du vom Schlafe bezwungen liegen, und sie werden rudern durch ein heiteres Meer, bis du in dein Vaterland und in

dein Haus gelangst und wo es dir sonst wohl lieb ist.
Und wenn es auch sehr weit jenseits Euboias wäre, von dem sie sagen, daß es am weitesten entfernt ist, die es von unseren Leuten gesehen haben, als sie den blonden Rhadamanthys dorthin geführt, damit er Tityos sähe, den Sohn der Erde. Selbst dahin kamen sie und haben es ohne Ermüdung denselben Tag vollbracht und sind wieder nach Haus gekommen. Doch wirst du auch selbst in deinem Sinn erkennen, wie sehr meine Schiffe und meine jungen Männer die besten sind, um die Salzflut aufzuwirbeln mit dem Ruder.«

(13, 10–12:)[10]

(Schon liegen die Gewänder für den Gast in der gutgeglätteten Truhe und das Gold, das kunstreich bearbeitete, und alle die anderen Geschenke, soviele die Ratgeber der Phaiaken hierher gebracht –)

13, 13–26:[10]

»Doch auf! geben wir ihm einen großen Dreifuß und ein Becken, Mann für Mann! Wir aber werden es wieder beitreiben in dem Volk und es uns erstatten lassen. Denn hart wäre es, sollte der einzelne ohne Entgelt die Gunst erweisen.«
So sprach Alkinoos, und denen gefiel die Rede. Und sie gingen, sich niederzulegen, ein jeder in sein Haus.

7, 329–333 (333–8, 61):

[so sprach er, da freute sich der vieldulдende göttliche Odysseus...] (Doch Arete, die weißarmige, befahl... Die aber gingen aus der Halle, Fackeln in den Händen haltend... und es bestellte die Frau, die Herrin, Bett und Lager.

Als die frühgeborene erschien, die rosenfingrige Eos,... ging die heilige Gewalt des Alkinoos voran zum Markte der Phaiaken, der ihnen bei den Schiffen erbaut war, und... sprach unter ihnen und... ging voran... Die zweiundfünfzig jungen Männer aber, nachdem sie auserlesen waren, gingen wie er befohlen hatte, an das Ufer des unfruchtbaren Meeres... und legten den Mast wie auch die Segel in das schwarze Schiff...
Und schritten alsdann hin und gingen in das große Haus des kluggesonnenen Alkinoos... und bereiteten die erwünschte Mahlzeit.)

Als aber die frühgeborene erschien, die rosenfingrige Eos, da eilten sie zu dem Schiff und brachten das mannhafte Erz. Und dieses legte die heilige Gewalt des Alkinoos, indem er selber durch das Schiff ging, gut nieder unter die Ruderbänke, damit es keinen der Gefährten beim Rudern behindere, wenn sie sich beeiferten mit den Riemen.
Die aber gingen in das Haus des Alkinoos und besorgten die Mahlzeit, und es opferte für sie ein Rind die heilige Gewalt des Alkinoos dem Zeus, dem schwarzwolkigen, dem Kroniden, der über alle Herr ist. Und als sie die Schenkel verbrannt hatten, verspeisten sie das prangende Mahl

8, 62–521:[11]

Und der Herold kam herbei und führte den geschätzten Sänger..., (daß er die Rühme der Männer sänge...: den Streit des Odysseus und des Peleus-Sohns Achilleus...). Der rührte die Leier und begann mit einem Vorspiel, um schön zu singen: von der Liebe des Ares und der wohlbekränzten Aphrodite... Dies sang der rings berühmte Sänger...

Und Odysseus ergötzte sich in seinen Sinnen, als er es hörte, und auch die anderen langrudrigen Phaiaken, die schiffsberühmten Männer. (...) ...(...)... Und er sang, wie die Söhne der Achaier, sich aus dem Pferd ergießend, die Stadt – Ilion – zerstörten,... und wie Odysseus..., dem Ares gleich, alsdann auch gesiegt, vermöge der hochgemuten Athene. Dies sang der ringsum berühmte Sänger. Aber Odysseus

13, 27–28:

[mit Ergötzen. Und es spielte unter ihnen der göttliche Sänger Demodokos, der unter den Männern des Volkes Ehre hatte.
Aber Odysseus]

8, 522–9, 1:[12]

[schmolz hin und Tränen quollen ihm aus den Lidern hervor und benetzten seine Wangen. Und wie eine Frau weint,... so ließ Odysseus zum Erbarmen unter den Brauen die Träne fließen... Nur Alkinoos wurde es an ihm gewahr und... alsbald sprach er...: »Sage den Namen,... (...). Und sage, was du weinst und jammerst, ...wenn du das Unheil der Argeier, der Danaer, und das von Ilion hörst...« Da erwiderte und sagte zu ihm der vielkluge Odysseus:]

13, 29–37:

wandte vielfach den Kopf zur Sonne, der hellscheinenden, denn es drängte ihn, daß sie niederzugehen beginne [δῦναι], denn nunmehr verlangte ihn heimzukehren. Und wie wenn ein Mann... begehrt... So dem Odysseus willkommen neigte sich [ἔδυ] das Licht der Sonne.

Und alsbald sprach er unter den ruderliebenden Phaiaken und sagte das Wort und wies es am meisten dem Alkinoos:

9, 2–11:

»Alkinoos, Herrscher! Ausgezeichneter vor allen Männern des Volkes! Ja das ist wahrlich schön, einen solchen Sänger zu hören, wie dieser ist: den Göttern an Stimme vergleichbar. Denn es gibt, so sage ich, keine lieblichere Erfüllung, als wenn Frohsinn im ganzen Volke herrscht und Schmausende durch die Häuser hin auf den Sänger hören, in Reihen sitzend,

13, 38:

[»Alkinoos, Herrscher! Ausgezeichneter vor allen Männern des Volkes!]

und daneben die Tische sind voll von Brot und Fleisch, und es schöpft den Wein der Weinschenk aus dem Mischkrug und bringt ihn herbei und füllt ihn in die Becher:
das scheint mir das Schönste zu sein in meinem Sinne.

13, 39–53:

Geleitet mich, sobald ihr den Weihguß getan, nun ohne Schaden und freut euch selber! Denn nunmehr ist erfüllt, was mir mein Herz gewollt hat: ein Heimgeleit und freundliche Geschenke, die mir die Götter, die Himmelssöhne mögen gedeihlich werden lassen! Und möge ich, wenn ich heimgekehrt bin, im Hause die untadelige Gattin finden zusammen mit den unversehrten Meinen! Ihr aber, die ihr hier bleibt, lebt zur Freude mit euren ehelichen Weibern und den Kindern, und mögen die Götter Gedeihen spenden, allfältiges, und keinerlei Übel in dem Volke sein!«
So sprach er. Die aber gaben alle Beifall und verlangten, daß man den Gast geleite,...

9, 12–13:[13]

[Doch dir hat sich dein Mut darauf gewendet, daß du nach meinen Kümmernissen fragst, den seufzerreichen, damit ich noch mehr jammere und stöhne.]

9, 14ff. = Anfang des Fahrtberichtes (siehe oben S. 214ff.).

13, 53–125:

Und Pontonoos mischte den honigsinnigen Wein und teilte allen zu, an einen jeden herangetreten. Die aber taten den Weihguß für die Götter, die seligen, die den weiten Himmel innehaben, an Ort und Stelle von den Sitzen. Und es stand auf der göttliche Odysseus und gab der Arete den doppelt gebuchteten Becher in die Hand und sagte zu ihr die geflügelten Worte: »Freue dich mir, Königin, fort und fort, bis daß das Alter und der Tod kommt, die da über die Menschen kommen! Ich kehre heim. Du aber freue dich in diesem deinem Hause an deinen Kindern und den Männern des Volkes und Alkinoos, dem König!« Als er so gesprochen hatte, schritt er über die Schwelle, der göttliche Odysseus. Und es schickte ihm die Gewalt des Alkinoos einen Herold mit, daß er vor ihm hergehe zu dem schnellen Schiff und dem Ufer des Meeres. (Arete aber schickte ihm dienende Frauen mit: eine, die den gutgewaschenen Mantel und den Leibrock trug, und gab ihm eine zweite mit, um die feste Truhe hinzuschaffen, eine andere aber trug Speise und roten Wein.)

Doch als sie hinab zu dem Schiff und dem Meer gekommen waren, (da nahmen die erlauchten Geleiter alles in Empfang und legten es geschwind in dem gewölbten Schiff nieder, den Trank und alle Speise). Und breiteten für Odysseus eine Decke und ein Leinen aus auf dem Verdeck des gewölbten Schiffes, am Heck, damit er ohne zu erwachen schliefe. Und hinauf stieg er auch selbst und legte sich nieder in Schweigen.

Sie aber setzten sich auf die Ruderbänke, ein jeder nach der Ordnung, und lösten das Haltetau von dem durchbohrten Steine. Dann schlugen sie, zurückgelehnt, die

Salzflut auf mit dem Ruderblatt, und ihm fiel ein tiefer Schlaf auf die Augenlider, ein unerwecklicher, ganz süßer, dem Tode am nächsten gleichend.
Das Schiff aber – wie im Felde vierspännige männliche Pferde, alle zugleich hinstrebend unter Peitschenhieben, sich hoch erhebend, schnell den Lauf vollbringen: so hob sein Bug sich empor, und hinterdrein rollte gewaltig die purpurne Woge des vieltosenden Meeres. Und es lief hin ganz ohne Fehl, beständig und auch der Falke nicht, der Stößer, hätte es eingeholt, der leichteste unter den Vögeln. So lief es schnell dahin und zerschnitt die Meereswogen, und trug den Mann, der Gedanken gleich den Göttern hatte...
Als der Stern emporstieg, der leuchtendste, der am ehesten kommt und meldet das Licht der frühgeborenen Eos, da näherte sich das meerbefahrene Schiff der Insel.

Es ist aber eine Bucht des Phorkys, des Meeresalten, in dem Gau von Ithaka, und es sind an ihr zwei vorspringende Gestade, schroff abgebrochene, zu der Bucht hin flach abfallende. Die halten den großen Wogengang von schlimmwehenden Winden ab von außen, doch bleiben drinnen die gutgedeckten Schiffe ohne Vertäuung ruhig liegen, wenn sie auf Anlegeweite hingelangt sind...

Dort fuhren sie hinein, die sie von früher her darum wußten. Da lief das Schiff auf dem Lande auf bis auf die Hälfte der ganzen Länge, das eilende, denn von den Händen solcher Ruderer wurde es getrieben!

Und sie stiegen aus dem gut durchjochten Schiff an Land und nahmen aus dem gewölbten Schiff zuerst den Odysseus auf, mitsamt dem Leintuch und der schimmernden Decke, und legten ihn auf dem Sande nieder, den vom Schlaf Bezwungenen. Und nahmen die Güter heraus, die ihm, als er heimfahren wollte, die erlauchten Phaiaken nach dem Willen der hochgemuteten Athene gegeben hatten, und stellten sie alle miteinander an den Fuß des Ölbaums, abseits vom Wege, damit keiner der wandernden Menschen, ehe Odysseus aufgewacht, dazukäme und es rauben möchte.

Und fuhren selber wieder zurück nach Hause.(...)

Anmerkungen

Anmerkungen zu Kapitel I: Die Streitfrage

1 Eratosthenes nach Strabon I 2, 12 (C. 22).

2 A. Heubeck, Zur neueren Homerforschung (V), Gymnasium 71, 1964, 57. Ähnlich Ders., Die homerische Frage, Darmstadt 1974, S. XIII: »Phantom«.

3 A. Lesky, Geschichte der griechischen Literatur, Bern/München [2]1963, 60. Ders., Homer. Anzeiger für die Altertumswissenschaft 13, 1960, 20. Ähnlich A. Heubeck (1974) 118: »Es kann keinen Zweifel geben: Odysseus überschreitet auf seiner Fahrt von Kap Maleia zu den Lotophagen eine entscheidende Grenze...; aus der realen Welt gelangt er in die Welt des Märchenhaften und Phantastischen.«

4 W. Marg (Rezension Wolf), Gnomon 42, 1970, 234. Bereits die Fragestellung lehnte auch jüngst B. Andreae in seinem schönen Werk Odysseus, Frankfurt 1982, 10, als »das eigentlich Unbefriedigende« ab.

5 E. Wüst, Odysseus, in Realencyclopädie [künftig: RE] XVII 2 (1937) Sp. 1954–1984. Ebenso bietet A. Heubeck (1974) 119–120 eine Liste von 14 Lokalisationen des Phaiakenlandes und fügt hinzu: »Für die anderen Irrfahrtenstationen wären ähnliche Listen zu erstellen.« Vgl. auch die entsprechende Liste bei J. Bullock, Ulysse chez les philologues, Actes de la Recherche Nov. 1975, 31, der die Frage der Lokalisierungen der Odyssee zu einer Frage des Verhältnisses der Philologen zu der sozialen Funktion des Textes macht.

6 Vor allem die zahllosen Lokalisierungsversuche aus der Antike sind, soweit sie uns überliefert sind, Bestimmungen einzelner, nicht zu einer Route zusammengefügter Orte. In der neueren Zeit beschränken sich auf Einzellokalisierungen u. a.: J. B. Friedreich, Die Realien in der Iliade und Odyssee, Erlangen 1856. – A. Breusing, Die Irrfahrten des Odysseus, o. O. 1889. – W. Kranz, Die Irrfahrten des Odysseus, Hermes 50, 1915, 93–112. – R. Hennig, Die Geographie des Homerischen Epos, Neue Wege zur Antike, Reihe 1, Heft 10, Leipzig 1934. – L. G. Pocock, The Sicilian Origin of the Odyssey, A study of the topographical evidence, Wellington, New Zealand, 1957.

7 J. Ramus, Tractatus historico-geographicus quo Ulyssem et Outinum unum eundumque esse ostenditur..., Editio nova, Hafniae 1716. – K. E. v. Baer, Wo ist der Schauplatz der Fahrten des Odysseus zu finden? Reden 3. Teil, St. Petersburg 1873. – L. Moulinier, Quelques hypothèses à la géographie d'Homère dans l'Odyssée, Aix-en-Provence 1958.

8 Nachweise von Widersprüchen zwischen den einzelnen Theorien und Angaben Homers siehe S. 143–206.

9 B. Andreae, Odysseus (1982) 10.

10 Victor Bérard, Les navigations d'Ulysse, 4 Bände, Paris 1927–29. Band IV 401. Einen Vergleich unserer Methode und Ergebnisse mit denen von V. Bérard bietet J. Moreau, La Sicile et l'Odyssée, in: Teoresi, Rivista di cultura filosofica 33 (1978) 3–21.

11 So A. Heubeck (1974) 118.

12 Siehe S. 157–184

13 W. Marg (1970) 231.

14 F. Hampl, Die Ilias ist kein Geschichtsbuch (Serta philologica Aenipontana 7/8, 1962, 37–62), lehnte zwar die historische Interpretation ab. Dagegen wandte aber G. Wickert-Micknat mit Recht ein: »Bei den homerischen Epen ist das anders. Weil gleichzeitige schriftliche Überlieferung fehlt, ist der Geschichtsforscher auf den Wortlaut der Epen, das heißt auf Dichtung, angewiesen.« (Dichtung als historische Quelle, Saeculum 21, 1970, 60.) Vgl. auch den Hinweis von H. Hommel, »daß *eigentlich jeder Mythos seinen historischen Kern besitzt*, den es bloßzulegen gilt...« (Mythos und Wirklichkeit in der genealogischen Forschung, Der Herold 7, 1970, 122.) Dabei versteht Hommel mit Nikolai Berdjajew Mythos als »Spiegel einer Wirklichkeit« (ebd.).

15 Eratosthenes nach Strabon I 2,15 (C. 24). Zuletzt wurde dieses Argument von B. Andreae, Odysseus, Frankfurt 1982, 10 herangezogen.

16 Strabon I 2,9–20, insbesondere 12 (C. 22).

17 Vergil Aeneis III 272, 291, 551, 553, 571, 692–708; IV 224, 265; V 24, 759; VI 98; VII 151.

18 W. Suerbaum, Die Ich-Erzählungen des Odysseus, Poetica 2 (1968), 150–177.

19 W. Schadewaldt, Neue Kriterien zur Odyssee-Analyse, Sitz. Ber. Akad. Heidelberg 43, 1959, 10. Schadewaldt unterschied diese »ältere Dichtung (A)« von deren »Bearbeitung (B)« (Homer, Die Odyssee, Übersetzt in deutsche Prosa, Hamburg 1958, 327–331). Bedenken aus streng unitarischer Sicht gegen die Ausscheidung der B-Stellen sind für unsere Untersuchung nicht allzu erheblich; denn die Verse, die nach Schadewaldt als Ergänzungen von B anzusehen sind, enthalten in den hier zu behandelnden Gesängen nur an zwei Stellen nautische Angaben. Die beiden Daten sind aber für unsere Untersuchung von keiner entscheidenden Bedeutung. Der »Nordwind« vor dem »Phaiakenland« (5, 385, nach Schadewaldt B-Stelle) ändert die Richtungsbestimmung der gesamten Fahrtroute von »Ogygia« zum »Phaiakenland« nicht, da er erst angesichts des »Landes der Phaiaken« (5, 280) aufkommt. Und ob Teiresias (so nach Schadewaldt der ursprüngliche Text) oder Kirke (so der überlieferte Text) »den Weg und die Maße der Fahrt und den Heimweg« nennt (10, 539), macht für die in der vorliegenden Untersuchung vorgetragenen Thesen ebenfalls keinen wesentlichen Unterschied, da der Ort des Teiresias ebenso wie die Insel der Kirke westlich der »Enge« anzusetzen sein wird. Somit können wir ohne weiteres die Schadewaldtsche Textscheidung unserer Untersuchung zugrundelegen, zumal sie uns grundsätzlich als durchaus einleuchtend erscheint. (Vgl. dazu auch die Erwägungen über die ursprüngliche Ordnung A im 7. bis 13. Gesang der Odyssee in den Anmerkungen zum Textanhang S. 266–269.)

20 J. Perthes See-Atlas, 14. Aufl. völlig neu bearbeitet von L. Schubart und H. Garbe, Gotha 1944. Deutsches Seekartenwerk, Karten 305, 311, 435, 440, 507, 663, 666, 693, 698, Hamburg 1962–64. Mittelmeerhandbuch, hrsg. vom Deutschen Hydrographischen Institut, Teil II (West- und Südküste Italiens, Sardinien und Sizilien) Hamburg 1952, Teil III (Die Nordküste von Afrika) Hamburg 1956.

Anmerkungen zu Kapitel II: Fahrtrichtungen

1 Z. B. 10, 25; 10, 506 f. in Verbindung mit 11, 10; 12, 427 f. Auch für D. R. Dicks, Early Greek Astronomy, London 1970, 32, wurden die vier Windrichtungen von Homer benutzt »to indicate directions«.

2 Auch die von W. Marg (1970) 227 erwähnten drei Stellen 14, 253 (Südostkurs bei Nordwind), 14, 299 (Südwestkurs bei Nordwind) und 2, 421 (Südostkurs bei Westwind) halten sich völlig im Rahmen dieser möglichen Abweichungen von jeweils 45°. Seine Folgerung, daß damit »im ganzen jede Richtung erreichbar« sei, ist falsch. Seine Kritik, auf diese Weise sei eine unserer Voraussetzungen »zum großen Teil hinfällig« ist daher zurückzuweisen.

3 Vgl. M. Cary und E. H. Warmington, The Ancient Explorers, London 1963, 15: »The chief defect of the ancient vessels lay in the unhandiness of their steering-gear and rigging, which would not allow them to sail close to the wind or to tack across it.«

4 Vgl. W. Schadewaldt, Odysseus-Abenteuer (1949), in: Hellas und Hesperien (1970) 1008, der die Irrfahrt als »göttliche Irre« und diese als »die Wahrheit, von hinten gelesen«, verstanden hat.

5 πορφύρεος = purpurn (z. B. vom Blut, Regenbogen und von Kleidern), gilt im Zusammenhang mit »Woge (κῦμα)« gemeinhin als bedeutungsloses »stehendes Beiwort«. Doch hat

κῦμα im Fahrtbericht nur an dieser einen Stelle das Attribut πορφύρεος, kommt aber oft ohne dies vor (z. B. 9, 80; 147; 485; 542; 12, 2; 169). Erwähnungen einer »purpurnen Woge« außerhalb des Fahrtberichtes stehen ebenfalls im Zusammenhang mit Abend- (2, 388; 428) oder Morgenröte (Ilias 1, 477; 482). Ilias 16, 391 steht innerhalb eines Gleichnisses ohne irgendeine Tageszeit. Ilias 21, 326 ist die Woge von Blut gefärbt. Od. 11, 243 dürfte nach dem Kontext ebenfalls Abend sein; jedenfalls ist es keineswegs zwingend, Mitternacht oder Mittag anzunehmen. Es ist also nicht unberechtigt, an unserer Stelle πορφύρεος wirklich als »purpurn« aufzufassen (vgl. S. 249 Anm. 131). – Diese Anmerkung hat W. MARG bei seiner Kritik (1970) 228 (»auf die Problematik von πορφύρεος wird nicht eingegangen«) schlicht verschwiegen. MARG behauptet ebenda auch: »Vom Rücken ist im Text überhaupt nicht die Rede.« Doch stößt auch dieser Vorwurf ins Leere; denn ὄπισθεν (13, 84) heißt *hinterdrein, im Rücken*. Vielleicht ist MARG diese Stelle entgangen, weil er irrig von 13, 89 f. (statt richtig 13, 84 f.) schreibt.

6 W. SCHADEWALDT übersetzt εἰ μὴ εὖρός τε νότος τε 12, 326 irrig »außer dem Westwind [statt richtig: Ost] und dem Süd«. A. WEIHER (Tusculum) München ([3]1967) schreibt ebenfalls irrig »der Ost und der West [statt richtig: Süd]«. J. H. VOSS ([3]1806) zuverlässig: »als einzig der Ost und der Südwind.«

7 Vielleicht wurde der »Nordwind« in einer ursprünglichen Fassung der Odyssee hier sogar ausdrücklich genannt. Möglicherweise gehören nämlich die Verse 14, 299–300 (dabei νήσου für Κρήτης) eigentlich zwischen 12, 402 und 403. Der Kontext entspricht sich genau (14, 301 ~ 12, 403. 14, 302–309 = 12, 404–406, 415–419). Der in 14, 299 erwähnte »Nordwind« läßt sich im 12. Gesang, wie hier dargelegt wird, aus den übrigen Angaben Homers sicher erschließen, während er im 14. Gesang die einzige Stelle der gesamten A-Dichtung ist, an der sich eine offensichtlich falsche Windrichtungsangabe findet. In der überlieferten Fassung will Odysseus 14, 234–344 den Eumaios glauben machen, er sei ein Kreter und mit »Nordwind« von Phönizien an Kreta vorbeigefahren; da Phönizien bekanntlich östlich von Kreta liegt, hätte Odysseus es Eumaios leicht gemacht, ihn bei einer Lüge zu ertappen.

8 In der A-Dichtung gab diese »Maße der Fahrt« Teiresias, nicht Kirke, an (nach W. SCHADEWALDT, Die Odyssee, 330). Auch wenn man an der überlieferten Textfolge festhalten will, ändert sich nichts an der folgenden Richtungsbestimmung; sie gilt dann – wegen der überlieferten Rückkehr zu Kirke – für die Fahrt von Kirke zur Enge.

9 In der A-Dichtung kehrte Odysseus nicht mehr zu Kirke zurück, sondern fuhr gleich weiter zu den Sirenen (ebd.).

10 W. MARG (1970) 229 versucht, unsere Überlegungen durch den Einwand zu widerlegen, daß im Text »nirgends« von »einer solchen Landmasse die Rede« sei. Diese ergibt sich aber daraus, daß die von Homer als auf dem Heimweg liegende und als gefährlich geschilderte Fahrt durch die »Enge« überhaupt nicht motiviert wäre, wenn nicht auf beiden Seiten Landmassen lägen. Sonst hätte Odysseus die Enge einfach außen umfahren können!

Anmerkungen zu Kapitel III: ORTE

1 HERODOT IV 177. PSEUDO-SKYLAX, Periplous 110. POLYBIOS I 39, 2. STRABON XVII, 3, 17. Von den modernen Autoren sei als Beispiel erwähnt: E. BRADFORD, Ulysses Found, London 1963, 39.

2 HERODOT IV 179.

3 STRABON I 2, 15. PLINIUS, Nat. Hist. V 41.

4 HERODOT IV 177–178.

5 R. EVANS SCHULTES/A. HOFMANN, Pflanzen der Götter, Bern/Stuttgart 1980, 86–87, Abb. S. 13 und 45.

6 A. Heubeck, Die homerische Frage (1974) 118. Ebenso D. Gray, Seewesen (Archaelogia Homerica G) (Göttingen 1974) 1.

7 Thukydides III 88 spricht von »sogenannten Aiolischen Inseln«.

8 Zuletzt E. Bradford, Ulysses Found (1963) 188.

9 Vgl. z. B. U. v. Wilamowitz-Moellendorff, Homerische Untersuchungen, Berlin 1884, 164.

10 W. Kranz, Die Irrfahrten des Odysseus, Hermes 50, 1915, 98.

11 Aristarch nach Eustathios.

12 Hiergegen wandte Ernst Meyer in seiner Rezension (NZZ 18.11.1970) ein: »Die Insel des Aiolos heißt nun einmal ›schwimmend‹ (10, 3).« Hier hätten wir »mit unbekümmerter Willkür« gearbeitet und den »Text verdreht«. Abgesehen davon, daß die von Meyer verteidigte Übersetzung schon von W. Kranz verworfen wurde (vgl. oben bei Anm. 10), schreibt auch der gründliche A. Forbiger, Handbuch der alten Geographie aus den Quellen bearbeitet, I. Band, Leipzig 1842, Repr. Graz 1966, 19 Anm. 34: »Die Insel des Aeolus führt Od. 10, 3 das Epitheton πλωτή, d. h. nicht die schwimmende, sondern eine solche, an welcher man leicht landen kann.« Auch andere, »wie Nitzsch, fassen hier πλωτός im Sinne von *beschiffbar, leicht für Schiffe zugänglich,* auf, da bei einem aus der Tiefe emporlaufenden Felsen (10, 4) von einer schwimmenden Insel keine Rede sein könne«. (E. Buchholz, Die homerische Götterlehre, Leipzig 1884, 224, der sich in seiner Homerischen Kosmographie und Geographie, Leipzig 1871, 267, auch selbst gegen die Deutung von πλωτή als »schwimmend (πλέουσα κινουμένη)« und für die Übersetzung »umschiffbar, rings zugänglich (προςπλεομένη ὑπ'ἀνθρώπων)« entschied. Haben alle diese Kapazitäten »den Text verdreht«? Dies ist auch auf W. Marg (1970) 230 und G. D'Ippolito, Malta nell'Odissea? Kokalos 22/23 (1976/77) 415 zu antworten, die beide an der erst auf Aristarch zurückgehenden Deutung *schwimmend (gallegiante)* festhalten wollen.

13 H. Treidler, Gaulos, in: Der Kleine Pauly II (1975) Sp. 703.

14 Th. Geus, Malta, FAZ 11. März 1982.

15 A./P. Macfarlan, Knotcraft, New York 1967, 18. Dort auch ein Hinweis auf magische Knoten bei den Griechen zur Zeit Platons.

16 H. Egger, Malta, Bonn 1962, 45.

17 K. Baedeker, Unteritalien, Sizilien, 17. Aufl. Leipzig 1936, 468 (Abschnitt Malta).

18 In ähnlicher Weise kennt auch das Englische das Bild einer »ironbound« (eisenumgebenen) Küste im Sinne von »rock-bound, fig. rigourous, hard and fast« (The Concise Oxford Dictionary, 4th edition, Oxford 1956, 631).

19 H. Egger, Malta, (1962) 44 f.

20 R. Wehrli, Für Liebhaber des Steins, Malta, du-atlantis 26, 1966, 209.

21 H. Bulle, Geleisestraßen des Altertums, SB Bayer. Akad. d. Wiss. Jg. 1947, Heft 2, München, 1948, 15.

22 J. D. Evans, Malta, London 1959, 182 und Tafel 93. Grundriß des Burgwalles und der Häuser von Borg in-Nadur s. D. H. Trump, The Later Prehistory of Malta, Proceedings of the Prehistoric Society for 1961 (New Series 27), 1961, 254 f.

23 F. S. Mallia, Prehistoric Finds, Missione Archeologica Italiana a Malta, Rapporto preliminare della Campagna 1964, Roma 1965, 74.

24 Mittelmeerhandbuch III (1956) 281.

25 Ebd. (1 sm = 1852 m).

26 Ebd. 293.

27 A. Louis, Les Iles Kerkena (Tunisie), Publications de l'Institut des Belles Lettres Arabes – Tunis (26) vol. I, Tunis 1961, 322; dort auch Zahlenangaben.

28 Nach mündlicher Auskunft von Herrn Mohammed Ben Ali Ben Mabrouk, Hachichina (1967).

29 U. v. Milamowitz, Hom. Unters. (1884) 164. A. Herrmann, Die Irrfahrten des Odysseus, Meereskunde Heft 169, Berlin 1926, 9. W. Dörpfeld, Homers Odyssee I, München 1925, 252.

G. Germain, La genèse de l'Odyssée, Paris 1954, 55–129 deutet übrigens die Geschichte von Polyphem als einen Widderkult, den er »dans une Afrique égypto-libyenne proto-historique ou néolithique« sucht (128).

30 A. Herrmann, Die Irrfahrten des Odysseus 9. Wegen der weitverbreiteten Vorstellung, Polyphem hätte nur ein Auge gehabt, liegt hier der Einwand nahe, das von Homer beschriebene Kyklopenland gehöre allein zum Reich der Märchen und könne nirgendwo gefunden werden. Doch behauptet Homer in keinem einzigen Vers, Polyphem habe (von Anfang an) nur ein Auge getragen. Er berichtet vielmehr, Odysseus habe mit vier Gefährten (9, 335) dem Polyphem einen glühenden, an der Spitze geschärften Pfahl »in *ein* Auge (ἐν ὀφθαλμῷ)« gebohrt (9, 333; 383; 397), nicht: in *das* Auge (ἐν τῷ ὀφθαλμῷ). Freilich kann bei Dichtern der bestimmte Artikel fortfallen, aber doch nicht, wenn eine so außerordentliche Tatsache wie eine Einäugigkeit bezeichnet werden soll, zumal das Griechische Wörter kennt, um »einzig, nur einmal vorhanden«, auszudrücken. Zu Homers Zeit kann die Auffassung, Kyklopen seien einäugig, auch nicht selbstverständlich gewesen sein; denn diese Auffassung setzte sich erst Jahrhunderte nach Homer durch, wie mehrere der ältesten bildlichen Darstellungen Polyphems beweisen, auf denen dieser *zwei* Augen trägt (E. Wüst, Art. Odysseus, RE XVII 2 (1937) Sp. 1959 f.). Vgl. auch Fig. 8 und H. Sichtermann, Die Bilderwelt der Odyssee (in: Die Odyssee, Homers Epos in Bildern erzählt von Erich Lessing, Freiburg/Basel/Wien 1965, 249–281), zur Darstellung der Blendung des Polyphem auf dieser erst 1954 gefundenen, protoattischen Amphora aus Eleusis aus dem 2. Viertel des 7. Jahrhunderts: »...die Einäugigkeit wird nicht klar, da ein ganz normales Profil gezeichnet ist« (258) und zu späteren Kyklopendarstellungen: Es »wird nicht immer Einäugigkeit von Polyphem behauptet« (260). Auch die Blendung Polyphems zwingt nicht zu dem Schluß, er sei einäugig gewesen; denn wer nur an einem Auge geblendet wird, verliert zugleich für wenigstens eine Zeitlang auch die Sehkraft des anderen Auges. Schließlich spricht auch die Erwähnung von Augenbrauen im Plural (9, 389) dafür, daß Homer sich den Kyklopen nicht als von Anfang an einäugig vorstellte.

31 Ch. A. Julien, Histoire de l'Afrique du Nord, Tunisie, Algérie, Maroc, 2e éd. par Chr. Courtois, Paris 1961, I 54. – Unsere Beschreibung der heutigen Höhlen nach H. de Caboga-Stuber, Tunesien, 2. Aufl. Bonn 1964, 226, und eigenem Augenschein.

32 W. Marg (1970) 234. Diese Auffassung auch bei E. H. Berger, Die mythische Kosmographie der Griechen, Leipzig 1904, 15; F. Cornelius, Zur Geographie der Odyssee, Rheinisches Museum NF 74 (1925) 344; A. Lesky, Aia, Wiener Studien 63 (1948) 57; P. von der Mühll, Die Kimmerier der Odyssee und Theopomp, Museum Helvet. 16 (1959) 145 und anderen. Dagegen hat L. G. Pocock, A Note on Odyssey 10.86, The Classical Quarterly 18, 1968, 1, diese Vorstellung als »really unmitigated nonsense from every point of view« bezeichnet.

33 W. Dörpfeld, Homers Odyssee I (1925) 256 und Tafel 3.

34 G. Germain, Genèse de l'Odyssée, Paris 1954, 520 ff.

35 H. Vos, Die Bahnen von Nacht und Tag, Mnemosyne IV 16 (1963) 22–23.

36 W. Karl, Chaos und Tartaros in Hesiods Theogonie, Erlangen 1967, 105–106.

37 H. Vos (1963) 19.

38 W. Karl (1967) 105.

39 E. Buchholz, Homerische Kosmographie und Geographie, Leipzig 1871, 263. Neuerdings vor allem L. G. Pocock, Gadflies and the Laestrygonians, Classical Review 72 (1958) 101–111 und Ders. Classical Quarterly 18 (1968) 1–3 mit überzeugenden Argumenten aus der Agrargeschichte. Beispielsweise beschreibt ein Rinderhirt in einem englischen Lehrwerk aus dem Jahre 1005 n. Chr. seine Arbeit: »When the ploughman unyokes the oxen I lead them to pasture and stand over them all night on watch against thieves; and again first thing in the morning I hand them over to the ploughman well fed and watered.«

40 Vergil, Georgica III 155–156: »...armentaque pasces/sole recens orto aut noctem ducentibus astris.«

41 W. Dörpfeld (1925) 253. A. Herrmann (1926) 17. R. Hennig (1934) 82: »Jene Sitte des abwechselnden Weidens von Rindern und Schafen hat es nämlich in gewissen südlichen Gegenden allzeit gegeben, und sie ist auch heute noch wohlbekannt.« M. Cary/E. H. Warmington (1963) 44 mit Anm. 8. L. G. Pocock (1958).

42 R. Rebuffat, La relève des bergers chez les Lestrygons, Mélanges d'Archéol. et d'Hist. 77 (1965) 338, vgl. aber 345.

43 J. D. Evans, Malta (1959) 45.

44 Grieben-Reiseführer 119: Sizilien, München 1958, 7.

45 Mittelmeerhandbuch, hrsg. vom Deutschen Hydrographischen Institut, II (1952) 435.

46 K. Ziegler, Motya, RE XVI 1 (1933) Sp. 396. Zur Topographie des Stagnone vgl. Theobald Fischer, Beiträge zur physischen Geographie Siciliens, Leipzig 1877, 17–19.

47 ἐπηρεφέας (von ἐρέφω überdecken, überdachen). Es sind also wohl die wenige Zeilen zuvor (10, 131–132) genannten Steine gemeint, die die Laistrygonen auf die Eingedrungenen schleuderten. »Überhängende« Felsen (so Schadewaldt) wären keine Gefahr.

48 K. Ziegler, RE XVI 1 (1933) Sp. 401–402.

49 U. D'Ancona, Tonno, Enciclopedia Italiana Vol. 33, Roma 1937, 1032 mit Abbildung einer *camera della morte* von 31 m × 62 m Größe. Zum Thunfischfang in der Antike vgl. W. Richter, Thunfisch, der Kleine Pauly V (1975) 800–801.

50 Wegen der Angabe »steiler Fels (πέτρη ἠλίβατος)« (10, 87–88) hat man sich den Laistrygonenhafen gern in einer Fjordlandschaft vorgestellt. Doch wäre eine steile Felswand von der Höhe norwegischer Fjorde nicht als guter Anlegeplatz zu preisen. Wie sollten die Laistrygonen auch von einer hohen Felswand herab die Gefährten »wie Fische aufspießen« (10, 124)? »Steil« wird hier weniger die Höhe der Felsen als die Steilheit deren Steigungswinkels bezeichnen. In dieser Bedeutung würde es das Lob des Hafens (10, 87) begründen. Denn ein steiler Fels eignet sich zum Anlegen besser als ein flaches Felsufer (Klippen!); er sollte aber nicht höher sein als das Boot, damit man es noch vertäuen (10, 96) und aussteigen kann (10, 103). Auf einer der frühesten Darstellungen des Laistrygonenhafens – auf den Esquilinischen Landschaften in der Sala Aldobrandini des Vatikanischen Museums – werfen die Laistrygonen die Steine von Felsen herab, die nur in zwei- bis dreifacher Mannshöhe aus dem Wasser ragen. Es ist ziemlich abwegig, hier an norwegische Fjorde zu denken.

51 A. Schenk Graf von Stauffenberg, Trinakria, Sizilien und Großgriechenland in archaischer und frühklassischer Zeit, München/Wien 1963, 24.

52 Bisher haben sich, soweit wir sehen, nur J. B. Friedreich, Realien (1856) 44, und A. Herrmann, Die Irrfahrten (1926) 28 und 30 (Karten), für die »Nordwestspitze« Siziliens als »Laistrygonenland« ausgesprochen, beide allerdings ohne genauere Identifizierung.

53 [Erzherzog Ludwig Salvator,] Ustica, Prag 1898, 119, 124.

54 Ebd. 74. Zum früher größeren Reichtum an Wäldern und Bächen auf Sizilien allgemein Th. Fischer (1877) 165–166. Zur Zeit des Normannenkönigs Roger wurde Ustica in der Geographia Nubense als »wasserreich« bezeichnet (F. Termer, Die Insel Ustica, Zeitschrift der Gesellschaft für Erdkunde 1925, 22). – Bisher hat sich nur L. G. Pocock (The Landfalls of Odysseus, Christ Church, N. Z., 1955) für Ustica als Kirke-Insel ausgesprochen. Nicht folgen können wir Pocock bei dem Gedanken, daß Ustica gleichzeitig auch die Insel der Sirenen sei.

55 Ernst Meyer, NZZ 18. 11. 1970. Angeblich würde »allein diese Stelle … das ganze Kartenhaus der Verfasser zum Einsturz« bringen. Fast wörtlich gleichlautend W. Marg (1970) 236: »das ist eindeutig [!] fernster Osten. Das genügte allein, um die ganze Konstruktion einstürzen zu lassen.« Wir haben diese – durchaus mit unserer Interpretation zu vereinende – Stelle in der 1. Auflage nicht aus Böswilligkeit verschwiegen, sondern deswegen, weil es sich nach W. Schadewaldt um eine B-Stelle handelt.

56 Wir übersetzen hier εἰς »zu hin« und nicht »in hinein«; denn nach dem Gespräch mit Odysseus »schritt die Seele des Herrn Teiresias *in* das Haus des Hades *hinein* (ἔβη δόμον

῎Αιδος εἴσω)« (11, 150), das Gespräch kann also nicht in dem »Haus« stattgefunden haben, sondern nur davor. Vgl. R. Hampe und E. Simon, Griechische Sagen in der frühen etruskischen Kunst, Mainz 1964, 30 Anm. 10: »...auch ist Odysseus dem Tityos nicht im Tartaros begegnet: Odysseus kam nämlich nur bis zum Eingang des Hades. Hades darf aber nicht mit Tartaros verwechselt werden. Der Tartaros lag so tief unter dem Reich des Hades, wie hoch der Himmel sich über der Erde wölbt (Ilias 8, 13 ff.). Nach Hesiod (Theogonie 722 ff.) würde ein schwerer Gegenstand wie ein Amboß neun Tage und Nächte vom Himmel bis zur Erde fallen und ebensoviele von der Erde (mit dem Reich des Hades) bis zum Tartaros. Zwischen Hades und Tartaros besteht mithin ein himmelweiter Unterschied.«

57 Vgl. D. Gray, Seewesen (1974) 6: Auch die Kimmerier »wohnen nicht im Hades (11, 13 ff.). Sie sind die dem Hades am nächsten wohnenden Sterblichen, aber sicherlich auf dem diesseitigen Ufer« des Okeanos.

58 E. Buchholz, Homerische Kosmographie und Geographie (1871) 54 f.

59 Silius Italicus XIV 240.

60 Diodor V 3 und 2.

61 U. Zanotti-Bianco, Großgriechenland, Zürich 1961, 130.

62 Griech. u. a. »HIMEPA«, »IMEPA«, »KIMAPA«, K. Ziegler, Himera, RE VIII (1913) Sp. 1619 und in: Kl. Pauly II (1975) Sp. 1147 f. Zu Himera vgl. A. Schenk v. Stauffenberg, Trinakria (1963) 43–57. E. Manni, Imera nella leggenda e nella storia, Annali dell'Istituto Italiano di Numismatica 15–16, Suppl. 1971, 91–108. R. Bosi, Magna Graecia, Freiburg/Br. 1982, 301–302.

63 K. Ziegler, Himeras, RE VIII (1913) Sp. 1620 f. E. Manni, Geografia fisica e politica della Sicilia antica (Testimonia Siciliae antiqua I 1), Roma 1981, 109–110 mit Belegen.

64 A. Tusa Cutroni, Rinvenimenti monetali da Himera e nel suo territorio nel periodo arcaico, in: Annali (wie Anm. 62) 76–77.

65 Der Hahn findet sich seit ca. 580/530 auf himerischen Münzen, seit 482 v. Chr. auch zusammen mit dem Krebs. Die Deutung ist bisher umstritten. Gegen eine religiöse Deutung richten sich L. Breglia (Il gallo di Himera) und G. Vallet (La représentation du coq dans la céramique du VIe siècle) in: Annali (wie Anm. 62) 36–51 und 53–60. Im Widerspruch gegen L. Breglia doch für eine religiöse Deutung, aber ebd. 114–115. Zur Datierung der Münzen ebd. 39, 118.

66 H. Meier-Welcker, Himera und die Geschicke des griechischen Sizilien, Boppard 1980, 14, unter Hinweis auf A. Adriani, Scavi di Himera (1963–67), Kokalos 13 (1967) 225 f. Vergleichsweise sei auf das unterirdische Heiligtum von Paestum hingewiesen, das wegen seiner Inschrift für ein Heiligtum der Persephoneia gehalten wird. B. Neutsch, Abhg. Heidelb. Akad. Wiss. 1957, 2 S. 14 und 27.

67 P. Marconi, Himera, Atti e memorie Soc. M. Grecia (1930) 198.

68 T. J. Dunbabin, The Western Greeks, The History of Sicily and South Italy from the Foundation of the Greek Colonies to 480 B. C. Oxford 1948, 26: »Myskellos of Rhypos was at Delphi ...; told to settle at Kroton; asking for further information, he was given sailing-directions ...«

69 Nach der Schadewaldtschen Textanalyse war es in der ursprünglichen Dichtung A Teiresias, nicht Kirke, der dem Odysseus »den Weg und die Maße der Fahrt« (10, 539) angab. Schadewaldt stellt daher – im Einklang mit dem Kontext – 12, 38–110 und 127–141 an die Stelle von 11, 104–120.

70 Die Polartheorie kann auch nicht mit Herodot IV 28 begründet werden; denn während die Verse der Odyssee nur davon sprechen, die Sonne blicke nicht auf die Kimmerischen Männer herab, aber mit keinem Wort auf ein kaltes Klima deuten, malt Herodot nur die Schrecken des strengen Winters in Südrußland aus, sagt aber kein Wort über die Dauer des Sonnenscheins dort im Norden. Obwohl Homer kein Wort von Winter sagt, hält W. Marg (1970) 234 noch daran fest, daß ebenso wie bei den Laistrygonen »eindeutig [!] eine Kunde von Mittsommernächten im hohen Norden« auch hier bei den Kimmeriern »eine Kunde von hochnördlicher winterlicher Finsternis« vorliege. Mit Recht wies schon E. Bornemann Odyssee-Interpretatio-

nen, Frankfurt ^{2}1953, 117 darauf hin, daß die Kimmerier von dem Odyssee-Dichter »nach dem Westen verlegt worden« seien. W. MARG verschweigt auch die mythische Lokalisierung des Eingangs zur Unterwelt »an der Peripherie der Erde, also diesseits [!] des Okeanos, und zwar ... im äußersten Westen« (W. KARL, Chaos und Tartaros in Hesiods Theogonie, 1967, 98), die – im Rahmen des geographischen Weltbildes Homers – durchaus mit unserer Deutung harmoniert.

71 E. W. ESCHMANN, Im Amerika der Griechen, Hamburg ^{2}1967, 81. Im Hinblick auf den Hadessagen- und Nebelort Enna ist es nicht einzusehen, warum es nach Ernst MEYER (1970) »wirklich empörend« sein soll, die Kimmerier in Sizilien zu suchen.

72 Nach W. SCHADEWALDT (Die Odyssee, 1958, 330) »ging die Fahrt von der Unterwelt ... ohne erneute Rückfahrt zu Kirke gleich weiter zu den Sirenen«. In dem genannten Textabschnitt sind die Verse 111–126 von B.

73 Die beiden anderen bedeutenden Meerengen im Mittelmeer – die Straße von *Gibraltar* und die *Dardanellen* – könnten kaum auf dem Heimweg von Nordsizilien nach Griechenland liegen. Sie scheiden aber auch aus folgenden Gründen für uns aus: Bei Gibraltar hätte nur ein Ost- oder Westkurs genannt werden können; Homer weist aber eindeutig auf einen Südkurs bei der ersten und einen Nordkurs bei der zweiten Durchfahrt (S. 27). Auch die übrigen Angaben Homers scheinen nicht recht auf die Straße von Gibraltar zu passen; jedenfalls gibt selbst A. KLOTZ, der für diese Lokalisierung eintritt, zu, daß man damit »dem Dichter eine starke Abweichung von den tatsächlichen Verhältnissen zu(gesteht)« (Die Irrfahrten des Odysseus und ihre Deutung im Altertum, Gymnasium 59, 1952, 289–302; Zitat 299). Eine Dardanellenfahrt haben K. E. v. BAER, A. HERRMANN u. a. angenommen. Dies kann zwar notfalls Odysseus' Kursrichtungen fntsprechen, für die Lokalisierung der übrigen Orte waren diese Forscher aber gezwungen, eine hypothetische Wasserverbindung zwischen Adria und Schwarzem Meer mitten durch den Balkan zu konstruieren.

74 CAESAR, De bello gallico III 12,1.

75 H. J. HELLER, Philologus 15 (1860) 354–357. E. BUCHHOLZ, Hom. Kosmogr. und Geographie (1871) 273. Auch in der Sprache der Bibel erstand Jesus nicht am zweiten, sondern am dritten Tage wieder auf (Mt 20,19; Mc 10,34; Jo 2,19, 1. Kor. 15,4 u. a.), obwohl wir heute von Karfreitag bis Ostersonntag nur zwei Tage zählen.

76 H. STEUERWALD, Weit war sein Weg nach Ithaka, Neue Forschungsergebnisse beweisen: Odysseus kam bis Schottland, (1978) Berlin 1981, 20 f.

77 F. VERCELLI, Il regime delle correnti e delle maree nello Stretto di Messina, Venezia 1925, 165.

78 J. W. GOETHE, Italienische Reise, 13. Mai 1787.

79 THUKYDIDES IV 24.

80 VERGIL, Aeneis III 429–432, 558.

81 POMPEIUS TROGUS IV 1

82 H. KELLER, Scylla und Charybdis, Die Strömungsverhältnisse in der Straße von Messina, Annalen der Hydrographie und Maritimen Meteorologie 19 (1891) 299,301.

83 Th. FISCHER, Beiträge (1877) 10. Nach SOLINUS V 3 (3. Jhdt. n. Chr.) soll es hier sogar noch drei Lagunen gegeben haben.

84 Es wird überliefert, daß das Wasser der Lagunen nach dem großen Erdbeben im Jahre 1783 fast süß geworden sei. Th. S. HUGHES, Travels in Sicily, London 1820, 137.

85 SILIUS ITALICUS XIV 78: »celsus harenosa tollit se mole Pelorus«.

86 STRABON I 2,12 (C. 22).

87 MITTELMEERHANDBUCH, hrsg. vom Deutschen Hydrgraphischen Institut, II (1952) 369 f. vgl. 385. Schon E. BUCHHOLZ, Homerische Kosmographie und Geographie (1871) 277 sah in der Mythe von den Sirenen »eine Verbildlichung der verführerischen Außenseite des ruhigen Meeres, welches unter glatter Spiegelfläche Klippen und Sandbänke birgt, die dem Schiffer Verderben bringen«.

88 W. F. VOLGER, Handbuch der Geographie I, Hannover 1833, 458.

89 F. VERCELLI, Correnti (1925) 198, Fig. 45. Vgl. bereits PSEUDO-ARISTOTELES, Mirabilia 130 (übersetzt von H. FLASHAR ²1981, 29) über die Straße von Messina: Wenn die Ströme aus den beiden Meeren aufeinanderprallen, »so erhebe sich die Woge mit starkem Brausen in die Höhe auf einen sehr weiten Punkt des oberen Auslaufs, so daß die Erhebung aus weiter Ferne sichtbar ist, die nicht dem Steigen des Meeres (bei der Flut) ähnlich erscheint, sondern weiß und schaumartig wie der Sog beim schlimmsten Sturm ... Viele ... fallen um, blind vor Furcht.«

90 Vgl. oben Anm. 47.

91 Über verschiedene Deutungen der Plankten vgl. jetzt J. BOLLACK, Ulysse chez les philologues, Actes de la recherche en sciences sociales, Nov. 1965, 4–35, bes. 32. Von den *Plankten* zu unterscheiden sind die gelegentlich damit verwechselten *Symplegaden* (H. v. GEISAU, Planktai, Kl. PAULY IV (1975) Sp. 889). Jene »Klappfelsen« im Bosporus werden auf das dort gelegentlich zu beobachtende Packeis bezogen. So J. L. MYRES, An Attempt to reconstruct the maps used by Herodotus, Geographical Journal 8, 1896, 625.

92 POMPEIUS TROGUS, Hist. Phil. 4, 1. A. FORBIGER, Handbuch I (1842) 19 Anm. 36. J. FRIEDREICH, Realien (1856) 45. E. BORNEMANN, Odyssee-Interpretationen (²1953) 142 schreibt: in den Plankten »könnten sich die vulkanischen Liparischen Inseln spiegeln«. Auch E. BRADFORD, Ulysses Found (1963) 135–136, 139 hat die Plankten mit den Eruptionen des Stromboli identifiziert. Auf Lipari steht seit 1971 ein Gedenkstein mit den Versen 12, 55–68 der Odyssee.

93 L. SPALLANZANI, Viaggi alle due Sicilie, Milano 1825, I 256.

94 ANTOINE DE LA SALE, La Salade, ed F. DESONAY, Bibliothèque de la Faculté de Philosophie et Lettres de l'Université de Liège, Fasc. 68, Liège 1935, 141–143.

95 F. VERCELLI, Correnti (1925) 118.

96 Gi. CARACI, Stretto di Messina, Encicl. Ital. 23 (1934) 9: Die Inversion zum Nordstrom *(montante)* beginnt dagegen bei Pezzo.

97 Encicl. Ital. ebenda. Zu prüfen ist auch die Frage, ob ein Zusammenhang zwischen der Bezeichnung der Skylla als »Untier (πέλωϱ, sprich pélor)« (12,87) und dem griechischen Namen der in die Meerenge hineinragenden Ostspitze Siziliens Πέλωϱος (heute entsprechend ital. *Capo Peloro)* besteht.

98 F. VERCELLI, Correnti (1925) 192, vgl. 195, 197 f.

99 Ebd. 197–199.

100 Zitiert nach V. BÉRARD, Les navigations d'Ulysse IV (1929) 396.

101 W. H. SMYTH, Memoir descriptive of ... Sicily, London 1824, 111–112. Zu den historischen Gefahren der Meerenge vgl. auch Th. St. HUGHES, Travels in Sicily (1820) 133–137.

102 G. SCHILDT, I Odysseus Kölvatten, Helsinki 1951, deutsch: Im Kielwasser des Odysseus, Wiesbaden 1958, 77.

103 THUKYDIDES VI 2.

104 K. ZIEGLER, Thrinakia, RE VI A 1 (1936) Sp. 602.

105 Ebd. – Zuerst K. H. W. VÖLCKER, Über homerische Geographie und Weltkunde, Hannover 1830, 119 ff. Danach E. BUCHHOLZ, Homerische Kosmographie und Geographie (1871) 259.

106 PAUSANIAS IV 23, 7.

107 G. VALLET, Rhégion et Zancle, Paris 1958, Planche I zeigt deutlich die Dreizackform.

108 S. Fig. 28.

109 MESSINA e Dintorni, Guida a cura del municipio, Messina 1902, 370. G. LA CORTE-CAILLER, La zona falcata del Porto di Messina a traverso i tempi, Messina 1913, 4–5, 21.

110 A. IOLI GIGANTE, Messina (1980) Fig. 117, 118, ebenso auf Stadtplänen des 16. Jhs. S. Fig. 26.

111 S. Abb. 25. Eine Beschreibung des Seebebens bei Messina als Vorbote des Erdbebens im Jahre 1783 bietet J. H. BARTELS, Briefe über Kalabrien II (1789) 44.

112 C. DE STEFANI, Origine del porto di Messina, Boll. soc. geol. ital. 7 (1888) 235.

113 H. KELLER, Annalen der Hydrographie 19 (1891) 300.

114 Bisher hatte man fälschlich geglaubt, nur die Meerenge, nicht aber der Ätna sei bei Homer erwähnt (z. B. K. BAEDEKER, Unteritalien ^{17}1936, 414). Die Schlüsse, die E. BRADFORD, Ulysses Found (1963) 167 aus dieser irrigen Annahme zog, sind daher zweifelhaft.

115 K. BARTHOLOMÄUS, Überprüfung antiker Erdbilder, in: Die Neue Hochschule 1980 Heft 4, 20, hat aufgrund der Verse 5, 272–275 – unter Berücksichtigung der Präzession für das Jahr 800 v. Chr. – errechnet: »Die [Kalypso-]Insel kann nur etwa zwischen dem 30. und 40. Breitengrad liegen (oberhalb von 40° wurde damals auch der Bootes zum zirkumpolaren Sternbild).« H. STEUERWALD (1981) 157 unterläßt es, die Präzession zu berücksichtigen. Seine Lokalisierung von Ogygia auf der Insel Man in der Irischen See (54. Breitengrad!) ist daher abwegig.

116 ANTOINE DE LA SALE (wie Anm. 94) 140–143.

117 So die ursprüngliche Bedeutung nach E. BORNEMANN, Odyssee Wortkunde (^{16}1966) S. 16 zu 1,50.

118 U. v. WILAMOWITZ, Hom. Unters. (1884) 16–17.

119 So konstruieren z. B. E. W. GLADSTONE, K. E. v. BAER und A. HERRMANN einen hypothetischen Seeweg quer über den Balkan (s. Fig. 50, 52 und 57). Andere ließen den schiffbrüchigen Odysseus von Messina *gegen* die Meeresströmung nach Pérejil in der Straße von Gibraltar (V. BÉRARD, L. G. POCOCK, L. MOULINIER) oder zu den Balearen (R. Graf COUDENHOVE-KALERGI) getrieben werden.

120 So berücksichtigen z. B. W. DÖRPFELD, A. HERRMANN, E. BRADFORD und zu letzt H. STEUERWALD (1981) 144 nicht die zweite Durchfahrt durch die »Enge«. Doch ging die Fahrt ausdrücklich zum »Felsen der Skylla und zur schrecklichen Charybdis« zurück (12, 430). Der Vers 12, 428 (»auf daß ich *noch einmal* die böse Charybdis *durchmessen* sollte«) ergibt eindeutig eine insgesamt zweimalige Engenfahrt. Vgl. auch 12, 444 (bzw. 7, 276). Ebenso spricht H. v. GEISAU, Odysseus, Kl. PAULY IV (1975) Sp. 242 mit Recht von einer zweimaligen Fahrt durch die Enge.

121 F. HAARSTICK, Astronomische Navigation zur Zeit Homers, in: Sterne und Weltraum (1963) 161 berechnet unter Berücksichtigung der Präzession für das Jahr 800 v. Chr. Aufgangsazimute für Bootes von 224° und für die Pleiaden von 255°. Dies entspricht einem Kurs zwischen 44° und 75° gegen Nord. K. BARTHOLOMÄUS (1977) 58, 63 nimmt einen Durchschnittskurs von 54° gegen Nord an.

122 Dies wird sogar – ohne Beleg – in Wörterbüchern und Indices behauptet. Ein Beispiel für viele: »Σχερίη eiland der Phaiaken ε 34, ζ 8, η 79, ν 160« (Homerus, Ilias, Odyssee, ed. J. C. BRUIJN, C. SPOELDER, Haarlem 1955, 1067). G. TONNA, Odissea, Milano 1968, übersetzt Vers 7,279 phantasievoll: »era un punto dell'isola molto pericoloso.«

123 Die Odyssee, deutsch von W. SCHADEWALDT (1958) 168.

124 ERNST MEYER, NZZ 18. Nov. 1970.

125 Nach H. FRISK, Griechisches Etymologisches Wörterbuch, Heidelberg 1960, Art. ἐπισχερώ bedeutet Scheria »ununterbrochene Küste, Festland«. Ebenso U. WILAMOWITZ, Ilias und Homer, Berlin 1916, 498. Nur wenige Autoren haben bisher auf das Fehlen der Bezeichnung Insel (νῆσος) für das Phaiakenland hingewiesen, unter anderen E. BUCHHOLZ, Homerische Realien I, Leipzig 1871; 91 (und 95: »wahrscheinlich auf einer Halbinsel gelegen«). Auch E. E. SEILER/ C. CAPELLE, Vollständiges Griechisch-Deutsches Wörterbuch über die Gedichte des Homeros, 8. Aufl. Leipzig 1878, 573 Anm. 3, bezeichnen das Phaiakenland Scheria richtig als »ein Stück des Festlandes, da es nie νῆσος , sondern γαῖα heißt (σχερός eigentlich = χέρσος)«. Als Festland (χέρσος) wird das Land der Phaiaken auch 19, 278–279 bezeichnet.

126 C. A. WILLEMSEN und D. ODENTHAL, Kalabrien, (1966) p. X und 54 (Bild 73).

127 Guida d'Italia: Basilicata e Calabria, Milano 1967, 226–227. Vgl. G. ALGRANATI, Basilicata e Calabria, Torino 1929, 188.

128 Zum *thaumazein* vgl. W. SCHADEWALDT, Die Anfänge der Philosophie bei den Griechen, Frankfurt/M. 1978, 23–26.

129 Der Geograph A. PHILIPPSON nannte in seiner Beschreibung Kalabriens (Das fernste Italien,

Leipzig 1925, 163) bereits den Blick auf nur ein Meer von Catanzaro aus »eines der schönsten Panoramen Italiens«. Den noch viel eindrucksvolleren Blick von Tiriolo kannte er nicht.

130 STRABON VI 4 (C. 254 f.). Vgl. VERGIL, Aeneis I 531 f.: »reich durch Früchte des Bodens.« SERVIUS Aen. I 532: »Oenotria dicta est vel a vino optimo quod in Italia nascitur vel ut Varro dicit ab Oenotro rege Sabinorum.«

131 H. SWINBURNE, Travels in the two Sicilies I, London 1783, 332. R. K. CRAVEN, A Tour through the Southern Provinces ... of Naples, London 1821, 252. G. R. GISSING, By the Ionian Sea, London 1901, 105 f.: »The sun was setting when I alighted at the Marina [of Catanzaro]... All around lay orchards of orange trees, the finest I had ever seen, and over their solid masses of dark foliage, thick hang with ripening fruit, poured the splendour of the western sky. It was a picture unsurpassable in richness of tone; the dense leafage of deepest, warmest green glowed and flashed, its magnificence heightened by the blaze of the countless golden spheres adorning it. Beyond, the magic sea, purple and crimson as the sun descended upon the vanishing horizon... In my geography it is written that between Catanzaro and the sea lies the garden of the Hesperides.«

132 M. FABI, Corografia d'Italia ossia Gran dizionario storico-geografico-statistico I-III, Milano 1854, Art. Tiriolo.

133 H. KANTER, Kalabrien, Hamburg 1930, 29–32 mit Windtabellen.

134 W. MARG, in: Gnomon 1970, 231.

135 A. TARDIEU, Carte du Golfe de Ste. Euphémie (Campagnes de 1806 et 1807).

136 N. DOUGLAS, Old Calabria (1915), London 1983, 225.

137 A. J. STRUTT, A Pedestrian Tour in Calabria (1844) 1961, 46.

138 Fremdenverkehrsamt der Stadt und Provinz CATANZARO, Catanzaro Wissenswertes, 1962, S. 63.

139 Reisende, die aus dem Norden nach Sizilien strebten, zogen wegen der Beschwernisse des Landweges durch Kalabrien den Seeweg von Neapel vor. P. GRIMAL, Das antike Italien, Frankfurt 1979, 234.

140 W. SARTORIUS Frh. v. WALTERSHAUSEN, Der Aetna, I, Leipzig 1880, 35.

141 J. SCHMITZ VAN VORST, Frankfurter Allgemeine Zeitung 7. Mai 1969.

142 Dies ist die traditionelle Lokalisierung; doch kann man von Ithaka schwerlich sagen, daß die anderen Inseln von ihr nach Morgen und zur Sonne liegen.

143 Für Leukas setzte sich vor allem W. DÖRPFELD ein, erstmals: Das homerische Ithaka, Mélanges Perrot, Paris 1902, 79–93; abschließend: Alt-Ithaka, Ein Beitrag zur Homer-Frage, Studien und Ausgrabungen auf der Insel Leukas-Ithaka, 2 Bde., München 1927.

144 J. F. LEUTZ-SPITTA, Korfu-Ithaka, 1920. Corfu-Ithaque, Revue des Etudes Grecques 42, 1929, 288 ff. Diese Identifikation übernahm R. HENNIG, Die Geographie des homerischen Epos, 1934, 85 ff.

145 So neuerdings K. VÖLKL, Zur Lage des homerischen Ithaka, Serta philologica Aenipontana = Innsbrucker Beiträge zur Kulturwissenschaft 7/8, 1962, 65–68, der jedoch schließt: »Wir werden uns daher hüten müssen, die Identifikation von Ithaka mit Kephallenia als gesichert ansehen zu wollen, denn mehr als eine Möglichkeit ist sie derzeit noch nicht. Sicher erscheint mir nur, daß weder Korfu noch Leukas mit der Insel des Odysseus identifiziert werden darf...«

146 W. MARG (1970) 232.

147 H. STEUERWALD (1978, 1981).

Anmerkungen zu Kapitel IV: Fahrt- und Aufenthaltszeiten

1 1 Knoten = 1 Seemeile pro Stunde. 1 Seemeile = 1852 m. Wir geben Entfernungen *zur See*, wie in der Seefahrt üblich, in *Seemeilen*, Entfernungen *zu Land* in *Kilometern* an.

2 Mit der Angabe von 5,6 Knoten folgen wir W. Schadewaldt, Von Homers Welt und Werk, 3. Aufl. Stuttgart 1959, 391, Anm. 3 und 5 zu S. 99, der etwa 20 Std. Fahrtzeit annimmt. Fahrtdauer (18 bis 22 Stunden je nach Ankunftszeit »des Nachts«) und Entfernung (100 bis 120 sm je nach dem Abfahrtshafen auf Lesbos) sind zwar nicht exakt anzugeben; doch liegt der Mittelwert, auf den es hier allein ankommt, in jedem Fall bei 5,6 Knoten (100 sm : 22 Std. = 4,5 Knoten. 120 sm : 18 Std. = 6,7 Knoten. Mittelwert von 4,5 und 6,7 Knoten = 5,6 Knoten).

3 Aus den Untersuchungen von A. Köster, Das antike Seewesen, Berlin 1923, 181, geht »mit einiger Sicherheit hervor, daß die antiken Segelschiffe bei günstigen Winden und gutem Wetter 4–6 Knoten Fahrt machten«. Auch L. Moulinier, Quelques hypothèses relatives à la géographie d'Homère dans l'Odyssée, Aix-en-Provence 1958, 28, rechnet mit 5 bis 6 Knoten Höchstgeschwindigkeit. G. Knebel, Odysseus, Lexikon der Alten Welt (1965) Sp. 1323: Das homerische Schiff »überschritt auch unter günstigen Bedingungen eine Geschwindigkeit von 4–5 Knoten nicht«. Nach J. G. Landels, Die Technik in der antiken Welt, München 1980, 189, erreichten griechische Segelschiffe bei gutem Rückenwind ungefähr 4–5 Knoten, »wobei 6 Knoten eine Ausnahme, jedoch unter guten Bedingungen nicht ausgeschlossen waren«.

4 375 Seemeilen : 96 Stunden = 3,9 Knoten. Auch J. S. Morrison/R. T. Williams, Greek Oared Ships 900–322 B. C., Cambridge 1968, 63 nehmen 4 Knoten als Durchschnittsgeschwindigkeit an.

5 W. Wagner, Allgemeine Erdkunde, Bd. I, Mathematische Geographie, 11. Aufl. Neubearbeitet von W. Meinardus, Göttingen 1938, 76. Die von uns 1968 vorgenommene Parallelisierung homerischer Angaben über Segelgeschwindigkeiten und Windstärken harmoniert auch mit der Liste bei L. Casson, Ships and Seamanship in the Ancient World, Princeton N.J. 1971, 292–296, wo nach-homerische Daten gesammelt sind.

6 J. Perthes, See-Atlas ([14]1944) 12.

7 J. Perthes, See-Atlas ([14]1944) 19.

8 H. Steuerwald, Weit war sein Weg (1978, 1981).

9 A. Lesky, Aia, Wiener Studien 63, 1948, 56, 57, 60, 61.

10 Auch J. O. Thomson, History of Ancient Geography (1948) 25 versteht diese Strecke als eine Reise »over a night«.

11 E. Bradford, Ulysses Found (1963) 21 und 80. Aus Herodot I 203 ergibt sich eine durchschnittliche Rudergeschwindigkeit von 1,7 bis 2 Knoten.

12 H. Steuerwald, Weit war sein Weg (1978, 1981) 68. G. Pillot, Le code secret de l'Odyssée. Les Grecs dans l'Atlantique, Paris 1969, 67.

13 Auf eine Nachtlandung »vor Tage« deuten zwei Stellen des Textes: 1. Odysseus lief dort »in Stille (σιωπῇ)« an, und »irgendein Gott ging uns voran« (10, 140–141). Diese Redewendung beschreibt an anderer Stelle das besondere Glück bei einer Nachtlandung (9, 142–148) und wird hier den gleichen Sinn haben. Bei Tage braucht zur Landung in einem »schiffbergenden Hafen« (10, 141) kein Gott voranzugehen – die Götter helfen im allgemeinen nur dann, wenn eine Sache so schwierig ist, daß Odysseus sie allein nicht schaffen kann. Das besondere Risiko von Nachtlandungen in der Antike betont auch J. G. Landels, Technik (1980) 195. – 2. »Dort stiegen wir aus und lagen zwei Tage und zwei Nächte … in Ermattung« (10, 142–143); der erste volle Zeitabschnitt auf der Insel ist also ein Tag! Die von Homer genannte Reihenfolge Tage–Nächte erscheint deshalb als bedeutsam, da er an anderen Stellen, die jeweils einen Fahrtbeginn offenbar am Abend bezeichnen sollen, die Fahrtdauer in der Reihenfolge Nächte–Tage angibt (z. B. 10, 28; 80).

14 D. R. Dicks, Early Greek Astronomy (1970) 32. Im Unterschied zur Feststellung der Tag- und

Nachtgleiche erfordert die der Sonnenwende »only simple observation and a clear horizon with recognisable landmarks... *it implies no astronomical theory whatsoever*«. D. R. DICKS, Solstices, Equinoxes and the Presocratics, Journal of Hellenic Studies 86 (1966) 31.

15 Von Sonnenuntergang bis Sonnenuntergang sind es – unabhängig von der Jahreszeit – immer 24 Stunden mit nur geringfügigen Abweichungen von wenigen Minuten.

16 J. FORFAIT gibt für die mittelalterliche Mittelmeergaleere eine Rudergeschwindigkeit von 4,5 Knoten für die erste Stunde an. E. BRADFORD (1963) 21 hält für die Schiffe der homerischen Zeit als Ruderspitzengeschwindigkeit 4 Knoten für höchstwahrscheinlich.

17 Ein einheimischer Fischer schätzt bei *scendente* von Kap Peloro bis Scilla etwa 1 Stunde, von Scilla bis Pezzo 1 bis 1½ Stunden, von Pezzo bis Messina 1 Stunde, insgesamt also etwa 3½ Stunden, mit erheblichen Abweichungen je nach Stärke der Strömung.

18 So erstmals im 3. Jhdt. v. Chr. (LYKOPHRON, Alexandra 712), seitdem oft, zuletzt E. LESSING, Die Odyssee, Homers Epos in Bildern erzählt, Freiburg/Basel/Wien 1965, 31 und Bild 85, L. FERRARI, Realtà e fantasia nella geografia dell'Odissea, Palermo 1980, und B. WUNDSHAMMER, Auf den Spuren des Odysseus, Gütersloh 1982, Abb. S. 7 und 93.

19 Erstmals S. BUTLER, The Authoress of the Odyssey, London 1897, ^{2}1922, zuletzt E. BRADFORD, Ulysses Found (1963) 164 und B. WUNDSHAMMER (1982) S. 6.

20 L. G. POCOCK, The Sicilian Origin (1957) 64 Anm. 15.

21 Die Verse 328–567; 615–627 nach SCHADEWALDT vom B-Dichter.

22 F. VERCELLI, Correnti (1925) 155–156 und Fig. 2. Vgl. auch die Strömungskarte von S. CREAZZO, Società Italiana di biologia marina, Atti XI Congresso Orbetello 1979, 399.

23 W. SUERBAUM, Die Ich-Erzählungen des Odysseus, Poetica 2 (1968) 174.

24 ED. SCHWARTZ, Die Odyssee, München 1924, 161.

25 Diese Verse können gleichzeitig mit der Telemachie in das Epos eingefügt worden sein; denn dabei mußte der Ablauf weiterer Jahre motiviert werden, damit der beim Auszug des Odysseus in den 10jährigen Krieg vor Troia noch winzige Telemachos zum Manne herangereift sein und den Vater suchen konnte.

26 Bei diesem hier vorgeschlagenen Anschluß bezöge sich ἀναμετρήσαιμι (12, 428) auf διέτμαγον (7, 276) und τόδε λαῖτμα (7, 276) auf Χάρυβδιν (12, 430–31) erheblich besser als auf θύελλα (7, 275). Der wörtliche Anschluß läge in αὐτὰρ ἔγω(γε) (12, 432 *und* 7, 275), so daß αὐτὰρ ἐγὼ/τόδε λαῖτμα διέτμαγον ὄφρα με γαίῃ ... der Verbindungsvers wäre (12, 432/7, 276). – Wenn der ursprüngliche Text des im Ich-Stil verfaßten Fahrtberichtes so gelautet haben sollte, so enthielte er nur *einen* Schiffbruch und *eine* Rettung auf Kiel und Mastbaum. Deren Verdoppelung durch den Floßbruch und die Rettung auf dem Stamm würde einer späteren Textstufe zugehören, ebenso wie die Station bei Kalypso, die in gewisser Weise eine Verdoppelung von Kirke ist. Zum Prinzip der »Verdoppelung durch Teilung« vgl. unten S. 269. Wenn die Geschichte vom Feigenbaum (12, 432) aus dem ursprünglichen Fahrtbericht ausschiede, wäre entsprechend wohl auch die andere Erwähnung des Feigenbaumes (12, 103) der späteren Schicht des Werkes zuzuordnen.

27 Der zweite Bericht des Odysseus vor Penelope gibt sogar einen weiteren Hinweis darauf, daß die Kalypso-Erzählung in einer ursprünglichen Fassung des Fahrtberichts noch gefehlt haben kann: die Verse über Aiolos, Telepylos, Haus des Hades, Sirenen, Helios-Rinder, Schiffbruch und Phaiaken werden jeweils mit ἠδ' ὡς eingeleitet (23, 314–338), die Verse über Kalypso aber abweichend davon mit ὥς θ' (23, 333). Diesen Versanfang gibt es hier sonst nur noch bei den Plankten (23, 327).

28 F. VERCELLI, Correnti (1925) 118. S. CREAZZO (1979) 399.

29 F. VERCELLI (1925) 129.

30 W. SCHADEWALDT übersetzt κλιτύν mit ›Böschung‹. Wir schlagen die Übersetzung ›Hang‹, ›Berghang‹ oder ›Abhang‹ hier vor, da das im Griechischen sehr seltene und in der Odyssee auch nur hier vorkommende Wort von SOPHOKLES bei dem doch recht hohen Parnaß und dem

Hügel von Tiryns gebraucht wird (Antigone 1145, Trachiniae 271). LIDDELL-SCOTT gibt ›slope, hillside‹ an. Es ist wohl nicht bloß die Uferböschung gemeint.

31 Es heißt zwar anschließend δύσετό τ' ἠέλιος (7, 289); das kann hier aber nicht heißen »die Sonne ging unter«, sondern nur »die Sonne begann niederzugehen« (aor. ingr.); sonst müßte die Sonne an diesem Tag zweimal untergegangen sein; denn nach dem ausführlicheren Bericht der Begegnung mit Nausikaa wachte Odysseus schon erhebliche Zeit vor Sonnenuntergang auf, und die Sonne ging erst unter, nachdem er bis zum Hain der Athene bei der weitentfernten (6, 40) Stadt gelaufen war (6, 321).

32 Zum Problem, ob Odysseus (außer der einen Nacht am Fluß) eine oder zwei Nächte am Phaiakenhof verbrachte vgl. W. MATTES, Odysseus bei den Phäaken, Würzburg 1958, bes. 9 ff. Wir gehen hier von der Textanordnung der Phaiakenpartie nach H.-H. WOLF aus, vgl. S. 231–234.

33 H. NISSEN, Italische Landeskunde II 2, Berlin 1902, 930. – Bei der Entwaldung im 19. Jhdt. »erreichten einige Schuttkegel in wenigen Jahren 40 m Höhe!« A. PHILIPPSON, Das fernste Italien (1925) 238.

34 Seemollusken am Tempel von Paestum scheinen zu beweisen, daß der Meeresspiegel hier früher bis zu 60 Fuß höher als heute lag. »The Plain of Paestum or of *San Eufemia* would have been *under water* for some centuries after the fall of Rome« (A. E. GUNTHER, Re-Drawing the Coast-Line of Southern Italy: A Survey of Shifting Sea-Levels from Gaeta to Malta, with Reference to Paestum, The Illustrate London News Nr. 6494, Vol. 244, January 18, 1964, 86–89).

35 M. BARATTA/P. FRACCARO, Atlante storico, Novara 1963, 18.

36 A. TARDIEU, Carte du Golfe de Ste. Euphémie (Campagnes de 1806 et 1807).

37 C. A. WILLEMSEN und D. ODENTHAL, Kalabrien (1966) 54 (Bilderklärung 73). Nach J. H. BARTELS, Briefe über Kalabrien I (1787) 306, gab es damals (1786) dort in der Ebene von Sant-Eufemia an der schmalsten Stelle der Landenge noch einen »großen« See, den *Lago del Fico*.

38 Im Sommer steht die Sonne in den Breiten des Mittelmeeres 12 bis 14 Stunden am Himmel. Zur Jahreszeit vgl. Seite 114.

39 Freundliche Auskunft der Signori CRITELLI und GAGLIARDI, Tiriolo.

40 PLINIUS, Hist. nat. 3, 10: »Amnes ibi navigalibes, Carcinus...« Vgl. HÜLSEN, Carcinus, RE III 2 (1899) Sp. 1586.

41 Das Wenden des Kopfes zur »allesbeleuchtenden (παμφανόωντα) Sonne« während der Mahlzeit deutet auf den schattenarmen Mittag (13, 29); die Formen δῦναι (13, 30) und ἔδυ (13, 35) sind daher als aor. ingr. zu verstehen. Vgl. auch oben Anm. 31. Diese beiden Anmerkungen hat W. MARG (1970) 228, der den Sonnenuntergang »längst« vor der Abfahrt ansetzt, übersehen. Unsere Deutung der beiden Aorist-Formen entspricht auch den Lebensgewohnheiten in Süditalien. Während des hohen Sonnenstandes in den heißen Mittagsstunden bleibt man möglichst im Haus. Sobald die Sonne wieder zu sinken beginnt, aber noch lange vor Sonnenuntergang, geht man aus *(si esce)*.

42 W. MARG (1970) 235

43 Schon A. HERRMANN, Die Bedeutung Homers für die griechische Geographie, Zeitschrift der Gesellschaft für Erdkunde 1926, 179 Anm. 4, hatte erkannt, daß die Stadt der Phaiaken »nicht an der Küste, sondern einige Wegstunden landeinwärts auf einer Insel [?] oder Halbinsel« liegt. Er dachte allerdings – wenig überzeugend – an die Halbinsel östlich Karthagos.

44 H. DE RILLIET, Tournée en Calabre, Genève 1852, 102.

45 36 Stunden x 5,6 Knoten = 201,6 Seemeilen.

46 Lexikon der Alten Welt, Stuttgart 1965, Spalte 2278. Homers Angabe, daß die Schiffe der Phaiaken »die Gedanken und Absichten der Männer kennen und die Städte und die fetten Äcker von allen Menschen wissen und die Meerestiefe aufs schnellste durchqueren, (auch) wenn sie in Dunst und Wolken eingehüllt sind« (8, 559–562, nach SCHADEWALDT B-Stelle), kann sich auf eine frühe Kenntnis des Magnetkompaß beziehen. Auch 7,36 ist nach Schadewaldt

eine B-Stelle. – Als Zeugnis für eine fabelhafte Geschwindigkeit der »Wunderschiffe« der »Phäaken« wurde bisher die Rede des Alkinoos verstanden: »...Und wenn es auch sehr weit jenseits Euboias wäre, von dem sie sagen, daß es am weitesten entfernt ist, die es von unseren Leuten gesehen haben... Selbst dahin kamen sie und haben es ohne Ermüdung denselben Tag vollbracht und sind wieder nach Hause gekommen« (7, 321–326 in der Übersetzung von W. Schadewaldt). Doch sollte es bedenklich sein, ausgerechnet aus Versen, die das »Phaiakenland« in eine einwandfrei reale geographische Beziehung (Euboia) setzen, auf dessen Märchencharakter zu schließen. Die zitierten Verse (... καὶ μὲν οἳ ἔνθ' ἦλθον, καὶ ἄτερ καμάτοιο τέλεσσαν ἤματι τῷ αὐτῷ καὶ ἀπήνυσαν οἴκαδ' ὀπίσσω!) lassen sich auch anders interpretieren: »...Selbst dahin (nach Euboia) kamen sie, und ohne Ermüdung sind sie (dort) an dem gleichen Tag angelangt und wiederum nach Hause weggefahren« (aor. ingr. ἀπανύω wörtlich etwa: (sich) wegmachen). Das Wunderbare, das Alkinoos loben will, braucht also nicht darin zu liegen, daß die Phaiaken mit ihren Schiffen an einem Tag bis Euboia und zurück fahren konnten, sondern daß sie selbst nach einer weiten Fahrt keiner Rast bedurften und noch am gleichen Tag wieder losfuhren; gerade von solcher Kraft der jungen Phäaken spricht auch der Kontext. Die Fahrt nach Euboia kann also durchaus als eine Fahrt über mehrere Tage verstanden werden. Wie weit wäre es überhaupt auch her mit der Schiffsberühmtheit der »Phaiaken«, wenn deren weiteste Fahrt bloß eine Tagestour umfaßte?

47 A. Lesky (Aia, Wiener Studien 63, 1948, 63): »...Die Geschehnisse dortselbst [im Phaiakenland] gehören nicht mehr in die Reihe wunderbarer Abenteuer, allein die Nachtfahrt des raschen Schiffes trägt Märchenzüge.« Daß man in der Gegend von Kalabrien solche Märchen kennt, teilt M. Landmann (Phäakische Träumerei in: Das Ende des Individuums, Stuttgart 1977, 22 Anm. 19) mit: »Noch heute fahren im Volksglauben die Hexen des nahen Alicudi in einer Nacht, denn der Morgen muß sie wieder zu Hause sehen, nach Calabrien, um dort zu rauben, und zurück. Sie sagen einen Zauberspruch, und das Schiff fährt von allein.« Eine solche märchenhafte Nachtfahrt Alicudi-Kalabrien-Alicudi (155 Seemeilen) ist nicht viel kürzer als die Strecke Skylletion-Ithaka (200 Seemeilen).

48 Vgl. M. Cary/E. H. Warmington, Ancient Explorers (1963) 30.

49 Hesiod, Erga Vers 663 ff.

50 J. G. Landels, Technik (1980) 189.

51 Die astronomischen Daten nach F. Haarstick, in: Sterne und Weltraum (1963) 162. Dessen Datierung auf »Mitte September« ist jedoch nicht überzeugend, da Homer nicht von »aufgehendem Bootes« (so Haarstick), sondern von »spät versinkendem Bootes« spricht (5, 272).

Anmerkungen zu Kapitel V: Folgerungen

1 W. Schmid und O. Stählin, Geschichte der griechischen Literatur, Band I 1, München 1931, 77: »Im Anfang der Entwicklung der Odysseussage steht wohl eine Seefahrergeschichte mit allerlei Unglaublichkeiten...«

2 So der Titel einer Sendereihe des Hessischen Rundfunks (1966).

3 Hierbei wäre vor allem an die Erzählung im Ich-Stil zu denken (9, 2/14/19/39 bis 12, 432/7, 276 bis 297; wegen der Verknüpfung beider Partien – ohne die zeitlich unrealistischen Wege nach und von Ogygia – s. oben S. 107 und 251 Anm. 26. Mit der Abfahrt aus Troia/Ilion (9,39) begann in der Antike der griechische Lehrer die Diktate aus Homer (W. Norden nach einem Papyrusfund; zitiert bei W. Suerbaum, Die Ich-Erzählung des Odysseus, Poetisa 2, (1968) 173, Anm. 47).

4 Tusculum Lexikon, 3. Aufl. Zürich 1982, 347, Artikel Homer(os).

5 B. ANDREAE, Odysseus, Archäologie des europäischen Menschenbildes (1982) 252.

6 W. SCHADEWALDT, Von Homers Welt und Werk, Stuttgart [3]1959, 88. 100. Legende von Homer, dem fahrenden Sänger, übertragen und erläutert von W. SCHADEWALDT, Zürich 1959, 9.

7 A. HEUBECK, Homerische Frage (1974) 228 vgl. 214.

8 W. SUERBAUM, Die Ich-Erzählungen des Odysseus, Poetica 2 (1968) 167–169.

9 J. W. GOETHE, Brief an Schiller, Weimarer Ausgabe IV 13 (1893) 65. Ital. Reise 7. und 10. Mai 1787.

10 J. G. DROYSEN, Historik, Vorlesungen über Enzyklopädie und Methodologie der Geschichte, hrsg. von R. HÜBNER, Darmstadt [3]1958, 99–100.

11 ERNST MEYER, NZZ 18. 11. 1970. Weniger schroff M. I. FINLEY, nach dem die Odyssee nur »unklare, verworrene und falsche Angaben über Sizilien, Italien und die angrenzenden Meere« enthalte (Das antike Sizilien, München 1979, 37). D. GRAY, Seewesen (Arch. Hom. G. 1974), 137 hält es dagegen sogar für »denkbar, daß der Dichter der Odyssee auf Sizilien gelebt hat«.

12 Im übrigen kommt *Sikanien*, ein alter Name für Sizilien (THUKYDIDES VI 2, HERODOT VII 170) im Schlußgesang der Odyssee sogar einmal auch namentlich vor (24, 307 B): Der heimkehrende Odysseus gibt sich seinem alten Vater gegenüber nicht sofort zu erkennen, sondern spielt einen Fremden. Dieser behauptet, er komme aus Sikanien und habe *dort* Odysseus getroffen. Zu der Zeit, als diese – vielfach als jüngerer Zusatz geltende – Schlußpartie dem Epos angefügt wurde, hielt man es also für möglich, Odysseus könne in Sizilien gewesen sein. Von sizilischen Leuten, mit denen man verkehrte, ist sogar viermal die Rede (20, 383; 24, 211; 366; 389 B). Auch der in Kalabrien gelegene Ort Tempsa/Temesa wird in der Odyssee genannt. Athene teilt dem Telemachos auf Ithaka mit, daß Odysseus noch lebe. Sie spricht in der Gestalt des reisenden Kaufmanns Mentes: »Ich fahre über das weinrote Meer zu Menschen anderer Zunge: nach Temesa, nach Erz und führe schimmerndes Eisen ...« (1, 183–184 B). Zur Zeit, als diese Verse entstanden, muß es Seeverkehr zwischen Ithaka und Kalabrien gegeben haben. Mentes ist in der Legende der Schiffer, mit dem Homer zur See fuhr (vgl. oben bei Anm. 6).

13 Vgl. auch W. SUERBAUM, Poetica 2 (1968) 156.

14 POLYBIOS XXXIV 2,4 bis 3,11 nach STRABON I 2, 15–16. POLYBIOS 3,3 (ὁ δ'ἐπὶ τῆς πρῴρας ἕστηκε δόρυ ἔχων) verwendet für den Schwertfischfang z. T. gleiche Worte wie Homer für die Suche nach Skylla. Auch V. BERARD, Dans le sillage d'Ulysse, Paris 1932, Abb. 159 hat die Schwertfischer in der Straße von Messina mit Odyssee 12, 228–230 in Beziehung gesetzt.

15 E. BORNEMANN, Odyssee Wortkunde, Frankfurt [16]1966, 56 zu 5, 280.

16 Hierzu ausführlicher A. WOLF: Hatte Homer eine Karte? Beobachtungen über die Anfänge der europäischen Kartographie. VIII. Intern. Konferenz zur Geschichte der Kartographie, Berlin, Sept. 1979, Hektographierte Kongreßvorträge; Berlin Staatsbibliothek PK, Signatur Kart SD 723 (40). Im Druck in: Zur Ptolemäus-Forschung in Mitteleuropa – Das frühe Bild der alten Welt, hrsg. von K.-H. MEINE.

17 P. CHANTRAINE, Dictionnaire étymologique de la langue grecque, Paris 1968, s. v. ἄγχι.

18 In zwei Kritiken wurde uns vorgeworfen, wir hätten die Okeanos-Verse »einfach unterschlagen« (Ernst MEYER, NZZ 18. 11. 1970) oder »nicht beachtet« (W. MARG, Gnomon 1970, 228). Dieser Vorwurf stößt jedoch ins Leere; denn wir haben die Okeanos-Verse bereits in der 1. Auflage dieses Buches (1968) S. 50 wörtlich zitiert und S. 100 in einer Weise interpretiert, die eine sinnvolle Antwort auf die Frage bietet, wo sich Homer dieses äußere Wasser vorgestellt haben kann. Diese Stellen hätten die Kritiker mit Hilfe des Registers leicht finden können. Im übrigen ist der »Okeanos-Strom« nicht nur das große äußere Meer (›Ozean‹). Er umschließt auch den Kreislauf des Wassers: so ist in der Ilias die Rede von »des tiefströmenden großer Gewalt, des Okeanos, aus dem alle Ströme und alles Meer und alle Quellen und großen Brunnen fließen« (XXI 195–197). Insofern sind die »Strömungen des Okeanos-Flusses« der »Ursprung von allem« oder »allen« (XIV 245–246).

19 R. Güngerich, Die Küstenbeschreibung in der griechischen Literatur (Orbis antiquus 4), Münster 1950, 9.

20 Ebd. 7.

21 F. Hampl, Die Ilias ist kein Geschichtsbuch, Serta philologica Aenipontana 7/8 (1962) 50 hält es zwar für kaum möglich, »von einem historischen Kern der Odysseus-Sage« zu sprechen, läßt davon aber die Tatsache unberührt, »daß sich die Vorgänge, über die uns die Odyssee berichtet, ... in einer Welt abspielen, in welcher bestimmte staatliche und wirtschaftliche, religiöse und geistige Verhältnisse herrschen, die zusammengenommen eben das ausmachen, was wir als den historischen Hintergrund des zweiten der großen homerischen Epen bezeichnen dürfen«. Dies sollte doch wohl auch für die geographischen Verhältnisse gelten.

22 Columbus' Brief über die Entdeckung Amerikas, hg. von E. Weil, München 1922, 28.

23 A. de la Sale, La Salade, ed. F. Desonay (1935) 158: »... que nous feusmes deceuz, car celuy home estoit ung des espriz d'Estrangol ou de Boulcan.«

24 D. Gray, Seewesen (Arch. Hom. G 1974) 3. A. Heubeck, Homerische Frage (1974) 120.

25 Vgl. K. Meuli, Odyssee und Argonautika, Berlin 1921. – Nach Apollonios Rhodios Buch 4 soll die Argo über das Schwarze Meer die Donau aufwärts über eine Landbrücke zur Rhone, diese dann abwärts und über das Tyrrhenische Meer – also am Stromboli vorbei – durch die Straße von Messina nach Griechenland heimgekehrt sein. Nach F. Prinz, Gründungssagen und Sagenchronologie, München 1979, 152–153, sind die Argonauten aber erst gegen Ende des 4. Jhs. »in den Westen gebracht« worden. Unter dieser Voraussetzung ist es möglich, daß die Verse 12, 69–72 der Odyssee wohl ebenfalls erst spät in das Epos eingefügt wurden.

26 Ein dichterischer Widerspruch des überlieferten Textes besteht auch darin, daß der Weg nach der Vorbeifahrt an den Sirenen zuerst nicht der Reihe nach angesagt werden soll, dann aber doch zwei zur Wahl stehende Wege ausführlich beschrieben werden. Wenn man nun den Vers 12, 56 (»dann werde ich dir nicht mehr weiter der Reihe nach ansagen«) an die Stelle der hier umgestellten Verse 12, 73–100 setzte, so würde er einen guten Abschluß der ersten Wegbeschreibung bilden und bereits feinsinnig andeuten, daß der zuerst vermiedene Weg vielleicht später doch ergriffen wird und auch zum Ziel führt (ist doch der Plankten-Weg später der Phaiaken-Weg!). Der genannte Widerspruch würde damit entfallen. Erwogen wird also folgende ursprüngliche Textanordnung:

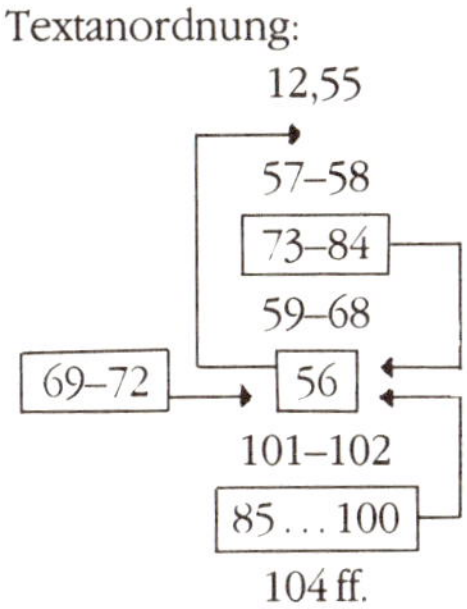

Zu den Versen 69–72 vgl. oben Anm. 25. Zu Vers 103 vgl. oben S. 251 Anm. 26.

27 W. Schadewaldt, Von Homers Welt und Werk (^{3}1959) 100.

28 Diese »later instances of *involuntary* exploration under the stress of devious winds« nach M. Cary und E. H. Warmington, Ancient Explorers (1963) 33 und Anm. 67. Insofern ist auch der von W. Marg (1970) 236 postulierte Gegensatz zwischen Entdeckern und Umgetriebenen wirklichkeitsfremd.

29 T. J. Dunbabin, The Western Greeks (1948) 3. Auch für A. Heubeck, Homerische Frage (1974) 220 wird »durch das Einsetzen der westlichen Kolonisation eine wohl längere Zeit verdunkelt gewesene geographische Kenntnis wieder lebendig«.

30 A. Heuss, Propyläen Weltgeschichte, Band III, Frankfurt/Berlin 1962, 113.

31 Die Annahme, daß zwischen der Odyssee und der griechischen Westkolonisation ein Zusammenhang besteht, ist nicht neu: So schrieb H. NISSEN, Italische Landeskunde, Band I, Berlin 1883, 4: »Die Odysseelieder, welche die frühste Kunde italischer Gegenden verbringen, mögen dem 7. und 8. Jhdt., der Epoche der großen Colonisation, angehören.« H. H. von SCHWERIN, (Odysseus' Irrfärder, Geografisk undersökning, Lunds universitets årsskrift NF AFD 1, Bd. 6 Nr. 3, Lund 1909, 144) meinte, daß in der Darstellung von Odysseus' Kyklopenabenteuer »wahrscheinlich ... Erinnerungen einer mißlungenen griechischen Kolonisierungsunternehmung an der Küste der Syrten stecken«. So hielt auch E. WIKÉN (Die Kunde der Hellenen von dem Lande und den Völkern der Apenninenhalbinsel bis 300 v. Chr., Diss. Lund 1937, 22) es für »wahrscheinlicher, als daß die Odyssee schon die Erfahrungen der Seefahrer der minoisch-mykenischen Zeit schildert und daß die Epik die Kunde von dem Westen festgehalten hat, daß die Odyssee die Erfahrungen der neuen Handelsfahrten seit dem 9. Jh. v. Chr. schildert«. EMILE MIREAUX (Les poèmes homériques et l'histoire grecque, I: Homère de Chios et les routes de l'étain, Paris 1948, II: L'Iliade, l'Odyssée et les rivalités coloniales, Paris 1949) nimmt eine enge Verbindung zwischen Homer und der aristokratischen Elite von Chalkis und anderer griechischer Städte an, die ihre Macht auf die Technik der Metallbehandlung gründete, und erklärt Homers Interesse an den Dardanellen und Kerkyra als Interesse an den Sicherungspunkten für die beiden großen Zinnwege aus Kolchis und der Toskana. J. BÉRARD (La colonisation grecque de l'Italie méridionale et de la Sicile dans l'antiquité, L'histoire et la légende, Paris 2. Aufl. 1957, 315) hält es für möglich, »que l'auteur des Récits chez Alcinoos ait servi de guide aux premiers explorateurs grecs qui retrouvèrent à cette époque la route des mers italiennes et furent les pionniers de la colonisation de la Grande-Grèce et de la Sicile«, doch hält er die Dichtung für älter als die Westkolonisation und meint daher, »que l'Odyssée ne peut avoir été la traduction poétique de la prise de contact des Hellènes avec l'Italie et la Sicile au VIIIe siècle«. Die zweite These J. BÉRARDS überzeugt jedoch nicht, da sie mit angeblichen Irrtümern und Widersprüchen Homers begründet wird, die aber nicht auf das Konto des Dichters gehen, sondern auf das der von J. BÉRARD zugrundegelegten Lokalisierungstheorie von V. BÉRARD (vgl. S. 15, 172–174). Vgl. im übrigen R. CANTARELLA, Omero in occidente e le origini dell'omerologia, Atti VI Convegno Studi Magna Grecia 1966, Napoli 1967, 38–40. Trotz dieser vielfältigen Versuche, einen Zusammenhang zwischen Homers Odyssee und der griechischen Westkolonisation zu erkennen, fehlte bisher ein genauer Vergleich zwischen der von Homer beschriebenen Route und den von den Griechen besiedelten Küsten, der diesen Gedanken erst glaubhaft und historisch fruchtbar machen könnte. Vgl. unten Anm. 44.

32 Lexikon der Alten Welt, Zürich und Stuttgart 1965, Spalte 1563.

33 Hiermit soll selbstverständlich nicht gesagt werden, wir hielten Polyphem, Kirke usw. für historische Personen, denen irgendwelche griechischen Seefahrer wirklich begegnet seien; aber es kann Absicht des Dichters gewesen sein, Geschichten von freundlichen oder unfreundlichen Wesen an bestimmten Stellen anzubringen.

34 A. SCHENK V. STAUFFENBERG, Trinakria (1963) 57.

35 Die Daten der griechischen Westkolonisation sind unsicher. Wir folgen hier mit wenigen Ausnahmen den Angaben von A. SCHENK V. STAUFFENBERG, Trinakria (1963) 97 f., 66, 351–354. Bei den ebenfalls unsicheren Daten der phönikischen Kolonisation folgen wir B. H. WARMINGTON, Karthago, Aufstieg und Untergang einer antiken Weltstadt, Wiesbaden 1963.

36 Zur Rolle der Meeresstraße für Wirtschaft und Verkehr vgl. G. VALLET, Rhégion et Zancle, Histoire, commerce et civilisation des cités chalcidiennes du détroit de Messine (Bibliothèque des Ecoles Françaises d'Athènes et de Rome 189), Paris 1958.

37 P. FUSTIER, La Route. Voies antiques, chemins anciens, chaussées modernes, Paris 1968, 59: »d'éviter le doublement de certains caps en les coupant par une voie de terre rudimentaire laquelle, au prix de deux ruptures de charge, évitait la perte de marchandises souvent

précieuses.« P. FAURE, Die griechische Welt im Zeitalter der Kolonisation, Stuttgart 1981, 360, sieht in den Phaiaken zwar traditionell »genauer gesagt, die Korfioten«, aber doch auch »gute Fährleute..., seit Homer sie so geschildert hatte«. Sie »wußten, was eine Überfahrt kostete. Die von Korinth herübergekommenen Siedler hatten gesehen, wie der Diolkos [die Schiffsbahn an der Landenge von Korinth] funktioniert.« Indem FAURE dann auf den Isthmus von Catanzaro zu sprechen kommt mit seinem »Zugang von einem Meer zum anderen über den Landweg«, ist er ganz nahe daran, unserer Lokalisierung der homerischen Phaiaken an dieser Stelle zu folgen.

38 H. PHILIPP, Sybaris, RE IV A 1 (1931) Sp. 1006.
39 A. SCHENK VON STAUFFENBERG, Trinakria (1963) 69.
40 Ebd. 62.
41 Ebd. 77.
42 H. PHILIPP, RE IV A 1 (1931) Sp. 1008.
43 T. J. DUNBABIN, The Western Greeks (1948) 4.
44 Vermutungen gingen auch schon früher in diese Richtung. So schrieb A. BLAKEWAY, der den archäologischen Nachweis erbrachte, daß griechischer Handel mit dem Westen der Kolonisation vorausging: »The Odyssey passages seem to me reflect ninth- and eighth-century geographical knowledge which was the result of a ninth- and eight-century trade with the West.« (Prolegomena to the Study of Greek Commerce with Italy, Sicily and France in the Eighth and Seventh Centuries B. C., Annual of the British School at Athens 33, 1932/33, 170 Anm. 2.) – Ähnlich L. PARETI (Omero e la realtà storica, Milano 1959, 58): »... le avventure di Ulisse, quali sono narrate nell' Odissea attuale, si possono e si debbono connettere appunto coi viaggi precoloniali e coloniali...«, und H. P. DRÖGEMÜLLER (Untersuchungen zur Anlage und zur Entwicklung der Städte »Großgriechenlands«, Gymnasium 72, 1965, 33): »Diese Erkundungs- und Handelsfahrten stehen – neben Reflexen von Nachrichten aus der Zeit der mykenischen Seefahrt – auch im Hintergrund der Odyssee, in deren märchenhaftes Gewand sie mit hineingewoben sind, und manches atmet dann geradezu schon den Geist der Kolonisation...«
45 O. MELTZER, Geschichte der Karthager, Band I, Berlin 1879, 63 ff.
46 J. D. EVANS, Malta, passim.
47 J. BOARDMAN, Kolonien und Handel der Griechen vom späten 9. zum 6. Jhdt. v. Chr., München 1981, 250.
48 Nach L. BERNABÒ BREA (Alt-Sizilien, Kulturelle Entwicklung vor der griechischen Kolonisation, Köln 1958, Karte VII, p. 147 und 191) lagen die Siedlungen Südsiziliens während der späten Bronze- und frühen Eisenzeit im Landesinnern; bisher ist nur eine Siedlung dieser Epoche in Küstennähe gefunden worden (Cannatello), die aber aus dem 10. und 9. Jahrhundert stammt. Ebenso B. D'AGOSTINO in: Popoli e civiltà dell'Italia antica II, Roma 1974, 73.
49 L. BERNABÒ BREA, Alt-Sizilien (1958) 147 und HULSEN, Eryx, RE VI (1909) 602.
50 J. BOARDMAN, Kolonien (1981) 249 f. D. GRAY, Seewesen (1974) 133. Vgl. J. DU PLAT TAYLOR, Motya, Archaelogy 17 (1964) 98–100.
51 J. WHITAKER, Motya, A Phoenician Colony in Sicily, London 1931, 261 ff. V. TUSA, Mozia, EAA V, 1963, 250.
52 J. WHITAKER, Motya, 258. K. ZIEGLER, Motya, RE XVI 1, Spalte 406.
53 V. TUSA, Ustica, Beni Culturali e Ambientali 2 (1981) 202.
54 Mündliche Mitteilung von Dr. CHRISTOPH BOEHRINGER, Göttingen, in seinem Vortrag »Himera und die Karthager« am 23. Nov. 1982 in der Universität Frankfurt. Vgl. P. MARCONI, Himera (1931) 196. Zu den Ausgrabungen auf dem Stadtberg vgl. N. BONACASA, in: Kokalos 14/15 (1968/69) 211–227, 18/19 (1972/73) 208–227, 22/23 (1976/77) 701–712 sowie A. ADRIANI et al., Himera I-II, Roma 1970, 1976.
55 G. VALLET, Rhégion et Zancle (1958) 140. F. RICCOBONO, La Storia ritrovata, Messina 1975, 17.

56 Axt, Zur Topographie von Rhegion und Messana, Jahresbericht Grimma 1887, 21: »unstreitig«. Faro als »stazione iniziale« C. Turano, Calabria antica, Reggio C. (1977) ^{2}1982, 66.

57 I. Buddittu, L. Bonfiglio, F. Riccobono, Sicilia archeologica 12 (1979) 87–88. Zum Dammbau durch Orion Diodor IV 85,1.

58 Thukydides VI 4, 5. Strabon VI 2, 3 (C. 268).

59 L. Bernabo Brea/M. Cavalier, Meligunìs-Lipára I-III, Palermo 1960–68.

60 C. A. Willemsen/D. Odenthal, Kalabrien (1966) p. XI.

61 F. von Duhn, Torre Galli, Reallexikon der Vorgeschichte XIII, Berlin 1929, 342, unter Bezugnahme auf Paolo Orsi. Vgl. jetzt G. de Sensi Sestito, Le componenti etniche della Calabria nel primo millenio a. C., Magna Grecia 16 (1981) Nr. 11–12, S. 1–4, 22 mit weiterer Lit.

62 Ebenso die Karten bei B. D'Agostino in: Popoli e civiltà dell'Italia antica II, Roma 1974, 13, 45, 55.

63 P. Orsi, Le necropoli preelleniche calabresi di Torre Galli e di Canale, Ianchina, Patariti, Monumenti antichi 31, Milano 1926, 1–376. G. Foti e P. Zancani Montuoro, Scavi a Francavilla Marittima I, Atti e Memorie della Società Magna Grecia N. S. VI, Roma 1965, 3–9.

64 F. von Duhn, Italische Gräberkunde I, Heidelberg 1924, 66.

65 Es handelte sich um eine »wundervolle *(stupenda)* kleine Säule aus Gold«, die König Ferdinand IV. von Neapel und Sizilien zum Geschenk gemacht wurde, von »kleinen Idolen, Halsschmuck, Ohrgehängen und anderem Schmuck von feinster Arbeit« sowie einer 18 cm großen Athena-Statue aus Terracotta. A. Arnoni, La Calabria illustrata, Cosenza 1874, 96. Nach freundlicher Auskunft des Soprintendente A. de Franciscis, Neapel, vom 7. Januar 1969 auf eine diesbezügliche Anfrage sind diese Funde inzwischen verschollen.

66 R. K. Craven, A Tour (1821) 250. F. W. van Oestéren, Armes Kalabrien (^{2}1909) 26. N. Douglas, Old Calabria (1915, 1983) 225.

67 A. Schenk von Stauffenberg, Trinakria (1963) 319 Anm. 80. Ebenso G. Gianelli, Culti e miti della Magna Grecia (^{2}1963) 262 Anm. 3.

68 Vor 1964 standen Staletti, Roccelletta und Squillace als Orte des antiken Skylletion zur Debatte. Vgl. Philipp, Scylletium, RE II 2 (1923) Sp. 920–923. Zu den Ausgrabungen vgl. G. Foti, L'attività archeologica in Calabria, in: Atti XI Convegno Studi Magna Grecia 1971, Napoli 1972, 479. C. Turano, Calabria antica, Reggio C. 1982, 160 mit Anm. 63 fordert noch weitere Ausgrabungen, bevor über die Lage von Skylletion Sicherheit gegeben sei. Er hält zur Zeit noch an der Position von Stalettì fest.

69 Antiochos von Syrakus, Fragment 5. F. Jacoby, Die Fragmente der griechischen Historiker, Band III B, Leiden 1950, 564. (Nach Dionysios von Halikarnass, Antiquitatum Romanorum I 35.)

70 Fragment 3 des Antiochos (FGH III B, S. 544 nach Strabon VI 1,4 C. 254) gibt als Nordgrenzen dieses vergrößerten Italiens an: »in Richtung auf das Tyrrhenische Meer den Laos-Fluß und in Richtung auf das Sizilische [heute: Ionische] Meer das Gebiet von Metapont.«

71 R. Grosse, Italia, Kl. Pauly II (1975) Sp. 1483. S. Calderone, Η ΑΡΧΑΙΑ ΙΤΑΛΙΑ, Messina 4 (1956) 77–124.

72 Hyginus, Fabulae 127. Hesiod, Theog. 1014 ff. Daraus ergäbe sich folgende mythische Genealogie:

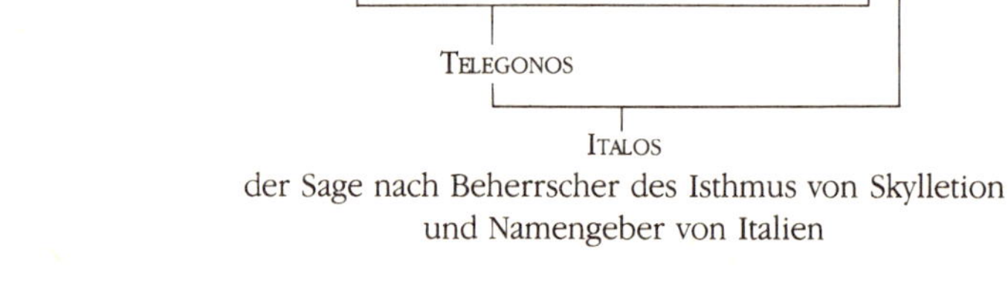

73 F. Prinz, Gründungsmythen und Sagenchronologie (Zetemata 72), München 1979, 163 vgl. 139, 148, 157, 159.
74 F. Prinz (1979) 156 f., 162.
75 F. Prinz erledigt diese Frage mit dem Hinweis, daß »das Wesentliche und Entscheidende gegen derartige Versuche« von A. Lesky gesagt worden sei (156).
76 Nach G. Gianelli, Culti e miti della Magna Grecia, Firenze 1963, insbes. 174–178, hat sich keine andere Stadt Großgriechenlands außer Skylletion auf Odysseus als ihren Gründer berufen.
77 »Alii dicunt Ulixen post naufragium in Italia de navium fragmentis civitatem sibi fecisse, quam *navifragum Scyllaceum* nominavit, alii ab Atheniensibus, qui cum Mnestheo duce venerant et a Libya redierant, conditum tradunt.« Servius ad Aen. III 553.
78 »Scyllaceum prima urbium Bruttiorum, quam Troiae destructor Ulixes legitur condidisse.« Cassiodor, Variae XII 15.
79 »Mox in Bruttis ab Ulixe extructum templum Minervae.« Solinus, Collect. II 9.
80 Velleius Paterculus I 15, 4. Seit Kaiser Nerva (96–98) hieß es *Colonia Minervia Nervia Augusta Scolacium.* G. Gianelli (1963) 175–177.
81 Lykophron, Alexandra 853. Vgl. G. Gianelli (1963) 176–177 und R. Bosi, Magna Graecia, Freiburg 1982, 119.
82 Leider hat F. Prinz, Gründungsmythen (1979), die Überlieferung von Skylletion nicht behandelt, vielleicht wegen seiner Auffassung: Der historische Wert der Nostengründungssagen für kleine griechische oder italische Städtchen »ist selbstverständlich gleich Null« (S. 159).
83 Diese Forderung wurde nach Vorträgen in Catanzaro und Tiriolo bereits von der Gazzetta del Sud vom 28. Oktober 1967 unter dem Titel »Necessario riprendere i lavori per gli scavi di Skilletion« und vom 5. März 1975 unter dem Titel »La terra dei Feaci si trova a Tiriolo?« aufgegriffen.

Anmerkungen zur Forschungsgeschichte

1 E. Wüst, Art. Odysseus, Realencyclopädie XVII 2, Stuttgart 1937, Spalte 1950. Wüst geht davon aus, »daß mit der Erweiterung des geographischen Horizonts die Wundergeschichten ihren Schauplatz gewechselt haben« (ebd.), er weist jedoch nicht darauf hin, daß Homer selbst in diesem Prozeß der Lokalisierungen der Orte der Odysseussage steht. Hier ist er skeptisch: »Und vor allem verdienen stärkstes Mißtrauen die vollständigen Reiserouten, die aufgrund der Reihenfolge der Odyssee-Erzählungen konstruiert werden« (ebd. Spalte 1949).
2 Dies ergibt der archäologische Befund: »It is in the *early eigth century* that Greek vases and, by implication, Greek traders begin to find their way *again* to these areas.« (T. J. Dunbabin, The Western Greeks, 3) – Eine Übersicht über das archäologische Material gibt der Ausstellungskatalog: I Micenei in Italia, Taranto, Museo Nazionale – ottobre 1967.
3 Hesiod (ed. A. Rzach, 1902), Fragment 65 nach Strabon I 2, 14 (C. 23): »Eratosthenes vermutet, daß zwar Hesiod, der herausgebracht habe, daß die Irrfahrt des Odysseus sich in der Gegend von Sizilien und Italien abgespielt habe, und dieser Meinung Glauben geschenkt habe, nicht nur die von Homer genannten Orte erwähnt habe, sondern auch den Ätna und die Insel Ortygia bei Syrakus und die Tyrrhener, daß aber Homer [nach Eratosthenes] dieses weder wisse noch an bekannten Orten die Irrfahrten stattfinden lassen wollte (...)«.
4 Hesiod, Theogonie 1011–16 und Fragment 66 nach Schol. Apoll. Rhodios III 311: »Es folgt Apollonios denen, die die Irrfahrt des Odysseus in das Tyrrhenische Meer legen, deren erster Hesiod war, indem dieser sagte, daß Kirke in dem genannten Meer wohnte (...)«.

5 HESIOD (ed. H. G. E. WHITE), Fragment 48 nach Schol. Homer Od. 1, 86.
6 HERODOT I 6; 15: IV 11–13; 28: 100.
7 C. NYLANDER, Gimirraa, Hermes 93, 1965, 131–132. Das älteste Zeugnis dieses Volkes stammt von dem assyrischen Kronprinzen Sanherib aus dem Jahre 714, als die »matGAMIR« über den Kaukasus drangen und erstmals im nördlichen Vorfeld des Assyrerreiches auftraten.
8 So nimmt A. HEUBECK, KIMMEPIOI, Hermes 91, 1963, 490–492 an, daß »Kimmerier« als ursprünglich redender Name bereits im Mythos vorhanden war und erst dann auf jenes nachträglich so genannte historische Volk übertragen wurde.
9 So vermuten P. VON DER MÜHLL, Die Kimmerier der Odyssee und Theopomp, Mus. Helv. 16, 1959, 151, und andere, daß die Verse 11, 14–10 (die einzige Stelle der Odyssee, an der die Kimmerier erwähnt werden), jüngerer Zusatz sind.
10 HERODOT IV 177–178.
11 THUKYDIDES III 88; IV 24.
12 THUKYDIDES VI 2.
13 THUKYDIDES I 25.
14 EURIPIDES, Cycl. 20; 62; 95. Medea 1342; 1359.
15 PLATON, Epist. VII 345e.
16 HELLANIKOS von Lesbos nach DIONYSIOS Halikarn., Antiqu. Roman. I 72, 2.
17 SOPHOKLES, Fragment Pearson 748.
18 EPHOROS von Kymai nach STRABON V 4, 5 (C. 244).
19 THEOPHRAST, Histor. Plant. V 8, 3.
20 LYKOPHRON, Alexandra 688, 693, 695, 712 ff.
21 C. VON HOLZINGER, Lykophron's Alexandra, Leipzig 1895, 269.
22 Daß die Lokalisierung der Sirenen-Insel am Kap Peloro (Straße von Messina) älter ist als die bei Neapel, nimmt auch SERVIUS an (Schol. Aen. V 864).
23 STRABON I 2, 13 (C. 23).
24 ERATOSTHENES nach STRABON I 2, 12 (C. 22).
25 ERATOSTHENES nach STRABON I 2, 15 (C. 24).
26 ERATOSTHENES nach PLINIUS V 41.
27 KRATES nach STRABON III 4, 4 (C. 157).
28 KRATES nach GEMINUS, Elementa Astronomiae 23 A und B.
29 POSEIDONIOS nach STRABON VII 2, 2 (C. 293).
30 DIODOR V 32, 4.
31 ARTEMIDOR nach STRABON III 4, 3 (C. 157).
32 PLUTARCH, De facie in orbe lunae 26.
33 TACITUS, Germania 3.
34 GELLIUS, Noctes Atticae XIV 6.
35 ERATOSTHENES nach STRABON I 2, 3 (C. 16–17) und I 2, 12 (C. 22).
36 STRABON I 1, 10 (C. 6).
37 STRABON I 2, 11 (C. 21–22).
38 STRABON I 2, 12 (C. 22) und I 2, 3 (C. 16), vgl. I 1, 10 (C. 7).
39 STRABON I 1, 10 (C. 6).
40 STRABON I 2, 11 (C. 22) und III 2, 12–13 (C. 149–150).
41 STRABON I 2, 11 (C. 22).
42 STRABON I 1, 2 (C. 2). Es ist möglich, daß diese Grundauffassung Strabons mit einer Neigung zur Stoa zusammenhängt. So K. J. NEUMANN, Strabons »Gesamturtheil über die homerische Geographie«, Hermes 21, 1886, 134–141.
43 THUKYDIDES VI 2.
44 CICERO, Ad. Attic. II 13, 2. POMPEIUS TROGUS IV 1. HORAZ, Carm. III 17, 1. OVID, Metamorph. 14, 233. PLINIUS d. Ä., Natur. Hist. III 5. SILIUS ITALICUS, Punica 7, 410; 9, 529 f.

45 STRABON I 2, 9 (C. 20).
46 VERGIL, Aeneis III 690–691; XI 263; VIII 416f.; III 684–687; V 864.
47 Pomponius MELA, Chorogr.
48 Klaudios PTOLEMAIOS, Geogr. IV 3, III 4, III 3.
49 HIERONYMUS, Apologia contra Rufinum III 22 (MPL 23, 473).
50 OROSIUS, Historia adversum paganos II 14, 1.
51 Lokalisierungen nach EUSTATHIOS: Lotophagenland = Meninx (Djerba) (1616, 35). Kyklopenland = Leontinoi auf Sizilien (1618, 2; 1644, 41). Aiolia = Liparische Inseln (1618, 5). Laistrygonen = am Ätna (1618, 7). Aia = Kirkaion in Latium (1651, 41). Kimmerier = Italien oder Schwarzes Meer (1667, 41). Sirenen-Insel = im Tyrrhenischen Meer (1709, 43). Skylla und Charybdis = an der Straße von Messina (1714, 30 und 50). Thrinakia = Sizilien (1675, 5). Ogygia = im Atlantik (1389, 51; 1390, 8). Scheria = Kerkyra (1521, 29).
52 Dabei hat EUSTATHIOS wohl die Kyklopen und Laistrygonen miteinander verwechselt; denn in der Tradition werden jene am Ätna (Acitrezza bei Catania), diese aber bei Leontinoi (Lentini) angesetzt (z. B. STRABON I 2, 9).
53 So würde die Fahrt von den Lotophagen zu den Kyklopen nach EUSTATHIOS' Bestimmungen mehrere Tage dauern, von denen Homer aber nichts sagt. Der Weg von Aiolia zu den Laistrygonen und von diesen wieder zur Kirke-Insel würde zweimal durch die Meerenge von Messina führen, während Homer diese gefährliche Durchfahrt zwischen Skylla und Charybdis erst später beschreibt. Vor allem kann man von den Liparischen Inseln nicht in direkter Fahrt bei Westwind Ithaka erreichen, wie Homer es für Aiolia angibt.
54 »Demum asperrima Calabrie invia cum labore transeuntes, Siciliam adituri Scillam et Caribdim non sine timore magno transivimus, quem numquam alicui contigit sani corporis homini sine formidine locum pertransire.« Nach ARNOLD VON LÜBECK († 1211/14). Mon. Germ. Scriptores 21, 195 Zeile 5–7.
55 DANTE, Inferno XXVI 90–98 nach der Übersetzung von H. GMELIN.
56 Inferno XXVI 99–111; 124.
57 H. FRIEDRICH, Odysseus in der Hölle (DANTE, Inferno XXVI), Geistige Überlieferung 2, Berlin 1942, 194.
58 Inferno XXVI 136–142.
59 Paradiso XXVII 82–83.
60 Zitiert nach G. FINSLER, Homer in der Neuzeit von Dante bis Goethe, Leipzig und Berlin 1912, 17.
61 »als Augustinus und Boecius schreiben.« BOETHIUS (De consolatione philosophiae IV 3) erwähnt jedoch nur einen (nicht bei Homer genannten) Westwind auf dem Weg zur Kirke-Insel und deutet nicht an, diese liege bei Sizilien.
62 ROGER ASCHAM, The Scholemaster (1570), zitiert nach W. B. STANFORD, The Ulysses Theme, Oxford 1954, 183f.
63 Postum veröffentlicht in A. ORTELIUS, Parergon, 1601. Vgl. L. BAGROW, A. Ortelii Catalogus Cartographorum, Petermanns Mitteilungen, Erg. Heft 199, 1928, 21 Nr. 218. J. JANSSONIUS druckte die Karte später als Beikarte zu einer Darstellung der Fahrten des Aeneas erneut ab, fügte aber am Isthmus von Kalabrien ein Heiligtum des Polites *(Politae sacellum)* hinzu (vgl. Od. 10, 224 und Strabon VI 1,5 C. 255).
64 Ph. CLUVERIUS, Sicilia antiqua, Lugduni Batav. 1619. Näheres über diesen Autor vgl. J. PARTSCH, Philipp Clüver, der Begründer der Historischen Länderkunde, Geograph. Abh. V 2, Wien 1891.
65 Die Fahrtroute des Odysseus verlief nach CLÜVER: Djerba – Aegusa und Eryx – Lipari – Ithaka – Lipari – Formiae – Circaeum – Averner See – Sirenusae (bei Neapel) – Straße von Messina – Sizilien – Malta – Kerkyra – Ithaka.
66 CLÜVER entzog sich dieser Schwierigkeit, indem er einfach Odysseus' zweite Fahrt durch die Meerenge mit dem »Südwind« (Odyssee 12, 427–430) nicht berücksichtigte, sondern

Odysseus statt dessen aus der Straße von Messina gleich nach Malta (Ogygia) gelangen ließ. Auch die bereits antike Identifizierung von Aiolia mit Lipari ist anzufechten, da man von dort nicht mit Westwind (10, 25) in gleichmäßiger Fahrt (10, 28) nach Ithaka gelangen kann.

67 S. Bochart, Geographia sacra, Cadomi 1646.

68 J. Ramus, Tractatus historico-geographicus, Hafniae (1702) ²1716.

69 A. M. Ricci, Dissertationes Homericae. Florentiae 1740–41.

70 G. Dubois de Rochefort, L'Odyssée d'Homère, Paris 1777, 453–458.

71 J. W. Goethe, Italienische Reise, Brief aus Neapel vom 17. Mai 1787 an Herder.

72 J. W. Goethe, Italienische Reise, Palermo, 7. und 16. April 1787.

73 J. W. Goethe, Brief vom 14. Februar 1798 an Schiller. Weimarer Ausgabe IV, 13 (1893) 66.

74 Homers Odyssee von J. H. Voss, Altona 1793.

75 Im einzelnen nennt F. Soave, I viaggi d'Ulisse, Milano 1796: Lotophagen (Djerba), Kyklopen (Lilybaeum), Aiolos (Lipari), Laistrygonen (Leontini), Aia (Monte Circeo), Gau der Kimmerischen Männer (Averner See), Sirenen (Capri), Skylla und Charybdis (Straße von Messina), Helios-Insel (Messina), Ogygia (unbestimmt), Phaiaken (Kerkyra/Korfu).

76 A. Zeune, Erdansichten, Berlin 1815.

77 F. A. Ukert, Geographie der Griechen und Römer I 2, Weimar 1816.

78 K. H. W. Völcker, Homerische Geographie und Weltkunde, Hannover 1830.

79 R. H. Klausen, Die Abenteuer des Odysseus, Bonn 1834.

80 A. Forbiger, Handbuch der alten Geographie I, Leipzig 1842.

81 W. E. Gladstone, Studies on Homer III, Oxford 1858, 218–221, 250–255, 320 ff.

82 K. Spruner, Atlas antiquus, ed. Th. Menke, Gotha 1864 Tafel I. Die gleiche Karte findet sich bei E. H. Bunbury, A History of Ancient Geography, London ²1883, map I.

83 Die Entfernungen zwischen Aia und den Kimmeriern, zwischen Sirenen-Insel und Meerenge sowie zwischen dieser und Thrinakia sind bei Homer erheblich kleiner als auf der von Menke gezeichneten Karte.

84 E. Buchholz, Homerische Kosmographie und Geographie, Leipzig 1871, 264–279.

85 Ebd. 90–91.

86 J. Burckhardt, Das Phäakenland Homers (14. Nov. 1876). In: Vorträge 1844–1887, Basel ⁴1919, 93–94.

87 K. E. v. Baer, Wo ist der Schauplatz der Fahrten des Odysseus zu finden? In: Reden 3. Teil, St. Petersburg 1873, 48.

88 A. Krichenbauer, Die Irrfahrt des Odysseus als eine Umschiffung Afrikas erklärt, Berlin 1877, 47, 51, 53, 58, 59, 60, 66, 85, 90, 99.

89 K. Jarz, Wo sind die Homerischen Inseln Thrinakie, Scherie, Ogygie, Aiaie zu suchen? Zeitschrift f. wiss. Geographie 2, 1881, 10–18.

90 W. F. Warren, Paradise Found, Boston 1885.

91 F. Soltau, Die Mythen- und Sagenkreise im Homerischen Schiffer-Epos, genannt Odyssee, Berlin 1887.

92 A. Breusing, Die Irrfahrten des Odysseus, Bremen 1889, 48, 66, 68.

93 B. Niese, Die Entwicklung der Homerischen Poesie, 1882, 250.

94 U. v. Wilamowitz-Moellendorff, Homerische Untersuchungen, Berlin 1884, 163.

95 Ebd. 164.

96 Ebd. 165.

97 G. Finali, Cristoforo Colombo e il viaggio di Ulisse, 1895, 9, 11, 15.

98 S. Butler, The Authoress of the Odyssey, London 1897.

99 Von Butler's Aiolos-Insel kann man nicht mit Westwind nach Butler's Ithaka fahren. Von der Sirenen-Insel zur Meerenge und von dieser zum Hafen ist die Entfernung um ein Mehrfaches größer, als Homer angibt. Homers Angabe, Odysseus wurde nach dem Schiffbruch vom Südwind durch die Meerenge zurückgetrieben, hat Butler nicht berücksichtigt. Auf der Fahrt

von Ogygia ins Phaiakenland hat Odysseus nach Homer, aber nicht nach BUTLER »die Bärin, die sie auch den Wagen nennen, zur linken Hand« (Odyssee 5, 273–277).

100 EUMAIOS, Odysseus als Afrikaumsegler und Amerikaentdecker, Leipzig 1898, 8 f.
101 Ebd. 31.
102 Ebd. 35.
103 Ebd. 67.
104 Ebd. 68.
105 J. SCHREINER, Homers Odyssee – ein mysteriöses Epos, Braunschweig 1901, 9.
106 Ebd. 4 und 8.
107 Ebd. 19, 30 und 41.
108 Ebd. 37, 35 und 80.
109 V. BÉRARD, Les Phéniciens et l'Odyssée, Paris 1902–03.
110 I. MILLER, Die Geographie der Odyssee, Preußische Jahrbücher 117, 1904, 313.
111 PH. CHAMPAULT, Phéniciens et Grecs en Italie d'après l'Odyssée, Paris 1906.
112 So z. B. auf den von CHAMPAULT angenommenen Strecken Lotophagenland (Kap Bon) – Kyklopenland (bei Neapel), Aia (Pianosa bei Elba) – Kimmeriergau (Nordsardinien), Sirenen-Insel (Licosa bei Paestum) – Meerenge (Straße von Messina).
113 H. H. v. SCHWERIN, Odysseus' Irrfärder, Lund 1909, 144.
114 Lokalisierungen nach SCHWERIN 143–151: Lotophagen (Kleine Syrte), Kyklopen (Große Syrte), Aiolia (Stromboli), Laistrygonen (»äußerster Westen«), Aia (Kerkennah), Kimmerier (Tritonsee), Sirenen (Ustica), Plankten (bei Pantelleria), Skylla und Charybdis (Straße von Messina), Thrinakia (Lampedusa), Ogygia (Malta), Scheria (Kerkyra).
115 Der augenfälligste Widerspruch liegt in der Fahrt von den Sirenen durch die Meerenge nach Thrinakia: bei Homer ist dies eine etwa halbtägige Ruderfahrt, nach SCHWERIN beträgt die Entfernung rund 140 Seemeilen!
116 Ebd. 148.
117 W. KRANZ. Die Irrfahrten des Odysseus, Hermes 50, 1915, 93.
118 Lokalisierungen nach W. KRANZ: Aia (äußerster Osten oder Nordosten), Kimmerier (Ostpunkt der Welt), Skylla und Charybdis (Bosporus), Thrinakia (Chalkidike), Ogygia (äußerster Westen), Scheria (Kreta). Die übrigen Orte werden nicht bestimmt.
119 Ebd. 102.
120 O. MAASS, Die Irrfahrten des Odysseus im Pontos, Gütersloh 1915, 18–37.
121 W. DÖRPFELD und H. RÜTER, Die Heimkehr des Odysseus I, München 1925. 249–262.
122 Nach DÖRPFELD soll z. B. Ogygia die Hackenspitze des italienischen Stiefels sein und zugleich aber auch Skylla und Charybdis in der Straße von Messina liegen. Eines schließt jedoch das andere aus; denn nach Homer erreichte Odysseus die Kalypso-Insel, nachdem er vom Südwind durch die Meerenge zurückgetrieben wurde (12, 427 ff.).
123 F. CORNELIUS, Zur Geographie der Odyssee, Rheinisches Museum für Philologie NF 74, 1925, 344–346.
124 J. RENDEL HARRIS, Scylla and Charybdis, Bulletin of John Rylands Library 9, 1925, 90–94.
125 R. HERKENRATH, Die Polarfahrt des Odysseus, Stimmen der Zeit 110, 1926, 442.
126 A. HERRMANN, Die Irrfahrten des Odysseus, Berlin 1926, 2.
127 Ebd. 7. Karten 9 und 24 Vgl. auch DERS., Die Bedeutung Homers für die griechische Geographie, Zeitschrift d. Ges. f. Erdk. 1926, Karten 185, 193.
128 V. BÉRARD, Les navigations d'Ulysse, I–IV Paris 1927–29.
129 V. BÉRARD, Dans le sillage d'Ulysse, Album Odysséen, Photographies de FRÉD. BOISSONAS, Paris 1933.
130 Die Fahrt von den Lotophagen (Djerba) zu den Kyklopen (bei Neapel) ist nach BÉRARD eine Mehrtagesfahrt, ohne daß Homer dies erwähnt. Von Aiolia (Lipari) kann man nicht mit Westwind nach Ithaka fahren. Von Bérards Sirenen-Insel (Galli bei Sorrent) bis zur Meerenge

ist es ein Vielfaches weiter als nach Homers Beschreibung. Es ist schwer vorstellbar, als Schiffbrüchiger aus der Straße von Messina bis in die Gegend von Gibraltar getrieben zu werden. Das Phaiakenland ist bei Homer keine Insel, sondern Festland (Scheria).

131 R. Hennig, Die Geographie des homerischen Epos, Leipzig 1934, 2.

132 Ebd. 76.

133 Hennig anders als Breusing (1889): Kyklopenland (Ätna), Aiolia (Vulcano), Laistrygonen (Nordafrika), Kimmerier (Wales oder Cornwall). Hennig wie Breusing: Lotophagenland (Djerba), Skylla und Charybdis (Straße von Gibraltar), Ogygia (Madeira), Scheria (Andalusien).

134 H. Rüter, Zeit und Heimat des homerischen Epos, Berlin 1937.

135 W. v. Weickhmann, Wo war Odysseus? Das Reich, 12., 17. und 26. Nov. 1944.

136 A. Klotz, Irrfahrten des Odysseus, Gymnasium 59, 1952, 289–302.

137 Nur für die Strecke von der Kalypso-Insel zum Phaiakenland ist eine längere Fahrtzeit von Homer angegeben: 17 bis 18 Tage (5, 278 f.; 7, 267 f.). Vgl. dazu aber oben S. 106–108.

138 E. Mireaux, Les poèmes homériques et l'histoire grecque II, Paris 1949, 114.

139 F. J. Wil, Auf Odysseus' Spuren, Affoltern 1950, 219.

140 Ebd. 299.

141 G. Germain, Genèse de l'Odyssée, Paris 1954, 536.

142 L. G. Pocock, The Landfalls of Odysseus, Christ Church, N. Z. 1955. The Sicilian Origin of the Odyssey, Wellington, N. Z. 1957. Reality and Allegory in the Odyssey. Amsterdam 1959.

143 Pocock, Sicilian Origin, Vorwort.

144 Ein Beispiel für Pocock's zweifelhafte Bestimmungsmethode (1957): »The Phaeacians are closely associated both with the ›Cyclopes‹ and ›the wild tribes of the Giants‹ (Od. 7, 205–206)... ›Giant‹ means ›earthborn‹, or ›autochthonous‹, as the Sicans also claimed to be (Thuk. VI). ›Cyclopes‹ and ›Giants‹ then will be nothing but disguisenames for Sican communities. The Phaeacians therefore were Sicilians« (The Sicilian Origin, 5).

145 Von der Kirke-Insel (Ustica) führt Nordwind nicht zu Pocock's Kimmeriern (Pérejil bei Tanger); die Strecke ist auch keinesfalls in einem Tag zu bewältigen. Von den Sirenen (Filicudi) durch Skylla und Charybdis (Vulcano) nach Thrinakia (Ortygia bei Syrakus) kann man ebenfalls nicht in einem Tag rudern. – Die Theorien von Butler und Pocock nahm V. Barrabini, L'Odissea rivelata, Palermo 1967, und Ders. L'Odissea a Trapani, Trapani 1980, wieder auf.

146 Pocock, Sicilian Origin, 55.

147 Ebd. 64.

148 G. Baglio, Odisseo nel mare mediterraneo centrale, Roma 1957, ²1958. Ders., Sommario illustrato dei viaggi marittimi di Ulisse, Roma 1959.

149 Die Fahrt von den Sirenen (Capri) zwischen Skylla und Charybdis (Stromboli-Panarea) hindurch zum Hafen auf Thrinakia (Messina) ist nicht an einem Tag rudernd zu bewältigen. Die Rückfahrt mit Südwind durch die Meerenge wird von Baglio unterschlagen. Berücksichtigt man diese Angaben Homers, so werden die Bestimmungen von Ogygia (Malta) und Scheria (Kerkyra) unmöglich.

150 Baglio, Odisseo (1958) 139.

151 Ebd. 12 f.

152 L. Moulinier, Quelques hypothèses relatives à la géographie d'Homère dans l'Odyssée, Aix-en-Provence 1958, 122.

153 Moulinier nimmt fünf Durchfahrten durch die Straße von Messina an; bei Homer gibt es aber nur zwei. Von Aiolia (Lipari) kann man nicht mit Westwind in direkter Fahrt nach Griechenland fahren. Auch die Strecke von Lipari zu den Laistrygonen (Bonifacio auf Corsica) ist schwerlich in den von Homer genannten sechs Tagen zu rudern.

154 O. Zeller, Auf des odysseus und der argo spuren. Aalen 1959.

155 Ebd. 80.

156 Lotophagenland, Kyklopenland, Aiolia und Laistrygonenland werden nicht bestimmt. R. Coudenhove-Kalergi, Die Insel der Phaiaken, Frankfurter Allgemeine Zeitung, 12. 5. 1960, identifiziert Aia (Capri oder Ischia), Kimmerier (Nordland), Plankten (Stromboli), Skylla und Charybdis (Straße von Messina), Thrinakia (Ostküste Siziliens), Ogygia (Balearen) und Scheria (Malta). Die Kimmerier müßten jedoch südlich von Aia wohnen, da Homer für die Strecke dorthin Nordwind angibt (10, 507).

157 Lokalisierungen nach A. Rousseau-Liessens, Géographie de l'Odyssée I (1961) 26, 32–35, 45 ff., 73, 105; III (1963) 31, 106: Lotophagenland (bei Tarent), Kyklopenland (Valona, Albanien), Aiolia (Othonoi bei Kerkyra), Laistrygonenland (Kotor, Montenegro), Kirke-Insel Aia (Mljet), Kimmeriergau (Gebiet der Etsch- und Po-Mündung); Sirenen-Insel, Skylla und Charybdis, Thrinakia und Ogygia werden in den vorliegenden Bänden des Werkes noch nicht behandelt; Phaiakenland (Porto Cervera, Istrien).

158 Ebd. I 26.

159 E. Bradford, Ulysses Found, London 1963. Bradfords Route wurde auch der Bebilderung einer englischen Übersetzung zugrundegelegt: The Illustrated Odyssey, Transl. by E. V. Rieu, Introduction by J. Hawkes, Orig. Photographs by T. Mercer, New York 1981. Leider erklären die Bildlegenden nicht, welche Orte jeweils aufgenommen wurden. Manchmal handelt es sich wohl bloß um Stimmungsbilder.

160 E. Lessing, Die Odyssee, Homers Epos in Bildern erzählt, Freiburg 1965, 7.

161 Ebd. Bild 37.

162 L. Ferrari, Realtà e fantasia nella geografia dell'Odissea. Palermo 1968, 32–38, Karte 17.

163 H.-H. und A. Wolf, Der Weg des Odysseus, Tunis – Malta – Italien in den Augen Homers, Tübingen 1968.

164 Der Spiegel vom 7. Okt. 1968 Nr. 41. Die Karte wurde übernommen in: Wort und Sinn, Lesebuch für den Deutschunterricht 7, Paderborn 1976 (59).

165 Gesendet im ZDF vom 23. Juli bis 15. Okt. 1969. Vgl. B. Wundshammer, Odysseus 69, in: Quick vom 3. Sept. 1969 (Jg. 22 Nr. 36) 51.

166 B. Wundshammer, Auf den Spuren des Odysseus, Gütersloh 1982, 6.

167 G. Pillot, Le code secret de l'Odyssee, Paris 1969.

168 Ebd. 54, 63.

169 H. Daunicht, Beiträge zur Historischen Geographie und Geschichte Asiens IV 2, Bonn 1970. Vgl. den Bericht in: Frankfurter Neue Presse vom 14. Febr. 1971.

170 M. Obregón, Ulysses Airborne, New York 1971. Odysseus auf Flügeln, Wiesbaden 1975.

171 M. Landmann, Phäakische Träumerei, in: Das Ende des Individuums, Stuttgart 1971, 15 Anm. 9.

172 E. Gatti, Odisseo, Il viaggio coloniale di Ulisse, Milano 1975, 108–114.

173 K. Bartholomäus, Odysseus kam bis Helgoland, in: Bild der Wissenschaft, Januar 1977, 54–65, 129.

174 H. Steuerwald, Weit war sein Weg nach Ithaka (1978), Frankfurt ^{2}1981, 157–160. Er irrt auch darin, daß er meint, die Präzession sei im Laufe der seit Homer verflossenen 2700 Jahre »nicht so erheblich«, und daß man sie vernachlässigen könne: »es geht hier ja nicht um astronomisch exakte Feststellungen«! In Wirklichkeit folgt aus der Präzession für das Jahr 800 v. Chr., daß die Insel Ogygia keinesfalls so nördlich, wie Steuerwald es möchte, angesetzt werden kann (vgl. oben S. 248 Anm. 115).

175 H. Steuerwald, 186–187, vgl. 110.

176 Ebd. 29 und passim.

177 Ebd. 84.

178 Ebd. 18–19.

179 Ebd. 129.

180 Ebd. 106.

181 Ebd. 173.
182 Ebd. 2.
183 J. MOREAU, La Sicile et l'Odyssée, in: Teoresi 33, 1978, 3–21.
184 Ebd. 17.
185 Ebd. 19.
186 J. HERRNKIND u. a., Atlas zur Universalgeschichte, München ^{2}1980, Karte 17 I.
187 CHR. PELLECH, Die Odyssee – eine antike Weltumsegelung, Berlin 1983 (Erscheinen angekündigt).
188 B. ANDREAE, Odysseus, Frankfurt 1982, 10.
189 SCAN-Globus, o. J. (um 1976).

Anmerkungen zum TEXTANHANG (Hans-Helmut Wolf)

1 F. Eichhorn, Homers Odyssee, Ein Führer durch die Dichtung, Göttingen 1965, 142.
2 W. Schadewaldt, Die beiden Dichter der Odyssee, in: Homer, Die Odyssee, übersetzt in deutsche Prosa, Hamburg 1958, 328.
Vgl. wegen der Weite des geographischen Horizontes die zahlreichen Nennungen von Fahrten zu geographisch meist eindeutig bestimmbaren Orten im östlichen Mittelmeer:
3, 130–192: Burg des Priamos – Tenedos – Lesbos – Chios – Psyrie – Mimasgebirge – Euboia – Geraistos – Argos – Pylos – Kreta –,
3, 278–322: Sunion, Vorgebirge Athens – Maleia – Kreta, Gortyn, Phaistos – Ägypten –,
4, 81–89: [Sparta] – Kypros – Phoinike – Ägypter – Aithiopen, Sidonier – Erember – Libyen –,
4, 354–369: Ägypten – Pharos –,
4, 581–586: Pharos – Aigyptosstrom – Vaterland –,
13, 256–286: Kreta – Pylos – Elis, Epeier – Ithaka – Sidonia –,
14, 199–258: Kreta – Ilion, Stadt des Priamos – Kreta – Ägypten –,
14, 285–359: Ägypten – Phoinikien – Libyen – Kreta – Thesproten, Dodona – Dulichion – Ithaka
16, 226–232: Phaiaken – Ithaka –,
19, 172–202: Kreta, Knossos usw. – Maleia – Kreta – Ilion –,
19, 269–299: Thrinakia – Phaiaken – Thesproten, Dodona –,
24, 303–310: Sikanien – Ithaka –.
3 W. Schadewaldt, Homer, die Odyssee, Hamburg 1958, 329 f.
4 Seemannschaft, Handbuch für Segler. Hrsg. vom Deutschen Hochseesportverband ›Hansa‹ e. V. 10. Aufl. Bielefeld und Berlin 1960, 445, 464 f.
5 Hier wurde der o. g., von Schadewaldt (s. Anm. 3) angegebene Umbau vorgenommen: 1.) die Segelanweisung 12, 37 (nicht 38) bis 141 (ohne B: 12, 111–126) anstelle von 11, 104–149 eingeschoben (zusätzlich zu ›B‹ auch 11, 121–137 vernachlässigt) und dann 2.) die in den verbleibenden B-Versen 12, 3–36 und 142–152 beschriebene Rückkehr zu Kirke ausgelassen, d. h. an 12, 2 wird unmittelbar 12, 153 angeschlossen.
6 Die hier ausgelassenen Verse 12, 56–72 können als nicht zur Segelanweisung gehörig betrachtet werden; denn die klare und eindeutige Anweisung in 12, 108/109: »halte dich ganz nahe an der Klippe der Skylla und treibe dort schnell dein Schiff vorbei«, steht im Widerspruch zu der unbestimmten Angabe von 12, 56 f.: »dann werde ich dir nicht mehr der Reihe nach ansagen, welcher von beiden Wegen der deine sein wird«, und der folgenden mehrdeutigen Beschreibung der Plankten, an denen »einzig die Argo« vorbeifuhr. [Weiterführende Überlegungen hierzu vgl. jetzt oben S. 123 f. und S. 255 mit Anm. 26. A. Wolf]

7 Da hier der ganze Weg des Odysseus aus dessen Berichten erkennbar werden soll, sei es gestattet, die naheliegende Verknüpfung der beiden im Text bei verschiedenen Anlässen überlieferten, sich offensichtlich ergänzenden Fahrt-Teilberichte zu einem ganzen Gesamtfahrtbericht vorzunehmen.
So wird hier statt der Verse 12, 449–453: »... Was soll ich dies dir ... noch einmal erzählen«, die in den Versen 7, 255–297 überlieferte, ›gestern‹ erzählte Fortsetzung, in der Odysseus die Fahrt von Ogygia zu den Phaiaken beschreibt, unmittelbar an das Ende des Hauptfahrtberichtes (12, 449 Anf.) angeschlossen.
Da am Ende des Hauptfahrtberichtes (12, 447–449) und zu Beginn des II. Fahrtberichtteiles (7, 253–255) die gleichen Worte stehen (12, 448 = 7, 254), ist die Zusammenfassung der beiden Berichte durch wörtliche Verknüpfung zusätzlich motiviert und begründet. [Zu einer anderen Möglichkeit der Verknüpfung beider Teile des Fahrtberichts vgl. jetzt oben S. 107 und S. 251 mit Anm. 26. A. Wolf]
Der so entstandene Gesamtfahrtbericht ist demnach bruch- und lückenlos. Eigenartigerweise füllt dieser Gesamtfahrtbericht genau den Rahmen aus, der durch die Frage der Arete (7, 238–239) gekennzeichnet ist: »Wer bist du und woher unter den Männern? Wer hat dir diese Kleider gegeben? Sagtest du nicht, du seist als ein Umgetriebener über das Meer hierher gekommen?« (Schadewaldt)
oder: »... Du willst doch nicht über das Meer irrend hergekommen sein?« (Wilamowitz/Hölscher/Eichhorn S. 155).
Die hiermit zusammenhängenden kompositorischen Fragen müssen einer gesonderten Untersuchung vorbehalten bleiben. Einiges davon wird in den Anmerkungen weiter unten skizziert.

8 Ich halte diese Bekräftigungsformel für einen wesentlichen Hinweis auf den Wahrheitsgehalt des Fahrtberichtes und kann mich daher nicht der Schadewaldtschen Auffassung anschließen, daß sie Zusatz von ›B‹ sei.

9 Da der Fahrtbericht des Odysseus mit der Ankunft bei den Phaiaken aufhört, ist es zur Verfolgung des Heimweges bis in die Heimat Ithaka erforderlich, auch von der Rahmenerzählung die auf die jeweiligen Teilberichte (9, 16–12, 448, (453) und 7, (242) 255–297) folgenden Partien hier anzuführen (13, 1 ff. und 7, 298 ff.).
Diese werden in Parallelführung gebracht, die hier zunächst für sich selber sprechen muß. Die von Schadewaldt ›B‹ zugesprochenen Partien sind hierin schmal und enggedruckt und mit runden Klammern versehen; die von mir zusätzlich vermuteten ›B‹-Verse sind eckig eingeklammert.
Das nunmehr ›Übrigbleibende‹, also das nach Schadewaldt einem älteren Dichter ›A‹ Zugehörige – hier breit und weit gedruckt – rückt in dieser Form auf eine meines Wissens neue, noch nicht bekannte Weise vielfach und systematisch zu einem bruchlosen Zusammenhang aneinander.

10 In diesem neu gesehenen Zusammenhang fügt sich das ›Übrigbleibende‹ mit den auf die jeweiligen Teilberichte gegebenen Antworten zu einer einzigen Gesamtantwort zusammen, die die gedanklich zusammengehörende Festsetzung des Heimgeleites (7, 317–328) und Festsetzung des Gastgeschenkes (13, 13–16) wie an anderen Stellen (z. B. 9, 517 f.; 10, 18 f.; 13, 41 f.) zu einer als ›Ganzes‹ vollständigen Antwort machen, ohne daß man zur Verbindung irgendwelche verloren gegangenen Verse vermuten müßte.

11 Betrachtet man wie hier den Kern des achten Gesanges als ursprünglich zwischen 13, 26 und 29 stehend, dann bleibt das bis hierher erkannte System der gegenseitigen Verzahnungen erhalten und die so entstandene ›Ur-A‹-Handlung zeigt einen klaren, einfachen geradlinigen Verlauf:
Odysseus kommt als Schiffbrüchiger ins Land der Phaiaken zum Haus des Königs und bittet dort um Heimgeleit (5. bis 7. Gesang). [Er muß wohl erwarten, als ›Strandgut‹ auch hier sieben

Jahre bleiben zu müssen wie bei Kalypso (vgl. auch 14, 275–285).] Auf die Frage der Arete nach Namen, Kleidung (Stand) und Herkunft antwortet Odysseus nach Anrufung des Himmels (»die Kunde von mir reicht bis in den Himmel« 9, 20) selbstbewußt und ausführlich mit seinem wahren Gesamt-Fahrtbericht, um sich dadurch als heimgeleitswürdiger Gleichrangiger, König und Kapitän auszuweisen. Alkinoos erkennt ihn durch Namensnennung an (13, 3), setzt unter Zustimmung seiner Berater ein Heimgeleit und Gastgeschenk auf den nächsten Tag fest und läßt dann einen großen Abschiedsschmaus richten, bei dem ein Sänger zu Ehren des Odysseus u. a. vom Trojanischen Sieg singt. Obwohl Odysseus dies wahrlich schön findet, drängt es den Helden zu neuem Aufbruch, und nach Danksagung und Glückwünschen beginnt seine endgültige Fahrt in die Heimat.

12 Die diesen Versen eigenartige Betonung des Jammerns und Stöhnens zeigt ein reflektierendes Moment, das nicht der im Fahrtbericht gezeigten Haltung des Odysseus entspricht: die »Kümmernisse« (9, 37 und 7, 242) dort sind ganz anderer Art (z. B. 9, 294; 316 f.; 12, 258 f.). Die hier gezeigte Reaktion des Odysseus ist merkwürdigerweise auch nicht unmittelbar motiviert, sondern wird nach dem Lied über den Sieg der Achaier erst umständlich, nämlich durch ›schmelzen‹ und ›weinen‹ und ein Gleichnis umschrieben (»Wie wenn eine Frau weint, die …«), eingeführt in einer Situation, in der der Sänger den Sieg des Odysseus besungen hat und der Held seine Rede anhebt mit den Worten: »Ja, das ist wahrlich schön, einen solchen Sänger zu hören« (9, 3).

Im übrigen werden diese Verse B-verdächtig dadurch, daß sich die Erwähnung des »Unheils der Argeier, der Danaer« (8, 577) auf den Inhalt der Verse 8, 74–82 bezieht, das Lied vom Streit des Odysseus und des Peleus-Sohnes Achilleus, das nach Schadewaldt bereits als B-Eindichtung gilt.

Außerdem bringt der Hauptfahrtbericht mit keinem Wort eine Antwort auf die Frage des Alkinoos: »Sage was du weinst und jammerst, wenn du das Unheil … von Ilion hörst!« (8, 577 f.).

13 Diese beiden Verse müssen nach der hier gegebenen Zusammenstellung als der Schlüssel zu dem ganzen Umbau der überlieferten Ordnung angesehen werden. Sie halten wie der Schlußstein eines Gewölbes den Bogen vom 8. zum 9. Gesang zusammen und sind das wesentliche Bindeglied zwischen den Fragen des Alkinoos und dem Hauptfahrtbericht des Odysseus; sie enthalten bezeichnenderweise ebenso eine Anhäufung von kummervollen Worten (jammern, stöhnen, seufzerreich) wie die Verse 8, 522 ff.

Die hier durchgeführte Umordnung, durch die die beiden Fahrtberichte und Antworten darauf systematisch zu einem neuen, ursprünglichen Ganzen umgebaut werden können, erschließt sich erst, wenn man diese beiden Verse 9, 12 und 13 herauslöst aus dem Bestehenden.

Es zeigt sich nun sogar, daß auch der Beginn des Haupt-Fahrtberichtes (9, 14 ff., s. S. 158), und damit der Gesamtfahrtbericht, im gleichen System bruch- und lückenlos an die Frage der Arete (7, 238 f.; vgl. Anm. 7) anzuknüpfen ist, da Vers 9, 15 und 7, 242 identisch sind: »Denn Kümmernisse haben mir die Götter, die Söhne des Himmels, viele gegeben.« – Die hierauf im 7. Gesang folgenden Verse 7, 243–254 bis zur Anschlußstelle des II. Fahrtberichtsteiles sind wegen ihrer Wiederholungen als B-Zusatz aufzufassen (in Abänderung der von Schadewaldt angegebenen ähnlichen B-Partie 7, 251–258).

Aus dem bisher Gesagten ergibt sich als ›ursprüngliche Ordnung A‹ zwischen 7, 232 und 13, 125 nachstehende Reihenfolge der Verse; die in den mit + gekennzeichneten Versgruppen enthaltenen B-Partien (nach Schadewaldt) werden hierbei nicht besonders angeführt: 7, 233–242; 9, 16 bis 12, 448 +; 7, 255–297; 13, 1–9; 7, 317–328; 13, 13–26; 8, 62–521 +; 13, 29–37; 9, 2–11; 13, 39–125 +. Von dem im Textauszug zusammengestellten ›Ur-A‹ ausgehend wird es sicherlich leicht verständlich, wie die weitere Bearbeitung und Komposition zum uns überlieferten Text vor sich gegangen sein kann:

Der Bearbeiter, nennen wir ihn ruhig weiter ›B‹, arbeitet mit dem Kunstgriff der ›Verdoppelung durch Teilung‹, ohne dabei die grundsätzliche Linie aufzugeben. Er trennt einen Fahrtbericht, eine Frage, eine Antwort in zunächst zwei (später sogar drei) Teilberichte, -fragen, -antworten auf und füllt den zwischen diesen Teilen entstehenden gedanklichen Raum mit neuen Geschehnissen und Motiven auf. So entstehen auch aus ursprünglich einem Tag Aufenthalt bei den Phaiaken ganz systematisch zwei (und auch drei) Tage. (Die Methode der Drei-Teilung aufzuzeigen, muß einer anderen Arbeit vorbehalten bleiben.)
Man könnte sich die Arbeitsweise des Dichters bildlich etwa so vorstellen, daß er aus dem auf einer langen Rolle aufgeschriebenen Urtext bestimmte Versgruppen ›herausschneidet‹ und herauszieht um die dadurch entstehenden Lücken durch Ein- und Anbauten aufzufüllen und dann durch Umbau (II. Teil nach vorne) auch noch Platz zu schaffen für die Einführung eines einzigartigen neuen Motives (Namensnennung erst nach Anhören der Lieder von Troja, auf die der unbekannte Fremde durch Jammern und Stöhnen reagiert, so daß »Ich bin Odysseus« auf neue Weise motiviert ist).
Dieser kurze Abriß mag zur Erläuterung der hier zusammengestellten Textanordnung genügen und dabei aufgezeigt haben, daß man, im Gegensatz zu Mattes und Eichhorn auf Schadewaldts A und B aufbauend, dem »Hauptanliegen, die Entstehung der Dichtung klarzulegen« (vgl. oben Anm. 2: Eichhorn, 1965, 10) näher kommen kann.
Dies bei anderer Gelegenheit weiter auszuführen, erscheint mir schon deshalb erforderlich, weil auch Eichhorn der Überzeugung ist, daß »die Odyssee nicht in *einem* Wurf geschaffen ist«, sondern daß sich »ihre Abfassung vielmehr über einen langen Zeitraum erstreckt« und der »Dichter sein Werk sicherlich wiederholt überarbeitet und es auch verschiedentlich selbst erweitert hat, nicht zuletzt um den Stoffhunger seiner Hörer zu befriedigen« (vgl. oben Anm. 2: Eichhorn, 1965, 144).

Bibliographie

Innerhalb der einzelnen Abteilungen sind die Titel chronologisch geordnet.

A. HOMER

Da die Literatur zu Homer unübersehbar ist, nennen wir hier nur eine kleine Auswahl von Werken, die in unserem Zusammenhang – Homers Welt und Zeit – von besonderem Interesse sind. Weitere Literatur ist in den Anmerkungen angegeben.

Johann Baptist Friedreich. Die Realien in der Odyssee. Erlangen 1856.

Heinrich Schliemann. Ithaka, der Peloponnes und Troja. Archäologische Forschungen. Leipzig 1869. Nachdruck Darmstadt 1963.

Eduard Buchholz. Die homerischen Realien. I: Homerische Kosmographie und Geographie. Leipzig 1871. Nachdruck Wiesbaden 1970. III: Die homerische Götterlehre. Leipzig 1884.

Heinrich Schliemann. Mykenae. Bericht über meine Forschungen und Entdeckungen in Mykenae und Tiryns. Leipzig 1878. Nachdruck Darmstadt 1964.

Wilhelm Dörpfeld. Das homerische Ithaka. Mélanges Perrot. Paris 1902, 79–93. Abgedruckt Athen 1905.

Walter Leaf. Homer and History. London 1915.

Ulrich von Wilamowitz-Moellendorff. Die Ilias und Homer. Berlin 1916.

Karl Meuli. Odyssee und Argonautika. Berlin 1921.

Erich Bethe. Homer. Dichtung und Sage. II: Odyssee. Leipzig 1922. ^{2}1929. Nachdruck Darmstadt 1966.

Wilhelm Dörpfeld. Homers Odyssee. München 1925.

Wilhelm Dörpfeld. Alt-Ithaka. Ein Beitrag zur Homer-Frage. Studien und Ausgrabungen auf der Insel Leukas-Ithaka. 2 Bände. München 1927.

Ernst Wüst. Art. Odysseus. Realencyclopädie XVII 2. Stuttgart 1937. Spalte 1905–1996.

Eduard Bornemann. Odyssee-Interpretationen. Zugleich eine Einführung in die sprachlichen und sachlichen Probleme des Epos. Frankfurt (1939) 2. Aufl. 1953.

Wolfgang Schadewaldt. Von Homers Welt und Werk. Stuttgart 1944. 4. Auflage Stuttgart 1965.

Rhys Carpenter. Folk Tale, Fiction and Saga in the Homeric Epics. Berkeley/Los Angeles 1946. 2nd printing 1956.

Albin Lesky. Aia. Wiener Studien 63, 1948, 22–68.

Karl Reinhardt. Die Abenteuer der Odyssee. In: Von Werken und Formen. Godesberg 1948, 52–162. Abgedruckt in: Tradition und Geist. Göttingen 1960, 47–124.

Wolfgang Schadewaldt. Odysseus-Abenteuer. Aus einer gesprächsweisen homerischen Improvisation über Irrfahrer-Angelegenheiten (1949). Abgedruckt in: Hellas und Hesperien, Zürich 1970, 982–1002.

Hilda L. Lorimer. Homer and the Monuments. London 1950.

Friedrich Focke. Ilias und Odyssee im Rahmen Alteuropas. Saeculum 2, 1951, 575–594.

Gabriel Germain. Genèse de l'Odyssée. Le fantastique et le sacré. Paris 1954.

Moses I. Finley. The World of Odysseus. New York 1954.

Hildebrecht Hommel. Aigisthos und die Freier. Zum poetischen Plan und zum geschichtlichen Ort der Odyssee. Studium Generale 8, 1955, 237–245.

Roland Hampe. Die Homerische Welt im Lichte der neuesten Ausgrabungen. Gymnasium 63, 1956, 1–57.

Cedric H. Whitman. Homer and the Heroic Tradition. Cambridge, Mass., 1958.

Thomas B. L. Webster. From Mycenae to Homer. London 1958. Von Mykene bis Homer. Anfänge griechischer Literatur und Kunst im Lichte von Linear B. München und Wien 1960.

Wilhelm Mattes. Odysseus bei den Phäaken. Kritisches zur Homeranalyse. Würzburg 1958.

Wolfgang Schadewaldt. Die beiden Dichter der Odyssee. In: Homer, Die Odyssee, übersetzt in deutsche Prosa. Hamburg 1958, 327–331.

Legende von Homer, dem fahrenden Sänger, übertragen und erläutert von Wolfgang SCHADEWALDT. Zürich und Stuttgart 1959.
Luigi PARETI. Omero e la realtà storica. Milano 1959.
Wolfgang SCHADEWALDT. Neue Kriterien zur Odyssee-Analyse. Die Wiedererkennung des Odysseus und der Penelope. (Sitzungsber. Akad. Heidelberg 43, 1959, 2) Heidelberg 1960.
Franz HAMPL. Die Ilias ist kein Geschichtsbuch. Serta Philologica Aenipontana (Innsbrucker Beiträge zur Kulturwissenschaft 7/8). Innsbruck 1962, 37–62.
Charles MUGLER. Les origines de la science grecque chez Homère. Etudes et commentaires 46. Paris 1963.
Albin LESKY. Das homerische Epos. In: Geschichte der griechischen Literatur. 2. Aufl. Bern und München 1963.
G. S. KIRK. The Homeric Poems as History. (Cambridge Ancient History, 3rd edition, 22) Cambridge 1964.
Brigitte HELLWIG. Raum und Zeit im homerischen Epos. (Spudasmata 2) Hildesheim 1964.
Karl SCHEFOLD. Frühgriechische Sagenbilder. München 1964.
Friedrich EICHHORN. Homers Odyssee. Ein Führer durch die Dichtung. Göttingen 1965.
Hellmut SICHTERMANN. Die Bilderwelt der Odyssee. In: Die Odyssee, Homers Epos in Bildern erzählt von Erich LESSING. Freiburg/Basel/Wien 1965, 249–281.
Archaeologia Homerica. Die Denkmäler und das frühgriechische Epos. Hrsg. von Friedrich MATZ und Hans-Günter BUCHHOLZ. Göttingen 1967 ff.
Werner SUERBAUM. Die Ich-Erzählungen des Odysseus. Überlegungen zur epischen Technik der Odyssee. Poetica 2, 1968, 150–177.
Gisela WICKERT-MICKNAT. Dichtung als historische Quelle. Saeculum 21, 1970, 57–70.
Armin WOLF. L'Odyssée est-elle le premier document écrit concernant Malte, la Sicile et l'Italie? Homère et les escales sur les routes reliant la Méditerranée orientale à la Méditerranée occidentale. (10e Colloque d'Histoire maritime: Les grandes escales I) Receuils de la Société Jean Bodin 32, 1974, 73–88.
Jean BOLLACK. Ulyssee chez les philologues. Actes de la recherche en sciences sociales, novembre 1975, 9–35.
Joseph MOREAU. La Sicile et l'Odyssée. Teoresi. Rivista di cultura filosofica 33, 1978, 3–21.
Wolfgang SCHADEWALDT. Homer. In: Die Anfänge der Philosophie bei den Griechen. Die Vorsokratiker und ihre Voraussetzungen (Tübinger Vorlesungen I), Frankfurt/Main 1978, 47–82.
Armin WOLF. Hatte Homer eine Karte? Beobachtungen über die Anfänge der europäischen Kartographie. VIII. Intern. Konferenz zur Geschichte der Kartographie, Berlin Sept. 1979. [Hektographierte Kongreßvorträge. Berlin SBPK Signatur Kart SD 723(40)].
Johannes KAKRIDIS, Η γεωγραφία τῆς Οδύσσειας. In: Prohomerica, Homerica, Hesiodeia. Athen 1980, 92–108.
Bernard ANDREAE. Odysseus. Archäologie des europäischen Menschenbildes. Frankfurt 1982.

Weitere Literatur siehe:
Albin LESKY. Die Homerforschung der Gegenwart. Wien 1952.
Albin LESKY.. Homer [Forschungsberichte]. Anzeiger für die Altertumswissenschaft 6, 1953, 129–150. 8, 1955, 129–156. 12, 1959, 129–146. 13, 1960, 1–22.
Hans Joachim METTE. Homer 1930–1956. Lustrum 1, 1956, 7–86. 1955–66. Lustrum 11 (1966) 33–69.
Alfred HEUBECK. Die homerische Frage. Ein Bericht über die Forschung der letzten Jahrzehnte. (Erträge der Forschung 27). Darmstadt 1974.

B. GESCHICHTE UND GEOGRAPHIE

1. Sizilien, Unteritalien und griechische Westkolonisation

Johann Hermann von Riedesel. Reise durch Sicilien und Groß-Griechenland. Zürich 1771. Französisch Lausanne 1773.
Henry Swinburne. Travels in the two Sicilies in the Years 1777, 1778, 1779 and 1780. I–II London 1783–85.
(Jean-Claude Richard) de Saint-Non. Voyage pittoresque ou description des royaumes de Naples et de Sicile. I–V Paris 1781–86.
Johann Heinrich Bartels. Briefe über Kalabrien und Sizilien. I–III Göttingen 1787–91.
Johann Wolfgang Goethe. (Italienische Reise 1786–88. Erstmals gedruckt unter dem Titel:) Auch ich in Arcadien! Stuttgart 1816–17. Seitdem viele Ausgaben.
Friedrich Leopold Graf zu Stolberg. Reise in Deutschland, der Schweiz, Italien und Sicilien. I–IV Königsberg/Leipzig 1794.
G. Cockburn. A Voyage to Cadiz and Gibraltar up the Mediterranean to Sicily and Malta in 1810. I–II London 1815.
George Russell. A Tour through Siciliy in the Year 1815. London 1819.
Thomas Stuart Hughes. Travels in Sicily, Greece, and Albania. I–II London 1820.
Richard Keppel Craven. A Tour through the Southern Provinces of the Kingdom of Naples. London 1821.
Arthur John Strutt. A Pedestrian Tour in Calabria. (London 1844). Catanzaro 1961.
Horace de Rilliet. Tournée en Calabre. Genève 1852.
Adolf Holm. Geschichte Siciliens im Alterthum. 3 Bände. Leipzig 1870–1898.
E. Arnoni. La Calabria illustrata. Cosenza 1874.
Theobald Fischer. Beiträge zur physischen Geographie der Mittelmeerländer, besonders Siciliens, Leipzig 1877.
Heinrich Nissen. Italische Landeskunde. 2 Bände. Berlin 1883–1902.
Wolfgang Sartorius Frh. v. Waltershausen. Der Aetna, Leipzig 1880.
Axt. Zur Topographie von Rhegion und Messana. Jahresbericht der Fürsten- und Landesschule zu Grimma. Grimma 1887.
Edward A. Freeman. Sicily from the Earliest Times. 4 vols. 1891–1894. Geschichte Siziliens. 3 Bde. Leipzig 1895–1901.
Ettore Pais. Storia della Sicilia e della Magna Grecia. Torino/Palermo 1894.
[Erzherzog Ludwig Salvator.] Ustica. Prag 1898.
George R. Gissing. By the Ionian Sea. London 1901.
Friedrich Werner van Oestéren. Armes Kalabrien. Wien/Leipzig ²1909.
Norman Douglas. Old Calabria. (1915) London 1983.
Friedrich von Duhn. Italische Gräberkunde. (Bibliothek der Klass. Altertumswissenschaften 2) 2 Bde. Heidelberg 1924–39.
Alfred Philippson. Das fernste Italien. Geographische Reiseskizzen. Leipzig 1925.
Paolo Orsi. Le necropoli preelleniche calabrese… Monumenti antichi 31, Milano 1926, 1–376.
Emanuele Ciaceri. Storia della Magna Grecia. 2 vol. Milano 1927–32. Sec. ediz. 1928–1940.
Gina Algranati. Basilicata e Calabria. Torino 1929.
Pirro Marconi. Himera. Atti e memorie Società Magna Grecia (1930). Roma 1931.
Helmuth Kanter. Kalabrien. (Abhandlungen aus dem Gebiet der Auslandskunde 33) Hamburg 1930.
Alan Blakeway. Prolegomena to the Study of Greek Commerce with Italy, Sicily and France in the Eighth and Seventh Centuries B. C. Annual of the British School at Athens 33, 1932/33, 170–208.
Biagio Pace. Arte e civiltà della Sicilia antica. 4 vol. Milano 1935–49. Vol. I sec. ediz. 1958.

Karl BAEDEKER. Unteritalien, Sizilien. 17. Auflage Leipzig 1936.
Erik WIKÉN. Die Kunde der Hellenen von dem Lande und den Völkern der Apenninenhalbinsel bis 300 v. Chr. Diss. Lund 1937.
Puglia, Lucania, Calabria (Attraverso l'Italia 8) Milano 1937.
Luigi PARPAGLIOLO. Sicilia (Italia negli scrittori italiani e stranieri VI) Roma 1941.
Jean BÉRARD. La colonisation grecque de l'Italie méridionale et de la Sicile dans l'antiquité. L'histoire et la légende. (Bibliothèque des Ecoles françaises d'Athènes et de Rome 150) Paris 1941. 2me édit. Paris 1957.
Martin NINCK. Die Entdeckung von Europa durch die Griechen. Basel 1945.
Ulrich KAHRSTEDT. Die Geschichte der Elymer. Würzburger Jahrbuch für die Altertumswissenschaft 2, 1947, 16–32.
Thomas J. DUNBABIN. The Western Greeks. The History of Sicily und South Italy from the Foundation of the Greek Colonies to 480 B. C. Oxford 1948.
Bernhard NEUTSCH. **ΤΑΣ ΝΥΝΦΑΣ ΕΜΙ ΗΙΑΡΟΝ.** Zum unterirdischen Heiligtum von Paestum. (Abh. der Heidelberger Akademie der Wissenschaften, Philos.-histor. Klasse 1957, 2) Heidelberg 1957.
Luigi BERNABO BREA. Alt-Sizilien. Kulturelle Entwicklung vor der griechischen Kolonisation. Köln 1958.
Georges VALLET. Rhégion et Zancle. Histoire, commerce et civilisation des cités chalcidiennes du détroit de Messine. (Bibliothèque des Ecoles Françaises d'Athènes et de Rome 189) Paris 1958.
Leonard von MATT, Luigi PARETI und Pietro GRIFFO. Das antike Sizilien. Zürich und Würzburg 1959.
Luigi BERNABO BREA. Museen und Kunstdenkmäler in Sizilien. München 1959.
René van COMPERNOLLE. Etude de chronologie et d'historiographie siciliotes. Bruxelles/Rome 1959.
Jean BÉRARD. L'expansion et la colonisation grecques jusqu'aux guerres médiques. Paris 1960.
Luigi BERNABO BREA/Madeleine CAVALIER. Meligunìs – Lipára I–III. Palermo 1960–68.
Gustav René HOCKE. Magna Graecia. Wanderungen durch das griechische Unteritalien. Herrenalb und Berlin 1960.
Leonard von MATT und Umberto ZANOTTI-BIANCO. Großgriechenland. Zürich und Würzburg 1961.
Franco SARTORI. Sybaris. Das historische Problem und die neuesten archäologischen Entdeckungen. Die Welt als Geschichte 21, 1961, 195–210.
Heinrich M. SCHWARZ. Sizilien. Wien und München 1961.
Umberto BOSCO, Alfonso DE FRANCISCIS, Giuseppe ISNARDI. Calabria. Milano 1962.
Greci e Italici in Magna Grecia. (Atti del Primo Convegno di Studi sulla Magna Grecia, Taranto 4–8 nov. 1961) Napoli 1962.
Giuseppe FOTI. La tarda età del bronzo e la prima età del ferro in Calabria. Klearchos 13–14, 1962, 32–37.
Hans von HÜLSEN. Funde in der Magna Graecia. (Sternstunden der Archäologie 2) Göttingen 1962.
Arthur G. WOODHEAD. The Greeks in the West. (Ancient Peoples and Places 28) London 1962.
Vie di Magna Grecia. (Atti del Secondo Convegno di Studi sulla Magna Grecia, Taranto 14 al 18 ott. 1962) Napoli 1963.
Ernst LANGLOTZ. Die Kunst der Westgriechen. München 1963.
Alexander SCHENK GRAF VON STAUFFENBERG. Trinakria. Sizilien und Großgriechenland in archaischer und frühklassischer Zeit. München und Wien 1963.
Calabria. Tuttitalia. (Enciclopedia dell'Italia) Firenze 1963.
Giulio GIANNELLI. Culti e miti della Magna Grecia. Contributo alla storia più antica delle colonie greche in occidente. (Università di Napoli, Centro di Studi per la Magna Grecia 2) Firenze 1963.
Metropoli e colonie di Magna Grecia. (Atti del Terzo Convegno di Studi sulla Magna Grecia, Taranto 13 al 17 ott. 1963) Napoli 1964.
Gustav FABER. Süditalien. Bremen 1964.
Giovanni e Enzo GATTI. Skillecion. Catanzaro 1964.

Ernst NICKEL. Führer durch die Äolischen Inseln (Isole Eolie). Göttingen 1964.
A. E. GUNTHER. Re-Drawing the Coast Line of Southern Italy: A Survey of Shifting Sea-Levels from Gaeta to Malta, with Reference to Paestum. The Illustrated London News, Vol. 244, Nr. 6494, January 18, 1964, 86–89.
Lucio GAMBI. Calabria. (Le Regioni d'Italia 16) Torino 1965.
Alberto FIORI. Le città della Magna Grecia. Roma 1965.
Basilicata e Calabria (Guida d'Italia) Milano [3]1965.
Hans-Peter DRÖGEMÜLLER. Untersuchungen zur Anlage und zur Entwicklung der Städte »Großgriechenlands«. Gymnasium 72, 1965, 27–62.
David H. TRUMP. Central and Southern Italy. (Ancient Peoples and Places 47) London 1966.
Maria PIGNATELLI. Introduzione alla Calabria. Cosenza 1966.
Emilio BARILLARO. Lokroi Epizephyrioi. Cosenza 1966.
Carl Arnold WILLEMSEN und Dagmar ODENTHAL. Kalabrien. Schicksal einer Landbrücke. Köln 1966.
I Micenei in Italia. Taranto, Museo Nazionale – ottobre 1967 [Ausstellungskatalog].
Ernst Wilhelm ESCHMANN. Im Amerika der Griechen. 2. Aufl. Hamburg/Düsseldorf 1967.
Bettina SEIPP. Ungehobener Schatz Kalabrien. München/Zürich 1967.
Achille ADRIANI et. al. Himera I–II. Roma 1970. 1976.
(Laura BREGLIA ed.) La monetazione arcaica di Himera fino al 472 a. C. Atti del II Convegno del Centro Internazionale di Studi Numismatici, Napoli 15–19 aprile 1969. Annali dell'Istituto Italiano di Numismatica 15–16 supplemento, Roma 1971.
Tomáš MIČEK. Sizilien, Liparische Inseln. Bern 1973.
Carmelo TURANO. Calabria antica. Reggio C./Roma 1977, [2]1982.
Messina prima del 1908. A cura dell'Istituto di Geologia, Paleantologia e Geografia Fisica. Messina 1978. [Ausstellungskatalog]
M. I. FINLEY. Das antike Sizilien. Von der Vorgeschichte bis zur arabischen Eroberung. München 1979.
Friedrich PRINZ. Gründungsmythen und Sagenchronologie. (Zetemata 72) München 1979.
Pierre GRIMAL. Das antike Italien. Frankfurt 1979.
Hans MEIER-WELCKER. Himera und die Geschicke des griechischen Sizilien. Boppard 1980.
Amelia IOLI GIGANTE. Messina. Roma 1980.
John BOARDMAN. Kolonien und Handel der Griechen von späten 9. zum 6. Jahrhundert v. Chr. München 1981.
Paul FAURE. Die griechische Welt im Zeitalter der Kolonisation. Stuttgart 1981.
Eugenio MANNI. Geografia fisica e politica della Sicilia antica (Testimonia Siciliae antiqua I 1) Roma 1981. [Behandelt erst Autoren nach Homer.]
Roberto BOSI. Magna Graecia. Freiburg/Br. 1982.

2. Tunesien, Malta und phönikische Westkolonisation

[Erzherzog Ludwig SALVATOR] Yacht-Reise in den Syrten 1873. Prag 1874.
Otto MELTZER. Geschichte der Karthager. 3 Bände. Berlin 1879–1913.
Josef PARTSCH. Die Veränderungen des Küstensaumes der Regentschaft Tunis in historischer Zeit. Petermanns Mitteilungen 29, 1883, 201–211.
Joseph I. S. WHITAKER. Motya. A Phoenician Colony in Sicily. London 1921.
Roberto PARIBENI. Malta (Italia artistica 101) Bergamo 1930.
Konrat ZIEGLER. Art. Motya. Realencyclopädie XVI 1, Stuttgart 1933, Spalte 387–407.
Salah Eddine TLATLI. Djerba et les Djerbiens. Tunis 1942.
Gilbert PICARD. Le monde de Carthage. Paris 1956. Das wiederentdeckte Karthago. Mit einem Beitrag »Die Welt der Phönizier« von Sibylle von CLES-REDEN. Frankfurt am Main 1957.

Rhys CARPENTER. The Phoenicians in the West. American Journal of Archaeology 62, 1958, 35–53.
John D. EVANS. Malta. (Ancient Peoples and Places 11) London 1959. Malta. (Alte Kulturen und Völker) Köln 1963.
Brien H. WARMINGTON. Carthage. London 1960. Karthago. Aufstieg und Untergang einer antiken Weltstadt. Wiesbaden 1963.
Ernst KIRSTEN. Nordafrikanische Stadtbilder. Antike und Mittelalter in Libyen und Tunesien. Heidelberg 1961.
Dimitri BARAMKI. Phoenicia and the Phoenicians. Beirut 1961. Die Phönizier. Stuttgart 1965.
Charles André JULIEN. Histoire de l'Afrique du Nord. Tunisie, Algérie, Maroc. I: Des origines à la conquête arabe. 2e édition par Christian COURTOIS. Paris 1961.
André LOUIS. Les Iles Kerkena (Tunisie). Publications de l'Institut des Belles Lettres Arabes – Tunis (26) 2 vols. Tunis 1961–63.
David H. TRUMP. The Later Prehistory of Malta. Proceedings of the Prehistoric Society for 1961 (New Series, Vol. 27), 1961, 253–262.
Herbert EGGER. Malta. Bonn 1962.
Vincenzo TUSA, Art. Mozia. Enciclopedia dell'Arte Antica Classica e Orientale V, Roma 1963, 249–250.
Joan DU PLAT TAYLOR. Motya. A Phoenician Trading Settlement in Sicily. Archaeology 17, 1964, 98–100.
Herbert de CABOGA-STUBER. Tunesien. 2. Aufl. Bonn 1964.
Francis S. MALLIA. Prehistoric Finds. Missione Archeologica Italiana a Malta, Rapporto preliminare della Campagna 1964. Roma 1965, 73–76.
Malta. du-atlantis, Heft 301. Zürich März 1966.
Sabatino MOSCATI. Die Phöniker von 1200 vor Christus bis zum Untergang Karthagos. Zürich 1966.
Vincenzo TUSA. La questione fenicio-punica in Sicilia. Eretz-Israel VIII, Jerusalem 1967, 50*–57*.
Horst MENSCHING. Tunesien. (Wissenschaftliche Länderkunden 1) Darmstadt 1968.
G. D'IPPOLITO. Malta nell'Odissea? Considerazioni sulla geografia omerica. Kokalos 22/23, 1976/77, 400–419.
Dietrich HAFEMANN. Historische Geographie – Nordafrika (Tunesien, Algerien). Berlin/Stuttgart 1981.
Friedrich-Karl KIENITZ. Völker im Schatten. Die Gegenspieler der Griechen und Römer 1200 bis 200 v. Chr. München 1981.

C. NAUTIK

1. Antike Nautik und Geographie

Albert FORBIGER. Handbuch der alten Geographie. I–II Leipzig 1842–43, III Hamburg 1877. Nachdruck Graz 1967.
H. F. TOZER. History of Ancient Geography. 1897. Repr. New York 1964.
Hugo BERGER. Geschichte der wissenschaftlichen Erdkunde bei den Griechen. Leipzig 1887–93. 2. Auflage Leipzig 1903.
August KÖSTER. Das antike Seewesen. Berlin 1923.
Karl LEHMANN-HARTLEBEN. Die antiken Hafenanlagen des Mittelmeeres. Beiträge zur Geschichte des Städtebaues im Altertum. Klio, Beiheft 14, 1923. Nachdruck Aalen 1963.
Richard HENNIG. Zur Frühgeschichte des Seeverkehrs der Mittelmeervölker. In: Abhandlungen zur Geschichte der Schiffahrt. Jena 1928.
Erich ZIEBARTH. Beiträge zur Geschichte des Seeraubs und Seehandels im alten Griechenland. (Abhandlungen aus dem Gebiet der Auslandskunde 30) Hamburg 1929.
Franz MILTNER. Art. Seewesen. Realencyclopädie Suppl. V. Stuttgart 1931. Spalte 906–962.
August KÖSTER, Studien zur Geschichte des antiken Seewesens. Klio, Beiheft 32, 1934. Nachdruck Aalen 1963.

William Arthur HEIDEL. The Frame of the Ancient Greek Maps. New York 1937.
Walter W. HYDE. Ancient Greek Mariners. New York 1947.
J. O. THOMSON. History of Ancient Geography. Cambridge 1948.
Heinrich BALSS. Antike Astronomie. München 1949.
Rudolf GÜNGERICH. Die Küstenbeschreibung in der griechischen Literatur. (Orbis antiquus 4) Münster 1950.
Lionel CASSON. Speed under Sail of Ancient Ships. Transactions of the American Philological Association 82, 1951, 136–148.
Eva G. R. TAYLOR. The Haven-Finding Art. A History of Navigation from Odysseus to Captain Cook. London 1956.
Lionel CASSON. The Ancient Mariners. New York 1959. 3rd ed. 1964.
Antike Entdeckerfahrten. Übertragen und erläutert von Otto SEEL. Zürich 1961.
Paul LÄCHLER und Hans WIRZ. Die Schiffe der Völker. Olten und Freiburg 1962.
Max CARY und Eric H. WARMINGTON. The Ancient Explorers. London 1963.
Fritz HAARSTICK; Astronomische Navigation zur Zeit Homers. Sterne und Weltraum 1963, 160–162.
D. R. DICKS. Solstices, equinoxes and the Presocratics. Journal of Hellenic Studies 86, 1966, 26–40.
John S. MORRISON/R. T. WILLIAMS. Greek Oared Ships 900–322 B. C. Cambridge 1968.
D. R. DICKS. Ships and Seamanship in the Ancient World. Princeton 1971.
Dorothea GRAY. Seewesen. (Archaeologia Homerica G) Göttingen 1974.
P. PEDECH. La géographie des Grecs. Paris 1976.
John G. LANDELS. Engineering in the Ancient World. London 1978. Die Technik in der antiken Welt. München 1980.

2. Moderne Nautik

Carlo DE STEFANI. Origine del porto di Messina e di alcuni interrimenti lungo lo Stretto. Bolletino della Società geologica italiana 7, 1888, 231–240.
H. KELLER. Scylla und Charybdis. Die Strömungserscheinungen in der Straße von Messina. Annalen der Hydrographie und Maritimen Meteorologie 19, 1891, 299–303.
Francesco VERCELLI. Il regime delle correnti e delle maree nello Stretto di Messina. (Crociere per lo studio dei fenomeni nello Stretto di Messina I) Venezia 1925.
Justus PERTHES SEE-ATLAS. 14. Aufl. Unter Mitwirkung von W. MÖCKEL völlig neu bearbeitet von L. SCHUBART und H. GARBE. Gotha 1944.
MITTELMEER-HANDBUCH. Hrsg. vom Deutschen Hydrographischen Institut. II: West- und Südküste Italiens, Sardinien und Sizilien. 4. Aufl. Hamburg 1952. III: Die Nordküste von Afrika. 4. Aufl. Hamburg 1956.
SEEMANNSCHAFT, Handbuch für Segler. Hrsg. vom Deutschen Hochseesportverband ›Hansa‹ e. V. 10. Aufl. Bielefeld und Berlin 1960.
H. M. DENHAM. The Tyrrhenian Sea. London 1969. Das Tyrrhenische Meer. Küsten – Häfen – Inseln. Bielefeld/Berlin 1969.

D. KARTEN

1. Seekarten.

DEUTSCHES SEEKARTENWERK. Hrsg. vom Deutschen Hydrographischen Institut. Hamburg.
1 : 750 000
Ionisches Meer. (Nr. 435) 1964.

Küste von Tunesien und Sizilien. Sardinien bis Malta. (Nr. 305) 1963.
1 : 250 000
Küste von Tunesien. Golf von Gabès. (Nr. 698) 1964.
Westküste von Italien. Golf von Policastro bis Straße von Messina. (Nr. 507) 1964.
Nordküste von Sizilien. Marsala bis I. Vulcano. (Nr. 666) 1963.
Ostküste von Sizilien. Straße von Messina bis Malta Kanal. (Nr. 663) 1962.
Spezialkarten
Ostküste von Tunesien. Sfax bis Maharès. (Nr. 693) 1963. 1:75 000.
Malta und Gozo. (Nr. 311) 1962. 1:70 000.
Straße von Messina. (Nr. 440) 1963, 1:100 000.

2. Landkarten

Carta d'Italia. Hrsg. vom Istituto geografico militare. Firenze.
1 : 100 000 (Serie 691)
Nicastro. (Foglio 241) 1956.
Catanzaro. (Foglio 242) 1956.
Messina – Reggio di Calabria. (Foglio 254) 1955.
Tèrmini Imerese. (Foglio 259) 1955.
Trapani. (Foglio 248) 1955.
1 : 50 000
Catanzaro (Foglio 242 IV) 1870/1886.
Nicastro (Foglio 241 I) 1870/1886.
1 : 25 000 (Serie 891)
Isole di Panarea e di Basiluzzo (Foglio 244 I N.O.) 1958.
Isola di Stromboli (Foglio 244 I S.E.) 1958.
Isola d'Ustica (Foglio 249 IV N.E.) 1958.
Scillato (Foglio 259 I S.E.) 1969.
1 : 10 000
Catanzaro Lido (Foglio 242 III N.E. Sez. D–A) 1957.
Tiriolo (Foglio 242 IV N.O. Sec. C) 1958.

Ordnance Survey Maps. Published by Directorate of Overseas Surveys Tolworth, Surrey.
1 : 25 000
Malta East. (D. O. S. 352. Series M 898. Sheet 3) 1963.

Tunesien
1 : 100 000
La Skhirra (Fol. LXIX) 1940.
Gabès (Fol. LXXV) 1928.
Houmt Souk (fol. LXXXIII) 1928.
Mareth (Fol. LXXXIII) 1928.
Matmata (Fol. XCI) o. J.
1 : 50 000 (Série P 751)
Hachichina (Fol. CXXII) 1922/1955–60.
Gabès (Fol. CXLVII) 1933/1957.

E. GESCHICHTE DER THEORIEN ZUR ODYSSEE-LOKALISIERUNG

Eine Geschichte der Theorien der Odyssee-Lokalisierung war vor 1968 noch nicht geschrieben worden. Doch sind hier folgende Werke zu nennen:

Friedrich August Ukert. Über einige Versuche, die geographischen Angaben in den Homerischen Gedichten zu erklären. In: Geographie der Griechen und Römer. Band I Teil 2, Weimar 1816, 310–319. [Sehr knapp.]

Karl Johannes Neumann. Strabons Gesammturtheil über die homerische Geographie. Hermes 21, 1886, 134–141. [Strabons Auffassung von Homer als erstem Geographen wird aus der Stoa erklärt.]

Hugo Berger. Geschichte der wissenschaftlichen Erdkunde der Griechen. 4 Abteilungen. Leipzig 1887–1893. 2. Auflage Leipzig 1903. [Nur vereinzelte Hinweise.]

Georg Finsler. Homer in der Neuzeit von Dante bis Goethe. Leipzig und Berlin 1912. [Vereinzelte Hinweise.]

Ernst Wüst. Odysseus. Realencyclopädie XVII 2. Stuttgart 1937. Spalte 1905–1906. [Nennt bei der Behandlung der einzelnen Abenteuer des Odysseus jeweils, wo überall diese schon lokalisiert wurden, gibt jedoch keinen Überblick über die Geschichte der Lokalisierungstheorien.]

Hugo Friedrich. Odysseus in der Hölle (Dante, Inferno XXVI). Geistige Überlieferung 2, Berlin 1942, 154–200. [Behandelt Dante und streift dabei einige andere mittelalterliche Auffassungen von Odysseus.]

Walter Woodburn Hyde. Ancient Greek Mariners. New York 1947. Mythical Identifications in Antiquity: 78–86. Modern Identifications: 86–96. [Gibt – noch ausführlicher als Wüst – eine nach Orten gegliederte Aufstellung bisheriger Lokalisierungstheorien, jedoch keine historische Übersicht dieser Lokalisierungstheorien als ganzen.]

Alfred Klotz. Die Irrfahrten des Odysseus und ihre Deutung im Altertum. Gymnasium 59, 1952, 289–302. [Stellt die antiken Deutungen der Irrfahrten nur unvollständig und nur im Rahmen und zur Stütze der eigenen Lokalisierungstheorie dar.]

E. D. Phillips. Odysseus in Italy. Journal of Hellenic Studies 73, 1953, 53–64. [Untersucht die frühen antiken Lokalisierungen der Odyssee in Italien.]

William B. Stanford. The Ulysses Theme, A study in the Adaptability of a Traditional Hero. Oxford 1954. [Berührt Lokalisierungstheorien fast überhaupt nicht.]

E. D. Phillips. Odyssean References to Peoples and Places in Italy Considered in the Light of Mycenaean Archaeology. In: Atti e memorie del I congresso internazionale di Micenologia III, Roma 1968, 1192–1195.

Armin Wolf. Forschungsbericht. Geschichte und Kritik der Versuche zur Lokalisierung der Odyssee. In: Hans-Helmut und Armin Wolf. Der Weg des Odysseus, Tübingen 1968, 115–150.

F. THEORIEN ZUR LOKALISIERUNG DER ODYSSEE

Die folgende Bibliographie enthält nur Werke, die Lokalisierungen mehrerer oder aller Orte der Fahrt des Odysseus enthalten. Arbeiten, die nur einen Ort behandeln, insbesondere also nicht die Literatur zur Ithaka-Frage, sind in der Regel nicht berücksichtigt.

Philippus Cluverius (Philipp Clüver). Sicilia antiqua. Lugduni Batav. 1619. Abgedruckt in: Thesaurus antiquitatum et historiarum Siciliae… cura et studio Joannis Georgii Graevii. Lugduni Batav. 1723.

Philippus Cluverius (Philipp Clüver). Italia antiqua. Lugduni Batavorum 1624.

Samuel Bochart. Geographia sacra seu de dispersione gentium et terrarum divisione facta in aedificatione turris Babel. Cadomi 1646.

Melchior Küsell. Des fürtrefflichen griechischen Helden und Ithacensischen Fürsten Ulysses Leben, Thaten und Zufälle, die ihme... auf seiner zehenjährigen Heimreise in Wasser und Land begegnet, zu Kupfer gebracht... (Augsburg) 1681.

Roderic O'Flaherty. Ogygia, seu Rerum Hibernicarum Chronologia. London 1685.

Tractatus historico-geographicus quo Ulyssem et Outinum unum eundemque esse ostenditur et ex collatis inter se Odyssea Homeri et Edda Island Homerizante, Outini fraudes deteguntur, ac, detracta larva, in lucem protrahitur Ulysses. Editio nova pluribus Additamentis uti et Tabella Geographica aucta et emendata Authore Jona Ramo [Jonas Ramus]. Hafniae 1716. [Ein Exemplar dieses sehr seltenen Buches besitzt die Bayerische Staatsbibliothek München. Die Erstausgabe – Hafniae 1702 – ist in Deutschland offenbar nicht vorhanden und war mir nicht zugänglich.]

Angelo Maria Ricci. Dissertationes Homericae. Florentiae 1740–41. Hrsg. von Fred. Gottlob Born. Lipsiae 1784.

Guillaume Dubois de Rochefort. L'Odyssée d'Homere, traduite en vers, avec des remarques, suivie d'une Dissertation sur les Voyages d'Ulysse. Paris 1777.

Homers Odüßee, übersetzt von Johann Heinrich Voss. Hamburg 1781.

Johann Heinrich Voss. Über die Gestalt der Erde nach den Begriffen der Alten. Neues Deutsches Museum 3, Leipzig 1790, 821–847.

Homers Odyssee von Johann Heinrich Voss. 2 Bde. Altona 1793.

I viaggi d'Ulisse tratti dall'Odissea d'Omero per Francesco Soave. Milano 1796.

Johann Heinrich Voss. Alte Weltkunde. Jenaische allgemeine Literatur-Zeitung. Halle 1804. Abgedruckt in: Kritische Blätter nebst geografischen Abhandlungen 2. Stuttgart 1828, 245–426.

August Zeune. Erdansichten oder Abriß einer Geschichte der Erdkunde. Berlin 1815.

Friedrich August Ukert. Geographie der Griechen und Römer von den frühesten Zeiten bis auf Ptolemäus. Band I Teil 2. Weimar 1816.

Karl Heinrich Wilhelm Völcker. Über Homerische Geographie und Weltkunde. Hannover 1830.

Rudolf H. Klausen. Die Abenteuer des Odysseus aus Hesiodes erklärt. Bonn 1834.

Albert Forbiger. Handbuch der alten Geographie nach den Quellen bearbeitet, I. Band. Leipzig 1842. Nachdruck Graz 1966.

Karolus Spruner. Atlas Antiquus. Gotha 1850.

Johann Baptist Friedreich. Die Realien in der Iliade und Odyssee. Erlangen 1851. 2. Aufl. Erlangen 1856.

William E. Gladstone. Studies on Homer and the Homeric Age. Vol. III. Oxford 1858.

Atlas antiquus. Karoli Spruneri opus tertio edidit Theodorus Menke. Gotha 1864–65.

Eduard Buchholz. Homerische Kosmographie und Geographie. Die homerischen Realien, Band I. Leipzig 1871.

Karl Ernst von Baer. Wo ist der Schauplatz der Fahrten des Odysseus zu finden? Historische Fragen mit Hülfe der Naturwissenschaften beantwortet = Reden 3. Teil. St. Petersburg 1873.

Karl Ernst von Baer. Geographische Fragen aus der Vorzeit. In: Das Ausland. Überschau der neuesten Forschungen auf dem Gebiete der Natur-, Erd- und Völkerkunde 47. Dorpat 1874.

Jacob Burckhardt. Das Phäakenland Homers (14. November 1876). in: Vorträge 1844–1887, hrsg. von Emil Dürr, 4. Aufl. Basel 1919, 93–103.

Anton Krichenbauer. Die Irrfahrt des Odysseus als eine Umschiffung Afrikas erklärt. Berlin 1877.

Karl Ernst von Baer. Über die homerischen Lokalitäten in der Odyssee. Nach dem Tode des Verfassers hrsg. von L. Stieda. Braunschweig 1878.

Konrad Jarz. Wo sind die Homerischen Inseln Thrinakie, Scherie, Ogygie, Aiaie zu suchen? Zeitschrift für wissenschaftliche Geographie 2, 1881, 10–18.

Ulrich von Wilamowitz-Moellendorff. Homerische Untersuchungen. Philologische Untersuchungen 7. Berlin 1884.

William Fairfield Warren. Paradise Found. The Cradle of the Human Race at the North Pole. A Study of the Prehistoric World. Boston/New York 1885.

Maximilianus HERGT. Quam vere de Ulixis erroribus Eratosthenes iudicaverit. Programm der Kgl. Bayer. Studienanstalt Landshut für das Schuljahr 1886/87.

F. SOLTAU. Die Mythen- und Sagenkreise im Homerischen Schiffer-Epos, genannt Odyssee, desgl. der Ilias, wie auch der Argonauten-Sage, zeitgeschichtlich, naturwissenschaftlich und sprachlich beurtheilt und erläutert. Berlin 1887.

W. J. STILLMANN. On the track of Ulysses. Boston/New York 1888.

Artur BREUSING. Die Irrfahrten des Odysseus. Bremen 1889.

Gaspare FINALI. Cristoforo Colombo e il viaggio di Ulisse nel poema di Dante. (Collezione di Opusculi danteschi 23) Città di Castello 1895.

Samuel BUTLER. The Authoress of the Odyssey, where and when she wrote, who she was, the use she made of the Iliad, and how the poem grew under her hands. London, New York and Bombay 1897. 2nd ed. corrected and re-set. London 1922. Abgedruckt: Shrewsbury Edition Vol. 12. London, New York 1925.

EUMAIOS [= ?]. Odysseus als Afrikaumsegler und Amerikaentdecker. Leipzig, Gustav Fock Verlag 1898. [Einziges bekanntes Exemplar: British Library 11335 bb 66.]

Joseph SCHREINER. Homers Odyssee – ein mysteriöses Epos. Elementar-Skizzen der drei wichtigsten Örtlichkeiten 'Ωγυγίη, Σχερίη, 'Ιθάκη auf historisch-geographischer Basis entworfen. Braunschweig und Leipzig 1901.

Victor BÉRARD, Les Phéniciens et l'Odyssée. Paris 1902–03. 2me édit. Paris 1927.

I. MILLER. Die Geographie der Odyssee. Preußische Jahrbücher 117, 1904, 300–313.

Philippe CHAMPAULT. Phéniciens et Grecs en Italie d'après l'Odyssée. Etude géographique, historique et sociale par une méthode nouvelle. Paris 1906. Nouv. édit. Paris 1920.

Hans H. von SCHWERIN. Odysseus' Irrfärder. Geografisk undersökning. (Lunds universitets årsskrift NF AFD 1. Band 6 Nr. 3) Lund 1909.

Otto MAASS. Die Irrfahrten des Odysseus im Pontos. (Wiss. Beilage d. Jahresberichtes des Ev. Gymnasiums in Gütersloh) Gütersloh 1915.

Walther KRANZ. Die Irrfahrten des Odysseus. Hermes 50, 1915, 93–112.

Paul HAUPT. The Adventures of Odysseus. American Journal of Philology 45, 1924, 61–63.

Paul HAUPT. The Historical Nucleus of the Odyssey. American Journal of Philology 46, 1925, 197–199.

J. RENDEL HARRIS. Scylla and Charybdis. Bulletin of John Rylands Library 9, 1925, 87–118.

Friedrich CORNELIUS. Zur Geographie der Odyssee. Rheinisches Museum für Philologie N. F. 74, 1925, 344–346.

Wilhelm DÖRPFELD und Heinrich RÜTER. Die Heimkehr des Odysseus. Band I. München 1925.

Albert HERRMANN. Die Irrfahrten des Odysseus. (Meereskunde Heft 169) Berlin 1926.

Albert HERRMANN. Die Bedeutung Homers für die griechische Geographie. Zeitschrift der Gesellschaft für Erdkunde 1926, 171–196.

Roland HERKENRATH. Die Polarfahrt des Odysseus nach Mitteilungen eines uralten Polarfahrtberichtes. Stimmen der Zeit 110, 1926, 442–452.

Ulrich von WILAMOWITZ-MOELLENDORFF. Die Heimkehr des Odysseus. Neue homerische Untersuchungen. Berlin 1927.

Victor BÉRARD. Les navigations d'Ulysse. 4 vols. Paris 1927–1929.

Victor BÉRARD. Dans le sillage d'Ulysse. Album Odysséen. Photographies de Fréderic BOISSONNAS. Paris 1933.

Richard HENNIG. Die Geographie des homerischen Epos. Eine Studie über die erdkundlichen Elemente der Odyssee. (Neue Wege zur Antike, Reihe 1, Heft 10) Leipzig und Berlin 1934.

Heinrich RÜTER. Zeit und Heimat des homerischen Epos. Vom Zorn des Achilleus und von der Heimkehr des Odysseus. Berlin 1937.

Wilhelm von WEICKHMANN. Wo war Odysseus? Das Reich, 12., 17. und 26. November 1944.

Emile MIREAUX. Les poèmes homériques et l'histoire grecque. I: Homère de Chios et les routes de l'étain. Paris 1948. II: L'Iliade, l'Odyssée et les rivalités coloniales. Paris 1949.

F. J. WIL. Auf Odysseus' Spuren. Historische Phantasie. Affoltern am Albis 1950.
Alfred KLOTZ. Irrfahrten des Odysseus und ihre Deutung im Altertum. Gymnasium 59, 1952, 289–302.
Jean BÉRARD et A. C. BLANC. La plage des Sirènes dans l'Odyssée. Mélanges d'archéologie et d'histoire 66, 1954, 7–12.
Lewis G. POCOCK. The Landfalls of Odysseus. Clue and Detection in the Odyssey. Christ Church, New Zealand, 1955.
Lewis G. POCOCK. The Sicilian Origin of the Odyssey. A study of the topographical evidence. Wellington, New Zealand, 1957.
Gaetano BAGLIO. Odisseo nel mare mediterraneo centrale secondo i libri V e IX-XII dell'Odissea. Roma 1957. Sec. edizione ampliata ed illustrata. Roma 1958.
Louis MOULINIER. Quelques hypothèses relatives à la géographie d'Homère dans l'Odyssée. (Centre d'études et de recherches helléniques de la faculté des lettres et sciences humaines d'Aix 2) Aix-en-Provence 1958.
Lewis G. POCOCK. Reality and Allegory in the Odyssey. Amsterdam 1959.
Gaetano BAGLIO. Sommario illustrato dei viaggi marittimi di Ulisse. Roma 1959.
Otto ZELLER. Auf des odysseus und der argo spuren. ein beitrag zur antiken geographie. aalen 1959.
Richard Graf COUDENHOVE-KALERGI. Die Insel der Phäaken. Frankfurter Allgemeine Zeitung, 12. Mai 1960.
A. ROUSSEAU-LIESSENS. Géographie de l'Odyssée. I–IV Bruxelles/Paris 1961–64.
Ernle BRADFORD. Ulysses Found. London 1963. Reisen mit Homer. Stuttgart 1964.
Erich LESSING. Die Odyssee, Homers Epos in Bildern erzählt. Freiburg/Basel/Wien 1965.
Vincenzo BARRABINI. L'Odissea rivelata. Palermo 1967. [Vgl. dazu: Giornale di Sicilia 6 marzo 1968.]
Luigi FERRARI. Realtà e fantasia nella geografia dell'Odissea. Palermo 1968.
Hans-Helmut und Armin WOLF. Der Weg des Odysseus. Tunis – Malta – Italien in den Augen Homers. Tübingen 1968.
G. B. PIGHI. La Cronaca del ritorno d'Ulisse e il Giornale di bordo. Aegyptus 48, 1968, 36–52.
Gilbert PILLOT. Le code secret de l'Odyssée. Les Grecs dans l'Atlantique. (Les énigmes de l'univers) Paris 1969. Secret Code of the Odyssee. London 1972.
Hubert DAUNICHT. Beiträge zur historischen Geographie und Geschichte Asiens IV 2. (Bonner Orientalische Studien 19 d) Bonn 1970.
Mauricio OBREGÓN. Ulysses Airborne. New York 1971. Odyssee auf Flügeln. Eine Flugreise in die Welt Homers. Wiesbaden 1975.
Michael LANDMANN. Phäakische Träumerei. In: Das Ende des Individuums. Stuttgart 1971. Übersetzt (mit kleinen Abweichungen) Vulcano: Paese dei Ciclopi. Lipari: Paese dei Feaci. In: Rivista storica 8, 1978, 161–169.
Enzo GATTI. Odisseo. Il viaggio coloniale di Ulisse. La scoperta di Skera. Milano 1975.
Karl BARTHOLOMÄUS. Odysseus kam bis Helgoland. In: Bild der Wissenschaft, Januar 1977, 54–65, 129.
Hans STEUERWALD. Weit war sein Weg nach Ithaka. Neue Forschungsergebnisse beweisen: Odysseus kam bis Schottland. Hamburg 1978. Frankfurt 1981.
Karl BARTHOLOMÄUS. Überprüfung antiker Erdbilder. In: Die Neue Hochschule, 1980 Heft 4, S. 20.
Vincenzo BARRABINI. L'Odissea a Trapani. Trapani 1980.
The Illustrated Odyssey. Translated from Homer by E. V. RIEU. Introduction by Jacquetta HAWKES. Original Photographs by Tim MERCER. New York 1981. [Lehnt sich an die Lokalisierung von Ernle BRADFORD an.]
Benno WUNDSHAMMER. Auf den Spuren des Odysseus. Gütersloh 1982.
Christine PELLECH. Die Odyssee – eine antike Weltumsegelung. Berlin 1983 [Verlagsprospekt. Erscheinen des Buches angekündigt.]

Namen- und Sachverzeichnis

bearbeitet von Armin Wolf

Das Register vereinigt
1. Namen von *Orten,* die zum Weg des Odysseus gehören (z. B. Land der → Lotophagen) oder mit diesem in Verbindung gebracht wurden (z. B. → Djerba). Andere Orte wurden nur aufgenommen, wenn der Hinweis wichtig erschien. Außerdem fehlen Flurnamen von rein lokaler Bedeutung (z. B. Spalmatore oder Braccio di S. Raineri); in diesen Fällen ist unter dem übergeordneten geographischen Begriff (z. B. → Ustica oder → Messina) nachzuschlagen.
2. Namen von *Personen.* Dabei wurden moderne Autoren von Sekundärliteratur nur bei der Diskussion von Kontroversfragen aufgenommen, vollständig jedoch antike Autoren sowie Vertreter von Lokalisierungstheorien.
3. Wichtige *Sachbegriffe.*

Der *Textanhang* wurde nur insoweit in das Register eingearbeitet, als die betreffenden Stichworte auch im Haupttext behandelt werden.
Stichworte, die in *Anmerkungen* genannt werden, erscheinen unter der Seite des Haupttextes, wenn sie auch dort erwähnt werden, aber unter der Seite der Anmerkungen, wenn sie an der dazugehörigen Stelle des Haupttextes nicht erwähnt werden.

Die angegebenen Zahlen beziehen sich auf die Seiten des Buches, mit dem Zusatz Abb. auf die Nummern der Abbildungen auf den Kunstdrucktafeln nach den Seiten 32, 48, 96 und 112. Zahlen in *Klammern* besagen, daß das Stichwort auf der betreffenden Seite sachlich behandelt wird, ohne jedoch ausdrücklich erwähnt zu sein. Ein *Stern* (*) vor der Seitenzahl bezieht sich auf Karten.
n = nördlich; w = westlich; sö = südöstlich usw.

Verzeichnis der Karten, Zeichnungen und Tabellen

Abbildungsnachweis

Chuzeville (Paris) 6 – Deutsches Archäologisches Institut (Athen) 5, 32 – Sogema Marzari (Schio) 22 – Tomáš Miček 13 – G. Piovene 23 – Michael Walther (Neu-Anspach) 27 – Armin Wolf (Frankfurt) 1, 2, 3, 4, 7, 8, 9, 10, 11, 12, 14, 16, 17, 18, 19, 20, 21, 25, 26, 28, 29, 33, 34, 35, 36, 37, 38, 39 – Hans-Helmut Wolf (Frankfurt) 15, 31 – Ingeborg Wolf-Gieseler (Frankfurt) 24 – ZEITmagazin Hamburg 30.

Motiv auf dem Schutzumschlag:
Der Kopf des Odysseus aus der Grotte des Tiberius in Sperlonga.
4–26 nach Chr., nach einem Vorbild um 180 vor Chr.,
gefunden 1957, Sperlonga, Museum.

HANS-HELMUT UND ARMIN WOLF